ento feminista brasileiro pensamento fem
nsamento feminista brasileiro pensament
o pensamento feminista brasileiro pensar
asileiro pensamento feminista brasileiro p
a brasileiro pensamento feminista brasile
eminista brasileiro pensamento feminista
ento feminista brasileiro pensamento fem
nsamento feminista brasileiro pensament
o pensamento feminista brasileiro pensar
asileiro pensamento feminista brasileiro p
a brasileiro pensamento feminista brasile
eminista brasileiro pensamento feminista
ento feminista brasileiro pensamento fen
nsamento feminista brasileiro pensament
o pensamento feminista brasileiro pensar
asileiro pensamento feminista brasileiro p
a brasileiro pensamento feminista brasile
eminista brasileiro pensamento feminista
ento feminista brasileiro pensamento fen
nsamento feminista brasileiro pensament
o pensamento feminista brasileiro pensar
asileiro pensamento feminista brasileiro p
a brasileiro pensamento feminista brasile
eminista brasileiro p   minista
ento feminista brasi   nto fen
nsamento feminista l   sament

CB037023

o pensamento feminista brasileiro pensar
asileiro pensamento feminista brasileiro p
a brasileiro pensamento feminista brasile
eminista brasileiro pensamento feminista
ento feminista brasileiro pensamento fen

pensamento feminista brasileiro
formação e contexto

Heloisa Buarque de Hollanda
organização

©Bazar do Tempo, 2019

Todos os direitos reservados e protegidos pela Lei nº 9.610, de 12.2.1998.
É proibida a reprodução total ou parcial sem a expressa anuência da editora.

Este livro foi revisado segundo o Acordo Ortográfico
da Língua Portuguesa de 1990, em vigor no Brasil desde 2009.

EDIÇÃO
Ana Cecilia Impellizieri Martins
Maria de Andrade

ORGANIZAÇÃO
Heloisa Buarque de Hollanda

PRODUÇÃO EDITORIAL
Catarina Lins
Pê Moreira

PROJETO GRÁFICO E CAPA
Elisa von Randow

COPIDESQUE
Luiz Coelho
Vanessa Gouveia

REVISÃO
Rosemary Zuanetti
Silvia Massimini Felix

IMPRESSÃO
Gráfica Santa Marta

AGRADECIMENTOS
Bethânia Gomes
Herberth Ives Bongiovanni
Rubens Rufino
Schuma Schumaher
Thiago Lacaz

CIP-Brasil. Catalogação na Publicação
Sindicato Nacional dos Editores de Livros, RJ

Pensamento feminista brasileiro: formação e contexto /
Angela Arruda... [et al.]; organização Heloisa Buarque de Hollanda.
Rio de Janeiro: Bazar do Tempo, 2019. 400 p.
ISBN 978-85-69924-46-3
1. Teoria feminista. 2. Feminismo – Brasil. 3. Mulheres – Condições
sociais – Brasil. I. Arruda, Angela. II. Hollanda, Heloisa Buarque de.
CDD 305.420981

Meri Gleice Rodrigues de Souza, bibliotecária CRB-7/6439

7ª reimpressão, julho de 2025

Produções e Empreendimentos Culturais Ltda.

rua General Dionísio, 53, Humaitá
22271-050 Rio de Janeiro RJ
contato@bazardotempo.com.br
bazardotempo.com.br

Albertina de Oliveira Costa
Angela Arruda
Beatriz Nascimento
Bila Sorj
Branca Moreira Alves
Carmen Barroso
Constância Lima Duarte
Cynthia Sarti
Heleieth Saffioti
Jacqueline Pitanguy
Leila Linhares Barsted
Lélia Gonzalez
Lourdes Maria Bandeira
Margareth Rago
Maria Betânia Ávila
Maria Luiza Heilborn
Maria Odila Leite da Silva Dias
Mary Garcia Castro
Rita Terezinha Schmidt
Sueli Carneiro

Sumário

9   **Introdução**
Heloisa Buarque de Hollanda

ALGUMAS HISTÓRIAS SOBRE O FEMINISMO NO BRASIL

25   **Feminismo: uma história a ser contada**
Constância Lima Duarte

49   **A luta das sufragistas**
Branca Moreira Alves

65   **Na literatura, mulheres que reescrevem a nação**
Rita Terezinha Schmidt

81   **A carta das mulheres brasileiras aos constituintes: memórias para o futuro**
Jacqueline Pitanguy

99   **O feminismo na encruzilhada da modernidade e pós-modernidade**
Bila Sorj

109   **Pesquisa sobre mulher no Brasil: do limbo ao gueto?**
Albertina de Oliveira Costa, Carmen Barroso e Cynthia Sarti

BANDEIRAS TORNAM-SE OBJETO DE ESTUDO

139   **Violência de gênero: o lugar da práxis na construção da subjetividade**
Heleieth Saffioti

163   **Modernidade e cidadania reprodutiva**
Maria Betânia Ávila

179   **Legalização e descriminalização: dez anos de luta feminista**
Leila Linhares Barsted

213   **Mulheres sindicalizadas: classe, gênero, raça e geração na produção de novos sujeitos políticos, um estudo de caso**
Mary Garcia Castro

INTERSECCIONALIDADES: PIONEIRAS NO FEMINISMO BRASILEIRO

237 **Racismo e sexismo na cultura brasileira**
Lélia Gonzalez

259 **A mulher negra no mercado de trabalho**
Beatriz Nascimento

265 **A mulher negra e o amor**
Beatriz Nascimento

271 **Mulheres em movimento: contribuições do feminismo negro**
Sueli Carneiro

EM BUSCA DE NOVOS CAMINHOS CRÍTICOS

293 **Violência de gênero: a construção de um campo teórico e de investigação**
Lourdes Maria Bandeira

315 **Fazendo gênero? A antropologia da mulher no Brasil**
Maria Luiza Heilborn

335 **Feminismo, gênero e representações sociais**
Angela Arruda

357 **Novas subjetividades na pesquisa histórica feminista: uma hermenêutica das diferenças**
Maria Odila Leite da Silva Dias

371 **Epistemologia feminista, gênero e história**
Margareth Rago

389 **Sobre a organizadora**
391 **Sobre as autoras**

Para Zezé Lima e Rose Marie Muraro.

Agradeço à Albertina de Oliveira Costa
pela consultoria valiosa a esta seleção.

Introdução

Heloisa Buarque de Hollanda

É CURIOSO OBSERVAR, embora com certa tristeza, que os estudos de gênero nas universidades e centros de pesquisa brasileiros são marcados fortemente por bibliografias e referências anglo-americanas e eurocêntricas. Mesmo hoje, em plena explosão feminista, ainda não é praxe que nossas pesquisas e estudos incluam como eixo teórico o pensamento feminista brasileiro.

Apenas nos últimos anos, provavelmente em razão da emergência dos debates feministas interseccionais, começamos a reconhecer a importância de pensadoras latino-americanas e mestiças, como se autodenominam as intelectuais chicanas (americanas com pais mexicanos) e latinas, e trazer agora a perspectiva decolonial com suas sérias ressalvas às teorias de caráter eurocêntrico.

Excluindo a regra de sofrermos em praticamente todas as disciplinas acadêmicas uma quase colonização teórica, não saberia responder o porquê exato dessa ausência gritante em nossas teses e bibliografias, especialmente na minha área, a de humanidades. Porém, me dedico à busca de algumas pistas.

Da minha perspectiva, que não acompanha necessariamente a periodicidade dos estudos sobre gênero no Brasil, as reflexões sobre as questões da mulher entre nós começam simultaneamente à formação do ativismo feminista nos anos 1960-70 com os chamados "grupos de reflexão". Na realidade, esses eram grupos de conscientização. Eles são citados invariavelmente pelas ativistas como um marco, um primeiro momento de reconhecimento estratégico e troca sobre as questões relativas à condição das mulheres. Nesses encontros, segundo relatos, eram discutidas questões profissionais, domésticas, políticas, e lidos textos trazidos por feministas que voltavam de exílios ou temporadas em países estrangeiros. Os livros citados como leituras recorrentes e infalíveis nesses encontros de mulheres eram *A origem da família, da propriedade privada e do estado*, de Friedrich Engels; *O segundo sexo*, de Simone de Beauvoir; *A mística feminina*, de Betty Friedan; e *Política sexual*, de Kate Millet. Esses pilares do pensamento feminista internacional, no início dos anos 1970, trouxeram para nossos grupos de mulheres provocações como o quase slogan "não se nasce mulher, torna-se mulher" (Simone de Beauvoir), a polêmica em torno do mito da heroína doméstica (Betty Friedan) e o sexo como categoria política legítima (Kate Millet) que termina gerando a grande bandeira da época: "o pessoal é político".

Por outro lado, a reflexão feminista deu-se nesse mesmo contexto singular da militância, provocando uma retroalimentação em suas escolhas e projetos. Ou seja, a organização de nosso movimento feminista, bem como sua progressiva visibilidade, ao lado da emergência de um pensamento feminista entre nós, se deu em pleno regime de exceção política que se seguiu ao golpe militar de 1964.

Enquanto o feminismo daquela hora na Europa e nos Estados Unidos se alimentava das utopias e dos sonhos de liberdade e transformação da década de 1960, no Brasil a esquerda, incluindo-se aí as mulheres militantes, se manifestava numa frente ampla de oposição ao regime. Nesse quadro, era frequente que as iniciativas do movimento feminista estivessem vinculadas ao Partido Comunista ou à Igreja Católica progressista, instituição particularmente importante enquanto oposição ao regime militar. Nenhuma dessas alianças se deu sem problemas. O Partido reivindicava a prioridade de uma luta ampla e urgente em detrimento das especificidades incômodas das lutas feministas. A Igreja representava um sério conflito em demandas importantes, como a defesa do direito ao aborto e demais temas relativos à sexualidade. Contexto complicado. De um lado, uma forte repressão política e a consequente reação da esquerda; do outro, a necessidade de conjugar os interesses propriamente feministas com a irrecusável e urgente necessidade do engajamento político em tempos de chumbo. Com os estudos feministas, não foi muito diferente, de modo que tal contexto tenha marcado fortemente a dicção e as prioridades de suas pesquisas e análises.

Voltando mais uma vez ao panorama internacional do feminismo, podemos ver que, por exemplo, nos Estados Unidos, os estudos feministas emergem das lutas de liberação dos movimentos de protesto da década de 1960, em que se incluem as instituições universitárias sob a mira ferrenha desses protestos. Portanto, as preocupações iniciais do feminismo acadêmico colocam em pauta, no conjunto de suas demandas, a interpelação ao conservadorismo das universidades, confrontado desde o primeiro momento da formação dessa área de conhecimento, chamada, nas universidades dos Estados Unidos, *Women's Studies*. A luta contra a discriminação sexual e racial no acesso e na vida acadêmicas, a organização profissional nas universidades, a composição do cânone teórico e literário, o conservadorismo dos fundamentos das ciências sociais são pautas de primeira grandeza nesse contexto do feminismo acadêmico dos anos 1960-70. Frente à insatisfação com a própria estrutura departamental e disciplinar universitária, logo de início os *Women's Studies* se colocam como um espaço distinto e alternativo no interior das grades disciplinares. No Brasil, esses estudos se alojaram em diversos departamentos e disciplinas, particularmente nas ciências sociais, e buscaram reconhecimento científico para suas pesquisas, deixando perigosamente naturalizadas as questões relativas ao saber masculino enquanto sinônimo de saber universal.

Ainda em contraponto com os estudos feministas internacionais, nossas pesquisadoras feministas privilegiaram uma pauta mais afinada com o discurso das esquerdas do que aquelas referentes ao aborto, à sexualidade, ao planejamento familiar, questões que não foram silenciadas, mas que permaneceram no âmbito das discussões privadas dos "grupos de reflexão". Não é certamente por acaso que muitas de suas analistas nomeiem esse primeiro momento de "feminismo bem comportado".

Outras estudiosas defendem ainda que o feminismo acadêmico é anterior ao ativismo feminista no Brasil, como comprovam a presença já na década de 1960 e início da década seguinte, de Heleieth Saffioti, Eva Blay, Carmem Barroso e Neuma Aguiar e seus trabalhos em centros acadêmicos de excelência. A tese *A mulher na sociedade de classe: mito e reali-*

dade, de Heleieth Saffioti, é defendida em 1967. Zahidé Machado Neto ministra, em 1973, na Universidade Federal da Bahia (UFBA), um curso pioneiro chamado "Sociologia da família e relações entre os sexos". Em 1974, várias pesquisadoras brasileiras participam da "Conferência sobre perspectivas femininas nas ciências sociais latino-americanas" realizada em Buenos Aires e, em 1975, tem lugar na reunião da Sociedade Brasileira para o Progresso da Ciência (SBPC) o seminário – Contribuição das Ciências Humanas para a Compreensão do Papel das Mulheres, organizado pelo Coletivo de Pesquisa sobre Mulher da Fundação Carlos Chagas.

Dado que frequentemente elege-se como marco da organização do ativismo feminista no Brasil o histórico seminário da Associação Brasileira de Imprensa (ABI), que teve lugar de 30 de junho a 6 de julho de 1975, vemos, com clareza, o pioneirismo e a posterior sincronicidade entre o ativismo e os trabalhos acadêmicos sobre a mulher. Ambos, por sua vez, marcados por um forte compromisso político de enfrentamento à ditadura e às desigualdades sociais.

Por sua vez, a política de conhecimento da área de estudos sobre a mulher é inaugurada sobre a tarefa de articular sua base – naquele momento, necessariamente marxista – com as questões mais específicas, e talvez mesmo mais subjetivas da condição da mulher. De certa maneira, essa base marxista, como confessa Branca Moreira Alves, deu "permissão" para que os estudos feministas se posicionassem melhor no quadro das demandas das esquerdas em que as questões sobre a mulher eram consideradas de menor interesse. Em entrevista a mim, diz Branca:

> A tese de Heleieth nos deu permissão, a nós de esquerda, para tratar da mulher dentro desse universo do marxismo. Inegavelmente, na década de 1970, só o marxismo nos permitia analisar a sociedade. Era regra buscar apoio naqueles que chamávamos de barbudos – Karl Marx e Fredrich Engels – a legitimidade para conseguirmos, pisando em ovos, falar de mulher.

Essa conversa nos dá a dimensão do quadro político e cultural no qual se deram essas primeiras investidas acadêmicas.

Branca Moreira Alves era orientanda de Heleieth Saffioti, personagem pioneira e emblemática de nossos estudos feministas que defendeu, em 1967, na Unesp, sua tese já citada sob orientação do professor Florestan

Fernandes. Publicado pela Editora Vozes em 1976, o livro foi um best-seller e constitui até hoje uma referência nos estudos de gênero. Nunca é demais lembrar que, em 1967, o objeto de pesquisa "mulher", por si só, ainda não se constituía como questão legítima para uma tese acadêmica.

Nesse sentido, Heleieth foi estratégica o suficiente e realizou um estudo marxista sobre o capitalismo subdesenvolvido, em que a opressão feminina estava determinada pela condição de classe. Outro ponto interessante é que em seu texto ou em eventos públicos, Heleieth, enfática, se recusava a identificar-se com o feminismo. Era apenas uma mulher de esquerda fortemente interessada na condição feminina.

Essa atitude de recusa à identificação com o feminismo não é exclusiva de Heleieth. Ao contrário, é um sintoma bastante encontrado em muitas de nossas pesquisadoras e estudiosas engajadas na questão da condição feminina, e praticamente a regra entre as escritoras e produtoras culturais que trabalharam com uma perspectiva feminista até o final da década de 1990 no Brasil e na América Latina em geral – o que diz muito sobre o contexto sociopolítico de nossas primeiras investidas feministas.

Voltando à dimensão das políticas que orientaram a consolidação dos estudos feministas entre nós, é também importante reiterar como, naquele momento, parecia impossível a existência de um feminismo autônomo, desvinculado de uma perspectiva de classe.

Uma das personagens mais importantes dos momentos iniciais de nosso feminismo foi Rose Marie Muraro, ligada a um pensamento católico de esquerda e que, subvertendo a regra, intitulava-se feminista desde os primórdios dos anos 1960. Rose trabalhou de forma interessante a alquimia entre ideologia e feminismo propondo o que definia como "feminismo da fome", um feminismo que, necessariamente, deveria incluir as mulheres de camadas mais pobres, e que se afinasse com a luta contra o Estado e com o ideário de esquerda relativo à necessidade imperiosa de uma transformação social. Rose não se integrou aos estudos feministas de caráter mais acadêmico, mas realizou importantes pesquisas especialmente sobre sexualidade, além de exercer uma extraordinária militância editorial feminista, à frente da pioneira Editora Rosa dos Tempos, ligada à Vozes e, portanto, à Igreja. Foi Rose que interpelou o forte machismo da esquerda, publicando a *Mística feminista*, e trazendo para o Brasil sua autora, a explosiva Betty Friedan, para o lançamento do livro em março de 1971. É um marco a histórica entrevista de Betty ao *Pasquim* e o confronto feroz entre a escritora feminista e os entrevistadores "progressistas", e as diversas notas na imprensa a chamando de feia, nariguda, neurótica, machona e outras preciosidades, frutos da irritação que causou tanto na esquerda quanto nos meios militares. Ou seja, a visita de Betty Friedan certamente não passou em branco.

Voltando à trajetória do pensamento feminista na academia brasileira, é fundamental lembrar que, nesse mesmo período, é criado o Sistema Nacional de Pós-Graduação, o que facilitou bastante a produção de pesquisas sobre a condição feminina, tornando-se mesmo o lócus privilegiado dessas pesquisas. Nesse caso, a área de ciências sociais é claramente sua área de maior concentração, produzindo a maior parte da produção sobre a mulher em relação a outros campos do saber, inclusive a área de Humanidades. Neste último caso, encontramos grupos de trabalho e estudos sobre a mulher em Letras, Comunicação e Artes que se desdobraram em teses e pesquisas importantes, mas a grande referência de área entre nós sempre foi e continua a ser a das ciências sociais.

Outro fator contextual decisivo no desenvolvimento e na formação dos estudos feministas no Brasil foi a atuação da Fundação Carlos Chagas, sem dúvida uma das maiores responsáveis pela consolidação dessa área de conhecimento. Foi a Carlos Chagas que, em São Paulo, promoveu desde 1974 seminários sobre a mulher, estimulando a pesquisa na área. Foi ela também, a Fundação Carlos Chagas, que em 1977 obteve o apoio da Fundação Ford e lançou o Programa de Dotações para Pesquisa sobre Mulheres e Relações de Gênero, realizando, ao longo de 20 anos, oito concursos de alcance nacional e apoiando 170 projetos de pesquisa em várias áreas disciplinares. O impacto decisivo desse programa no campo dos estudos de gênero vem sendo analisado em vários estudos, com destaque para "Estudos de gênero: a construção de um novo campo de pesquisas no país",[1] de Bila Sorj, e o estudo de Albertina Costa, Carmen Barroso e Cynthia Sarti, "Pesquisa sobre mulher no Brasil: do limbo ao gueto?", que integra esta coletânea.

Os trabalhos desenvolvidos nos concursos da Carlos Chagas reafirmam o panorama mais geral dos estudos acadêmicos sobre gênero. Ou seja, a concentração no campo da Sociologia, Antropologia e Ciência Política, e seus temas prioritários como a mulher na força de trabalho, saúde reprodutiva, violência doméstica e o aborto. A questão mais específica do aborto, como já mencionei, trazia alguns problemas de encaminhamento num contexto de exceção política. O artigo de Leila Linhares Barsted, "Legalização e descriminalização: dez anos de luta feminina", incluído neste volume, analisa detalhadamente os combates pela descriminalização do aborto entre nós. Leila aponta para um dado interessante e pouco mencionado nas lutas pró-aborto: onde existem democracias consolidadas, essa luta defende a ampliação dos horizontes democráticos. Entre nós, no contexto autoritário e repressivo, essa mesma luta torna-se, simultaneamente, um combate voltado para a conquista da democracia e dos direitos das mulheres. Por isso, a problemática do aborto aqui teve impasses e estratégias próprias. Não muito diversos foram os debates sobre liberdade sexual e o direito ao corpo de forma mais ampliada – incluindo-se aí temas como o do homossexualismo –, o que ocorria preferencialmente na esfera privada e nos encontros de mulheres.

Especificamente sobre sexualidade, esse assunto estrategicamente evitado fora dos grupos de reflexão, temos duas publicações importantes, ambas mais ligadas ao ativismo do que à academia. Em 1981, a Editora Brasiliense publica *Espelho de Vênus*, resultado da experiência de um grupo de reflexão feminista, o Grupo Ceres, que registra a vivência de mulheres de diferentes origens e gerações a respeito da evolução de seu corpo e sexualidade. Trata-se de um livro pioneiro que registra depoimentos extremamente interessantes no momento em que as mulheres começam a se conscientizar e, sobretudo, a falar de si, tornando-se referência na história de toda uma geração de feministas brasileiras.

O segundo livro, publicado dois anos depois, em 1983, com autoria de Rose Marie Muraro, é o livro *Sexualidade da mulher brasileira*, resultado de uma extensa pesquisa utilizando a metodologia defendida por Rose como método "estatístico descritivo" e não ortodoxo. A autora coloca na mesa a questão central da divisão entre o ativismo feminista e os grupos de esquerda: qual a luta mais importante, a de classes ou a de gênero? Aplacando essa questão como havia feito Heleith Saffioti, ainda que de forma menos aberta, Rose comanda uma pesquisa-participante, focada na amostragem de entrevistas com mulheres, mostrando a realidade social brasileira fortemente dividida em classes sociais. Essa pesquisa foi baseada em questionários fechados, o que permitia a comparação entre os grupos estudados. O livro teve enorme impacto na mídia, esteve durante seis meses na lista dos mais vendidos, e ganhou o apelido de "Relatório Muraro" em referência ao famoso *Relatório Hite*.[2]

Esses dois trabalhos foram importantes, mas é bastante difícil encontrarmos, nessa época, textos teóricos sobre o assunto na altura dos artigos de excelência encontrados sobre violência doméstica, a posição da mulher no mercado de trabalho e saúde da mulher realizados naquele mesmo momento. Como observam com justeza Bila Sorj e Maria Luiza Heilborn,[3] as questões mais específicas da sexualidade como prostituição e homossexualidade se desenvolveram paralelamente aos estudos de gênero dentro da rubrica de "comportamento desviante" e "desvio social", no âmbito da sociologia e da antropologia.

Ao contrário da experiência brasileira, no panorama internacional, tanto os temas da sexualidade quanto a área de *Women's Studies* na filosofia, na literatura e nas artes foram numerosos e tiveram grande impacto. Esses temas ganharam visibilidade através de um longo processo teórico de construção (e atualmente de desconstrução) da noção de gênero e das interpelações heteronormativas e interseccionais, trazendo notória complexidade e protagonismo para o pensamento feminista norte-americano e europeu nos anos 1970-1980.

Nessa introdução, venho utilizando com frequência a terminologia "estudos feministas" na designação do campo de estudos sobre mulher. Eu me permiti essa opção, arbitrária neste caso, mesmo sabendo que essa designação é uma entre outras, como "estudos de gênero" ou "estudos da mulher", e que o uso de uma ou outra significa uma disputa acadêmica diretamente ligada a correntes teóricas e mesmo políticas no campo destes estudos.

O critério que orientou a seleção dos textos que compõem esse volume foi o de mostrar, durante o período de sua formação, as décadas de 1970 a 1990,[4] os principais eixos e as características dos nossos estudos feministas e de gênero, seus impasses e avanços, bem como as perspectivas e estratégias desenvolvidas nas práticas do cruzamento entre a militância e o empenho teórico.

Não foi fácil escolher textos e autoras para este volume, o que comprova a riqueza e amplitude da atividade acadêmica voltada para a mulher no momento de constituição desse campo de saber. As escolhas foram feitas preferencialmente na direção de sinalizar os caminhos do pensamento feminista brasileiro, os temas mais abordados pelas pesquisas e algumas de suas principais protagonistas.

O volume é dividido em quatro partes. A primeira parte traz uma amostragem de pesquisas que pretenderam de certa forma organizar a história do feminismo brasileiro, ou momentos importantes dessa história, como o artigo de Constância Lima Duarte, que oferece um cruzamento importante entre história e literatura como forma de relatar a trajetória do feminismo em seus primeiros tempos, o de Branca Moreira Alves que nos apresenta um resumo do histórico do movimento sufragista, baseado em seu livro *Ideologia e feminismo: a luta da mulher pelo voto no Brasil* (1980). Jacqueline Pitanguy relata as conquistas feministas na Constituinte de 1987 – ela mesma personagem dessa luta conhecida como o "lobby do batom" –, enquanto Bila Sorj faz uma reflexão sobre as formas de inserção dos estudos feministas no quadro das teorias modernas sobre os movimentos sociais no advento das quebras paradigmáticas da filosofia pós-moderna. Por fim, temos o trabalho referente às pesquisas sobre mulher no Brasil, escrito pelas próprias responsáveis pela organização dos já históricos editais da Fundação Carlos Chagas, Albertina Costa, Carmen Barroso e Cynthia Sarti; e o de Rita Terezinha Schmidt, que procura recuperar a força de duas escritoras pouco conhecidas, mas que intervêm corajosamente no movimento de criação de narrativas para a constituição de uma genealogia da nação brasileira, reclamando a inclusão, nessas narrativas, das questões da diferença e da exclusão social.

Busquei para essa parte abordagens e perspectivas diversas no sentido de oferecer às leitoras e aos leitores um conjunto multifacetado das tentativas iniciais de pensar a constituição de um pensamento feminista no Brasil.

A segunda parte foi dedicada aos temas-chave dos estudos sobre a mulher, respectivamente: a violência, a inclusão da mulher no mercado de trabalho e o aborto, que também eram as bandeiras imediatas do ativismo, bem como o perfil teórico e político desses textos, como é o caso principalmente do trabalho de Heleieth Saffioti sobre violência. Também exemplares são os textos de Maria Betânia Ávila sobre direitos reprodutivos, o de Leila Linhares Barsted sobre o percurso da luta pelo aborto e o de Mary Castro, que enfatiza a importância das categorias de gênero, raça e geração na análise do sindicato de trabalhadores domésticos em Salvador.

Outra característica desse período de formação, acentuado durante a transição democrática, é o grande número de textos que desenvolvem análises mais aprofundadas sobre as bandeiras feministas como insumo para as políticas públicas. É precisamente nesta época, do governo José Sarney, que as feministas começam a buscar o aparelho governamental para implementar e, em um certo sentido, viabilizar suas reivindicações. Outra especificidade importante desses estudos, que significa um avanço sobre os estudos feministas internacionais, é, já nos anos 1960-1990, a atenção especial dada à abordagem inclusiva em relação às questões das mulheres de classes mais pobres em contraposição ao feminismo "universal" tão frequente nos estudos europeus e norte-americanos.

Em seguida, a terceira parte é especialmente dedicada às pioneiras dos debates sobre a especificidade das relações entre gênero e raça, até hoje grandes referências desses estudos entre nós, como: Lélia Gonzalez, Beatriz Nascimento e Sueli Carneiro.

Fechando o volume, na quarta parte temos um novo balanço, agora menos histórico, que procura repensar horizontes disciplinares e colocar em pauta questões epistemológicas na perspectiva feminista, questões que vão se desdobrar com força nas décadas posteriores. Nesse sentido, o estudo de Lourdes Maria Bandeira é importante na medida em que coloca em pauta a categoria "violência de gênero" como de caráter necessariamente multifacetado, pois se constitui como um jogo de forças de sua dupla dimensão de fenômeno social e categoria de análise, abrindo um vasto campo de reflexão para estudiosos e pesquisadores. Na mesma direção, Maria Luiza Heilborn nos oferece uma observação aguda sobre o cruzamento das características próprias da antropologia com os estudos de gênero, mostrando como a antropologia enfatiza a perspectiva sistêmica que domina o jogo de construção dos papéis e identidades masculinas e femininas e sinalizando a fragilidade da expressão "relações de gênero" como eixo e definição dos estudos sobre mulher.

Paralelamente, o estudo de Angela Maria Silva Arruda faz movimento similar, assinalando uma certa convergência entre as teorias das representações do campo da psicologia social com as teorias feministas que começam a privilegiar o papel da experiência e trazer para suas pautas a perspectiva de uma epistemologia feminista. Os dois últimos artigos aprofundam essa discussão, central para o avanço teórico da área.

Maria Odila Leite da Silva Dias avança seu estudo sobre a pesquisa na área da História em direção a uma epistemologia feminista na qual sujeito e objeto estariam diluídos um no outro. Apontando para a necessidade incontornável de se historicizar, contextualizar e relativizar conceitos e saberes universais, Maria Odila propõe como tarefa maior do pensamento feminista o trabalho com a hermenêutica do cotidiano, privilegiando categorias instáveis, porém capazes de fragilizar a perspectiva do sujeito epistemológico masculino universal. O efeito desse movimento seria permitir a emergência dos processos de vir a ser de novas subjetividades femininas.

Essa quarta parte – e a coletânea – é fechada com o texto de Margareth Rago, cujo foco direto é a abordagem crítica epistemológica e a formação de contradiscursos feministas que possam se constituir como um campo de conhecimento próprio, interpelando nosso "feminismo tropical" [sic] mais atento à urgência dos problemas sociais e às demandas urgentes de intervenção.

A partir da chamada terceira onda feminista, que corresponderia aos anos 1990-2000, os estudos feministas entre nós se ampliam em pautas, questões e terrenos disciplinares, apesar de conhecerem um certo refluxo entre as gerações mais jovens. Entretanto, na segunda década do século XXI, estimulado pelas novas formas do ativismo jovem na internet e nas ruas, esses estudos começam a voltar com força. Nas universidades, proliferam coletivos de mulheres que discutem o machismo no campo acadêmico, bem como se multiplicam os trabalhos universitários no formato de teses, pesquisas e trabalhos de conclusão de curso, agora não apenas exclusivos das ciências sociais. as áreas de letras, belas-artes, comunicação e arquitetura são surpreendidas pela entrada maciça de pesquisadoras particularmente interessadas nas questões da desconstrução das noções de gênero e sexualidade, a diversidade dos feminismos – agora sempre usado no plural –, colocando em pauta o debate sobre "lugar de fala", ou seja, o direito de autorrepresentação dos diversos segmentos feministas.

Discute-se, de forma acirrada, teorias decoloniais, queer, a desconstrução da noção de gênero. Além disso, a ideia de sexo biológico é duramente interpelada. Essa efervescência, bastante apoiada na bibliografia internacional e em novas revisões feministas das teorias marxistas, é bastante visível na academia.

Movida por este momento de redescoberta do feminismo e querendo contar essa história para as jovens feministas, reuni textos de nossas veteranas brasileiras – produzidos numa hora de repressão e ditadura militar – que tiveram de enfrentar compromissos políticos nem sempre desejáveis, preconceitos machistas dos intelectuais e dificuldades em sua inserção acadêmica. Enfim, mesmo assim o pensamento feminista conseguiu emergir e se consolidar como área legítima de conhecimento.

NOTAS

1   Publicado em Albertina de Oliveira Costa et al. (orgs.), *Uma história para contar: a pesquisa na Fundação Carlos Chagas*, São Paulo: Annablume, 2004, p. 119-140.

2   *The Hite Report,* publicado em 1976, é o resultado de uma extensa e polêmica pesquisa da sexóloga Shere Hite, sobre a sexualidade feminina nos Estados Unidos, gerando grande impacto no debate sobre o feminismo. *O Relatório Hite* foi traduzido no Brasil pela poeta Ana Cristina Cesar para a Editora Difel em 1978.

3   Maria Luiza Heilborn e Bila Sorj, "Estudos de gênero no Brasil", in Sérgio Miceli (org.), *O que ler na ciência social brasileira (1970-1995)*, Anpocs/Capes, São Paulo: Editora Sumaré, 1999, p. 183-221.

4   As datas dos artigos aqui selecionados correspondem a este período, considerado o de formação do pensamento feminista no Brasil. Em alguns casos, os estudos abordam os temas e debates referentes a esse recorte de tempo, tendo sido, entretanto, escritos um pouco mais recentemente.

algumas histórias sobre o feminismo no brasil

Se a história do feminismo é pouco conhecida, deve-se também ao fato de ser pouco contada.

Constância Lima Duarte

Feminismo: uma história a ser contada

Constância Lima Duarte

O TABU DO FEMINISMO

Diferente do que ocorre em outros países, existe no Brasil uma forte resistência em torno da palavra "feminismo". Se lembrarmos que o feminismo foi um movimento legítimo que atravessou várias décadas e transformou as relações entre homens e mulheres, torna-se inexplicável o porquê de sua desconsideração pelos formadores de opinião pública. Pode-se dizer que a vitória do movimento feminista é inquestionável quando se constata que suas bandeiras mais radicais se tornaram parte integrante da sociedade, como o direito de a mulher frequentar a universidade, escolher sua profissão, receber salários iguais e candidatar-se ao que quiser. Tudo isso, que já foi um sonho utópico, faz parte do dia a dia da mulher brasileira e ninguém pode imaginar um cenário diferente.

Mas se essas foram vitórias do movimento feminista, sua grande derrota foi ter permitido que um forte preconceito isolasse o termo, sem conseguir se impor com orgulho para a maioria das mulheres. A reação desencadeada pelo antifeminismo foi tão forte e competente, que não apenas promoveu um desgaste semântico da palavra, como transformou a imagem da feminista em sinônimo de mulher mal-amada, machona, feia, em total oposição à ideia do "feminino". Provavelmente, por receio de serem rejeitadas ou de ficarem "malvistas", muitas de nossas escritoras, intelectuais, e a brasileira de modo geral, passaram enfaticamente a recusar esse título. Talvez seja uma derrota do feminismo permitir que as novas gerações desconheçam a história das conquistas femininas, os nomes das pioneiras, a luta das mulheres do passado que, de peito aberto, denunciaram a discriminação, por acreditarem que, apesar de tudo, era possível um relacionamento justo entre os sexos.

MOMENTOS DO FEMINISMO

Contudo, se a história do feminismo é pouco conhecida, deve-se também ao fato de ser pouco contada. A bibliografia referente ao tema é, além de limitada, fragmentada, se dividindo entre análises sobre os anos 1930 e a luta pelo voto, ou sobre os anos 1970 e as conquistas mais recentes. Na maior parte das vezes, entende-se como feminismo apenas o movimento articulado de mulheres em torno de determinadas bandeiras; e tudo o mais fica relegado a notas de rodapé.

Pois o feminismo, a meu ver, deveria ser compreendido em um sentido mais amplo, como todo gesto ou ação que resulte em protesto contra a opressão e a discriminação da mulher, ou que exija a ampliação de seus direitos civis e políticos, por iniciativa individual ou de grupo. Somente então será possível valorizar os momentos iniciais dessa luta – contra os preconceitos mais primários e arraigados – e considerar aquelas mulheres que se expuseram à incompreensão e à crítica, nossas primeiras e legítimas feministas.

Considerando que esta história teve início nas primeiras décadas do século XIX – o momento em que as mulheres despertam do "sono letárgico em que jaziam", segundo Mariana Coelho[1] –, nota-se a existência de pelo menos quatro momentos áureos na história do feminismo brasileiro.[2] Longe de serem estanques, tais momentos conservam uma movimentação natural em seu interior, de fluxo e refluxo, e costumam, por isso, ser comparados a ondas, que começam difusas e imperceptíveis e, aos poucos (ou de repente), se avolumam em direção ao clímax – o instante de maior envergadura, para então refluir numa fase de aparente calmaria, e novamente recomeçar.

As décadas em que esses momentos teriam obtido maior visibilidade, ou seja, em que estiveram mais próximos da concretização de suas bandeiras, seriam em torno de 1830, 1870, 1920 e 1970. Foram necessários, portanto, cerca de cinquenta anos entre uma e outra, com certeza ocupados por um sem-número de pequenas movimentações de mulheres, para permitir que as forças se somassem e mais uma vez fossem capazes de romper as barreiras da intolerância, abrindo novos espaços.[3] Em cada um deles, identificamos algumas escritoras feministas, à guisa de ilustração.

PRIMEIRO MOMENTO: AS LETRAS INICIAIS

Quando se inicia o século XIX, as mulheres brasileiras, em sua enorme maioria, viviam enclausuradas em antigos preconceitos e imersas numa rígida indigência cultural. Urgia levantar a primeira bandeira, que não poderia ser outra que o direito básico de aprender a ler e a escrever (então reservado ao sexo masculino). A primeira legislação autorizando a abertura de escolas públicas femininas data de 1827, e até então as opções para educação de mulheres se restringiam a alguns poucos conventos que guardavam as meninas para o casamento, raras escolas particulares nas casas das professoras, ou o ensino individualizado, todos se ocupando apenas das prendas domésticas. Foram aquelas primeiras (e poucas) mulheres, que tiveram uma educação diferenciada, que tomaram para si a tarefa de estender os benefícios do conhecimento às demais companheiras, e abriram escolas, publicaram livros, enfrentaram a opinião corrente que defendia a ideia de que mulher não necessitava saber ler nem escrever. Segundo Zahidé Muzart, estava ali a gênese do feminismo no país.

> (...) no século XIX, as mulheres que escreveram, que desejaram viver da pena, que desejaram ter uma profissão de escritoras, eram feministas, pois só o desejo de sair do fechamento doméstico já indicava uma cabeça pensante e um desejo de subversão. E eram ligadas à literatura. Então, na origem, a literatura feminina no Brasil esteve ligada sempre a um feminismo incipiente.[4]

O nome que se destaca nesse momento é o de Nísia Floresta Brasileira Augusta (1810-1885), nascida no Rio Grande do Norte, que residiu em

Recife, Porto Alegre e Rio de Janeiro, antes de se mudar para a Europa, e que teria sido uma das primeiras mulheres no Brasil a romper os limites do espaço privado e a publicar textos em jornais da chamada "grande" imprensa. Seu primeiro livro, intitulado *Direitos das mulheres e injustiça dos homens*, de 1832, é também o primeiro no Brasil a tratar do direito das mulheres à instrução e ao trabalho, e a exigir que elas fossem consideradas inteligentes e merecedoras de respeito. Esse livro, inspirado em Mary Wollstonecraft (Nísia declarou ter feito uma "tradução livre" de *Vindications of the rights of woman*), mas também nos escritos de Poulain de la Barre, de Sophie e nos famosos artigos da "Declaração dos Direitos da Mulher e da Cidadã", de Olympe de Gouges, deve, ainda assim, ser considerado o *texto fundante* do feminismo brasileiro, pois se trata de uma nova escritura, apesar de inspirado na leitura de outros. Pode também ser lido como uma resposta brasileira ao texto inglês: nossa autora se colocando em pé de igualdade com o pensamento europeu, e cumprindo o importante papel de elo entre as ideias estrangeiras e a realidade nacional.

Nísia Floresta identifica na herança cultural portuguesa a origem do preconceito no Brasil e ridiculariza a ideia dominante da superioridade masculina. Homens e mulheres, afirma ela, "são diferentes no corpo, mas isso não significa diferenças na *alma*". Argumenta, também, que as desigualdades que resultam em inferioridade "vêm da educação e circunstâncias de vida", antecipando a noção de gênero como uma construção sociocultural. Segundo a autora, os homens se beneficiavam com a opressão feminina, e somente o acesso à educação permitiria às mulheres tomarem consciência de sua condição inferiorizada. São ideias suas que:

> se cada homem, em particular, fosse obrigado a declarar o que sente a respeito de nosso sexo, estaríamos todos de acordo em dizer que nós nascemos para seu uso, que não somos próprias senão para procriar e nutrir nossos filhos na infância, reger uma casa, servir, obedecer e aprazer aos nossos amos, isto é, a eles, homens. Tudo isso é admirável e mesmo um mulçumano não poderá avançar mais no meio de um serralho de escravas.[5]

Nísia Floresta não realiza uma tradução no sentido convencional do texto da feminista, ou de outros escritores europeus, como muitos acreditaram.

Na verdade, ela empreende uma espécie de *antropofagia libertária*: assimila as concepções estrangeiras e devolve um produto pessoal, em que cada palavra é vivida e os conceitos surgem extraídos da própria experiência.[6]

E aqui está a marca diferenciadora desse momento histórico: o nosso primeiro momento feminista, mais que todos os outros, vem de fora, não nasce entre nós. E Nísia Floresta é importante principalmente por ter colocado em língua portuguesa o clamor que vinha da Europa e feito a tradução cultural das novas ideias para o contexto nacional, pensando na mulher e na história brasileiras. Ao se apropriar do texto europeu para superá-lo, ela se insere numa importante linhagem antropofágica da literatura brasileira, inaugurada desde Gregório de Matos. Na deglutição geral das ideias estrangeiras, era comum promover-se uma acomodação das mesmas ao cenário brasileiro, e é o que ela faz em seus textos feministas. Tanto que o título de seu livro contém não apenas a ideia dos *rights of woman*, mas também a de "injustiça dos homens".

No último capítulo de *Direitos das mulheres e injustiça dos homens*, encontra-se o desvio mais acentuado em relação aos *originais* europeus. Após longa argumentação a respeito da capacidade e da superioridade femininas, Nísia termina dizendo que não tinha intenção de "revoltar pessoa alguma contra os homens", e muito menos "transformar a ordem presente das coisas". Ou seja: não endossa a revolução proposta pelas pensadoras estrangeiras, e sentia-se satisfeita em provar que seu sexo "não é tão desprezível", e que as mulheres eram "capazes de tanta grandeza d'alma como os melhores desse sexo orgulhoso". Esse recuo (que à primeira vista poderia parecer uma contradição) merece ser analisado também como estratégia e consciência da realidade. Afinal, o momento brasileiro impunha não o clamor por revoluções, mas por pequenas e necessárias mudanças no comportamento masculino em relação à mulher. A autora revela (apesar de sua pouca idade) ter consciência da defasagem cultural, social e política existente entre a Europa e o Brasil. Enquanto lá as vindicações se faziam sob a forma de crítica a uma educação já existente, aqui as solicitações eram ainda as primárias, pois mesmo a alfabetização mais superficial esbarrava em toda sorte de preconceitos. Nossas mulheres precisavam, primeiramente, ser consideradas seres pensantes, para então pleitearem a emancipação política.[7]

Em 1832 eram raras as mulheres brasileiras *educadas* e, em menor número ainda, as escritoras. A mineira Beatriz Francisca de Assis Brandão (1779-1860) e as gaúchas Clarinda da Costa Siqueira (1818-1867) e Delfina Benigna da Cunha (1791-1857) eram algumas dessas exceções hoje conhecidas.[8] Mesmo entre os chamados "jornais femininos", apenas existiam uns poucos periódicos dirigidos por homens mais sensíveis às mudanças do comportamento social, e que se apressavam em oferecer publicações especialmente *pasteurizadas* para o público feminino.[9]

Também em outros livros Nísia Floresta destaca o tema da educação, como em *Conselhos à minha filha* (1842), *A mulher* (1859) e *Opúsculo humanitário* (1853). No último, a autora revela o quanto conhecia da história da mulher em diversos países, avalia as escolas femininas de seu tempo, e ainda expõe um projeto educacional para tirar as mulheres da ignorância e da ociosidade. Nísia defende que o progresso (ou o atraso) de uma sociedade deve ser avaliado pela importância atribuída às mulheres, como também inúmeros filósofos e pensadores, o que vem reiterar seu constante diálogo com o pensamento mais avançado de seu tempo.

Anos depois, em Porto Alegre, uma jovem escritora, Ana Eurídice Eufrosina de Barandas, publicava o livro *A philosopha por amor* (1845), que trazia, entre contos e versos, uma pequena peça teatral a respeito das reivindicações femininas. Em sua argumentação, a personagem Mariana repete inúmeras ideias que se encontram no primeiro livro de Nísia Floresta (por sinal reeditado em Porto Alegre, em 1833), tais como a convicção na capacidade da mulher para exercer cargos de comando, sua competência para estudar e o discernimento para opinar sobre momentos importantes do país, no caso, a Revolução Farroupilha.[10]

Apenas em meados do século XIX começam a surgir os primeiros jornais dirigidos por mulheres. Os críticos se manifestam vivamente, considerando as publicações que eram desde sempre expressões de uma imprensa secundária, inconsistente e supérflua, pois destinavam-se ao segundo sexo. Entretanto, ainda assim, veremos o quanto aquelas páginas artesanais contribuíram para a construção da identidade feminina. Em 1852, o público leitor do Rio de Janeiro deve ter se surpreendido com o lançamento do *Jornal das Senhoras*, de Joana Paula Manso de Noronha, uma argentina radicada no Rio de Janeiro. O editorial do primeiro número expunha o firme propósito de incentivar as mulheres a se ilustrarem e a buscarem um "melhoramento social e a emancipação moral". Joana Manso acreditava na inteligência feminina e queria convencer a todos que "Deus deu à mulher uma alma e a fez igual ao homem e sua companheira". Para ela, a elite brasileira não poderia ficar isolada "quando o mundo inteiro marcha ao progresso" e "tende ao aperfeiçoamento moral e material da sociedade". Como Nísia Floresta, Joana Manso também acusava os homens de egoísmo por considerarem suas mulheres apenas como "crianças mimadas", ou "sua propriedade", ou ainda "bonecas" disponíveis ao prazer masculino. O pioneirismo d'*O Jornal das Senhoras* e suas colaboradoras tímidas e anônimas representou, ainda assim, um decisivo passo na longa trajetória das mulheres em direção à superação de seus receios e à conscientização acerca de seus direitos.

Outra escritora importante neste período foi Júlia de Albuquerque Sandy Aguiar, editora de *O belo sexo*, publicado no Rio de Janeiro, em 1862. No primeiro número da publicação, Júlia declara estar consciente do pioneirismo de sua iniciativa e sua crença inabalável na capacidade intelectual da mulher. A novidade desse periódico está no incentivo feito às colaboradoras para assinarem seus trabalhos e participarem efetivamente do jornal, discutindo entre si os temas a serem publicados. Como eram mulheres da classe alta, faziam questão de divulgar que o lucro da venda do jornal era entregue à Imperial Sociedade Amante da Instrução, uma instituição de caridade voltada para órfãos.

SEGUNDO MOMENTO: AMPLIANDO A EDUCAÇÃO E SONHANDO COM O VOTO

O segundo momento de expressão de mulheres surge por volta de 1870, e se caracteriza principalmente pelo espantoso número de jornais e revistas de feição nitidamente feminista, editados no Rio de Janeiro e em outros pontos do país. Talvez fosse o caso de considerá-lo, por isso, menos literário e mais jornalístico.

Entre tantas manifestações, vale destacar de início *O Sexo Feminino*, dirigido pela incansável Francisca Senhorinha da Mota Diniz, de longa vida e muito sucesso. Pesquisas revelam que o periódico teve três fases. Na primeira, foi publicado de 1873 a 1875, em Campanha da Princesa, Minas Gerais, já com a surpreendente tiragem de oitocentos exemplares e assinantes em diferentes cidades. A segunda ocorre alguns anos depois, no Rio de Janeiro, de 1887 a 1889, para onde Francisca Senhorinha havia se transferido com a filha, tornando-se um nome conceituado junto à

Corte. A filha, Elisa Diniz Machado Coelho, também jornalista e autora de romances-folhetim, fundou o Colégio Santa Isabel, para moças, que logo se tornaria um dos mais prestigiados da cidade. Em seus artigos, Francisca Senhorinha alertava às mulheres que o "grande inimigo" era a "ignorância de seus direitos", que "a ciência dos homens" se encarregava de manter. E que apenas com a instrução seria possível "quebrar as cadeias que desde séculos de remoto obscurantismo nos rodeiam". O sucesso do periódico pode ser avaliado quando se sabe que foram impressos mais 4 mil exemplares dos primeiros dez números para atender aos ilustres novos assinantes do Rio de Janeiro, como o imperador d. Pedro II e a Princesa Isabel. Depois, entusiasmada com a Proclamação da República, ela mudou o nome do jornal para *O Quinze de Novembro do Sexo Feminino*, e passou a defender com mais ênfase o direito das mulheres ao estudo secundário e ao trabalho, e a denunciar a educação mesquinha oferecida às meninas. Estava-se, então, na terceira fase do periódico, que foi de 1890 a 1896.[11]

Outros jornais feministas marcaram época, como o *Echo das Damas*, editado por Amélia Carolina da Silva Couto, que circulou no Rio de Janeiro de 1875 a 1885, defendendo a igualdade e o direito da mulher à educação, e divulgando as realizações femininas em outros países. Em 18 de abril de 1879, por exemplo, a edição diz que "os Estados Unidos davam os mais aproveitáveis exemplos dos melhoramentos morais e materiais colhidos por uma nação que não apenas progredia em tecnologia e indústria, mas também cultivava a inteligência das mulheres".

Novos jornais surgiam, como *O Domingo*, e o *Jornal das Damas*, ambos em 1873, para atender às solicitações das brasileiras. Além dos conselhos sobre a vida doméstica, das receitas e as novidades da moda, junto às emoções do romance-folhetim e dos poemas, essas publicações traziam artigos clamando pelo ensino superior e o trabalho remunerado. Divulgavam ideias novíssimas como as de que "a dependência econômica determina a subjugação" e que "o progresso do país depende de suas mulheres", apregoadas por incansáveis jornalistas que queriam convencer as leitoras de seus direitos à propriedade e ao trabalho profissional.[12]

Entre tantas jornalistas, ganha destaque Josefina Álvares de Azevedo (1851-1905), que com mais ênfase questionou a construção ideológica do gênero feminino e exigiu mudanças radicais na sociedade. *A Família*, o jornal que dirigiu de 1888 a 1897, primeiro em São Paulo, depois no Rio de Janeiro, destacou-se principalmente pelo tom assumidamente combativo em prol da emancipação feminina, questionando a tutela masculina e testemunhando momentos decisivos da história brasileira e das investidas das mulheres na luta por mais direitos. à frente do jornal, Josefina realizou um intenso trabalho de militância feminista, sendo incansável na denúncia da opressão e nos protestos pela insensibilidade masculina por não reconhecer o direito da mulher ao ensino superior, ao divórcio, ao trabalho remunerado e ao voto. Além disso, incentivou as compatriotas à ação:

> Formem grupos e associações, fundem jornais e revistas, levem de vencida os tirocínios acadêmicos, procurem as mais ilustres e felizes, com a sua influência, aviventar a campanha em bem da mulher e seus direitos, no Brasil: e assim terão as nossas virtuosas e dignas compatriotas pelejado, com o recato e moderação naturais ao seu delicado sexo, pela bela ideia: "Fazer da brasileira um modelo feminino de educação e cultura espiritual, ativa, distinta e forte."[13]

Em 1878, Josefina Álvares conseguiu encenar sua peça, *O voto feminino*, no Teatro Recreio, depois publicada em livro, o que fez dela uma das primeiras mulheres a defender o direito ao voto e à cidadania no país. Ao longo do ano de 1877, ela havia viajado por vários estados brasileiros, como Pernambuco, São Paulo e Bahia, fazendo palestras e divulgando seu jornal, enquanto lançava uma campanha nacional a favor do sufrágio. Nessa empreitada, conquistou tanto adeptas para suas causas como inimigos rancorosos que a perseguiram implacavelmente através da imprensa.[14]

Se o Rio de Janeiro, como capital do Império e centro intelectual do país, concentrou o maior número de periódicos feministas, as demais regiões também tiveram publicações significativas, como *O Corimbo*, de Porto Alegre, das irmãs Revocata Heloísa de Melo e Julieta de Melo Monteiro. Como o jornal teve uma vida surpreendentemente longa — foi publicado de 1884 até 1944 —, encontra-se em suas páginas a produção literária de várias gerações de escritoras e escritores. Os editoriais, geralmente assinados por Revocata Melo, costumavam trazer veementes apelos a favor do voto, da educação superior e da profissionalização feminina. *O Corimbo* foi incansável na mobilização das mulheres e na divulgação dos avanços em outros países, sempre incentivando as conterrâneas a fazerem o mesmo. Segundo Pedro Maia Soares, com o tempo, o jornal teria se tornado uma "caixa de ressonância do feminismo brasileiro",[15] o que parece mesmo inegável. Também editada fora do Rio de Janeiro, a revista *A Mensageira*, que circulou na capital paulista de 1897 a 1900, teve importante participação na luta das mulheres brasileiras. Dirigida por Presciliana Duarte de Almeida, esteve no cenário nacional tanto por sua ampla distribuição como pelas ideias que defendia e as escritoras que nela colaboravam. Praticamente em todos os seus números, encontra-se a defesa da educação superior e textos divulgando o feminismo. Em 15 de outubro de 1899, por exemplo, há um interessante comentário, intitulado "O feminismo", que saudava a abertura do mercado de trabalho para as mulheres, nestes termos:

> O *Diário Popular* acaba de assentar praça nas fileiras do feminismo; e, por esse arrojo, não regateamos aplausos à ponderada folha vesperti-na. O caso da dra. Mirthes de Campos trouxe para o terreno dos fatos a questão abstrata dos direitos da mulher. E o dr. Viveiros de Castro mostrou-se, mais uma vez, coerente consigo mesmo. Abrir também ao belo sexo a função da advocacia constitui um simples corolário da liberdade profissional, que a Constituição da República sabiamente consagrou. Não seria congruente que as nossas patrícias pudessem, como podem, conquistar nas academias um diploma científico e ficassem, ao mesmo tempo, privadas da eficácia desse diploma, tão duramente conquistado. Com que fundamentos vedariam à mulher o campo da atividade honesta, se a nossa péssima organização social não a pode muitas vezes salvar dos horrores da miséria ou das especulações do vício?[16]

São dessa época as primeiras notícias de brasileiras fazendo cursos universitários, no exterior e no país. A cada nova médica ou nova advogada formada, a imprensa feminista expressava seu regozijo pela importante vitória "sobre os conceitos brutais da educação atrofiante, ainda infelizmente em vigor".[17] Na contramão, também a literatura, o teatro e a imprensa masculina se manifestavam, encarregando-se de ridicularizar as doutoras e insistindo que seria impossível manter um casamento e cuidar de filhos ao mesmo tempo em que exerciam uma profissão. A resistência à profissionalização das mulheres da classe alta e da classe média permanecia inalterada, pois se esperava que elas se dedicassem integralmente ao lar e à família. Apenas as moças pobres estavam liberadas para trabalhar nas fábricas e na prestação de serviços domésticos.

Movida por uma mesma força e um mesmo idealismo, essa imprensa terminou por criar – concretamente –uma legítima rede de apoio mútuo e de intercâmbio intelectual, e por configurar-se como instrumento indispensável para a conscientização feminina. Nas lúcidas palavras de Dulcília Buitoni, tais jornais e revistas tornaram-se um eficaz canal de expressão para as sufocadas vocações literárias das mulheres, tendo exercido ainda uma função "conscientizadora, catártica, psicoterápica, pedagógica e de lazer".[18]

TERCEIRO MOMENTO: RUMO À CIDADANIA

Com toda essa preparação, é de se esperar o tamanho da onda que se seguiria. O século xx já inicia com uma movimentação inédita de mulheres mais ou menos organizadas, que clamam alto pelo direito ao voto, ao curso superior e à ampliação do campo de trabalho, pois queriam não apenas ser professoras, mas também trabalhar no comércio, nas repartições, nos hospitais e indústrias.

Muitos nomes se destacam nesse momento, entre eles o de Bertha Lutz (1894-1976), formada em Biologia pela Sorbonne, em Paris, que vai se tornar uma das mais expressivas lideranças na campanha pelo voto feminino e pela igualdade de direitos entre homens e mulheres no Brasil. Durante anos, Bertha foi incansável nos discursos, nas audiências com parlamentares, e na redação de textos inflamados, como o que publicou na *Revista da Semana*, em 1918, denunciando a opressão das mulheres e propondo a criação de uma associação para "canalizar todos os esforços isolados". Com outras companheiras, fundou a Federação Brasileira pelo Progresso Feminino, que se disseminou em praticamente todos os estados e resistiu por quase cinquenta anos.

No mesmo período, Maria Lacerda de Moura (1887-1945) estava iniciando sua luta pela "libertação total da mulher", com a publicação de *Em torno da educação*, de 1918, em que reafirma a instrução como fator indispensável para a transformação da vida da mulher. Formada pela Escola Normal de Barbacena, desde os primeiros escritos revelou interesse pela luta feminina e o sofrimento do povo brasileiro. Colaborou com Bertha Lutz na fundação da Liga pela Emancipação Intelectual da Mulher, embrião da Federação Brasileira pelo Progresso Feminino, mas logo deixou o grupo para abraçar a causa do operariado. Quando esteve na presidência da Federação Internacional Feminina, propôs a inclusão no currículo das escolas femininas da curiosa disciplina "História da mulher, sua evolução e missão social". Era adepta do amor livre, a favor da educação sexual e contra a moral vigente. Seu livro, *A mulher é uma degenerada?* teve três edições desde 1924, tal a repercussão e a polêmica que alcançou nos meios letrados do país. Escritora lúcida, inteligente e engajada, Maria Lacerda desafiou e enfrentou a sociedade de seu tempo, mantendo-se sempre íntegra e coerente.[19]

A década de 1920 foi particularmente pródiga na movimentação de mulheres. Além de um feminismo burguês e bem comportado que logrou ocupar a grande imprensa, com suas inflamadas reivindicações, o período foi marcado pelo surgimento de nomes vinculados a um movimento anarcofeminista, que propunha a emancipação da mulher nos diferentes planos da vida social, a instrução da classe operária e uma nova sociedade libertária, mas discordavam quanto à representatividade feminina ou à ideia do voto para a mulher.

Resumidamente, podemos destacar algumas personalidades dessa época tão contraditória. A primeira é Leolinda Daltro, líder de um grupo de feministas que optou por ocupar os espaços públicos e chamar sempre a atenção para suas reivindicações. Após várias passeatas barulhentas e de muita pressão junto à classe política, conseguiu que um deles, o senador Justo Chermont, apresentasse o primeiro projeto de lei em favor do sufrágio. O fato repercutiu de tal maneira, representando uma ameaça tão expressiva, que os antifeministas do Senado, da Câmara e da imprensa se uniram em uma campanha sistemática de ridicularização das mulheres e dos poucos homens que as apoiavam, conseguindo atrasar o processo e arrastar a campanha do voto até 1928. Os argumentos continuavam os mesmos e expressavam a concepção masculina de família, de lar doméstico – onde a mulher era "rainha" – e dos "sagrados" deveres femininos, considerados incompatíveis com qualquer participação na esfera pública.[20]

Outra personagem emblemática foi Ercília Nogueira Cobra (1891-1938), que no importante ano da Semana de Arte Moderna lançava seu primeiro livro, *Virgindade inútil: novela de uma revoltada* (1922), dando início a uma obra polêmica que pretendia discutir a exploração sexual e trabalhista da mulher, e provocou intenso debate e muita crítica entre seus contemporâneos. Ercília publicou ainda *Virgindade anti-higiênica: preconceitos e convenções hipócritas* (1924) e *Virgindade inútil e anti-higiênica: novela libelística contra a sensualidade egoísta dos homens* (1931), tendo sido detida várias vezes pelo Estado Novo, chegando a ser presa por suas ideias.

De outra natureza eram as publicações de Diva Nolf Nazário, acadêmica de Direito e secretária da Aliança Paulista pelo Sufrágio Feminino, que lançou em 1923 o livro *Voto feminino e feminismo*, contando uma importante página desta história. Diva Nolf reproduz inúmeros artigos a respeito do voto e dos direitos políticos da mulher que haviam sido publicados na imprensa (como em *A Cigarra, Vida Moderna, Jornal do Commercio* e *Revista Feminina*), e faz comentários lúcidos e pertinentes a cada um deles. É possível conhecer, através de seu livro, as diversas opiniões que circulavam na época sobre o tema, os argumentos favoráveis e contrários.

Quando chega o ano de 1927, o governador do Rio Grande do Norte, Juvenal Lamartine, antecipa-se à União e aprova uma lei em seu estado dando o direito ao voto às mulheres, para regozijo nacional das feministas. A terra de Nísia Floresta saía na frente e impunha-se como provocação para as demais províncias. Imediatamente, as mais combativas militantes da Federação Brasileira pelo Progresso Feminino, em todos os estados em que estava representada, ocuparam as tribunas para aclamar a iniciativa e exigir o mesmo direito. É lançado um manifesto à nação, ora chamado de "Manifesto Feminista", ora de "Declaração dos Direitos da Mulher", assinado por Bertha Lutz, Jerônima Mesquita e Maria Eugênia Celso, entre muitas outras mulheres de importantes famílias políticas, como Clotilde de Mello Vianna, a esposa do vice-presidente da República, nos seguintes termos:

> As mulheres, assim como os homens, nascem membros livres e independentes da espécie humana, dotados de faculdades equivalentes e igualmente chamados a exercer, sem peias, os seus direitos e deveres individuais. Os sexos são interdependentes e devem, um ao outro, a sua cooperação. A supressão dos direitos de um acarretará, inevitavelmente, prejuízos ao outro, e, consequentemente, à nação. Em todos os países e tempos, as leis, preconceitos e costumes tendentes a restringir a mulher, a limitar a sua instrução, a entravar o desenvolvimento das suas aptidões naturais, a subordinar sua individualidade ao juízo

de uma personalidade alheia, foram baseados em teorias falsas, produzindo, na vida moderna, intenso desequilíbrio social. A autonomia constitui o direito fundamental de todo indivíduo adulto. A recusa desse direito à mulher é uma injustiça social, legal e econômica que repercute desfavoravelmente na vida da coletividade, retardando o progresso geral. As noções que obrigam ao pagamento de impostos e à obediência à lei os cidadãos do sexo feminino, sem lhes conceder, como aos do sexo masculino, o direito de intervir na elaboração dessas leis e votação desses impostos, exercem uma tirania incompatível com os governos baseados na justiça. Sendo o voto o único meio legítimo de defender aqueles direitos à vida e à liberdade proclamados inalienáveis pela Declaração da Independência das Democracias Americanas e hoje reconhecidas por todas as nações civilizadas da Terra, à mulher assiste o direito ao título de eleitor. [21]

Porém, apesar das passeatas, dos artigos nos jornais e das dezenas de conferências públicas, foi preciso esperar ainda alguns anos para que o direito ao voto feminino se tornasse realidade nacional. Foi possível, inclusive, assistir à eleição da primeira prefeita, Alzira Soriano (1897-1963), em 1929, no município de Lajes, interior do Rio Grande do Norte, que derrotou o adversário, um conhecido coronel da região, com 60% dos votos, e se tornou a primeira mulher prefeita da América do Sul. A indicação de seu nome para concorrer às eleições pelo Partido Republicano havia sido uma sugestão de Bertha Lutz, que a conhecera em uma reunião de políticos, por ocasião de sua viagem ao Rio Grande do Norte em companhia de Juvenal Lamartine. A eleição de Alzira Soriano repercutiu até no exterior e foi notícia em jornais dos Estados Unidos, Argentina e Uruguai.[22]

Apenas em 1932, o presidente Getúlio Vargas cedeu aos apelos e incorporou ao novo Código Eleitoral o direito de voto à mulher, nas mesmas condições que aos homens, excluindo os analfabetos. O Brasil passava a ser o quarto país nas Américas, ao lado do Canadá, Estados Unidos e Equador, a conceder o voto às mulheres. No entanto, a alegria durou pouco: Vargas decidiu suspender as eleições e as mulheres só iriam voltar a exercer o direito conquistado na disputa eleitoral de 1945.

No campo literário, as escritoras feministas se destacavam. Em 1921, Rosalina Coelho Lisboa (1900-1975) conquistava o primeiro prêmio no concurso literário da Academia Brasileira de Letras, com o livro *Rito pagão*, e era saudada pela imprensa, principalmente a mais interessada, como um "triunfo da intelectualidade feminina brasileira", tal o ineditismo que representava. Rosalina Lisboa tinha sido educada em sua própria casa por professores estrangeiros, e desde cedo colaborava em revistas literárias defendendo a participação da mulher na política, e a igualdade de direitos entre os sexos. Participou do Congresso Feminino Internacional, em 1930, em Porto Alegre, como representante da Paraíba, e foi a primeira mulher a ser designada pelo governo brasileiro para uma missão cultural no exterior, no caso, Montevidéu, em 1932.

Também Gilka Machado (1893-1980) publicou, em 1918, um livro de poemas eróticos, *Meu glorioso pecado*, logo considerado um escândalo por afrontar a moral sexual patriarcal e cristã. Como poucas escritoras de seu tempo, Gilka promoveu a ruptura dos paradigmas masculinos dominantes e contribuiu para a emancipação da sexualidade feminina. Ao vencer um concurso literário do jornal *A Imprensa*, então dirigido por José do Patrocínio Filho, teve seu trabalho estigmatizado e considerado "imoral" por críticos mais conservadores. Além de poeta talentosa, participou dos movimentos em defesa dos direitos das mulheres, principalmente ao lado de Leolinda Daltro, com quem criou o utópico Partido Republicano Feminino, em 1910, quando ainda era remota a ideia do voto, sendo sua segunda-secretária.[23]

Saindo da geografia do Rio de Janeiro, Mariana Coelho se impõe como a "Beauvoir tupiniquim", como a chamou Zahidé Muzart, em seu estudo sobre a feminista paranaense. Mariana Coelho publicou *A evolução do feminismo: subsídios para a sua história*, em 1933, que representa uma importantíssima e lúcida contribuição à história intelectual da mulher brasileira. Além de revelar enorme erudição, pois transita com desenvoltura por diversos campos ao fazer a retrospectiva do movimento feminista na Europa e no Brasil, a autora inaugura uma espécie de feminismo-pacifista, que ainda hoje surpreende. Sua original opinião sobre a Primeira Guerra, como a "mola propulsora e infalível" do movimento feminista e do espírito cívico da mulher, por si só recomenda o livro. Segundo a abalizada Zahidé Muzart:

> Como texto engajado, como texto de luta, ainda pode impressionar-nos hoje, pois já no século XXI, nem de longe, ainda, nos libertamos dos flagelos a que ela se refere, sobretudo o das guerras. O feminismo

de Mariana Coelho nasceu de seu altruísmo, de seu "mar de amor", pois preocupada com o futuro dos povos, atirados numa guerra sangrenta, preconiza antes de mais nada a paz. Daí que seu feminismo está profundamente entranhado nessa causa. Ao lê-la, conclui-se que a paz não pode vir senão pela procura da felicidade de todos, ou seja, os miseráveis terão de ter um lugar à mesa de banquete dos ricos. Ideias, como se vê, extremamente atuais e até hoje, deploravelmente não conseguidas.[24]

Impõe-se também falar de Rachel de Queiroz, grande nome da literatura brasileira, que há décadas mantém um público atento e renovado, seja para seus romances, seja para sua extensa produção no campo da crônica jornalística. Como outras mulheres, Rachel colocou-se na vanguarda de sua época ao penetrar no mundo das letras, na redação dos jornais e na célula partidária, espaços entranhadamente masculinos. A estreia em livro, ocorrida em 1930, com o romance *O Quinze*, que trata do drama dos flagelados e de agudas questões sociais, provocou tal impacto nos meios literários que houve até quem duvidasse de sua identidade, como confessou o escritor Graciliano Ramos:

> *O Quinze* caiu de repente ali por meados de 30 e fez nos espíritos estragos maiores que o romance de José Américo, por ser livro de mulher e, o que na verdade causava assombro, de mulher nova. Seria realmente de mulher? Não acreditei. Lido o volume e visto o retrato no jornal, balancei a cabeça:
>
> Não há ninguém com esse nome. É pilhéria. Uma garota assim fazer romance! Deve ser pseudônimo de sujeito barbado.
>
> Depois, conheci *João Miguel* e conheci Rachel de Queiroz, mas ficou-me durante muito tempo a ideia idiota de que ela era homem, tão forte estava em mim o preconceito que excluía as mulheres da literatura. Se a moça fizesse discursos e sonetos, muito bem. Mas escrever *João Miguel* e *O Quinze* não me parecia natural.[25]

Não era para menos. Na narrativa de *O Quinze*, por exemplo, ao lado de homens fragilizados pela exploração antiquíssima pela catástrofe da seca, a personagem feminina exibe traços de emancipação e prefere viver sozinha, "pensando por si", a aceitar um casamento tradicional. Em *João*

Miguel, são as mulheres do povo que rejeitam a reificação, se entregam à libido e reagem ferindo à faca os homens que as abandonam com filhos pequenos. Elódia Xavier, em estudo sobre a trajetória ficcional da escritora, afirma, a propósito de *As três Marias*, que as personagens representam vários aspectos da condição feminina, "como a repressão sexual e a falta de perspectivas existenciais", e que, ao tomarem contato com a realidade, "se defrontam com a monotonia e a estreiteza do casamento burguês, como 'destino de mulher', citando Simone de Beauvoir".[26] Mas, apesar de tantas personagens roubando a cena ficcional e também de sua própria trajetória de vida, Rachel de Queiroz nunca vai admitir a legitimidade do movimento feminista. E, ironicamente, caberá a ela, em 1977, inaugurar a presença feminina na Academia Brasileira de Letras.

Ainda é preciso chamar a atenção para Adalzira Bittencourt (1904-1976), advogada, escritora e feminista, que organizou no Palace Hotel do Rio de Janeiro, em 1946, a Primeira Exposição do Livro Feminino, obtendo muita repercussão na imprensa. No ano seguinte, repetiu o evento em São Paulo, na Biblioteca Mário de Andrade, reunindo mais de mil livros de 560 escritoras. Os jornais registraram que pelo menos cem escritoras estiveram presentes, e o enorme sucesso de público. Durante os quinze dias da exposição, foram realizadas palestras sobre a mulher na história e na música, sobre o divórcio, o papel da imprensa, e a literatura de autoria feminina. Adalzira Bittencourt foi uma incansável divulgadora da causa da mulher, sempre preocupada com a construção da memória feminina brasileira.[27]

QUARTO MOMENTO: REVOLUÇÃO SEXUAL E LITERATURA

É nos anos 1970 que o feminismo tem seu momento mais exuberante, aquele que foi capaz de alterar radicalmente os costumes e transformar as reivindicações mais ousadas em direitos conquistados. O ano de 1975 tornou-se o Ano Internacional da Mulher, logo estendido por todo o decênio (de 1975 a 1985), tal o estado de penúria da condição feminina, e tantas as metas para eliminar a discriminação. Encontros e congressos de mulheres se sucedem, cada qual com sua especificidade de reflexão, assim como dezenas de organizações, muitas nem tão feministas, mas todas reivindicando maior visibilidade, conscientização política e melhoria nas condições de trabalho. O 8 de Março é finalmente declarado Dia Internacional da Mulher, por iniciativa da ONU, e passa a ser comemorado em todo o país de forma cada vez mais organizada. Segundo Eva Blay, o sacrifício das trabalhadoras americanas estava tão incorporado ao "imaginário coletivo da luta das mulheres", que era justo o estabelecimento dessa data.

Enquanto em outros países as mulheres estavam unidas contra a discriminação sexual e pela igualdade de direitos, no Brasil, o movimento feminista teve marcas distintas e definitivas, pois a conjuntura histórica impôs que as mulheres se posicionassem também contra a ditadura militar e a censura, pela redemocratização do país, pela anistia e por melhores condições de vida. Contudo, ainda assim, ao lado de tão diferentes solicitações, debateu-se muito a sexualidade, o direito ao prazer e ao aborto. "Nosso corpo nos pertence" era o grande mote que recuperava, após mais de sessenta anos, as inflamadas discussões promovidas pelas socialistas e anarquistas do início do século xx. O planejamento familiar e o controle da natalidade passam a ser pensados como integrantes das políticas públicas. E a tecnologia anticoncepcional torna-se o grande aliado do feminismo, ao permitir à mulher igualar-se ao homem no que toca à desvinculação entre sexo e maternidade, sexo e amor, sexo e compromisso. Aliás, o "ficar" das atuais gerações parece ser o grande efeito comportamental desse quarto momento.

Nesse contexto, surgiu novamente uma imprensa dirigida por mulheres, expressões e espaços que o momento demandava. Em 1975, foi fundado o jornal *Brasil Mulher*, porta-voz do recém-criado Movimento Feminino pela Anistia; e, em 1976 surgiu o periódico *Nós Mulheres*, que logo se assumiu feminista e circulou por quase três anos. Os dois jornais enfrentaram as questões polêmicas daqueles tempos atribulados como a anistia, o aborto, a mortalidade materna, as mulheres na política, o trabalho feminino, a dupla jornada e a prostituição, trazendo ainda muitas matérias sobre o preconceito racial, a mulher na literatura, no teatro e no cinema. Segundo Maria Amélia de Almeida Teles, o primeiro número de *Nós Mulheres* teria sido financiado pela cantora Elis Regina, falecida em 1982, também identificada com o ideário feminista. Alguns anos depois era a vez do *Mulherio*, criado em 1981, em São Paulo, por iniciativa de feministas ligadas à Fundação Carlos Chagas. A publicação alcançou rapidamente enorme prestígio nos meios universitários, e no seu terceiro número contava com mais de 3 mil assinaturas. Em suas variadas seções havia desde denúncias de violência, da discriminação contra a mulher negra, aos temas da política do corpo, amamentação, trabalho feminino e da vida das operárias e da periferia das grandes cidades, além de matérias sobre a produção cultural de escritoras e artistas e os endereços de grupos feministas em todo o país. Alguns números tornaram-se verdadeiros documentos da trajetória da mulher na construção de uma consciência feminista, tal a seriedade do trabalho realizado para a conscientização da cidadania e o avanço das conquistas sociais da mulher brasileira.

Rose Marie Muraro é um nome de destaque do período, pelos diversos livros que publicou, inclusive em pleno regime militar, e pela atuação firme e coerente, sempre assumidamente feminista, em toda sua vida. Rose Muraro foi a responsável pela vinda ao Brasil da escritora norte-americana Betty Friedan, cuja passagem no Rio de Janeiro pode ser comparada a um maremoto de proporções inimagináveis. A antológica entrevista concedida ao *Pasquim*, assim como o massacre verbal que ambas sofreram, são bastante conhecidos. Como também são sobejamente conhecidas a força e a determinação de Muraro para impor suas ideias e sua permanente disponibilidade para o debate. Em 1975, ela havia fundado, com outras companheiras, o Centro da Mulher Brasileira: entidade pioneira do novo feminismo nacional, que desenvolveu importantes trabalhos, como a pesquisa sobre a sexualidade da mulher brasileira, em que considerou não apenas a diversidade das regiões do país, como também a experiência diferenciada das camadas sociais no que diz respeito ao corpo e ao prazer. A repercussão do estudo no momento em que foi divulgado, em 1983, foi decisiva para o debate acadêmico e a orientação de outras pesquisas.[28]

No campo político, às mulheres começaram a ocupar espaço nos partidos e a disputar as eleições, nas diversas instâncias do poder, mas não ainda na amplitude desejada. Mesmo nas últimas décadas do século xx, foi possível assistir a todo instante o registro de "pioneiras", pois a mídia não se cansava de noticiar as conquistas femininas que ocorriam a todo instante: a primeira prefeita de uma grande capital, a primeira governadora, ou senadora, ministra, e por aí vai. Na década de 1980, grupos feministas ultrapassaram as divergências partidárias e se aliaram às 26 deputadas federais constituintes – o "charmoso lobby do batom" – como forma de garantir avanços na Constituição Federal, tais como a desejada igualdade de todos os brasileiros perante a lei, sem distinção de qualquer natureza.

No campo literário, algumas escritoras se posicionavam frente ao governo ditatorial, revelando com coragem suas posições políticas, como Nélida Piñon, que participou da redação do Manifesto dos 1000 contra a censura e a favor da democracia no Brasil. Em 1981, a escritora lançava o livro *Sala de armas*, composto de contos aparentemente distintos, mas que se estruturavam em torno dos encontros e desencontros amorosos. Mais tarde, Nélida tornou-se a primeira mulher a tomar posse como presidente da Academia Brasileira de Letras, e apenas bem recentemente declarou-se feminista. Inúmeras outras escritoras poderiam ser lembradas pela reflexão que seus textos e personagens suscitam nas leitoras, como Lygia Fagundes Telles, Clarice Lispector, Sônia Coutinho, Hilda Hilst, Helena Parente Cunha, Marina Colasanti, Lya Luft, entre outras, muitas outras.[29]

No final da década de 1970 e ao longo dos anos 1980, um movimento muito bem articulado entre feministas universitárias, alunas e professoras, promoveu a institucionalização dos estudos sobre a mulher, tal como ocorria na Europa e nos Estados Unidos, e sua legitimação diante dos saberes acadêmicos, através da criação de núcleos de estudos, da articulação de grupos de trabalho e da organização de congressos, colóquios e seminários para provocar a saudável troca entre as pesquisadoras. É dessa época a criação do Grupo de Trabalho sobre Estudos da Mulher da Associação Nacional de Pós-Graduação e Pesquisa em Ciências Sociais (Anpocs), e do Grupo de Trabalho Mulher na Literatura, da Associação Nacional de Pós-Graduação em Letras e Linguística (Anpoll); assim como a criação do Núcleo de Estudos sobre a Mulher (NEM) da Pontifícia Universidade Católica do Rio de Janeiro (PUC-Rio); do Núcleo de Estudos Interdisciplinares sobre a Mulher (Neim) na Universidade Federal da Bahia (UFBA); do Núcleo Interdisciplinar de Estudos da Mulher na Literatura (Nielm) da Universidade Federal do Rio de Janeiro (UFRJ); e do Núcleo de Estudos da Mulher e Relações de Gênero (Nemge) da Universidade de São Paulo (USP); entre muitos outros que se multiplicaram nas diferentes instituições de ensino superior, enfrentando resistências e desconfianças para cumprir a função de agregar os/as interessados/as na temática, promover o desenvolvimento da pesquisa e do estudo de temas relevantes para as mulheres e, principalmente, impulsionar a publicação de trabalhos e preencher a enorme carência bibliográfica da qual todos se ressentiam.

PÓS-FEMINISMO?

A partir dos anos 1990, à medida que a revolução sexual era assimilada à vida cotidiana, as bandeiras feministas sofrem com a gradual acomodação da militância e o arrefecimento de uma história que começava a ser escrita. Em tempos de globalização selvagem, em que os saberes instituídos parecem ter a textura da areia movediça, tal seu caráter difuso e maleável, feministas continuam assimilando novidades trazidas do exterior, subdivididas em interesses fragmentados das comunidades acadêmicas, e permitem que o feminismo saia dos holofotes e se dilua em meio aos estudos culturais ou estudos gays.

Há quem defenda inclusive, que estes seriam tempos "pós-feministas", pois as reivindicações estariam – teoricamente – atendidas e ninguém ousa negar a presença das mulheres na construção social dos novos tempos. Se o prefixo "pós" estiver sendo empregado (e lido) como explicitando uma fase posterior ao feminismo – agora ultrapassado e fora de moda –, não é possível concordar com a expressão. Apesar de tantas conquistas nos inúmeros campos de conhecimento e da vida social, persistem nichos patriarcais de resistência. Para corroborar essa posição, basta que nos lembremos do salário inferior, da presença absurdamente desigual de mulheres em assembleias e em cargos de direção, e da ancestral violência que continua sendo praticada com a mesma covardia e abuso da força física.

Com certeza vivemos outros e novos tempos, e o movimento feminista parece atravessar um necessário e importante período de amadurecimento e reflexão.

ESTE TEXTO É UMA VERSÃO REVISADA DO ARTIGO PUBLICADO ORIGINALMENTE NA REVISTA *ESTUDOS AVANÇADOS*, Nº 49, VOL. 17, SÃO PAULO: USP, 2003, P. 151-172.

NOTAS

1 Mariana Coelho, *A evolução do feminismo. Subsídios para a sua história*, 2ª ed., Zahidé L. Muzart (org.), Curitiba: Imprensa Oficial do Paraná, 2002, p. 44.
2 Em importante ensaio publicado na *Revista USP*, de mar-mai 2001, p. 82, "Um caminho ainda em construção: a igualdade de oportunidades para as mulheres", Eva Blay propõe três momentos para o movimento feminista brasileiro: o primeiro compreendendo o século XIX; o segundo abarcando os anos 30 e a conquista do voto; e o terceiro, os anos 70. Por uma questão principalmente didática (e política), sugiro que a movimentação das mulheres durante o século

xix seja subdividida em duas etapas. A primeira, composta de iniciativas isoladas, como a publicação do livro *Direitos das mulheres e injustiça dos homens*, de Nísia Floresta, em Recife, em 1832. E a segunda, através do surgimento de dezenas de periódicos destinados ao público leitor feminino, cujo propósito era conscientizar as mulheres de seus direitos à educação e à cidadania.

3   Em prefácio ao *Direitos das mulheres e injustiça dos homens*, de Nísia Floresta (1989), Eva Blay já afirmava que "o movimento de reivindicação das mulheres, avaliado ao longo da História, tem períodos de florescimento e outros de refluxo". (op. cit., p. 12)

4   "Feminismo e literatura ou quando a mulher começou a falar", in Maria Eunice Moreira (org.), *História da Literatura: teorias, temas e autores*, Porto Alegre: Mercado Aberto, 2003, p. 267.

5   Nísia Floresta, *Direitos das mulheres e injustiça dos homens*, Introdução, Posfácio e Notas de Constância Lima Duarte, São Paulo: Cortez, 1989, p. 35-44.

6   Nos textos "Nísia Floresta e Mary Wollstonecraft: diálogo e apropriação" (in *Literatura e feminismo: propostas teóricas e reflexões crítica*, p. 85) e "Nísia Floresta e Mary Wollstonecraft: diálogo ou apropriação?" (in *O eixo e a roda*, p. 153-164), discuto essas questões com mais profundidade.

7   Cf. posfácio de *Direitos das mulheres e injustiça dos homens*.

8   Lembro a feliz expressão ("mulheres educadas") de Maria Thereza Caiuby Crescenti Bernardes, em *Mulheres de ontem? Rio de Janeiro: século xix* (1989). Resultado de importante pesquisa, o livro informa que, de 1840 a 1890, teriam vivido, principalmente no Rio de Janeiro, cerca de cem escritoras e tradutoras.

9   *Espelho Diamantino* (Rio de Janeiro, 1827), *Jornal de Variedades* (Recife, 1827), *Espelho das Brasileiras* (Recife, 1830), onde, inclusive, Nísia Floresta inicia sua vida literária, e *Relator de Novelas* (Recife, 1838) foram alguns desses periódicos. Outros surgiram depois, sempre com notícias de moda, de bailes e teatro e evitando temas polêmicos. Quando se manifestavam sobre a emancipação, costumavam se posicionar contrários, pois a liberdade da mulher não devia ser igual à do homem "porque, para a mulher, a religião é tudo, e sua influência se manifesta em todos os seus atos, em todos os seus passos". (*O Leque*, Rio de Janeiro, 16 jan 1887).

10 Ver *Escritoras brasileiras séc. xix*, Antologia, Florianópolis: Editora Mulheres/Santa Cruz do Sul: Edunisc, 1999, p. 162.

11 Ver Dulcília S. Buitoni, *Mulher de papel. A representação da mulher pela imprensa feminina brasileira*, São Paulo: Edições Loyola, 1981, p. 222-225; e June E. Hahner, *A mulher brasileira e suas lutas sociais e políticas: 1850-1937*, São Paulo: Brasiliense, 1981, p. 60-65.

12 Virginia Woolf também vai defender, anos depois, a tese de que toda mulher, especialmente a que queria ser escritora, devia ter "um teto todo seu".

13 *A Família*, ano 1, nº especial.

14 Josefina Álvares de Azevedo publicou *A mulher moderna: trabalhos de propaganda* (1891); *Galeria ilustre: Mulheres célebres* (1897); *Retalhos* (1890). Sobre a autora, recomendo *O florete e a máscara*, de Valéria Andrade Souto-Maior (2001).

15 Zahidé Lupinacci Muzart (org.), *Escritoras brasileiras séc. xix*, Antologia, Florianópolis: Editora Mulheres/Santa Cruz do Sul: Edunisc, 1999, p. 893.

16 *A Mensageira*, 15 out 1899.

17 *A Família*, 30 nov 1889.

18 Dulcília S. Buitoni, *Imprensa feminina*, São Paulo: Ática, 1986, p. 33.

19 Publicou ainda *Renovação* (1919), *A mulher e a maçonaria* (1922), *A mulher hodierna e seu papel na sociedade atual e na formação da civilização futura* (1923), *Religião do amor e da beleza* (1926), *Amai e... não vos multipliqueis* (1932), entre outros. Mais informações em Miriam Moreira Leite, *Outra face do feminismo: Maria Lacerda de Moura*, São Paulo: Ática, 1984. e no vídeo "Maria Lacerda de Moura: trajetória de uma rebelde", direção de Ana Lúcia Ferraz e Miriam Moreira Leite, São Paulo: Fapesp, usp, 32 minutos.

20 Ver June E. Hahner, op. cit., p. 113.

21 Irede Cardoso, *Os tempos dramáticos da mulher brasileira*, Coleção História Popular, nº 2, São Paulo: Centro Editorial Latino-Americano, 1981, p. 34.

22 Em seu governo, Alzira Soriano realizou obras de infraestrutura e diversas melhorias na vida da população do município. Por ocasião da Revolução de 30, recusou o cargo de interventora municipal e afastou-se da Prefeitura, dedicando-se a fazer oposição ao novo governo. A partir de 1945, candidatou-se novamente pelo Partido Social Democrata (psd), sendo eleita

vereadora, cargo que exerceu em diversos mandatos, nunca perdendo uma eleição. Até 1958 ela liderava a bancada da UDN. Mais informações em *Luiza Alzira Teixeira de Vasconcelos, primeira mulher eleita prefeita na América do Sul,* de Heloisa Galvão Pinheiro de Sousa (1993).

23 O ingresso das mulheres nos cursos superiores prosseguia no velho ritmo nacional. Números apresentados por Irede Cardoso, em *Os tempos dramáticos da mulher brasileira,* são reveladores. No ano de 1929, por exemplo, havia em todo o país, no curso de Medicina, 5.789 homens matriculados e 72 mulheres, das quais apenas quatro concluíram o curso. Em Odontologia, eram 680 homens e 71 mulheres, das quais treze se formaram. Em Filosofia e Letras, eram 62 homens e três mulheres, e apenas uma chegou ao final. Em Ciências Jurídicas e Sociais, havia 3.180 homens matriculados e vinte mulheres, e duas concluíram. Em Engenharia Civil havia 2.007 homens e 24 mulheres, e uma se formou. Em Arquitetura, havia 23 homens matriculados e uma mulher, que abandonou o curso. Em Agronomia e Veterinária, havia 970 homens e dez mulheres, das quais duas concluíram. O curso de Música será exceção: havia 616 homens matriculados para 4.910 mulheres e, entre os formandos, 31 eram homens e 588 mulheres. Ver Irede Cardoso, op. cit., p. 27.

24 Prefácio "A cidade das mulheres: Mariana Coelho uma feminista brasileira", in Mariana Coelho, op. cit., p. 15.

25 Graciliano Ramos, *Linhas tortas,* São Paulo: Record, 1980, p. 137.

26 "Trajetória ficcional de Rachel de Queiroz", in Constância Lima Duarte (org.), *Anais do V Seminário Nacional Mulher & Literatura,* 1995, p. 86.

27 Entre outros importantes trabalhos, Adalzira Bittencourt publicou: *Mulheres e livros* (1948), *A mulher paulista na história* (1954); *Sua Excia., a presidente do Brasil* (1938); *Ana Pimentel: governadora; Antologia de letras femininas* (1948); e o *Dicionário de mulheres ilustres, notáveis e intelectuais do Brasil* (vol. 3, 1972), que não concluiu.

28 Ver Rose Marie Muraro, *Sexualidade da Mulher brasileira: corpo e classe social no Brasil,* Petrópolis: Vozes, 1983.

29 Entre inúmeros trabalhos que analisam a obra de escritoras contemporâneas, cito: Elódia Xavier (org.), *Tudo no feminino. A mulher e a narrativa brasileira contemporânea,* Rio de Janeiro: Francisco Alves Editora, 1991; e Nelly Novaes Coelho, *A literatura feminina no Brasil contemporâneo,* São Paulo: Siciliano, 1993.

A história do movimento sufragista é a história da resistência masculina à emancipação da mulher, ainda hoje viva em maior ou menor grau em toda parte, o que justifica a continuidade da luta feminista.

Branca Moreira Alves

A luta das sufragistas

Branca Moreira Alves

> A história da oposição masculina à emancipação da mulher é
> mais interessante talvez do que a história mesma da emancipação.
> Virginia Woolf, *Um quarto só seu*

A LUTA SUFRAGISTA NOS ESTADOS UNIDOS

A história da luta internacional pelo direito de voto feminino confirma a observação da escritora Virginia Woolf. Cada vez que lemos ou relemos essa história, sentimos novamente a indignação e nos deparamos ainda com a incompreensão sobre as razões que explicam a ferrenha e constante resistência aos direitos das mulheres. Uma pergunta ainda sem resposta, mas que pode encontrar uma explicação no temor primordial dos homens em relação ao sexo feminino.

A história do sufragismo no Brasil se inicia nos Estados Unidos, por ter sido o movimento sufragista norte-americano, em sua corrente mais conservadora, o modelo para o movimento brasileiro. Muito antes do início como luta organizada, no século XVI, o protagonismo feminino já causava temor nos Estados Unidos. Anne Hutchinson é um exemplo simbólico. Pregadora protestante estabelecida na colônia de Massachusetts, fiel fervorosa, Anne entendeu que os preceitos religiosos não proibiam, mas, ao contrário, incentivavam a participação da mulher no culto. Assim, iniciou sua pregação em 1635, logo atraindo muitos seguidores. Chegou a reunir cerca de oitenta fiéis duas vezes por semana em cultos, dedicados inicialmente apenas a mulheres mas logo incorporando também homens. A ousadia era enorme, pois uma mulher falando em público, e ainda mais para audiências mistas, era coisa impensável, contrária aos bons costumes, que estabeleciam a exigência de modéstia e recato. Anne foi perseguida e expulsa da colônia, acusada de: (...) ter sido mais um marido que uma esposa, um pregador que um ouvinte, uma autoridade que um súdito (...) e de ter mantido reuniões em sua casa (...) um fato intolerável diante de Deus e impróprio para seu sexo."

Um salto de duzentos anos na história nos remete a 1848, ano em que um inédito encontro de mulheres em busca de seus direitos iniciou a luta sufragista que se espalharia pelo mundo nas décadas seguintes. Nada havia mudado nesses dois séculos quanto à sujeição cultural e legal da mulher. Falar em público ainda era um comportamento inapropriado. No entanto, nas colônias do Norte dos Estados Unidos o movimento abolicionista crescia e mulheres se juntavam aos homens nessa campanha. Pouco a pouco começavam a se expressar em público, escudadas pela causa nobre que as movia, condizente com as qualidades de altruísmo e caridade consideradas tipicamente femininas. Ainda assim, as líderes abolicionistas encontraram resistência à sua atuação em público, e foi essa resistência que lhes despertou para sua própria situação inferiorizada. A libertação do negro passou a ser ligada à libertação da mulher e as associações femininas abolicionistas se tornaram verdadeiros ensaios para a futura organização do movimento pelos direitos da mulher.

Em 1840 uma delegação americana, da qual faziam parte a famosa líder abolicionista Lucretia Mott e a ainda desconhecida futura líder feminista Elizabeth Cady Stanton, chegou a Londres para participar da Convenção Antiescravagista Internacional. Embora nos Estados Unidos estivessem já habituadas a participar e a falar nas reuniões abolicionistas, isso era novidade na Inglaterra, e os membros da Convenção proibiram-nas de se misturarem aos delegados, obrigando-as a se sentarem em um local isolado da plateia, sem direito à palavra. Um tal tratamento por parte de homens que lutavam contra a escravidão expressava, diante dessas mulheres, o fato de que, ao lado da sujeição do negro, estava também a sujeição do sexo feminino. Assim, prometeram a si mesmas organizar uma convenção dos direitos da mulher. Porém, circunstâncias diversas de suas vidas as afastaram por alguns anos.

Oito anos depois, o acaso fez com que Lucretia Mott viesse visitar amigos numa localidade próxima a Seneca Falls, no estado de Nova York, onde moravam os Stanton. Finalmente reunidas, Lucretia Mott e Elizabeth

Cady Stanton decidiram convocar uma reunião pública sobre os direitos da mulher, o que foi feito em uma capela na mesma Seneca Falls de 19 e 20 de julho de 1848. A ideia caiu em campo fértil, pois a convocação foi um sucesso, comparecendo trezentas pessoas, sendo quarenta homens. Elizabeth Cady Stanton mostrou aí a força da futura líder, cujo poder de crítica ainda haveria de ferir os ouvidos vitorianos. Foi ela, nessa ocasião, a redatora da Declaração de Princípios que, plagiando a Declaração de Independência americana, iniciava-se assim: "Acreditamos serem essas verdades evidentes: que todos os homens e mulheres foram criados iguais (...)" Todas as resoluções foram passadas por unanimidade menos uma, que dividiu a audiência: "Fica resolvido: que é dever das mulheres deste país assegurar para si o direito sagrado do sufrágio." Lucretia Mott foi uma das opositoras, temendo que a resolução cobrisse as mulheres de vergonha.

Nessa reunião, sem maiores ambições, é dada a partida à luta sufragista. Desde Seneca Falls, a ideia de emancipação da mulher deixou de ser uma aspiração de algumas vozes isoladas para se tornar um desejo coletivo de milhares de mulheres, em diversos países, por várias gerações. Não poderiam, àquela altura, ter ideia do quanto haveriam de sofrer em nome dessa causa mais que justa e afinal nada revolucionária, pois visava apenas assegurar direitos já reconhecidos pela ideologia liberal que desde o século anterior inspirara revoluções – sendo a sua própria Revolução de Independência americana a pioneira.

Até a Guerra Civil (1861-1865), foram realizadas nos Estados Unidos várias convenções femininas, que permitiram esboçar uma sequência lógica de ideias e tarefas a cumprir. Nesse contexto, outras mulheres surgiram como líderes e oradoras, comprovando que havia finalmente chegado sua hora de se fazer ouvir: Lucy Stone, Susan B. Anthony, Antoinette Brown.

Em 1867, a discussão da Emenda Constitucional nº 14 sobre a abolição da escravidão foi um prenúncio do quanto seria árduo o caminho para o sufrágio feminino. A emenda introduzia na Constituição a palavra "masculino". Estava agora delineada a luta que dividiria o movimento feminista e o abolicionista. Embora a luta das mulheres tenha sido fruto das lutas contra a escravidão, naquele momento os esforços por um pareciam colocar em perigo o sucesso do outro. Até essa data, ambos haviam caminhado de forma paralela. Agora, pede-se às mulheres que defendam os escravos e esqueçam seus próprios interesses.

Convencidas finalmente de que a luta feminista seria exclusiva das mulheres, Elizabeth Cady Stanton e Susan B. Anthony fundam em Nova York, em 1868, a National Woman Association, fixando-se na tarefa de trabalhar diretamente junto ao Congresso Nacional por uma emenda constitucional. No mesmo ano criam um jornal de curta duração (1868-1870), mas de grande importância pela gama de ideias que defendia: *The Revolution*. Em seus artigos, criticavam as leis, os costumes, o papel da Igreja em face da condição subalterna da mulher, defendiam o divórcio, a organização das operárias (salário igual por trabalho igual era já naquele tempo uma demanda), e viam o voto como um instrumento de participação política e social, e não como um fim em si.

Dissociando-se do grupo nova-iorquino, mais radical em suas demandas, um outro grupo de abolicionistas e feministas (esse composto também por homens), funda o American Woman Suffrage Association, chefiado por Henry Beecher, Lucy Stone e Julia Ward Howe. Bem mais conservadora, a associação limitava sua luta aos direitos civis e políticos da mulher e tinha como estratégia conseguir o voto estado por estado.

Essa tática de lobby nacional e estadual prosseguiu, com enormes esforços, até que em 1890 as duas organizações decidem se unir, formando a National American Woman Suffrage Association (Nawsa).

As feministas andavam em corda bamba: por mais razoáveis que fossem suas reivindicações, estavam continuamente ultrapassando os limites estreitos dentro dos quais podia mover-se a mulher vitoriana. Na tentativa de convencer os legisladores, aqueles de quem dependiam, resolvem, em nova investida, deixar de lado reinvindicações como o divórcio, o amor livre e as críticas à estrutura familiar, educacional, religiosa. Optam, assim, por mostrar-se bem-comportadas. Desse modo, limitado em âmbito e perspectiva, o movimento feminista americano entra no século xx já cansado de tantas campanhas infrutíferas.

Desde fim do século xix, a Nawsa tinha abandonado a estratégia de lutar junto ao Congresso para dedicar-se aos plebiscitos estaduais. A oposição era ferrenha, e as sufragistas seguiam com extrema coragem e persistência: entre 1870 e 1910 empreenderam nada menos que 480 campanhas pelo plebiscito, das quais apenas dezessete resultaram em votação, com somente duas vitórias. Convencidas finalmente de que esse caminho seria um sem-fim de derrotas, retomam a partir de 1913 a atuação junto ao Congresso.

A Nawsa não foi, no entanto, a única organização sufragista em atuação nos Estados Unidos. Outros movimentos em defesa do direito ao voto feminino surgiram em diversos estados, e duas organizações nacionais se formaram a partir da decepção de suas líderes com o "bom comportamento" da Nawsa: a Women's Political Union, fundada em 1907 pela filha de Elizabeth Cady Stanton, Harriet Stanton Blatch, voltada para a mulher trabalhadora tanto operária quanto profissional de nível médio e carreiras liberais, reivindicando, além do voto, toda a gama das demandas trabalhistas. A segunda foi a Congressional Suffrage Union, depois Woman's Party, fundada em 1913 por Alice Paul.

Até 1916, o Congressional Suffrage Union/Woman's Party foi o único grupo a trabalhar seriamente pela emenda constitucional que daria às mulheres o direito ao voto. Organizavam passeatas, marchas em Washington, novas petições, e inauguraram no movimento americano a prática do piquete, que a princípio provocou curiosidade, pouco depois transformada em repressão. A cena de mulheres marchando em frente à Casa Branca empunhando cartazes era inusitada e sua ousadia deixava as autoridades desconcertadas. Não estavam desobedecendo a nenhuma lei, nem perturbavam a ordem. Até que os cartazes exibidos nas manifestações começaram a estampar críticas à democracia americana, em plena Primeira Guerra. Os transeuntes passaram então a atacar as mulheres, rasgando os cartazes e agredindo as sufragistas. Logo a polícia passou a controlar as marchas e repetiram-se nos Estados Unidos as cenas já vistas na Inglaterra: prisões ilegais, maus-tratos, greves de fome seguidas da tortura de alimentação forçada. Em pouco tempo também as americanas, assim como as inglesas,[1] tinham suas mártires.

Mas nada detinha as obstinadas sufragistas. Se grupos sufragistas tradicionais como a Nawsa desvincularam-se dessas táticas tão pouco "femininas", prejudiciais à respeitabilidade arduamente conquistada, as mais aguerridas se substituíam nas ruas à medida em que iam sendo presas. Essas táticas colocavam o governo na situação delicada de violentos castigadores do "sexo frágil" que nada mais pediam que seus direitos. Em menos de um ano após o início da repressão, as autoridades se deram por vencidas e libertaram todas as sufragistas ainda presas. As americanas não usaram de violência comparável às inglesas, mas em ambos os casos a reação arbitrária das autoridades serviu para trazer a causa a público.

Após sete décadas de luta, o voto ainda não seria obtido sem exigir um último esforço, o corpo a corpo do lobby, a pressão política incessante. Somente em setembro de 1920 foi aprovada a 19ª Emenda Constitucional concedendo o direito ao voto a todas as mulheres maiores de 21 anos – lei que teria ainda de cumprir a exigência de ser ratificada por 36 estados, o que foi finalmente conquistado com a ratificação do Tennessee em 24 de agosto de 1920 com resultado apertado: 43 a 42!

A LUTA SUFRAGISTA NO BRASIL
AS PIONEIRAS

Dentre os costumes trazidos da Europa e implantados no Novo Mundo estava a manutenção do status inferior da mulher: de um lado, a mulher branca, membro dominado da classe dominante, cuja castidade era condição essencial para cumprir sua função de procriadora; de outro a mulher negra, indígena ou mestiça, explorada como braço escravo e objeto sexual.

Em séculos de silêncio, uma mulher se destaca no Brasil como admirável exceção: Nísia Floresta Brasileira Augusta, nascida Dionísia Gonçalves Pinto (1810-1885), referência incontornável para todos os que estudam a história dos direitos femininos no país. O fato de haver vivido muitos anos na Europa foi certamente decisivo em sua formação. Nísia adotou as ideias avançadas da época e era abolicionista, republicana e feminista. Traduziu e custeou a publicação do livro da escritora inglesa Mary Wollstonecraft, *A Vindication of the Rights of Women*, sob o título de *Direitos das mulheres e injustiças dos homens*, incluindo suas opiniões sobre o direito da mulher à educação e ao trabalho. Foi jornalista, escritora, poeta e pedagoga, tendo fundado e dirigido colégios femininos, nos quais punha em prática suas ideias de emancipação.

Outras personagens procuraram escapar aos preconceitos que marcavam o destino das mulheres brasileiras ainda no século XIX: Violante Bivar e Velasco funda em 1852 o primeiro jornal redigido por mulheres: *Jornal de Senhoras*. Francisca Senhorinha da Motta Diniz, 21 anos depois, em 1873, funda outro jornal inteiramente editado por mulheres, *O Sexo Feminino*, abolicionista, republicano e sufragista. Josefina Álvares de Azevedo funda, em 1878, a revista *A Família,* e escreve e encena em São Paulo a peça *O voto feminino*. Passa da escrita ao ativismo e se une ao

54

debate sobre o direito de voto junto à Assembleia Constituinte em 1891: "Queremos o direito de intervir nas eleições e eleger e ser eleitas como os homens, em igualdade de condições."

A primeira eleitora teria sido a dra. Isabel de Mattos Dillon, que por exercer a atividade de dentista ainda no século XIX já se distinguia entre suas contemporâneas. Isabel requereu em 1880 seu alistamento apelando para a Lei Saraiva, que dava aos detentores de títulos científicos o direito de voto, tendo ganho em segunda instância. Candidatou-se à Constituinte, embora soubesse não ter chance de vencer: "(...) entendo que um governo democrático não pode privar uma parte da sociedade de seus direitos políticos, uma vez que as mulheres não foram francamente excluídas da Constituição vigente (...)", disse, usando o mesmo argumento que seria mais tarde repetido incansavelmente pelas sufragistas: a constitucionalidade do voto, já que as mulheres não estavam incluídas no rol das exceções.

Em meados da década de 1910, duas outras feministas entram nessa luta. Myrthes de Campos, advogada, primeira mulher aceita no Instituto da Ordem dos Advogados, requereu seu alistamento eleitoral utilizando--se do mesmo argumento: que a Constituição não negava à mulher esse direito, pois não a incluía na enumeração dos impedidos de votar.

O requerimento foi indeferido, exemplo a mais do vaivém da matéria no debate da Constituinte. Os que julgavam de forma contrária ao direito das mulheres defendiam a ideia de que o legislador da Constituição não tinha a intenção de permitir o voto feminino e, tão claro seria isso, que nem cogitou incluir a mulher entre os impedidos. Já os favoráveis ao voto feminino decidiam conforme a letra da lei, ou seja, ao estipular a Constituição que "...são eleitores os cidadãos maiores de 21 anos..." e não incluir a mulher no rol dos que não podem alistar-se, e considerando ainda que é regra gramatical a inclusão do feminino no plural masculino, as mulheres estariam aptas por lei a votar.

Esses dois argumentos vão confrontar-se por décadas, atrasando em pelo menos quarenta anos a contar da Constituinte de 1891 o direito de voto feminino. Durante todo esse tempo o alistamento de mulheres era concedido caso a caso. Por exemplo, na comarca de Minas Novas, em Minas Gerais, três mulheres votaram em 1905: Alzira Vieira Ferreira Netto, Cândida Maria dos Santos e Clotilde Francisca de Oliveira.

Após Nísia Floresta, a segunda sufragista brasileira foi Leolinda Daltro, pioneira em sua forma de atuação, tendo inaugurado a tática do lobby e sido criadora da primeira organização sufragista no país. Tendo tido ela própria seu alistamento indeferido, reconhece que a estratégia da luta caso a caso é infrutífera, além de longa e cansativa. Assim, funda em 1910 o Partido Republicano Feminino, com o objetivo de ressuscitar no Congresso o debate que havia sido esquecido desde a Constituinte. Em novembro de 1917 organiza uma passeata no Rio de Janeiro com 84 mulheres, a primeira de que se tem notícia, causando grande repercussão pelo fato inusitado de mulheres desfilarem em ato reivindicatório. Em 1919, inaugura a tática do lobby que marcaria toda a estratégia sufragista e leva ao Senado um grupo grande de mulheres para assistir à votação de projeto do senador Justo Chermont que instituía o voto feminino.

FUNDAÇÃO DA LIGA PELA EMANCIPAÇÃO INTELECTUAL DA MULHER/FEDERAÇÃO BRASILEIRA PELO PROGRESSO FEMININO

As ações que se delinearam em meados da década de 1910-20 e pautaram toda a luta sufragista no Brasil seguiu a corrente "bem-comportada" americana da Nawsa, com campanhas de imprensa e lobby junto ao Congresso.

Quando em 1918 a bióloga e ativista Bertha Lutz manifesta pela primeira vez em público suas ideias feministas em carta publicada na *Revista da Semana*, o debate já vinha sendo travado desde antes da Proclamação da República, mais intensamente durante a Constituinte de 1891, e de forma organizada a partir da década de 1910. Isso não quer dizer que fosse matéria tranquila. Reconhecendo os desafios a enfrentar na luta pelo sufrágio, Bertha propõe a formação de uma associação a fim de "canalizar todos esses esforços isolados para que seu conjunto chegue a ser uma demonstração". Tratava-se de carta cuidadosa, em que revelava a preocupação permanente do movimento: a necessidade de legitimar-se aos olhos do público procurando desvincular-se das "sufragetes", assim chamadas as militantes que utilizavam as táticas de confrontação que dividiram o movimento americano e inglês. Um feminismo que se coloca com cautela, mostrando sua boa vontade e enfatizando os "atributos femininos".

Assumindo-se como feminista através de artigos que passava a publicar a convite da mesma *Revista da semana*, Bertha cria em 1919 a Liga pela Emancipação Intelectual da Mulher, também referida pela imprensa como Liga pela Emancipação da Mulher.

Filha de pai brasileiro e mãe inglesa, Bertha Lutz passou parte de sua adolescência na Inglaterra e, assim, relata como foi despertado o seu interesse pela causa da mulher:

> Eu sempre me interessei muito, porque quando estive na Inglaterra antes da Guerra vi a campanha feminista e achava muito interessante. Minha mãe não participava, mas eu disse que queria ir também. Ela disse: "Você não pode ir. Elas têm razão mas você não pode ir porque você não é inglesa, e a campanha está muito braba, de vez em quando elas são presas e você como vai ficar, uma menor que não é inglesa..." e não me deixava ir... Bom, depois quando voltei da Europa eu não gostava da atitude aqui... Aí quando eu fiz o concurso, os jornais foram me perguntar se eu era feminista ou se trabalhava porque precisava. Eu respondi que não precisava, que trabalhava porque era feminista e achava que a mulher deve trabalhar como os homens, tem a mesma capacidade e os mesmos direitos. Eu estava esperando a ocasião para começar.[2]

A organização original da Liga foi produtiva, porque permitiu congregar os esforços, exatamente como Bertha Lutz sugeria em sua carta. Uma das primeiras atividades foi o envio de uma carta (enviada também aos demais membros da Comissão de Constituição e Justiça) aos deputados Bethencourt Filho e Nogueira Penido, que haviam apresentado emenda à lei eleitoral permitindo o alistamento de mulheres maiores de 21 anos. A fundamentação e o desenvolvimento da questão seguem uma sequência lógica já exposta nos movimentos anteriores dos Estados Unidos e Inglaterra. Nesse documento, iniciam a argumentação mostrando o grande avanço da mulher em todos os setores da vida social; incluem a lista cada vez maior de países em que a mulher já tem o direito de voto "(...)incluindo as grandes potências Grã-Bretanha, Estados Unidos, Alemanha"; tentam dissipar os temores dos recalcitrantes comprovando que nos países onde a mulher vota essa atividade se caracteriza "pela ação construtiva e pelo interesse que dedica aos problemas de importância prática, principalmente as questões de ordem moral e social"; reiteram que os deveres familiares não serão esquecidos; enfatizam os benefícios da atividade da mulher junto à maternidade e à infância; e refutam os argumentos jurídicos contrários.

A década de 1920 foi uma era conturbada no país, prenúncio das transformações que viriam a se cristalizar no período subsequente, posterior à Revolução de 1930. A classe operária se organizava, os intelectuais rompiam com o pensamento tradicional, a classe média buscava uma forma de ter representados seus interesses. Em 1922 deu-se a Semana de Arte Moderna, que revolucionou o pensamento artístico brasileiro; foi fundado o Partido Comunista; e estourou a primeira revolta tenentista, no Forte de Copacabana.

Em 9 de agosto desse mesmo ano foi fundada a Federação Brasileira pelo Progresso Feminino (FBPF). Sua origem está na viagem feita por Bertha Lutz, representando oficialmente o Brasil (sua indicação comprova que já era reconhecida como feminista), aos Estados Unidos para a Conferência Pan-Americana de Mulheres, ocasião em que conhece Carrie Chapman Catt, presidente da Nawsa, organizadora do evento. Conta Bertha:

> Quando acabou a reunião eu pedi à líder americana, mrs. Catt, que me ajudasse a fazer um estatuto porque eu queria começar uma associação. Então ela fez o estatuto da FBPF. E disse: "Se você quiser fazer um congresso eu vou..." Eu perguntei a ela como é que se fazia um congresso, e ela disse: "Vocês fazem assim: convidam um político de proeminência para a sessão de abertura e outro para a sessão de encerramento. Nós dirigimos, eu falo, você fala, mas precisa ter um homem de projeção para dar importância".[3]

Assim foi feito. O Congresso Internacional Feminista foi organizado em 1922 no Rio de Janeiro, a líder americana Carrie Chapman foi presença de destaque, o evento foi aberto pelo vice-oresidente da República Estácio Coimbra e encerrado pelo senador Lauro Müller. Dessa maneira, diretamente inspirada pelo movimento americano de cunho tradicional, foi fundada a principal organização que levaria a luta sufragista brasileira até o fim. A conferência teve o efeito de trazer o debate ao público por meio de discussões e notícias na imprensa.

A campanha continuou e a organização cresceu, formando-se filiais nos estados e associações profissionais e assistenciais, que também se uniram à FBPF, que chegou a congregar doze associações de mulheres em todo o Brasil. Segundo Maria Luiza Bittencourt, advogada, militante sufragista do núcleo da Bahia, haveria "...um núcleo ativo de umas trinta [mulheres] em cada e um grupo flutuante de umas sessenta em cada". Não se conhece o número exato de militantes sufragistas atuantes nessas associações, mas o total não passaria talvez de umas mil mulheres. Apesar de poucas, porém, sua força política era significativa por conta da posição social que ocupavam.

Manteve-se a pressão sobre o Congresso, visando colocar em discussão projetos que eram apresentados desde 1922 por políticos favoráveis ao voto, sempre subsidiados em seus argumentos pelas sufragistas. Em 1927 o senador Juvenal Lamartine, do Rio Grande do Norte, faz incluir na Constituição Estadual o direito de voto: "No Rio Grande do Norte poderão votar e ser votados, sem distinção de sexos, todos os cidadãos que reunirem as condições exigidas por esta lei." O fato teve repercussão nacional e internacional. Foi eleita no município de Lages a primeira prefeita do Brasil, Alzira Soriano.

A vitória está diretamente ligada ao movimento sufragista. Lamartine fora um dos primeiros políticos contatados em 1922 pelas feministas, convertendo-se num dos mais importantes defensores da causa. Prometeu fazer destacar a emenda sobre o voto feminino do projeto de reforma eleitoral, para que ele próprio desse parecer e apressasse a sua votação em separado; ainda indicou os deputados que deveriam ser procurados. O projeto foi aceito em primeira discussão, em 10 de outubro de 1922. Porém, com a eleição de Arthur Bernardes, conhecido opositor do voto feminino, para a presidência da República, a decisão é mais uma vez postergada.

No entanto, animadas com a conquista no Rio Grande do Norte, algumas mulheres começam a requerer seu alistamento em outros estados, sendo seus pedidos deferidos ou não conforme a opinião pessoal dos juízes. Nada melhor para a causa: as controvérsias passam a ser discutidas na imprensa, tornando a campanha cada vez mais conhecida, e a própria confusão gerada nesses debates acaba por fortalecer os argumentos favoráveis ao voto feminino. Assim, quando a Revolução de 1930 é vencedora, já havia eleitoras em dez estados da federação.

A crise que levou à Revolução repercutiu também na FBPF. Coerentes com sua posição apartidária, as militantes cuidavam de não dar depoimentos que as colocassem de um ou outro lado. Apesar disso, Nathércia da Silveira, gaúcha, participa de um comício da Aliança Liberal (coligação de Minas Gerais, Rio Grande do Sul e Paraíba contra o presidente Washington Luiz e Julio Prestes, ambos paulistas), em que faz um discurso de oposição ao governo. Advertida por Bertha Lutz, resolve deixar a FBPF e fundar outra entidade feminista que tivesse, segundo seu depoimento, "um maior acesso às classes populares". Funda, então, a Aliança Nacional de Mulheres (ANM), que cresce rapidamente, chegando a ter, segundo sua fundadora, cerca de 3 mil sócias. "Tinha um cunho mais populista, íamos aos subúrbios, em casa de pessoas, para falar; íamos às fábricas ver as condições de trabalho, e denunciá-las. Tínhamos a cobertura da imprensa."[4]

Seguindo Nathércia, outras sócias deixam a Federação, como a advogada Maria Alexandrina Ferreira Chaves, que justificou: "Eu me filiei à Aliança Nacional de Mulheres porque essa é a única instituição que se destina, efetivamente, a proteger no nosso país a mulher que trabalha."[5] A ANM teve certa repercussão entre as mulheres operárias, porque dava assistência jurídica por meio de algumas de suas sócias, advogadas trabalhistas.

Com o governo provisório renovam-se as esperanças e as feministas voltam à carga. Getúlio Vargas nomeara uma comissão para estudar a reforma eleitoral e foi indicado para presidi-la o jurista Carlos Maximiliano, contrário ao voto feminino. Conta Bertha Lutz: "Então nós fomos reclamar (...) Mandamos dizer a ele que não queríamos o voto qualificado, queríamos o voto geral."[6] As feministas estavam decididas que naquele momento seria tudo ou nada e a pressão continuaria. Deram a Getúlio um xeque-mate exigindo o voto livre, e nisso mostraram-se mais determinadas que as inglesas que, apesar de tão aguerridas, aceitaram o voto qualificado e por isso ainda tiveram de esperar mais dez anos pelo voto em igualdade de condições com os homens. A resposta de Getúlio, ainda segundo depoimento de Bertha: "Está bem, eu falo com a Comissão para dar tudo."

Assim, finalmente, em 1932, é promulgado o Código Eleitoral aprovando o voto secreto e o voto feminino (Decreto 21.076 de 24 fev 1932), decisão mantida na Constituição de 1934.

Foram setenta anos de luta nos Estados Unidos, sessenta na Inglaterra; e quarenta no Brasil, sempre enfrentando uma oposição de sofismas jurídicos, argumentos moralistas, ridicularização e violência policial, ações com intuito de impedir ou retardar o exercício desse elementar direito de participação democrática e cidadã: votar e ser votada.

SUFRAGISMO AMERICANO E BRASILEIRO:
SEMELHANÇAS E DIFERENÇAS

Como visto, o movimento pelos direitos da mulher começou nos Estados Unidos, tendo como "campo de provas" a luta abolicionista e como pontapé a Convenção de Seneca Falls, em 1848. Na Inglaterra surge principalmente a partir da década de 1860, com a discussão da reforma eleitoral, em que são recolhidas assinaturas para petições pelo sufrágio feminino. Em 1903, a inglesa Emmeline Pankhurst funda sua organização sufragista, a Women's Social e Political Union, que, já no início do século XX, opta pela confrontação, tática absorvida nos Estados Unidos pela Women's Party de Alice Paul e da qual se separa a Nawsa.

Em termos de estratégia, a Federação Brasileira pelo Progresso Feminino seguiu as pegadas da Nawsa, afastando-se cuidadosamente da má reputação das sufragistas mais aguerridas. Foi o movimento americano, conforme traçado historicamente pela Nawsa, que exerceu maior influência sobre o o brasileiro. As propostas eram as mesmas: equiparação jurídica e política e medidas de proteção ao trabalho da mulher, reivindicações que se repetem no movimento feminista internacional daquele período.

Assim, em termos de propostas e de estratégia, as duas organizações se equiparam: preponderantemente de classe média e concentrando-se na tática de lobby para obter reformas jurídicas por meios pacíficos. No entanto, no que se refere à extensão e penetração social desses movimentos, as semelhanças cessam, uma vez que o sufragismo brasileiro ficou bastante limitado à elite local. Esse contraste se deve, sem dúvida, às próprias características do sistema político de cada um desses países.

O movimento americano originou-se e concentrou-se nos estados do Norte, onde o regime de pequena propriedade dava à mulher, apesar de sua posição legal inferior, importante participação na economia familiar. Seu trabalho era valorizado por ser, de fato, essencial à engrenagem da região. Já nos estados do Sul, assim como no Brasil, o regime latifundiário-escravocrata criara uma estrutura social rígida, na qual a mulher da classe dominante tinha um papel de procriadora e transmissora dos valores sociais. Seu trabalho em casa não tinha, portanto, o mesmo valor do que tinha o da mulher do Norte dos Estados Unidos.

Outra diferença importante que distancia a experiência das mulheres americanas do Norte com relação ao modo de vida das brasileiras é a religião. A prática protestante, adotada nos Estados Unidos, permitia uma participação comunitária ampla, estendendo a toda a população branca de ambos os sexos o acesso à escola. Essa participação comunitária permitiu às americanas militarem no movimento abolicionista e daí passarem à luta feminista. A realidade não era a mesma em ambiente católico, em que a Igreja dirigia a vida social de forma rigidamente hierárquica, sem abertura à participação dos fiéis.

Uma terceira diferença no que diz respeito à posição social das mulheres americanas com relação às brasileiras reside na própria prática política da sociedade norte-americana, baseada numa tradição de participação ampla do indivíduo na comunidade desde a estruturação das treze colônias, em que se procurava viver a experiência do autogoverno, até a formulação explícita das ideias liberais na Declaração de Independência e na Constituição da nova república. Essa tradição associativa criada pela realização de atividades comunitárias deram origem às associações de diversos tipos que congregavam as mulheres e que foram a espinha dorsal do movimento sufragista nos Estados Unidos.

Esse contexto fazia com que, nos momentos mais intensos da campanha sufragista, como na ocasião dos plebiscitos estaduais, o movimento fosse capaz de mobilizar milhares de mulheres, o que o tornava uma importante forma de pressão popular.

Já a política brasileira nunca se caracterizou pela participação popular, nem pelo incentivo às atividades comunitárias. Herdeiros do absolutismo português e da estrutura familiar cristã-moura, os brasileiros constituíram uma sociedade cuja tradição foi o poder autoritário, seja em termos políticos, seja nas relações senhor-escravo, marido-mulher, pai-filhos. Dessa forma, as mulheres sofriam uma repressão e um cerceamento bem mais profundo do que aquele vivido pelas americanas.

Ao contrário do movimento norte-americano, que chegou a contar com 2 milhões de mulheres atuantes por todo o país, a luta sufragista brasileira nunca alcançou um número significativo de militantes, restringindo-se à classe média, com certo poder de influência no Congresso, no judiciário, na imprensa e nas profissões liberais.

Formar um movimento de massas dentro de uma tal estrutura político-familiar e diante de tamanho peso de subjugação era não apenas impossível, como também desnecessário, uma vez que a política brasileira era tradicionalmente dominada pela elite, um contexto em que não entrava em jogo a pressão das massas, despolitizadas e ignorantes. A técnica empregada pelas sufragistas no Brasil foi, portanto, a da influência pessoal, estratégia facilitada pelo número restrito de participantes do mundo político, sempre de alguma forma relacionados entre si.

Os dois movimentos, norte-americano e brasileiro, se unem em termos das suas propostas, buscando reformas em nível político e jurídico e reivindicações trabalhistas de cunho assistencial; também quanto à origem social das militantes, mulheres de classe média e profissionais, e no emprego de táticas pacíficas como a estratégia mais adequada.

Ao estabelecer essa comparação é possível conhecer as origens e especificidades desses movimentos, traçando semelhanças e diferenças. Assim, é também possível confirmar que, como aponta Virginia Woolf, a história do movimento sufragista é a história da resistência masculina à emancipação da mulher, ainda hoje viva em maior ou menor grau em toda parte, o que justifica a continuidade da luta feminista.

ESTE TEXTO É UMA VERSÃO REVISADA DO ARTIGO ORIGINALMENTE PUBLICADO EM *IDEOLOGIA E FEMINISMO: A LUTA DA MULHER PELO VOTO NO BRASIL*, PETRÓPOLIS: VOZES, 1980.

NOTAS

1. A estratégia de luta das sufragistas inglesas lideradas pelas Pankhursts, Emmeline e sua filha Christabel, cujos métodos de luta de confrontação e vandalismo dirigido – sempre a alvos materiais e nunca a pessoas – levaram a crescentes conflitos com a polícia, a prisões e greves de fome, e à tortura da alimentação forçada.
2. Branca Moreira Alves, *O que é feminismo*, São Paulo: Brasiliense, 1981/1984/1991, p. 104.
3. Branca Moreira Alves, op. cit., p. 11.
4. Ibid., p. 122.
5. Idem.
6. Ibid., p. 125

Os textos de autoria de mulheres levantam interrogações acerca de premissas críticas e formações canônicas, bem como tensionam as representações dominantes calcadas no discurso assimilacionista de um sujeito nacional não marcado pela diferença.

Rita Terezinha Schmidt

Na literatura, mulheres que reescrevem a nação

Rita Terezinha Schmidt

AS BOMBAS DE GÁS, os cassetetes e os protestos que roubaram a cena das comemorações relativas aos quinhentos anos do descobrimento do Brasil, em Porto Seguro, esvaziaram a retórica ufanista que se construiu em torno da data, expondo a nudez da razão colonizadora e de suas práticas de exclusão. As imagens dramáticas reescrevem a narrativa *mise-en-abyme* da identidade cultural brasileira: de um lado, a violência institucional e simbólica que pautou sua construção; de outro, os atos de resistência às representações geradas pelo poder hegemônico de uma elite cultural que se arrogou o direito de representar e significar a nação, conferindo-lhes validade universal.

Uma das formas mais contundentes do exercício desse poder simbólico é a invisibilidade da autoria feminina do século XIX, período formativo da identidade nacional durante o qual a literatura foi institucionalizada como instrumento pedagógico de viabilização de nossa diferença cultural em razão de sua força simbólica para sustentar a coerência e a unidade política da concepção romântica da nação como "o todos em um". O nacional, enquanto espaço das projeções imaginárias de uma comunidade que buscava afirmar sua autonomia e soberania em relação à metrópole, constituiu-se como um domínio masculino, de forma explícita e excludente. As figuras do pensador, do crítico e do escritor definiam o lugar do sujeito que fala em nome da cultura e da cidadania a partir de uma lógica conjuntiva e horizontal, de cunho universalista, em sintonia com a racionalidade progressista da coesão social em que se pautava a concepção de nação moderna.

Nesse contexto, o movimento de resgate de obras de autoria feminina chegou para romper o monólogo masculino, nas palavras de Mary Louise Pratt, "ou, pelo menos para desafiar a sua reivindicação de monopólio da cultura, da história e da autoridade intelectual".[1] A gradual visibilidade de muitas obras de autoria feminina no campo acadêmico, cujas reedições começam a circular e até mesmo a integrar alguns currículos de ensino de Letras, não só agregam à construção dos saberes literários, mas afetam o estatuto da própria história cultural e, particularmente, as reflexões de ordem historiográfica e crítica. De modo particular, os textos de autoria de mulheres levantam interrogações acerca de premissas críticas e formações canônicas, bem como tensionam as representações dominantes calcadas no discurso assimilacionista de um sujeito nacional não marcado pela diferença. A hegemonia desse sujeito sempre esteve calcada em formas de exclusão de outras vozes, outras representações. Nesse sentido, o processo de desconstrução da nacionalidade implica reconhecer textos marginalizados em razão da diferença de gênero, raça e classe social. É a vontade de construir a história dos próximos quinhentos anos, como resultado da ação emancipadora de um conhecimento do passado, que nos leva a percorrer alguns caminhos do processo de naturalização da nação homogênea e a ouvir vozes silenciadas nas suas fronteiras internas.

A relação estreita entre literatura e identidade nacional se impôs no século XIX para uma elite dirigente empenhada na elaboração de uma narrativa que pudesse, simbólica e ideologicamente, traduzir a independência política e a necessidade de singularizar culturalmente a nação emergente. Construir a nação significava constituir uma literatura própria, começando pela demarcação de sua história, conforme princípios de seleção e continuidade, e que pudesse atestar a legitimidade de um acervo de caráter eminentemente nacional. Uma das primeiras vozes críticas a articular esse pensamento foi a de Santiago Nunes Ribeiro, que em seu ensaio "Da nacionalidade da literatura brasileira", publicado em 1843, assim se expressou: "Ora, se os brasileiros têm seu caráter nacional, também devem possuir uma literatura pátria."[2] Coube aos críticos românticos, efetivamente, a tarefa de estabelecer os traços definidores que viriam pautar a construção cultural-literária da identidade nacional. Por sua vez, conforme assinala Antonio Candido, em sua obra *Formação da literatura brasileira*, os princípios dessa construção apontavam a preocupação com a cor local, ou seja, as características do meio, das raças, dos costumes e da natureza, com ênfase ao elemento autóctone, o brasileiro "mais lídimo",[3] como fonte de poeticidade a ser explorada tematicamente, além da necessidade de investigar uma linha de continuidade para sustentar e representar a brasilidade.

Dessa forma, a construção social do Brasil como Estado moderno, como nação constituída em termos de um povo soberano, consciente de suas especificidades e de sua independência política, andou afinado com o movimento literário romântico, cuja destilação nacionalista constituiu um importante ingrediente na luta pela coesão social e pela autonomia cultural. Nesse sentido, fazer uma nação e fazer uma literatura foram considerados processos simultâneos, conforme assinala Antonio Candido na referida obra. O problema que se coloca hoje nos estudos de literatura brasileira diz respeito ao estatuto idealizante do nacionalismo romântico, na medida em que seu discurso, fortemente apoiado em um sentimento ufanista, cristalizou-se numa ideologia estética e política que se rendeu à concepção idílica e unívoca de nacionalidade. Essa concepção, ao sublimar diferenças e conflitos internos, colocou-se a serviço da empresa colonizadora, institucionalizando mecanismos de organização e exclusão.[4] O malogro da representação de uma origem nacional especificamente brasileira, a partir da integração de realidades culturais distintas, deve-se às contradições entre o interesse político de fundar uma literatura genuinamente brasileira e o interesse de um estado buscando consolidar a empresa colonial e que, por isso mesmo, se alinhou a uma visão organicista da história, a qual presume a continuidade genética entre a origem da nacionalidade – a portuguesa – e seu devir histórico.

Se, por um lado, a questão dos valores nacionais representou um desafio ao etnocentrismo, inscrito na defesa do nacionalismo de Araripe Júnior, um dos nomes da famosa "trindade crítica brasileira" que reivindicava uma literatura indianista e cabocla, por outro, levou à valorização, sob a tutela do poder colonial, de um estado cada vez mais integrado ao projeto de consolidação capitalista da era burguesa, de modo que é esse que se projeta como o eixo do nacional: "heroico, dominador, proprietário de um território em que sua voz prevalecia."[5] Nesse contexto, pode-se interpretar a entronização do índio como recalque da herança genética e cultural dos negros africanos, já que a escravidão "a que foram relegados não condizia nem com a nobreza de estirpe e comportamento atribuída aos 'antepassados' indígenas"[6] nem com a concepção de identidade nacional como resultado da evolução dessa origem. Já as mulheres, desde sempre destituídas da condição de sujeitos históricos, políticos e culturais, jamais foram imaginadas e sequer convidadas a se imaginarem como parte da irmandade horizontal da nação, e, tendo seu valor atrelado a sua capacidade reprodutora, permaneceram precariamente outras para a nação, como bem coloca Mary Louise Pratt em seu estudo "Mulher, literatura e irmandade nacional".[7]

Na construção da genealogia brasileira, não houve espaço para a alteridade, e a produção literária local traduziu a intenção programática de construção de uma literatura nacional, perspectivada a partir de um nacionalismo romântico abstrato e conservador e atravessada pela contradição: desejo de autonomia e dependência cultural. Compreende-se, dessa forma, que o projeto romântico, mesmo quando articulava o desejo político de construção identitária que promovesse as particularidades locais, estava acumpliciado ao modelo cultural dominante da missão civilizatória em alerta contra a irrupção da barbárie, figurada na condição essencializada do outro, dentro do paradigma etnocentrista do colonizador. O romance *Iracema*, de José de Alencar, publicado em 1865 no apogeu do indianismo brasileiro e considerado a narrativa fundadora da nação brasileira, proclama a origem da nova raça como fruto da miscigenação: a união harmoniosa entre os elementos branco e índio. Todavia, sob o *leitmotiv* romântico, tem-se uma narrativa que trata de política sexual e racial, de relações de poder que resultam na eliminação da mulher índia, na subjugação dos índios "maus" e no branqueamento do índio "bom", bem como a destruição do habitat natural do indígena. O final da narrativa sublinha a vitória do herói português que se torna pai de um filho que é ícone emblemático do encontro das duas raças e fundador da nacionalidade brasileira. Como figura idealizada a serviço da missão civilizatória, Moacir é, do ponto de vista genealógico, o herdeiro dos valores paternos e, portanto, articula sua filiação primeira à sua origem europeia, reafirmada nos processos de desterritorialização e silenciamento do outro (da linha materna, representando a herança indígena). A narrativa de Alencar inscreve os limites de uma consciência nacional no contexto de uma experiência histórica marcada pelo modo de produção colonial-escravista, cuja utopia étnica conjuga efetivamente os interesses metropolitanos com os da classe dominante.[8]

No processo de constituição da identidade nacional, o domínio da cultura literária e o da cultura nacional – domínios que, geralmente, guardam certa distância e tensão entre si – foram histórica e discursivamente construídos de modo a convergir num todo coerente e estável. Essa convergência só ocorre quando à nação é conferido um sentido mais psicológico do que político, sendo que o sentido psicológico neutraliza as diferenças internas para reforçar o princípio da diferenciação em relação ao que está fora dela – o território do outro. Nessa perspectiva, a explicação histórica da nação se consolida nas bases de uma ordem social simbólica pautada na imagem da integralidade de um sujeito nacional universal, cuja identidade se impõe de forma abstrata, dissociada de materialidades resistentes como raça, classe e gênero, as quais representam a ameaça da diferença não só às premissas daquele sujeito, presumidamente uniforme e homogêneo, mas ao próprio movimento de sua construção na produção da nação como narração. Os esforços da elite letrada brasileira em construir uma narrativa nacional no século XIX e a concomitante psicologização da política, com a institucionalização de uma memória coletiva, de caráter uniformizador, resultante da violência perpetrada em nome de uma identidade hegemônica, foi pautada no nacionalismo romântico, de Gonçalves Dias e José de Alencar a Franklin Távora e Visconde de Taunay. O romantismo pretendia a reconciliação das diferenças locais, o que favoreceu o desenvolvimento de uma cultura literária comprometida com "processos de imposição e transferência da cultura do conquistador".[9] É interressante observar que para historiadores da literatura e críticos literários como os da chamada "trindade crítica": (Sílvio Romero, José Veríssimo e Araripe Júnior), o critério primordial para a constituição de uma literatura brasileira foi o critério do nacional, a identificação de temas, descrições e circunstâncias considerados, em seu chão social e antropológico, como autenticamente brasileiros. Contudo, o critério avaliativo para a legitimação das obras aqui produzidas passava pelo critério de realização formal compatível com o quadro referencial dos grandes escritores europeus, constantemente referidos em seus ensaios. Desse modo, o sentimento nativista e a busca de autonomia linguística e literária que impulsionaram a estética romântica e levaram Araripe

Júnior a pleitear uma literatura indianista e cabocla em defesa do nacional cedem terreno diante da necessidade de alinhar os produtos da literatura emergente aos padrões representativos de uma cultura de origem e tomada como modelo de civilização. Se por um lado pode-se creditar essa necessidade de afirmação ao sentimento nacionalista da época, por outro não há como dissociá-la de um discurso que traduz o alinhamento com a centralidade colonial, assentada na concepção de um estado-nação, cuja identidade imaginada se processa sob o signo da elitização, masculinização e branqueamento da cultura como critérios de civilização. José Bello, prestigiado crítico do *Jornal do Commercio* do Rio de Janeiro, assim se manifesta em sua obra *Estudos críticos*:

> Há tipos superiores, raças superiores (...). Creio que no Brasil terminará predominando o tipo branco. Não sei como imaginar o progresso do Brasil, se fosse possível o predomínio, mesmo a conservação das raças inferiores, da mestiçagem condenada, que ainda lhe constitui a maior parte da população (...). Nós, individualmente, nos acreditamos inteligentes e vivos. Temos gosto pelas coisas de espírito, e a pequena elite, que se preocupa com livros e escritores e que encontra no mundo fenômenos mais interessantes do que as intrigas da politicagem indígena, lê e procura cultivar-se, acompanhando o movimento literário moderno, da França, pelo menos.[10]

O "instinto de nacionalidade", como o denominou Machado de Assis em seu famoso ensaio assim intitulado,[11] acabou abrigando-se nas teses positivistas que postulavam ser a miscigenação a causa dos males sociais que ameaçavam o grande destino traçado para a nação. Em um período em que a literatura se constituiu como signo de valor e repositório de identidade de uma cultura que buscava se legitimar através de imagens de autonomia, coesão e unidade, nasciam as determinações que produziriam o *corpus* oficial da literatura brasileira, ou seja, o cânone literário. Seu poder de conferir representatividade à narrativa nacional foi forjado e mantido pelo esquecimento de memórias subterrâneas, recalcadas pela submissão ao apagamento das diferenças em nome do "caráter uniformizador e destrutivo da memória coletiva nacional",[12] agenciada pelo aparato do estado, incluindo-se aqui a própria instituição literária e suas agendas político-ideológicas. Se a memória nacional é a forma mais acabada da memória coletiva, e se o cânone literário é a narrativa autorizada dessa memória, pode-se dizer que o resgate da autoria feminina do século XIX traz à tona, de forma explosiva, aquilo que a memória recalcou, ou seja, outras narrativas do nacional que não só deixam visíveis as fronteiras internas da comunidade imaginada como refiguram a questão identitária nos interstícios das diferenças sociais de gênero, classe e raça, reconceitualizando a nação como espaço heterogêneo, mais concreto e real, atravessado por tensões e diferenças.

Pela ótica das mulheres, nacionalizar o nacional, o que soa como um aparente despropósito, significa, justamente, questionar a matriz ideológica do paradigma universalista que informou o princípio do nacionalismo brasileiro, responsável pela constelação hegemônica de forças políticas, sociais e culturais presentes na formação e no desenvolvimento da nação como narração. Talvez essa seja uma das razões para o silêncio e a exclusão de nossas escritoras da historiografia literária e da história das ideias no Brasil, já que narrativizar o país, na perspectiva de muitas delas, era problematizar a ideologia dominante de nação. Nesse sentido, das margens da nação, duas escritoras intervêm no espaço de sua construção narrativa através do lócus enunciativo de um sujeito que interpela os termos dessa construção, colocando em jogo, na cena social, a exclusão social e a diferença.

Ana César, jornalista, poeta e ficcionista, teve uma atuação marcante na imprensa do país nas primeiras duas décadas do século XX. Participou da Associação Brasileira de Imprensa, exerceu o cargo de vice-presidente da Escola Dramática Brasileira e foi membro do Conselho de Assistência e Proteção aos Menores Desamparados do Rio de Janeiro. Seu livro *Fragmentos*,[13] reúne crônicas, cartas e conferências publicadas em diversos jornais durante o período de 1917 a 1930, inclusive artigos publicados no *Jornal do Brasil*. Sufragista, Ana César militou a favor da educação e da cidadania plena para as mulheres, contestando os muros da domesticidade feminina como o único lugar legítimo de atuação patriótica da mulher tendo em vista seu papel de formadora da consciência cívica no seio da família. Ao defender a vital importância da formação intelectual no processo de emancipação feminina, a escritora vai de encontro ao discurso positivista que entronizava a mulher como guardiã da vida privada, a serviço do estado. Na crônica "A legião da mulher brasileira", Ana César defende a igualdade entre homens e mulheres em termos de capacidades intelectuais, a partir de um discurso que denuncia a base ideológica da construção da inferioridade "natural" da mulher. Cabe lembrar que a Legião da Mulher Brasileira foi uma instituição de caráter filantrópico, empenhada em facilitar o acesso feminino à formação profissional. Em razão de sua filiação ao ideário feminista de direitos iguais, a Legião foi alvo de muitas críticas, sendo que a acusação mais usual era a de ser "contra os homens": interpretação corrente dada aos pleitos das mulheres.

Na época, um dos argumentos de maior circulação contra o sufrágio feminino era o de que a mulher descuidaria das suas obrigações para com a família a partir do momento em que dispensasse seu tempo com a ida às urnas. Para tanto, invocava-se, como coloca Ana César, a natureza da psique feminina e suas tendências "levianas" e "emotivas" como sinais do despreparo para o exercício da cidadania. Na crônica referida, assim se posiciona Ana César: "E não terá ocorrido para isso a incúria em que tem vivido o intelecto da mulher, que por melhor intencionada não pode, por falta de elementos básicos, produzir, educando a prole, uma obra individual, a refratar o valor nacional?"[14] Com relação ao argumento de que as mulheres são despreparadas para o exercício do voto, Ana César pergunta: "E os homens analfabetos, que para votar, aprendem mecanicamente a assinar o nome, satisfazem o alegado?" Ana César revela o cuidado de colocar as questões ditas "femininas" no quadro do cenário político brasileiro, para o qual reivindica um processo de democratização ampla, entendido esse em termos da erradicação da discriminação racial e de gênero, pressupostos para a instalação de uma consciência nacional. É nessa linha que argumenta a favor do sufrágio feminino na crônica "Surtos do feminismo", demonstrando, ao mesmo tempo, receios sobre o descompasso brasileiro em relação à questão:

> A Inglaterra, reconhecendo o valor das heroínas do século XIX e prevendo o triunfo das disposições legislativas em favor da mulher, antecipou o gesto patriótico e decretou a emancipação política das inglesas, convertendo em lei o projeto de reforma do sufrágio, há muito debatido. (...) Esse ato liberal, disse eu, naquela data em *O Paiz*, provecto periódico desta capital, terá sequência em muitos países, e que não seja o Brasil o último a pô-lo em prática."[15]

O voto é um instrumento para potencializar a representação das mulheres na vida política do país e, consequentemente, viabilizar a sua participação na elaboração de um projeto de desenvolvimento nacional. Ironicamente, o Brasil foi o último país da América Latina a aprovar o voto feminino em 1934. A percepção crítica da realidade brasileira como sendo permeada de preconceitos e exclusões, particularmente nas leis e no funcionamento das instâncias institucionais como o sistema educacional, levou Ana César a se engajar na polêmica sobre os estatutos do Colégio Sion, do Rio de Janeiro, por ocasião da negação de matrícula da filha do artista Procópio Ferreira. Assim se manifesta César sobre o sectarismo da instituição na crônica "Gesto antipático":

> Se as irmãs de Sion ou os seus estatutos, conforme declararam, não admitem filhos de pretos nem de artistas de teatro no convívio rico da casa, como então acreditar que lá se possa com sinceridade ensinar a amar e servir o Maior, o incomparável Artista da Criação, que em sua maravilhosa obra realizou a síntese de todos os gêneros da arte imortal? E como tolerar também os padres negros do catolicismo?

Finaliza com o alerta: "Precisamos, mais do que nunca, nacionalizar-nos".[16] Rever a ideologia de nacionalidade e cidadania brasileira significava, para ela, abrir o espaço da nação/narração para interrogar sua representação social a partir da diferença, ou seja, inscrevendo nela a voz e a presença das minorias.

Júlia Lopes de Almeida atuou por mais de quarenta anos na vida literária carioca, do fim de século XIX às primeiras duas décadas do século XX. Foi patrona da Academia Carioca de Letras, militou no Congresso Feminista presidido por Bertha Lutz e participou da fundação da Academia Brasileira de Letras, para a qual foi indicada. Por pertencer ao gênero feminino, sua indicação, no entanto, não foi homologada, tendo sido eleito o seu marido, o também escritor Filinto de Almeida. Autora de artigos em jornais e inúmeras revistas da época (*A Semana, O Paiz, Gazeta de Notícias, Revista do Brasil*), e de contos, comédias e romances, Júlia Lopes teve muitos de seus romances reeditados e esgotados, verdadeiros sucessos editoriais em sua época. Contudo, seu nome permanece silenciado na historiografia literária brasileira, muito embora comentários elogiosos tenham aparecido em ensaios de críticos como José Veríssimo,[17] Temístocles Linhares,[18] Lúcia Miguel Pereira[19] e Antonio Austregésilo,[20] e a autora tenha sido comparada a Eça de Queiroz e Machado de Assis.

Fora do cânone e fora da história, o romance *A Silveirinha*,[21] publicado em 1914, e reeditado pela Editora Mulheres em 1997, instiga uma leitura do inconsciente da cultura, daquilo que foi reprimido através de estratégias do discurso colonial, alimentadas pelo preconceito e discriminação do outro. Em seu contexto histórico-social, o romance em questão se situa num período de grandes transformações da sociedade brasileira, particularmente nos centros metropolitanos, transformações essas que se processaram na esteira do processo de industrialização, propiciado pela intensa atividade de exportação de café, da valorização dos espaços urbanos e novos códigos de comportamento que substituíam comportamentos mais tradicionais, da efervescência de ideias modernas como o positivismo e o seu ideal de progresso e educação fomentado pela inteligência brasileira e da disseminação dos ideais de emancipação da mulher. Poder-se-ia definir o contexto em termos de um cosmopolitismo agressivo, profundamente identificado com a vida parisiense, segundo a leitura do historiador Nicolau Sevcenko. Referindo-se às transformações da época, Sevcenko aponta dois princípios que caracterizam essa forma de cosmopolitismo

> a negação de todo e qualquer elemento da cultura popular que pudesse macular a imagem civilizada da sociedade dominante, e uma política rigorosa de expulsão dos grupos populares da área central da cidade, que será praticamente isolada para o desfrute exclusivo das camadas aburguesadas.[22]

O olhar de Júlia Lopes de Almeida em *A Silveirinha* volta-se para o cotidiano da burguesia do Rio de Janeiro, uma classe que se define pelo seu poder econômico e por comportamentos que traduzem uma ideologia de classe cujas representações se articulam com identificações de gênero e raça. O cenário de grande parte do romance é a cidade serrana de Petrópolis onde a alta sociedade carioca passa os meses de verão. O enredo é centrado na história envolvendo a jovem esposa do dr. Jordão em sua luta diária para convertê-lo de livre-pensador em católico praticante. Os episódios envolvendo embates familiares, desconfianças de maridos, relações adúlteras, intrigas sociais e reuniões festivas colocam em relevo a vida prosaica e fútil de uma elite econômica comprometida com a manutenção de seus privilégios e com a busca de ascensão social através da manipulação de sentimentos, da falsidade e de jogos de poder. Desfilam nesse microcosmo personagens da burguesia, do clero e da política, verdadeiros tipos da sociedade local. Nesse espaço de uniformidade social e ideológica, o uso da língua francesa é índice de civilização e, portanto, signo de uma cultura transplantada, cujos valores expõem a ficção que foi a construção romântica da nação, na sua busca pela brasilidade.

A par das representações de gênero que se objetivam nas diferenças de agir e pensar das personagens masculinas e femininas e que constituem o eixo da estrutura social/patriarcal que sustenta o enredo, interessa focalizar a primeira longa cena do romance, porque ela nos apresenta o psicodrama da identidade cultural brasileira através do ponto de vista de uma narradora que reduz significativamente sua intervenção no mundo narrado ao escolher a transcrição das falas das personagens, assumindo, assim, uma pretensa objetividade e isenção, ou seja, uma neutralidade em relação a ele. Por razões de clareza, se impõe a descrição dessa cena. Trata-se de uma cena no salão de festas do banqueiro Korsakoff, onde indivíduos de diferentes nacionalidades e ligados ao mundo diplomático circulam junto a brasileiros, integrantes da elite carioca. Todos aguardam com ansiedade a dança, e a personagem Roberto Flores comenta: "É esquisito, realmente, fazer-se dançar o maxixe por negros num salão aristocrático, como apresentação do que há no país de curioso e interessante..." Seu interlocutor, Gastão Soares, responde dizendo:

> Os estrangeiros gostam! (...) A civilização aprecia contrastes, tem os nervos gastos, precisa de estimulantes e, para esse efeito, quanto pior melhor. Acredite, os europeus estão fartos até as copas dos chapéus de cançonetas de salão, cantadas por moças de família. E eu também. Que venham os negros de beiço grosso, cheirando almíscar (...). Quando, daqui a pouco, os nossos crioulos se derrearem nos volteios e requebros da sua dança, verá você como estes noruegueses e montenegrinos se babam de gozo e pedem bis.[23]

Com a entrada do par de dançarinos, muitas senhoras não conseguem conter o riso, como se tivessem visto naquele casal de homens, "dois espécimes de animais estranhos e irracionais". A mulher do secretário da Holanda se assusta e pergunta se aqueles brasileiros podem ser malvados. Quando a dança inicia, assim descreve a narradora:

Ao influxo dos olhares ardentes de tantos brancos requintados, da mais fina elegância, os pretos como que se sentem transportados ao sétimo céu das delícias. E iam e vinham sobre o chão encerado, apertadamente unidos um ao outro, arfando de gozo e de cansaço, de olhos semicerrados, beiços pendentes, corpos dobrados ou torcidos, em requebros e bamboleios lúbricos. Fremiam-lhes as narinas chatas, e a pele reluzia-lhes como se estivessem untados de óleo. No anel humano que os circundava havia uma intensa expressão de bestialidade. Das pupilas deslavadas dos europeus do norte, diplomatas serenos, de atitudes rígidas, irrompiam fogachos de curiosidade e lascívia. Algumas brasileiras tinham o olhar ofendido; mas as estrangeiras babavam-se de gozo. E no meio da sala os pretos redobravam de furor, corpos colados, cabeças pendentes, num derretimento impudico, com exalações de suor morrinhento, que pouco a pouco ia abafando a sala. — Oh, *ces Brésiliens*, exclamou rindo imprudentemente uma estrangeira esgalgada, de nariz curto.[24]

A reação de uma das mulheres brasileiras que a ouve é de assombro e desafio, enquanto outra desvia o olhar da dança enojada. A cena, antes de tudo, evidencia a cisão entre duas raças, duas culturas, entre uma elite branca refinada, identificada com valores etnocêntricos, e um segmento inferiorizado, colonizado, os negros, cuja "barbárie" é domesticada e transformada em espetáculo, para deleite da audiência de salões. Quem são os brasileiros? Onde está a brasilidade? A identidade nacional? Júlia Lopes de Almeida evoca a experiência colonial através do discurso estereotipado de raça que produz o outro como identidade essencializada – o primitivo, o exótico, o lascivo, o selvagem – num contexto de hierarquias culturais. A questão da identidade nacional é problematizada na medida em que o negro é definido pelo outro estrangeiro como brasileiro, enquanto que o brasileiro, de cor branca, não admite a brasilidade como pertencimento horizontal, pois não se alinha com aquele, mas com o outro estrangeiro, pela identificação vertical de raça e classe. Júlia Lopes de Almeida apresenta com argúcia crítica a complexidade do pertencimento coletivo no âmbito da brasilidade através da sua leitura do estereótipo, não pela ótica do senso comum, que lê o estereótipo como produção de uma simples lógica binária que demarca as fronteiras de um eu sujeito em oposição a um outro objetificado, mas em um contexto de imagens que convergem para uma representação ambivalente da alteridade, produzida na cena histórica da construção do sujeito colonial.

Segundo o crítico Homi Bhabha,[25] a ideia de que o colonizador detém o poder e que o discurso colonial através do qual o sujeito da enunciação é unificado num sistema de representação que opera como um regime de verdade é uma simplificação histórica e teórica, porque pressupõe a representação de uma identidade monolítica e fechada, não problematizada pela diferença, cujo reconhecimento é, no entanto, pré-condição para que o discurso colonial produza seu efeito político como poder disciplinador do outro. Bhabha define o estereótipo como um elemento fundamental do discurso colonial, uma complexa articulação de fetichização e fobia, negação e projeção, defesa narcísica e identificação agressiva, a partir da concepção de construção identitária e de significação recortados, respectivamente, pela psicanálise freudiana e lacaniana e pelo conceito derrideano de diferença. Resumindo a elaborada moldura a partir da qual formula sua teoria, pode-se dizer que a produção do estereótipo no discurso colonial reativa a cena da fantasia primária que regula a representação do sujeito na rede das relações psíquicas e sociais, isto é, na cena do desejo[26] pela origem pura, não contaminada, a qual está sempre sob a ameaça da diferença, quer seja de raça, gênero, cor, classe, nacionalidade ou cultura. Nesse contexto, o estereótipo é um elemento-chave do processo de subjetivação no discurso colonial, tanto para o colonizador quanto para o colonizado, pois ambos estão necessariamente inscritos ou figurados na fantasia que a imagem do estereótipo produz, isto é, a de que o mito de origem, da cultura primeira, está sempre presente e ausente no signo outro de sua divisão e diferença. Para Bhabha, a anatomia do estereótipo e seu funcionamento no discurso colonial é incompleta, se não for considerado o modo fetichizado de representação no campo das identificações, do jogo de completude/falta, uma vez que todo sujeito se constitui e se identifica sempre através de uma imagem que é simultaneamente próxima e alienante e, por isso, potencialmente agressiva. Seriam essas duas formas de identificação imaginária – a narcísica e a agressiva – a estratégia dominante na produção do estereótipo que é, portanto, uma imagem ambivalente, que diz tanto sobre o eu quanto sobre o outro. E como resultado de um processo que veicula (re)conhecimento da diferença ao mesmo tempo em que a nega, o estereótipo condensa e traduz posições conflitantes do sujeito da enunciação, uma vez que oscila entre medo e desejo, prazer e dominação. São essas as posições discursivas possíveis do discurso colonial no contexto de práticas sociais marcadas por relações de poder e pautadas em hierarquias de raça, classe, gênero e nacionalidade.

Retomando *A Silveirinha*, constata-se que tanto os membros da elite carioca quanto os estrangeiros projetam no par de dançarinos a imagem estereotipada da diferença irracional e selvagem que ratifica sua posição de raça e classe, compatível com a ideia de um sujeito civilizado, portanto superior e dominador. Na cena do referido romance, essa concepção da elite acaba se revelando frágil e precária, pois no momento em que os presentes se deixam levar pela fantasia do outro são tomados por um frenesi, a ponto de serem descritos pela narradora em termos de "intensa expressão de bestialidade". Se, por um lado, há o (des)reconhecimento (e o medo) da diferença como constitutiva da identidade, por outro, há uma identificação incontrolada que desloca o sujeito branco colonial de seu privilégio e que apaga as fronteiras fixas das identidades culturais definidas pela oposição entre civilização e barbárie. A descrição da narradora não deixa dúvidas quanto à percepção de Júlia Lopes de Almeida do funcionamento do estereótipo racial, fazendo com que seu discurso inscreva a ambivalência das alteridades por ele constituídas e coloque a nu o inconsciente da sociedade brasileira, ou seja, uma cultura colonial transplantada, sitiada por diferenças e com uma impossibilidade de afirmar a pureza de suas origens. Ao expor a herança colonial num período de expectativas em torno de um novo país, moderno e desenvolvido com as novas tecnologias do século XX, Júlia Lopes de Almeida expõe as formas com as quais se manifesta o trauma da nacionalidade e a violência simbólica perpetrada contra o outro.

De formas diferentes, mas não menos contundentes, os textos de Ana César e Júlia Lopes de Almeida podem ser considerados contranarrativas do discurso assimilacionista brasileiro, na medida em que interpelam a desterritorialização da diferença na narrativa da nação e, com isso, rasuram as fronteiras totalizadoras e hegemônicas de sua suposta identidade cultural.

ESTE TEXTO É UMA VERSÃO REVISADA DO ARTIGO ORIGINALMENTE PUBLICADO NA *REVISTA ESTUDOS FEMINISTAS*, VOL. 8, Nº 1, JAN 2000, P. 84-97.

NOTAS

1 Mary Louise Pratt, "'Don't interrupt me': The gender essay as conversation and countercannon", *Revista Brasileira de Literatura Comparada*, nº 4, 1998, p. 90.

2 in *Minerva Brasiliense*, Jornal de Ciências, Letras e Artes, vol. 1, nº 1, 1º set 1843, p. 31.

3 Antonio Candido, *Formação da literatura brasileira*, São Paulo: Martins Fontes, 1971, vol. 1, p. 329-330.

4 Ao realizar um estudo sobre as ficções fundadoras da América Latina no século XIX, Doris Sommer aponta a função político-ideológica do romance familiar, cujos enredos operam como modelos de homogeneização nacional, através da conciliação e apagamento das diferenças. Ver "Amor e pátria na América Latina: uma especulação alegórica sobre sexualidade e patriotismo", in Heloisa Buarque de Hollanda (org.) *Tendências e impasses: o feminismo como crítica da cultura*. Rio de Janeiro: Rocco, 1994.

5 Ver "História da literatura e identidade nacional", in José Luís Jobim (org.), *Literatura e identidades*. Rio de Janeiro: J. L. J. S. Fonseca, 1999, p. 51.

6 Conforme Célia Pedrosa, "Nacionalismo literário", in José Luís Jobim (org.), *Palavras da crítica*, Rio de Janeiro: Imago, 1992, p. 290-291.

7 Heloisa Buarque de Hollanda, op. cit., p. 131.

8 Nessa linha, ver Ria Lemaire, "Relendo Iracema (o problema da representação da mulher na construção duma identidade nacional)", in *Organon. Revista do Instituto de Letras da UFRGS*, vol. 16, nº 16, 1989. Eduardo de Assis Duarte, "Iracema: a expansão portuguesa sob o signo de Eva", in Christina Ramalho (org.), *Literatura e feminismo: propostas teóricas e reflexões críticas*, Rio de Janeiro: Elo, 1999.

9 Segundo Antonio Candido, "Literatura de dois gumes", in *A educação pela noite e outros ensaios*, São Paulo: Ática, 1989, p. 175.

10 Jacintho Ribeiro dos Santos, *Estudos críticos*, Rio de Janeiro: s/e, 1917, p. 112 e 188-189.

11 Machado de Assis, "Instinto de nacionalidade", in *Instinto de nacionalidade e outros ensaios*, Porto Alegre: Mercado Aberto, 1999.

12 Maurice Halbwachs, "Memória, esquecimento, silêncio", *Estudos Históricos*, vol. 2, nº 3, Rio de Janeiro, 1989, p. 3-5.

13 Ana César, *Fragmentos*, Rio de Janeiro: Imprensa Nacional, 1931.

14 Ana César, "Surtos do feminismo", op. cit., p. 55.

15 Ibid., p. 70.

16 Ana César, "Gesto antipático", op. cit., p. 61.

17 José Veríssimo afirma: "Por vários motivos, pois, Júlia Lopes de Almeida é uma das principais figuras femininas da literatura brasileira". Contudo, o crítico se abstém de mencioná-la em sua *História da literatura brasileira*, de 1916. Ver "Um romance da vida fluminense", in *Estudos de literatura brasileira*. São Paulo: USP/Itatiaia, 1977, p. 79-84.

18 Temístocles Linhares, *História crítica da literatura brasileira*, vol. III, São Paulo: Edusp, 1987.

19 Miguel Pereira assim coloca a crítica: "Júlia Lopes de Almeida, na verdade, é a maior figura entre as escritoras de sua época, não só pela extensão de sua obra, pela continuidade de esforço, pela longa vida literária de mais de quarenta anos, como pelo êxito que conseguiu com os críticos e com o público." Ver *Prosa de ficção: de 1870 a 1920*, Rio de Janeiro: José Olympio, 1957, p. 259-271.

20 Antônio Austregésilo, *Perfil da mulher brasileira: esboço acerca do feminismo no Brasil*, Rio de Janeiro: Francisco Alves, 1923, p. 37-48.

21 Júlia Lopes de Almeida, *A Silveirinha*, Florianópolis: Editora Mulheres, 1997.

22 Nicolau Sevcenko, *Literatura como missão: tensões sociais e criação cultural na Primeira República*, São Paulo: Brasiliense, 1995, p. 27-30.

23 Júlia Lopes de Almeida, op. cit., p. 26.

24 Ibid.

25 Homi K. Bhabha, *O local da cultura*, tradução de Myriam Ávila, Eliana de Lima Reis e Gláucia Renate Gonçalves, Belo Horizonte: UFMG, 1998.

26 O desejo sempre se configura como força perturbadora nos regimes do originário, pois na identificação da relação imaginária há sempre a presença do outro alienante (evocada na fase do espelho lacaniano, por exemplo), que retorna sua imagem para o sujeito.

Recordar esses capítulos fundamentais da luta das mulheres por seus direitos humanos é necessário como um aporte ao diálogo com as novas gerações de feministas, herdeiras desse processo virtuoso de afirmação de direitos nas esferas nacionais e internacionais e que hoje se manifestam pela ampliação da pauta de direitos humanos das mulheres em sua diversidade.

Jacqueline Pitanguy

A carta das mulheres brasileiras aos constituintes: memórias para o futuro

Jacqueline Pitanguy

FEMINISMO E DIREITOS HUMANOS NO BRASIL

Os direitos humanos devem ser compreendidos na dinâmica de seu exercício, assim como no marco dos processos históricos através dos quais são enunciados em leis, convenções, tratados, demarcando o espaço da cidadania formal. As leis, bem como sua interpretação e implementação, refletem relações de poder e padrões culturais predominantes em determinada sociedade. Tanto o seu conteúdo normativo quanto a sua prática se situam na esfera política, envolvendo disputas de poder nacionais e internacionais por significados e vivências.

O contexto econômico e social do país e, particularmente, a existência de instituições democráticas e a garantia do exercício de liberdades civis, assim como no contexto internacional, têm papel crucial na definição dos limites e possibilidades da afirmação e exercício dos direitos humanos. De fato, leis e políticas públicas estão diretamente ligadas a processos políticos.

Ao se entender que não existe uma trajetória linear em direção ao progresso, posto que os direitos[1] são conquistas históricas sujeitas a retrocessos, é possível distinguir dois grandes momentos na luta pelos direitos das mulheres no Brasil: a ditadura e a democracia. Tais períodos determinaram limites e possibilidades no exercício da *advocacy* feminista, ator fundamental em todas as etapas desse processo de afirmação de direitos das mulheres.

Por *advocacy*, entende-se uma ação política desenvolvida junto ao Estado, ou a outras instâncias nacionais ou internacionais no sentido de alcançar determinado objetivo. Um movimento que requer uma análise de campo, ou seja, dos diferentes atores com interesses comuns ou divergentes que disputam objetivo semelhante, bem como o estabelecimento de alianças e a utilização de instrumentos diversos ao longo do processo. Uma das características marcantes do movimento feminista brasileiro é sua capacidade de realizar ações de *advocacy* por leis e políticas públicas, definindo objetivos e estratégias de atuação.[2]

A análise de Hannah Arendt sobre a importância da ação política (práxis) na construção de um conceito dinâmico de cidadania poderia ser utilizada para descrever a ação política do feminismo como um ator social no cenário do Brasil.[3] De fato, ao longo das três últimas décadas do século xx, e ainda hoje, existe uma clara conexão entre o ativismo feminista e as mudanças em legislações discriminatórias, a proposição de novas leis, a implementação de políticas públicas e a resistência aos retrocessos.

Durante a ditadura, que marcou por 21 anos o cenário político brasileiro, com diferentes graus de repressão e violência do Estado, o feminismo adquiriu visibilidade enquanto movimento político, questionando as relações de poder, as desigualdades e hierarquias que definiam a mulher como cidadã de segunda categoria. Organizado em coletivos informais, grupos de reflexão, centros de estudos em universidades, trabalhando em articulação com outras forças sociais que lutavam contra a ditadura militar, as feministas levaram a agenda de direitos das mulheres a espaços diversos como sindicatos, associações profissionais, academia, imprensa, entre outros.

Entretanto, no contexto da luta contra o estado autoritário, pautada pela construção de grandes frentes de resistência, com o slogan "o povo unido jamais será vencido", agendas específicas não eram sempre bem-vindas, pois, para alguns setores da resistência democrática, poderiam dividir a unidade do movimento. Assim, o conceito de povo não comportava diferenças de sexo, raça ou etnia, o que dificultava a construção de uma agenda indentitária naquele contexto.

Por outro lado, a interlocução do movimento feminista com a Igreja Católica, então um ator importante contra a violência do Estado, era difícil e complexa. Se por um lado havia o apoio católico em relação a questões ligadas à justiça social, por outro, havia barreira dogmática intransponível no tocante aos direitos e à saúde reprodutiva. O movimento feminista, com o slogan "Nosso corpo nos pertence", defendia a autonomia sexual e reprodutiva das mulheres. O direito ao aborto e mesmo o acesso a certos métodos contraceptivos, no entanto, contrariavam drasticamente a posição da Igreja.

Apesar desses obstáculos para ampliar suas alianças estratégicas, nesse contexto, da década de 1970, o movimento feminista ganhou visibilidade e legitimidade na defesa do acesso da mulher vítima de violência à segurança e à justiça, esferas impregnadas pela cultura patriarcal. Com isso, o feminismo retiraria o manto de invisibilidade que cobria a violência doméstica e questionaria a aceitação, por parte da sociedade e das instâncias policiais e da justiça, das agressões perpetradas no espaço do lar e/ou envolvendo homens e mulheres com relacionamentos afetivos.

Ao longo dos anos 1970 e início dos anos 1980, feministas desenvolveram a campanha *Quem ama não mata*, denunciando a elevada incidência de homicídios de mulheres perpetrados por seus maridos ou companheiros. Denunciaram também a utilização do argumento da legítima defesa da honra nos tribunais, com o qual assassinos confessos de suas esposas ou companheiras eram absolvidos ou recebiam sentenças irrisórias, revertendo a lógica da justiça, posto que a vítima se transformava em ré, isto é, em culpada de seu próprio assassinato.[4]

Ao compreender a estreita relação entre a subordinação legal da mulher na família e a violência doméstica, o movimento feminista atribuiu importância central à luta pela reforma das leis que regiam a família, tendo apresentado diversos projetos nesse sentido, mesmo durante a ditadura, contestando as leis que regiam o casamento e que legitimavam a cidadania incompleta da mulher no âmbito da família, onde o homem era o chefe da sociedade conjugal. Como tal, tinha o direito de administrar os bens familiares, inclusive os de sua esposa, de obrigá-la a ter relações sexuais com ele mesmo sem o seu consentimento, de deserdar a filha por comportamento desonesto – sendo o conceito de honestidade diretamente ligado à moralidade sexual – e, ainda, o direito de acabar com o trabalho da mulher se esse interferisse em seus deveres familiares. Isso porque a família se regia ainda pelo código civil de 1916, profundamente patriarcal, ancorado em valores hierárquicos das relações familiares e na subalternidade da mulher (*pater familias*).[5]

Outra bandeira de luta do feminismo de então dizia respeito ao papel da educação e dos meios de comunicação em reforçar estereótipos do masculino e do feminino, configurando o espaço da mulher como o da domesticidade e outorgando ao homem o domínio simbólico do mundo externo. Os anos 1970 coincidem com o avanço da televisão no país, a inauguração de redes nacionais de TV, e seu papel cada vez mais marcante na difusão de valores culturais, que, se por um lado reforçam a ideia da família nuclear como símbolo da modernidade, por outro, perpetuam o sexismo e o racismo, com a reiteração da subalternidade da mulher, particularmente da mulher negra, nas novelas que começam a impregnar o imaginário coletivo do país.

À medida que a participação da mulher no mercado de trabalho avança, evidenciam-se as discriminações que a afetam em termos salariais e de ocupação, outra bandeira de luta do feminismo. Na universidade, tem início uma extensa produção de pesquisas e estudos sobre a posição da mulher no mercado de trabalho.[6] Mulheres sindicalistas incorporam essa agenda em suas plataformas, em um momento em que o sindicalismo ressurge como uma força política no cenário nacional.

No fim dos anos 1970 e início da década seguinte, período coincidente com a anistia de 1979, outras forças sociais adquirem visibilidade no país, trazendo, com maior expressão, a defesa dos povos indígenas, do meio ambiente, dos direitos sexuais e a interseccionalidade entre gênero e raça para a área pública, ressaltando essas pautas na agenda política do país.

DEMOCRATIZAÇÃO, FEMINISMO E CONSTITUINTE

As eleições de 1982 constituem um marco na transição democrática, pois consagram a vitória da oposição nos principais colégios eleitorais do país, com Franco Montoro em São Paulo, Tancredo Neves em Minas Gerais e Leonel Brizola no Rio de Janeiro. Após anos de divórcio entre a sociedade civil e o estado, a agenda dos direitos humanos e da igualdade das mulheres já não ecoava tão somente nas ruas, posto que feministas davam um primeiro passo em direção ao estado, em nível estadual, por meio da criação de espaços institucionais como o Conselho dos Direitos da Mulher em Minas Gerais e do Conselho da Condição Feminina em São Paulo.

Nessa mesma época, frente à histórica invisibilidade da violência doméstica no sistema de segurança, feministas demandam a criação de delegacias especializadas onde esse tipo de violência fosse tratado como um crime, sujeito a inquérito policial e a processo devidamente encaminhado às instâncias da justiça.

Durante o grande movimento cívico pelas *Diretas Já*, mulheres de todo o país, organizadas em movimentos, associações e sindicatos, conclamavam por uma redemocratização das instituições políticas e também das relações entre mulheres e homens, requalificando o conceito de democracia. Nesse momento, ocorre um relevante debate sobre a pertinência da criação de um órgão governamental de nível federal para influenciar na proposição de um marco normativo livre de discriminações e efetivar, no âmbito do executivo, políticas públicas voltadas para a condição feminina.

Em agosto do 1985, no governo de José Sarney, através da Lei 7353, foi criado o Conselho Nacional dos Direitos da Mulher (CNDM), órgão federal com autonomia administrativa e orçamento próprio, respondendo diretamente ao presidente da República, a quem cabia a nomeação de sua presidente.[7] O CNDM estava organizado em comissões por áreas de trabalho como violência, saúde, creche, educação, cultura, trabalho, mulher negra, mulher rural e legislação. Contava também com um centro de documentação e um setor de comunicação. Além do quadro técnico e administrativo, possuía um Conselho Deliberativo, composto por mulheres destacadas em diferentes setores.[8]

A criação do CNDM responde à demanda de ativistas que consideravam fundamental, na reconstrução das instituições políticas democráticas, que a agenda de igualdade de direitos das mulheres tivesse condições objetivas de ser implementada a partir de um órgão federal dotado de autonomia programática e financeira e que atuasse em um país com a diversidade e dimensão do Brasil. Não havia, entretanto, unanimidade no movimento quanto à criação desse órgão, uma vez que se vivia ainda em meio a estruturas autoritárias poderosas, sendo real o risco de cooptação. No entanto, a parcela mais significativa do movimento de mulheres entendeu que, mesmo havendo riscos, era necessário lutar para a criação desse espaço institucional com abrangência nacional.

Uma das primeiras preocupações do CNDM foi organizar um programa de trabalho voltado para a Assembleia Constituinte que, através de eleições parlamentares, seria eleita em 1986. Dois slogans resumem o objetivo desse trabalho: "Constituinte para valer tem que ter direitos da mulher" e "Constituinte para valer tem que ter palavra da mulher".

Tem início assim uma das principais ações de *advocacy* pelos direitos das mulheres na história do Brasil, desenvolvida ao longo de três anos, antecedendo e acompanhando todo o processo constitucional. O CNDM conseguiu, em uma época sem internet e com comunicações telefônicas bastante deficitárias, mobilizar mulheres de todo o país e sensibilizar setores diversos da sociedade para a importância de uma forte atuação naquele momento político. O movimento ressaltava o fato de que aquele momento constituía uma oportunidade única de retirar as mulheres da condição de cidadãs de segunda categoria a que estavam reduzidas.

A campanha para propor e assegurar os direitos das mulheres na nova Constituição se inicia com a organização de eventos em diversas capitais, em articulação com os movimentos de mulheres e outras entidades locais da sociedade civil, bem como com as Assembleias Legislativas e Conselhos estaduais e municipais. Paralelamente, o CNDM lutava também por maior presença feminina no Congresso, objetivo alcançado nas eleições de 1986, quando mais que dobrou a proporção de mulheres deputadas e senadoras em relação aos homens.[9]

O objetivo do CNDM era descentralizar a campanha pelos direitos das mulheres no sentido de engajar a todos os estados nessa mesma iniciativa. Abriu-se também um canal direto de comunicação do CNDM com os movimentos de mulheres, através da solicitação para que enviassem ao Conselho suas demandas e propostas para a Assembleia Constituinte.

O Brasil vivia um momento de esperança na construção de um estado democrático e igualitário e mulheres de todo o país enviaram por carta, fax e telegrama centenas de sugestões ao CNDM, onde um grupo de trabalho organizava o material, descartando propostas que não se coadunavam com o ideário constitucional, e consolidando as demais demandas e propostas em função dos capítulos discutidos na Assembleia Constituinte. Essa documentação foi também objeto de análise por parte de um grupo de advogadas que, trabalhando *pro bono* junto à Comissão de Legislação do CNDM, deu forma legal a essas demandas.

Instrumento fundamental para o trabalho de *advocacy* foi também a realização, em Brasília, de grandes encontros nacionais e de conferências e seminários para definir propostas no âmbito da saúde da mulher, dos direitos da mulher trabalhadora, da violência doméstica, da educação e da creche, da mulher rural, da mulher negra, entre outras temáticas dessa mesma agenda.

A Carta das Mulheres Brasileiras aos Constituintes foi aprovada em encontro nacional promovido em agosto de 1986 pelo CNDM, no Congresso Nacional, que contou com a participação de milhares de mulheres representando diversas organizações de todo o país. O documento foi um marco fundamental na trajetória desse longo e difícil processo de *advocacy*, que se desenvolvia em um cenário onde os partidos políticos e as forças sociais diversas ainda atuavam, após décadas de autoritarismo e divórcio entre sociedade civil e estado.

A CARTA DAS MULHERES BRASILEIRAS AOS CONSTITUINTES

A CARTA tem os seguintes capítulos, nos quais vale distinguir algumas proposições:

1. Princípios Gerais

Revogação automática de todas as disposições legais que impliquem em classificações discriminatórias.

2. Reivindicações Específicas
2.1. Família

Plena igualdade entre os cônjuges; a plena igualdade entre os filhos não importando o vínculo existente entre os pais; proteção da família instituída civil ou naturalmente; acesso da mulher rural à titularidade de terras independentemente de seu estado civil; dever do estado em coibir a violência nas relações familiares.

2.2. Trabalho

Assegurar o princípio constitucional da isonomia no salário, no acesso ao mercado de trabalho, na ascensão profissional; extensão de direitos trabalhistas e previdenciários às empregadas domésticas, trabalhadoras rurais; proteção da maternidade e aleitamento garantindo o emprego da gestante; extensão do direito a creche para crianças de zero a seis anos, licença aos pais no período natal e pós-natal; licença especial no momento da adoção; direito ao marido ou companheiro de usufruir benefícios previdenciários da mulher.

2.3. Saúde
Em consonância com o princípio de que a saúde é um direito de todos e um dever do Estado: garantia de assistência integral à saúde da mulher; proibição de experimentação de drogas; garantia da livre opção pela maternidade e da assistência ao pré-natal, parto e pós-parto; garantir o direito de interromper a gravidez; garantir o acesso gratuito aos métodos contraceptivos.

2.4. Educação e Cultura
Ênfase na igualdade entre os sexos, na luta contra o racismo e outras formas de discriminação, afirmando o caráter multicultural e multirracial dos brasileiros; tornar obrigatório o ensino da cultura afro-brasileira; zelar por uma educação e cultura igualitária a ser promovida pelos meios de comunicação; zelar pela imagem social da mulher sem preconceitos e estereótipos discriminatórios; discriminar as estatísticas por sexo, raça e cor.

2.5. Violência
Criminalização de qualquer ato que envolva agressão física, psicológica ou sexual à mulher, dentro ou fora do lar; eliminar da lei a expressão "mulher honesta" e o crime de adultério; o Estado deve garantir assistência médica, jurídica, social e psicológica à mulher vítima de violência; o crime de estupro independe da relação do agressor com a vítima; o crime sexual deve enquadrar-se como crime contra a pessoa e não contra os costumes; propõe ainda a responsabilidade do Estado em criar delegacias especializadas e albergues.

3. Questões Nacionais e Internacionais
Referentes a princípios que devem reger a política externa, recomendação de que o governo assine os tratados e convenções internacionais, dentre outros.[10]

Esse documento foi entregue por mim na qualidade de presidente do CNDM, ao deputado Ulisses Guimarães, presidente do Congresso, em março de 1987, e foi também entregue em todas as Assembleias Estaduais do país, no mesmo momento. Iniciava-se aí um trabalho de constante presença de integrantes do CNDM no Congresso Nacional, defendendo as propostas das mulheres.

Conhecido como "o lobby do batom", esse trabalho de *advocacy* foi realizado em articulação estratégica com as diversas categorias de mulheres trabalhadoras rurais e urbanas, empregadas domésticas, profissionais de saúde e delegadas de polícia. Além disso, se apoiou no estabelecimento de parceria com a bancada de mulheres na Câmara e no Senado. Agindo de forma suprapartidária, a maioria das integrantes dessa bancada feminina teve papel fundamental ao apoiar e apresentar emendas propostas pelo CNDM, cujas integrantes percorriam diariamente os corredores e gabinetes do Congresso Nacional em um trabalho presencial incessante durante todos os anos em que se desenvolveu o processo constituinte.

O CNDM procurava também conscientizar a sociedade sobre os debates da Constituinte. Desse modo, quando se discutia no Congresso um tema relacionado aos direitos da mulher, o Conselho realizava campanhas na TV, na imprensa escrita, nas rádios, colocando também outdoors em todas as capitais, chamando atenção para a necessidade de incorporar uma determinada proposição no texto constitucional.

Esse foi um capítulo vitorioso na história da luta das mulheres por seus direitos. Cerca de 80% das proposições foram incorporadas ao texto constitucional, outras levaram a mudanças nos códigos civil e penal, em leis complementares, ou na criação de novas leis e serviços, como as Delegacias Especiais de Atendimento à Mulher (Deam) e as Casas Abrigo.

Além de celebrar o que se conseguiu incluir na Constituição, cabe também destacar que o trabalho de *advocacy* do CNDM se dirigia também a evitar a inclusão de certas disposições que implicariam retrocessos, como a questão do direito ao aborto. Já havia no Congresso, assim como na sociedade brasileira, a presença significativa de um movimento para banir o direito à interrupção da gravidez em qualquer circunstância, e que se propunha a incluir no texto constitucional a expressão "direito à vida desde a concepção".[11]

Com o conhecimento profundo que o CNDM havia adquirido sobre o perfil dos constituintes, sabia-se que havia no Congresso um grupo ideológico a favor da proibição total do aborto, alguns poucos defensores de sua descriminalização e uma massa de parlamentares que se sentia incomodada com esse debate, e que não se comprometeria em assegurar o direito ao abortamento. Dessa forma, coube ao CNDM a elaboração de uma estratégia bem-sucedida para que a questão do aborto não fosse incluída como matéria constitucional. Uma ação articulada em comum acordo com os movimentos de mulheres que se empenharam em conseguir assinaturas a favor de uma emenda popular pela descriminalização, e que seria o contraponto da posição contrária. Assim, foi possível assegurar que as mulheres mantivessem o direito de recorrer ao abortamento voluntário nos casos de risco de vida e estupro, já previstos no código penal e que, quase um quarto de século depois (2012), seria ampliado pelo Supremo Tribunal Federal (STF), para incluir a interrupção quando da gestação de concebido com anencefalia.

É importante reconhecer e celebrar essas vitórias. Não como uma recordação nostálgica e sim como exemplo de um longo e árduo trabalho que pode contribuir para estratégias de atuação em momento de nossa história política em que se fecha o ciclo de afirmação de direitos, se desbaratam políticas públicas e se substitui a utopia pelo desencanto.

O FEMINISMO NA ESFERA INTERNACIONAL: AS CONFERÊNCIAS DA ONU

A Constituição de 1988[12] inaugurou no país um ciclo virtuoso de afirmação de direitos humanos e, particularmente, de direitos das mulheres, inclusive no que se refere a tratados e convenções internacionais. Assim, a Convenção contra todas as Formas de Discriminação contra a Mulher (Cedaw), de 1979, havia sido retificada pelo Brasil em 1982 com reservas, particularmente no tocante ao capítulo da família. Com a nova Constituição e a plena igualdade no casamento, o país retirava suas reservas.

Esse ciclo virtuoso atravessou os anos 1990, que coincidiram com as grandes Conferências das Nações Unidas.[13] Tais eventos podem ser considerados marcos de mudanças significativas na conjugação dos direitos humanos no cenário internacional.

Em 1992, a Conferência de Meio Ambiente e Desenvolvimento, realizada no Rio de Janeiro, inova no sentido de incorporar, pela primeira vez, a presença de inúmeras ONGs tanto no espaço governamental como em seu fórum não governamental, dentre as quais organizações feministas de mulheres, quebrando a tradição da ONU de admitir número reduzido de organizações tradicionais da sociedade civil nos seus debates. Inova também ao trazer o meio ambiente para o âmbito dos direitos humanos, ampliando o leque de dimensões da vida que passam a integrar a agenda internacional.[14]

A Conferência de Direitos Humanos, realizada em 1993, em Viena, constitui um marco no que se refere ao impacto do feminismo internacional em sua Declaração e Plano de Ação. Como resultado do encontro, os direitos das mulheres passam a ser considerados direitos humanos e, nesse contexto, a violência contra a mulher, particularmente a violência doméstica, passa a ser vista como uma violação de direitos humanos. É também nessa ocasião que se afirma o caráter universal, inalienável e indivisível dos direitos humanos.[15] Aliada aos dispositivos da Constituição Federal que afirmam a responsabilidade do Estado no tocante à violência intrafamiliar, a experiência da conferência em Viena lança as premissas sobre as quais se assentará a aderência do Brasil à Convenção de Belém do Pará de 1994, que, por sua vez, balizará a Lei Maria da Penha, de 2006.[16]

Em 1994, a Conferência de População e Desenvolvimento (CIPD), que teve lugar na cidade do Cairo, introduz um novo paradigma ao deslocar o eixo dos debates sobre população do campo da demografia para os direitos reprodutivos, conceito introduzido pela primeira vez em um documento da ONU graças à exitosa ação do movimento feminista internacional. O movimento introduz também os conceitos de gênero e de empoderamento das mulheres na linguagem das Nações Unidas, bem como o reconhecimento da existência de diferentes formas de família. No tocante ao aborto, situa esse procedimento no âmbito da saúde pública e insta os governos a realizarem esse procedimento de forma segura nos casos previstos em lei, bem como a oferecerem cuidados médicos a todas as vítimas de abortamento inseguro.[17]

A Conferência das Mulheres, ou Conferência para a Igualdade, Desenvolvimento e Paz,[18] que se realiza no ano seguinte, em Beijing, já se assenta sobre os avanços anteriores e enfatiza a questão da desigualdade das mulheres no acesso à educação, ao trabalho, à tomada de decisões, aos serviços de saúde, bem como à questão da feminização da pobreza, da situação da mulher em conflitos armados, e destaca a dimensão específica da menina (*girl child*) e as violações que recaem sobre ela na infância e adolescência. Essa conferência avança também no que se refere à questão dos direitos sexuais e do aborto, instando os governos a não criminalizarem as mulheres que o realizam.

Nas décadas seguintes, com base nos princípios constitucionais de 1988, que balizou a posição avançada do Brasil nas Conferências da ONU, verificam-se importantes mudanças em legislações ordinárias para se adequarem aos preceitos constitucionais e aos acordos firmados pelo Brasil no ciclo das conferências internacionais.

Assiste-se, assim, no Brasil, à consolidação de um conjunto de leis, políticas sociais e espaços governamentais de implementação de políticas públicas afirmativas de direitos.[19] São exemplos importantes a Lei do Planejamento Familiar, de 1996, a Lei Maria da Penha, de 2006, a Lei do Feminicídio de 2016, bem como a equiparação dos direitos e responsabilidades entre o homem e a mulher no novo código civil,[20] que passa a reger as relações familiares. Além desses pontos, as mudanças no código penal para retirar o conceito de "mulher honesta", de eliminar o adultério do rol de crimes, de não mais permitir que o crime de estupro seja apagado com o casamento do agressor com a vítima, concorrem para um marco legal que considera os valores da igualdade e do respeito à dignidade humana das mulheres.

Esse ciclo virtuoso de afirmação e implementação de direitos das mulheres parece ter sido interrompido frente ao avanço de forças conservadoras que, a partir de determinados valores e credos religiosos e de uma suposta superioridade moral, se arvoram a legislar para todas as cidadãs e cidadãos do país. Proíbem a utilização do conceito de gênero, propõem leis drásticas de criminalização do aborto, negando os direitos LGBTT, pretendem impor um modelo único de família, desconhecendo a diversidade das relações sociais, étnicas e raciais próprias de uma sociedade plural e de um estado laico.

Recordar esses capítulos fundamentais da luta das mulheres por seus direitos humanos é necessário como um aporte ao diálogo com as novas gerações de feministas, herdeiras desse processo virtuoso de afirmação de direitos nas esferas nacionais e internacionais e que hoje se manifestam pela ampliação da pauta de direitos humanos das mulheres em sua diversidade, onde raça e etnia traçam territórios específicos de luta contra os retrocessos que ameaçam o exercício de sua cidadania plena.[21]

Nesse sentido, encerro esse texto reproduzindo carta, de minha autoria, publicado em 27 de dezembro de 2017 no jornal *Correio Braziliense*, ressaltando que direitos se escrevem e se apagam com a luta política na qual diferentes gerações de mulheres feministas foram e continuam sendo protagonistas fundamentais.

CARTA AO CONGRESSO NACIONAL

Senhoras e Senhores Parlamentares,

Não fechem as portas do Congresso Nacional às mulheres. Há trinta anos entregamos ao presidente dessa Casa, dr. Ulisses Guimarães, a Carta das Mulheres Brasileiras aos Constituintes, que representava a culminação de uma longa campanha para assegurar os direitos das mulheres na nova Constituição pois ainda éramos, nas leis e na vida, cidadãs de segunda categoria no Brasil.

Esse foi um capítulo vitorioso na história da luta das mulheres por seus direitos. Cerca de 80% das nossas proposições foram incorporadas no texto constitucional, outras levaram a mudanças nos códigos civil, penal, em legislações complementares, ou resultaram na criação de novas leis e políticas públicas. Lutamos muito para que nossas demandas fossem acolhidas, como a extensão da licença-maternidade para quatro meses, a licença-paternidade, a igualdade de direitos entre homens e mulheres na sociedade conjugal e na família, o direito à saúde e a escolhas na vida reprodutiva, o direito à proteção do Estado no que se refere à violência intrafamiliar, direitos trabalhistas e benefícios sociais para empregadas domésticas e trabalhadoras rurais, entre outros.

Naquele momento as portas do Congresso estavam abertas para as mulheres. Percorremos corredores, gabinetes e plenárias, reivindicando o reconhecimento do déficit histórico de cidadania que nos acompanhava ao longo dos séculos. Nossa luta foi vitoriosa e o Congresso Nacional desempenhou papel fundamental na garantia de nossos direitos.

Hoje parece se encerrar esse ciclo virtuoso de afirmação de direitos. É necessário que se faça uma reflexão crítica sobre o impacto negativo de fundamentalismos e extremismos na sua atuação enquanto legisladores. Por conveniência, omissão ou desconhecimento, a maioria dos integrantes do parlamento tem estabelecido pactos e alianças que podem levar a um desmonte dos direitos já adquiridos por cidadãos e cidadãs desse país. Em nome de determinados dogmas religiosos ou preceitos advindos de uma posição de suposta superioridade moral, congressistas têm se empenhado em impor uma visão monolítica das relações sociais, da cultura, da sexualidade e da reprodução, desrespeitando o caráter plural de crenças, valores, culturas e religiões, que caracteriza a sociedade brasileira. É inaceitável, por exemplo, que o conceito de gênero, seja banido de planos de educação pelo Congresso Nacional, ferindo o direito universal de acesso ao progresso da ciência. É também inaceitável a proposição de Estatutos que desconhecem a variedade de formas de famílias existentes na sociedade brasileira.

Isso acontece porque uma corrente significativa de parlamentares atua no sentido de restringir, cercear e eliminar direitos, enquanto a maioria se cala, cúmplice desse retrocesso. Esses parlamentares parecem estar perdendo o sentido de nacionalidade, ou pertencimento a um país caracterizado por grande diversidade de raça e etnia, classe social, credos religiosos, espiritualidades, valores culturais, tradições e identidades. Parecem colocar em segundo plano a defesa do caráter laico do Estado brasileiro, único garantidor da livre expressão dessa diversidade e da liberdade religiosa.

Nesse processo de politização da religião e de avanço de um conservadorismo que se propõe a regular o comportamento da população brasileira nos moldes de seus credos, o corpo sexual e reprodutivo das mulheres tem sido alvo preferencial. O resultado da votação sobre o relatório da PEC 181/2015 na Comissão Especial da Câmara que, na prática, proíbe o abortamento em casos de estupro, de gestação de feto anencefálico e de risco de vida da mulher, foi aclamado por dezoito parlamentares homens.

Ainda que não definitiva, essa cena foi exemplo vergonhoso do ambiente retrógrado contra o qual as mulheres brasileirasm na extensão geográfica de nosso território e das mais diversas formas, vêm se manifestando. Outras proposições semelhantes circulam no Congresso, violando princípios universais garantidores da vida, da dignidade humana, da integridade e da saúde física e mental das cidadãs brasileiras.

Senhoras e senhores parlamentares, não fechem as portas do Congresso Nacional às mulheres. A PEC 181 voltará à pauta em 2018 e uma eventual aprovação dessa proposta, tal como está formulada, significaria que o Congresso Nacional passa de garantidor a demolidor de nossos direitos.[22]

ESTE TEXTO É UMA VERSÃO REVISADA DO ARTIGO ORIGINALMENTE PUBLICADO EM *CARTA DAS MULHERES BRASILEIRAS AOS CONSTITUINTES: TRINTA ANOS DEPOIS*, PATRÍCIA TUMA BERTOLIN, DENISE ANDRADE E MONICA SAPUCAIA (ORGS.), RIO DE JANEIRO: AUTONOMIA LITERÁRIA, 2018.

NOTAS

1   Norberto Bobbio, *A era dos direitos*, Rio de Janeiro: Elservier, 1992.

2   Sobre *advocacy*, ver Jacqueline Pitanguy (2011) in Cepia/onu Mulheres, "O progresso das mulheres no Brasil". Disponível também em <www.cepia.org.br>.

3   Hannah Arendt, *La Condición Humana*, Barcelona: Paidós, 1963.

4   Em 1991, o Superior Tribunal de Justiça declara inválido o uso desse tipo de argumento ao julgar caso de assassinato de uma mulher por seu ex-companheiro. Essa decisão é precedida por intensa campanha dos movimentos feministas e por estudos realizados no Conselho Nacional de Direitos da Mulher (cndm), dentre os quais *Quando a vítima é mulher*, 1989, CNDM. A propósito, ver Dorothy Thomas, *Criminal Injustice: Violence Against Women in Brazil*, America's Watch, Nova York: Human Rights Watch, 1995.

5   No marco de um estudo comparativo internacional sobre leis de família e violência contra a mulher, coordenado pelo Women Learning Partnership (wlp), a cepia, através de pesquisa realizada por Mariana Barsted, desenvolveu uma análise sobre a relação entre códigos de lei e violência de gênero publicada em 2018. Cf. Mariana Barsted *"Brazilian Case Study" on Advocacy Based Research on Family Law Reform to Challenge Gender-Based Violence* wlp, Women's Learning Partnership, 2017.

6   Ver Helena Lewin; Jacqueline Pitanguy; e Carlos Romaní, *Mão de obra no Brasil, um inventário crítico*, Petrópolis: Editora Vozes, 1977. Vide também Cristina Bruschini, *Tendências da força de trabalho feminina brasileira nos anos setenta e oitenta: algumas comparações regionais*. São Paulo: Fundação Carlos Chagas, 1989.

7   Uma das ações de *advocacy* empreendidas para a criação do cndm foi uma visita de diversas mulheres, entre as quais Ruth Escobar e artistas militantes, e na qual tive a oportunidade de estar presente, em que dialogamos com Tancredo Neves, então governador de Minas Gerais, demandando seu compromisso no sentido de que seria instituído um órgão federal de políticas para as mulheres caso ele fosse eleito presidente da República.

8   A primeira presidente do cndm foi Ruth Escobar, que permaneceu no cargo por seis meses, até janeiro de 1986, quando saiu para concorrer ao legislativo. Por indicação das conselheiras e apoio de diversas organizações feministas e grupos de mulheres, fui nomeada pelo presidente da República para essa função, onde permaneci até 1989 quando, em razão do crescimento das forças conservadoras no governo federal, renunciei ao cargo, acompanhada por todo o Conselho Deliberativo e grande parte do quadro técnico. Entre as conselheiras, cito os nomes de Ana Montenegro, Carmen Barroso, Hildete Pereira de Mello, Lélia Gonzalez, Maria Betânia Ávila, Marina Colasanti, Maria da Conceição Tavares, Maria Elvira Salles Ferreira, Marina Bandeira, Nair Guedes, Nair Goulart, Ruth Cardoso, Tizuka Yamazaki. A diretoria executiva do cndm foi exercida por Maria Aparecida Schumaher e a diretoria técnica por diversas mulheres, entre as quais Marlene Libardoni, Maria Valéria Pena, Vera Soares e Celina Albano.

9   Foram eleitas 26 mulheres para o Congresso Constituinte. Apesar de reduzido em termos absolutos, esse número significou um aumento percentual de 1,9% para 5,3% da representação feminina no Congresso, mais que dobrando sua participação relativa. Cabe ressaltar que ainda assim a presença da mulher na Constituinte é extremamente baixa e que essa característica permanece ainda hoje colocando o Brasil em posição vergonhosa em relação à presença da mulher no legislativo, particularmente no Congresso Nacional.

10   Ver na íntegra a Carta das Mulheres Brasileiras aos Constituintes disponível em <http://www2. camara.leg.br/atividade-legislativa/legislacao/Constituicoes_Brasileiras/constituicao-cidada/ a-constituinte-e-as-mulheres/Constituinte%201987-1988-Carta%20das%20Mulheres%20 aos%20Constituintes.pdf>. Acesso em 1º mar 2019.

11   O movimento *pro life* tinha caráter internacional e contava com recursos humanos e financeiros significativos. Havia atuado com sucesso na reforma constitucional das Filipinas e tinha o Brasil, maior país católico do mundo, como alvo preferencial. Ainda hoje o abortamento no Brasil só é permitido em três circunstâncias (estupro, risco de vida à mulher e feto anencefálico), colocando nossas leis a esse respeito no rol das mais restritivas do mundo.

12   Disponível em <www2.camara.leg.br/atividade-legislativa/legislacao/constituicoes_ brasileiras/constituicao1988.html>. Acesso em 4 fev 2019.

13 Cabe também mencionar a Cúpula Social de Copenhague em 1995, a Conferência do habitat, na Turquia em 1996, e, em 2001, a Conferência contra o racismo, a discriminação, a xenofobia e formas correlatas de intolerância, em Durban.

14 As mulheres têm papel relevante nessa Conferência atuando no Fórum Não Governamental, criando um espaço intitulado Planeta Fêmea. A partir da Constituição de 1988, o meio ambiente passa a ser tutelado como um bem jurídico. Ver Thomas de Carvalho Silva, *O meio Ambiente na Constituição Federal de 1988*. Disponível em <https://www.direitonet.com.br/artigos/exibir/4873/O-meio-ambiente-na-Constituicao-Federal-de-1988>. Acesso em 1º mar 2019.

15 A vitória das mulheres nessa Conferência se deve a um formidável trabalho internacional de *advocacy*, coordenado pelo Center for Women's Global Leadership da Universidade de Rutgers, onde, na ocasião, eu atuava como professora visitante e do qual pude participar. Além de milhares de assinaturas de todo o mundo para apresentar a petição no sentido de considerar a violência doméstica uma violação dos direitos humanos, foi organizado um Tribunal sobre crimes contra a mulher, do qual participaram mulheres vítimas de violência do Brasil. Ver Bunch Charlotte e Niamh Reilly, *Demanding Accountability: the global campaign and the Vienna Tribunal for Women's Human Rights*, Nova Jersey: Center for Women's Global Leadership, 1994.

16 Leila Linhares Barsted, "Lei Maria da Penha: uma experiência bem sucedida de advocacy feminista", in Carmen Campos (org.), *Lei Maria da Penha comentada em uma perspectiva jurídico-feminista*. Rio de Janeiro: Lumen Juris, 2011.

17 Atuando de forma articulada e construindo coligações e grupos de *advocacy*, o movimento feminista internacional foi um dos principais protagonistas nessa conferência. Em janeiro de 1994, a Cepia e o International Women's Rights Collective (IWRC) organizaram um grande evento no Rio de Janeiro, reunindo cerca de 250 mulheres de noventa países, no qual foi aprovado o documento *Reproductive Health and Justice*, que balizaria a atuação do movimento feminista no Cairo. Antes, em 1993, a Cepia, com a ABEP, o CFEMEA, o Geledés, a CCR e o SOS Corpo organizaram evento em Brasília onde foi aprovada a Carta de Brasília, com as nossas propostas para a próxima onferência de População e Desenvolvimento.

18 Disponível em <www.unfpa.org.br/Arquivos/declaracaobeijing>.

19 Destacam-se a Secretaria de Políticas para as Mulheres, SPM, Secretaria Especial de Promoção de Políticas de Igualdade Racial, SEPPIR.

20 Código Civil da República Federativa do Brasil, Brasília, 2002.

21 Sueli Carneiro, "Identidade Feminina", in *Cadernos Geledés*, nº 4: Mulher Negra, 1993, p. 1-6.

22 N.E: No início do ano de 2019, deputados e senadores de orientação conservadora e religiosa se movimentaram para que a PEC 181/2015 voltasse ao plenário. Do lado do governo do presidente Jair Bolsonaro, declaradamente conservador, a ministra da Mulher, Família e Direitos Humanos, pastora Damares Alves, defende o estatuto do nascituro, projeto em tramitação no Congresso, que restringe os direitos da mulher em relação ao aborto e prevê um pagamento para as mulheres estupradas que optarem por manter a gravidez. Tramita no Supremo Tribunal Federal uma ação que pede a descriminalização do aborto induzido até a 12ª semana de gravidez.

Visto em perspectiva, o feminismo integra um longo processo de mudanças que envolveu a emancipação dos indivíduos das formas tradicionais da vida social.

Bila Sorj

O feminismo na encruzilhada da modernidade e pós-modernidade

Bila Sorj

O OBJETIVO DESTE TRABALHO é o de explorar as ambiguidades e tensões presentes na teoria social feminista, buscando identificar suas origens na peculiar inserção do feminismo nas fronteiras da modernidade e pós-modernidade. Para tanto, procuraremos, inicialmente, identificar as homologias existentes entre a construção teórica explicativa do feminismo e outras teorias modernas associadas a movimentos sociais para, em um segundo momento, refletir sobre as afinidades entre o feminismo e as temáticas pós-modernas.

As duas últimas décadas viram surgir, no âmbito das ciências sociais, um conjunto de estudos feministas que produziram uma considerável reavaliação das explicações correntes da vida social, apoiadas na experiência de mulheres e na crítica às teorias sociais, geralmente omissas quanto à importância das relações de gênero na explicação da organização social.

O conceito central que unifica esse conjunto de estudos e fornece seu argumento central refere-se à categoria de gênero e envolve, pelo menos, duas dimensões.

A primeira compreende a ideia de que o equipamento biológico sexual inato não dá conta da explicação do comportamento diferenciado masculino e feminino observado na sociedade. Diferentemente do sexo, o gênero é um produto social, aprendido, representado, institucionalizado e transmitido ao longo das gerações. E a segunda envolve a noção de que o poder é distribuído de maneira desigual entre os sexos, cabendo às mulheres uma posição na organização da vida social.

Desenvolvida em proximidade com o movimento feminista, a reflexão acadêmica feminista teve, em geral, uma dupla motivação: reestruturar a tradição das ciências sociais, alterando conceitos e metodologias consagradas, e formular um projeto de emancipação das mulheres.

O interlocutor privilegiado do pensamento feminista tem sido, sem dúvida, o marxismo, embora mais recentemente o debate venha se ampliando para o campo da Psicanálise, das correntes pós-estruturalistas e pós-modernas.

Apesar das consideráveis diferenças que separam o feminismo do marxismo em termos substantivos (primado da produção *versus* da reprodução, esfera do mercado *versus* doméstica, do privado *versus* público), as homologias entre ambos, no que diz respeito à construção de explicações, são surpreendentemente ponderosas. Da mesma forma que o marxismo produziu uma teoria inclusiva, compreensiva, sobre o desenvolvimento histórico da sociedade calcada na ideia da luta de classes, a teoria feminista colocará a opressão da mulher no centro de suas formulações, dando-lhe, finalmente, um estatuto teórico equivalente ao da exploração de classe.

O esforço de igualar classe e gênero enquanto conceitos explicativos centrais é explicitado em um conhecido trabalho de Catharine MacKinnon[1] em que se afirma que

> o feminismo pensa a sexualidade da mesma forma que o marxismo pensa o trabalho: como uma atividade construída e, ao mesmo tempo, construtora, universal mas historicamente específica, composta da união entre matéria e mente. Da mesma maneira que a expropriação organizada do trabalho de alguns em benefício de outros define uma classe – os trabalhadores –, a expropriação organizada da sexualidade de alguns para o uso de outros define o sexo, mulheres. A heterossexualidade é sua estrutura; gênero e família, suas formas fixas; os papéis sexuais, suas qualidades generalizadas à *persona* social, a reprodução, uma consequência; e o controle, seu resultado.

Assim, tal qual o conceito de classe para o marxismo, o gênero adquire um estatuto universal, quer no que diz respeito à sua transcendência histórica, quer à sua qualidade difusa e totalizadora dos agentes sociais.

Podemos destacar na construção teórica do feminismo três elementos centrais, que marcam as teorias sociais modernas.

O primeiro refere-se à universalidade da categoria de gênero, que pressupõe uma experiência comum das mulheres, generalizável a partir da vivência de gênero e coletivamente compartilhada através das culturas e da história. O problema com essa visão é que ela pressupõe uma definição paradigmática e única da condição feminina, que se complica tão logo se rejeite o determinismo biológico enquanto explicação adequada da persistência da desigualdade entre os sexos. A busca de uma teoria da opressão da mulher deu origem ao conceito de "patriarcado"[2] e sua origem foi remetida seja às necessidades de controle da sexualidade feminina, seja à "lei do pai" de inspiração psicanalítica. Esses esforços acabaram por produzir, na verdade, um discurso metaessencialista sobre os sexos e suas relações.[3]

O segundo elemento refere-se à maneira pela qual a teoria feminista construiu um ator coletivo baseado na crescente presença das mulheres no cenário político a partir de meados do século XIX. Enfatizando o primado do gênero sobre outras dimensões que definem um grupo social, identificou-se um agente coletivo portador de interesses e identidades próprios e construiu-se uma teoria social em torno da posição das mulheres nas sociedades patriarcais.

A passagem da posição estrutural da mulher na sociedade à sua constituição em um agente coletivo apresenta, porém, problemas importantes. Existe uma identidade coletiva de mulheres que perpassa diferentes culturas, comunidades, sociedades? Essa questão não me parece pertinente apenas hoje, quando se observa um declínio substancial da visibilidade do movimento feminista internacionalmente. Sua relevância refere-se à maneira pela qual, muitas vezes, a teoria feminista abordou a questão da identidade coletiva das mulheres, depurada das histórias específicas, dos contextos particulares que moldam as percepções que se tem de si mesmo e dos outros que se pretende diferenciar.

Se uma das grandes originalidades do movimento feminista pós-1960, foi a de insistir na existência de uma nova identidade coletiva e forçar a sua legitimação política, o movimento nunca logrou unir as mulheres em um único discurso ou promover uma única identidade coletiva. E a prática corrente de cismas e dissidências justamente na década de 1970, quando o movimento apresentava sua maior força e vitalidade – inclusive no âmbito do debate teórico –, nunca chegou a questionar o postulado da existência de uma identidade genérica, única e coletiva das mulheres. No Brasil, especialmente, essa identidade uniforme pareceu sempre muito distante; e, paradoxalmente, quanto mais disseminado e forte se encontrava o movimento, mais prosperavam identidades "sobrenomeadas": mulheres rurais, mulheres sindicalistas, mulheres negras, mulheres católicas etc. Reconhecer essas múltiplas identidades que coexistem no universo da subjetividade e da política implicaria a relativização do peso conferido ao gênero na explicação da constituição dos sujeitos.

O terceiro elemento diz respeito à criação de uma utopia emancipatória das mulheres que, igualmente, não obtém consenso tão logo se comece a precisar seu conteúdo. O grande divisor de águas dos projetos libertários feministas define-se entre uma visão que demanda às mulheres sua entrada e reconhecimento no mundo público (direitos, mercado, administração pública, instituições políticas etc.), alterando de maneira radical sua identidade construída no mundo dos papéis sociais situados no universo da família e, contrariamente, a valorização dos atributos diferenciais femininos (sensibilidade, expressividade, intimidade etc.) adquiridos na experiência do mundo privado e sua extensão e incorporação ao mundo público.

A partir dos elementos destacados acima – universalidade das categorias de análise, identificação de um sujeito histórico de transformação e construção de utopias libertárias –, pode-se identificar a teoria feminista como um típico movimento intelectual e social moderno.

Visto em perspectiva, o feminismo integra um longo processo de mudanças que envolveu a emancipação dos indivíduos das formas tradicionais da vida social. A recusa do esclarecimento em conferir à tradição um poder intelectual, moral e de normatização das relações sociais uniu o feminismo às promessas de reconstrução social ecoadas pela modernidade.

Parte dessas promessas foi, sem dúvida, realizada no último século, quando se ampliaram sistematicamente os direitos civis das mulheres (eleitorais, trabalhistas, reprodutivos etc.)

Entretanto, os limites dessas práticas em alterar a situação desse grupo social começam a adquirir maior visibilidade, na medida mesma em que se aprofundam, como é ilustrado por um conjunto de estudos sobre a divisão social e sexual do trabalho, sobre segmentação do mercado de trabalho, divisão do trabalho doméstico, políticas de bem-estar social, participação sindical e outros.

É justamente essa situação de convivência harmônica entre modernidade e formas institucionalizadas ou espontâneas de discriminação sexual na sociedade que promove as suspeitas das feministas para com o "projeto da modernidade" e sua aproximação da crítica pós-moderna.

FEMINISMO E PÓS-MODERNIDADE

A relação entre o feminismo e a crítica pós-moderna, embora nos seus inícios, já tem sido bastante polêmica. Por um lado, argumenta-se que o discurso pós-moderno é um forte aliado, uma vez que permitiu a emergência no centro da política de outras vozes previamente oprimidas pelos discursos que se pretendiam universais.[4] Por outro, teme-se que o discurso pós-moderno esvazie a subjetividade da resistência à normalidade patriarcal e capitalista da vida cotidiana. Nesse último caso, caberia considerar a modernidade como um projeto, ainda inacabado.[5] Mais além das avaliações de natureza política pragmática, é importante chamarmos o debate para o campo da teoria e perceber aí quais tensões e ambiguidades estão presentes.

Nesse nível de reflexão podemos afirmar que se, por um lado, a postura antiesclarecimento pós-moderna fornece elementos para a compreensão dos limites da emancipação das mulheres, por outro desafia a construção teórica e a prática mesma do feminismo.

A produção intelectual identificada com a pós-modernidade apresenta como alvo principal de crítica a ideia da universalidade que marca o pensamento do esclarecimento.[6] O esclarecimento perceberia a espécie humana como portadora de uma razão universal que modelaria a ordem social na direção do consenso e da estabilidade. Frente a esse discurso que acredita no progresso linear, em verdades absolutas, no planejamento racional de uma ordem social ideal, contrapõe-se o pensamento pós-moderno que privilegia a indeterminação, a fragmentação, a diferença e a heterogeneidade (para usar os termos favoritos) como forças liberadoras na redefinição do discurso cultural.

Ao desacreditar as "metanarrativas", cuja função foi legitimar a ilusão de uma história humana "universal",[7] a crítica pós-moderna irá exercer um forte fascínio junto à teoria feminista.

O encontro entre feminismo e pós-modernidade dar-se-á, nas ciências sociais, principalmente ao redor da crítica à maneira pela qual a sociedade moderna construiu um ideal de esfera pública e instituições políticas fundadas numa moral racional. Essa construção teria um impacto direto sobre a condição de subordinação das mulheres.[8] Primeiro, quando reivindica para si a autoridade e superioridade de um ponto de vista imparcial – externo às perspectivas particulares das pessoas envolvidas numa interação – que é apresentado como vontade geral, eliminando outros sujeitos morais diferentes. E, segundo, quando exclui da moral racional o desejo, a empatia, a afetividade, os sentimentos, como manifestações irracionais e, portanto, inferiores.

Na medida em que as mulheres são identificadas com um estilo moral de julgamento pautado por esses últimos, são excluídas da moral racional e confinadas à esfera doméstica, em que a subjetividade – parte integrante e inevitável da existência humana – poderia florescer, e cada indivíduo reconhecer e afirmar a sua singularidade.[9]

Se o mundo público, sua cultura e instituições se organizam por intermédio de uma moral racional, haveria pouca chance de se ver aí incluída a perspectiva das mulheres. Consequentemente, ou as mulheres abandonam sua identidade particular e se integram no "humano universal", ou bem estariam excluídas do mundo público.

Foi precisamente a recusa de se colocar diante dessas alternativas, quer como resultado de um cálculo de custo-benefício como faz Friedan,[10] quer motivado por orientações normativas das virtudes do feminino,[11] que levou o feminismo a duvidar da perspectiva liberal da luta pelos direitos civis como o leito natural e terminal do seu movimento.

O discurso feminista mais afinado com os "sentimentos" pós-modernos volta sua atenção para as formas específicas de experienciar o mundo e os traços de personalidade daí decorrentes. Se hoje funcionam como mecanismos de opressão, por serem exclusivos das mulheres, podem entretanto conter habilidades cognitivas e emocionais que não deveriam ser abandonadas. Pelo contrário, deveriam ser incorporadas na reestruturação da cultura dominante.[12]

A reivindicação de uma cultura particularista feita pelo feminismo encontra, então, um forte parentesco com a postura pós-moderna. As divergências, porém, são igualmente poderosas.

Uma delas diz respeito ao fato de a construção teórica feminista ser inseparável de uma perspectiva emancipatória das mulheres. E essa dimensão política do seu discurso acaba por propor um novo ideal de consenso, visto com muito ceticismo pelas adeptas da pós-modernidade. Não seria exagero supor que, para essa perspectiva, o discurso feminista teria produzido outra "grande narrativa" da opressão feminina, da ordem patriarcal e da aspiração ao fim da opressão. Nesse sentido, o empreendimento feminista manifestaria uma vocação totalizadora/totalitária, na medida em que pleiteia uma verdade consensual sobre o certo, justo ou verdadeiro. A crítica pós-moderna nega, então, ao feminismo sua alegação de ter descoberto alguma "verdade" histórica geral da opressão da mulher.

A contribuição de Foucault, certamente, incide de maneira mais direta sobre essas reflexões, uma vez que afirma que os movimentos de liberação sexual ou de autoexpressão sexual não são necessariamente contraditórios com as formas de dominação presente em nossa sociedade.[13] Sendo que a forma mais comum de dominação na sociedade moderna não se faz através da repressão da sexualidade, mas do incitamento a se falar dela, a teoria feminista poderia ser interpretada como mais um momento, sem dúvida o mais recente, no processo de regulação da sexualidade.

Esse processo, que teve seus inícios na virada do século XVIII para o XIX, transformou a sexualidade num objeto de investigação científica, de intervenção social e de controle administrativo. Seria o caso, portanto, de se questionar até que ponto o feminismo, com sua reivindicação de politização do privado, não estaria participando ativamente no processo de disciplinamento da sexualidade.

Este é, possivelmente, o lado de Foucault menos assimilável pelas feministas. Enquanto sua obra tem crescentemente inspirado os estudos feministas sobre o poder e suas práticas discursivas e institucionais, esse é, geralmente, visto como um atributo exclusivo do discurso masculino. Entretanto, para ser consistente com o programa intelectual do autor, caberia perguntar, igualmente, de que maneira poder, conhecimento e verdade se combinam nos discursos feministas construídos ao redor da sexualidade.

Essa questão é, evidentemente, muito incômoda, pois coloca de imediato o seguinte dilema: ou se considera a teoria e prática feminista como mais um dispositivo de poder sobre a sexualidade, desacreditando assim seu potencial libertário, ou se desata a articulação entre poder, conhecimento e verdade sustentada na análise de Foucault.

Outro ponto controverso entre feminismo e pós-modernidade diz respeito à ênfase nas éticas particulares. Quando o feminismo reivindica uma ética feminina distinta, que se deve impor como um princípio moral aceito por todos, entra em conflito com o discurso pós-moderno que renega qualquer pretensão a uma ética universal. Mais ainda, se o feminismo aceitar a crítica pós-moderna que favorece a proliferação de múltiplas identidades, de uma heterogeneidade ilimitada do social, deverá renunciar à prioridade que confere à oposição binária feminino/masculino como organizadora da sociabilidade humana. Essa oposição ficaria totalmente relativizada diante das infinitas contraposições possíveis da vida social. Em outras palavras, a dinâmica de um feminismo pós-moderno seria tal que perderia qualquer denominador comum diante da afirmação de infinitos particularismos.

Se, para muitas feministas, a "condição pós-moderna" parece ter chegado para "salvar" seu movimento e ideais da cooptação ao mundo liberal moderno, a lógica pós-moderna acaba por ruir a unidade e possibilidade mesma de um discurso feminista.

Sem pretender prescrever o futuro da teoria e prática feminista, poderíamos concluir que aquelas que permanecem, basicamente, no campo da modernidade poderão encontrar no discurso pós-moderno um poderoso antídoto para as tendências totalizadoras, e até mesmo intolerantes, presentes em seu discurso. Por outro lado, as feministas pós-modernas não podem desconhecer que a modernidade como um campo unificado do social, continua presente, demandando um esforço de identificação de denominadores comuns, mas além das afirmações particularistas.

ESTE TEXTO É UMA VERSÃO REVISADA DO ARTIGO ORIGINALMENTE PUBLICADO EM *UMA QUESTÃO DE GÊNERO*, ALBERTINA DE OLIVEIRA COSTA E CRISTINA BRUSCHINI (ORGS.), RIO DE JANEIRO: ROSA DOS TEMPOS/SÃO PAULO: FUNDAÇÃO CARLOS CHAGAS, 1992, P. 15-23.

NOTAS

1 Catharine Mackinnon, "Feminism, Marxism, Method and the State: an Agenda for Theory", in N. Keohane et al. (eds.), *Feminist Theory: a Critique of Ideology*, Chicago: University of Chicago Press, 1982, p. 2.
2 Para uma visão crítica do termo "patriarcado", ver Sheila Rowbotham, "The Trouble with 'Patriarchy'", in R. Samuel (ed.), *People's History and Socialist Theory*, Londres: Routledge and Kegan Paul, 1981.
3 Joan W. Scott, na revisão que faz das diferentes abordagens nos estudos de mulher (patriarcalismo, feminismo-marxista, psicanálise etc.), aponta para uma característica comum a todas elas, qual seja, a qualidade fixa, permanente e universal da oposição binária

homem-mulher das formulações apresentadas. Ver Joan Scott, "Gênero: uma categoria útil de análise histórica", *Educação e Realidade*, Porto Alegre, vol. 16, nº 2, jul/dez 1990, p. 5-22.

4   Craig Owens, "The Discourse of Others: Feminism and Mostmodernism", in Hal Foster (ed.), *The Anti-aesthetic: Essays on Postmodern Culture*, Washington: Bay Press, 1983.

5   Sabine Lovibond, "Feminismo e pós-modernismo", *Novos Estudos Cebrap*, São Paulo, nº 27, jul 1990, p. 101-119.

6   David Harvey, *The Condition of Postmodernity*, Oxford: Basil Blackwell, 1989.

7   Jean-François Lyotard, *La Condition Postmoderne*, Paris: Minuit, 1979.

8   Iris M. Young, "Imparciality and The Civic Public: Some Implications of Feminist Critique of Moral and Political Theory", in S. Benhabib e D. Cornell (eds.), *Feminism as Critique: on The Politics of Gender*, Minneapolis: University of Minnesota Press, 1988, p. 57-76.

9   Idem.

10 Betty Friedan, *A segunda etapa*, Rio de Janeiro: Francisco Alves, 1983.

11 Maria Marcus, "Women, Success and Civil Society", in S. Benhabib e D. Cornell (eds.), *Feminism as Critique: on The Politics of Gender*, Minneapolis: University of Minnesota Press, 1988, p. 96-109.

12 Um trabalho que teve grande impacto na reavaliação das diferenças cognitivas e de julgamento moral entre homens e mulheres é o de Gilligan (1982), que sugere que os homens vivenciam o mundo mais em termos de categorias de separação e independência, o que é demonstrado na tendência a construir leis baseadas em direitos que delimitam a fronteira entre o *self* e os outros, enquanto que as experiências das mulheres é mais centrada no cultivo de ligações e interdependências, construindo suas relações morais baseadas no cuidado dos outros. Ver Carol Gilligan, *In a Different Voice: Psychological Theory and Women's Development*, Cambridge: Harvard University Press, 1982.

13 Hubert Dreyfus e Paul Rabinow, *Michel Foucault: Beyond Structuralism and Hermeneutics*, Chicago: The University of Chicago Press, 1983.

As mulheres não estiveram totalmente ausentes dos estudos das ciências humanas; o que hoje se questiona é o tipo de tratamento que lhes foi destinado. Uma presença quase ausência.

Albertina de Oliveira Costa
Carmen Barroso
Cynthia Sarti

Pesquisa sobre mulher no Brasil: do limbo ao gueto?

Albertina de Oliveira Costa
Carmen Barroso
Cynthia Sarti

ESTUDOS SOBRE A MULHER: AFINAL, O QUE É ISSO?

Essa área circunscrita a partir de um tema, ou melhor, de maneira ampla por um objeto de estudo, apresenta dificuldades de diferentes ordens para sua definição e delimitação.

A imprecisão da denominação advém de vários fatores: fluidez na demarcação de fronteiras; reivindicação de interdisciplinaridade, terreno de convergência possível entre diferentes disciplinas e terra de ninguém; novidade relativa do assunto; pouca elaboração na construção do objeto; inexistência de espaço institucional próprio ou de referência (espaço institucional, entendido amplamente como instituto de ensino ou de pesquisa, associação de pesquisadores, publicação de caráter científico que congregue pesquisadores ou se dedique ao tema); ausência de marcas externas de identidade; pequena formalização das relações.

Qual é/ou quais são os traços distintivos dos estudos sobre mulher? O que confere identidade a essa área? A resposta óbvia e imediata que remete ao tema faz avançar pouco na compreensão. Todas as ciências humanas têm por objeto o Homem (com H maiúsculo) genérico, a Humanidade composta de homens com h minúsculo e mulheres. As mulheres sempre estiveram em princípio presentes nos estudos produzidos pelas ciências sociais, em que sempre existiram, embora em menor número, estudos focalizando particularmente a mulher. A questão está na qualidade da presença do sexo feminino na literatura científica.

As mulheres não estiveram totalmente ausentes dos estudos das ciências humanas, o que hoje se questiona é o tipo de tratamento que lhes foi destinado. Uma presença quase ausência. Como sublinha o relatório do *Groupe d'Etudes sur la Division Sociale et Sexuelle du Travail* do Centre national de la recherche scientifique (CNRS),[1] as mulheres tenderam a ser encaradas nesses estudos como "minorias" e só merecem seu capítulo especial enquanto grupo desviante, ou seja, são referidas porque seu comportamento se distancia, diverge do modelo geral, o gênero masculino estando na base da elaboração da regra.

O assunto central ser a mulher, o sexo feminino, não é por si só critério suficiente. O tema, por natureza abrangente e passível de análise sob diversas óticas e com as ferramentas teórico-metodológicas de diferentes disciplinas, pareceu-nos insatisfatório como princípio.

O critério foi o de considerar apenas aquela produção científica que repercutisse o impacto social do novo movimento feminista surgido no fim da década de 1960.

O corte histórico que separa o antes e depois na produção das ciências sociais sobre mulher e a existência do movimento organizado de mulheres, do movimento social. No entanto o movimento feminista que operou essa ruptura drástica não era homogêneo, se revestiu de uma multiplicidade de formas que reivindicou como marca de distinção. Esse movimento, que se caracterizou por seu ímpeto, sua capacidade de mobilização e impacto social, teve muitas caras. O feminismo agrupou, ou melhor, serviu de guarda-chuva para uma grande variedade de tendências e orientações político-ideológicas. Uma tipologia, hoje clássica, distribui o movimento feminista por três tendências principais: a liberal, a radical e a socialista. O traço de união entre elas: a luta pela supressão da desigualdade entre os sexos fundamentada no princípio-base da opressão da mulher. No entanto, o movimento feminista não se fundamenta em uma teoria da opressão. Ser feminista não remete inequivocamente para um corpo teórico estruturado, em que variam apenas as exegeses, como no caso do marxismo. Ser feminista está radicado num elemento fluido, o da perspectiva das mulheres, terreno da denúncia e do desejo. Ser feminista, ser mulher em luta, quer dizer vontade de superação das desigualdades entre os sexos, das assimetrias nas relações de gênero, da exploração das mulheres, diferentes formulações, baseadas em fundamentações divergentes. A Ciência da Liberação da Mulher não existe.

Do ponto de vista da "questão de limites" que nos interessa, a inflexão foi a denúncia de um viés, daquilo que foi omitido pela produção científica; de um vício no conhecimento científico, o "androcentrismo", que tornou invisíveis as mulheres enquanto atrizes sociais.

Nosso critério aqui foi considerar como pertencentes à área de estudos sobre mulher aquelas pesquisas que manifestassem uma intenção crítica em relação a produção predominante nas ciências humanas no que concerne às relações entre os sexos.

Os estudos sobre mulher, críticos da produção anterior e de suas explicações naturalizantes sobre as desigualdades entre os sexos, e que se inserem em uma perspectiva de mudança do *status quo*, pelo menos do *status quo* científico, constituem o núcleo central daquilo que consideramos o novo recorte temático.

Se o impacto do feminismo descortinou uma nova temática, um campo pouco explorado pelas indagações científicas, nem todos os pesquisadores que tiveram seu interesse mobilizado por essa questão aderiram aos postulados ideológicos do feminismo.

Nessa definição, procedemos por aproximações e exclusões. O critério do recorte da área de análise não é o objeto de estudo, não se trata também do aparato conceitual de uma ou várias disciplinas científicas, não se identifica com uma abordagem teórica, não diz respeito exclusivamente à perspectiva de um grupo qualificado como oprimido – as mulheres –, assim como não se cola à perspectiva feminista. Trata-se da descoberta de um problema para investigação científica, descoberta realizada sob o impacto do movimento social de mulheres, por parte de pesquisadores que compartilham ou não da opção feminista. A pertinência do interesse pelo tema é conferida pelo movimento externo às instituições científicas. É o feminismo que legitima o tema enquanto problema científico. Os novos estudos sobre a mulher, ainda em busca de identidade própria, estão marcados pela existência do feminismo como parâmetro simbólico.

PERIODIZAÇÃO

Para um período tão breve, chega a ser temerário ensaiar uma periodização. Como sempre acontece nesses casos, a nossa divisão em etapas é arbitrária e tem apenas a finalidade de sublinhar certos momentos de inflexão.

Antes de 1970, a pesquisa sobre mulher se encontra numa espécie de limbo, os raros estudos existentes se encaixam nas óticas tradicionais das disciplinas e ainda não fizeram escola. Destacam-se isolados, na ousadia de abordar um tema menor.

No período 1970-1975, já se manifesta fortemente o movimento de liberação da mulher em plano internacional e no contexto anglo-saxão são criados centenas de cursos de *Women's Studies*, como resultado da força de pressão desse movimento. No Brasil ainda nos encontramos numa espécie de pré-história. É inegável que existe atração pelo assunto, e que universitárias se reúnem em grupos de reflexão, mas a conciliação entre o interesse existencial pelo tema e a vida profissional parece improvável e arriscada. O feminismo é fortemente conotado com estilo de vida burguês e moda importada. Não é tema sério política, ou cientificamente. Eram raros os estudos que tinham como foco a mulher e procuravam explicar sua posição subordinada através de uma discussão crítica das desigualdades de gênero. O ano de 1975 é um marco. Representa o início de uma mobilização política mais intensa a pretexto do Ano Internacional da Mulher, em que a coloração feminista ainda é bastante indiferenciada. As graves questões da democratização da sociedade brasileira passam à frente dos assuntos "específicos" das mulheres, e os assuntos "específicos" das mulheres trabalhadoras passam à frente dos assuntos das outras mulheres.

De 1975 a 1978, vamos assistir à emergência do tema; é um período que se caracteriza pelo esforço de dar visibilidade à mulher como agente social e histórico. Como sujeito, pelo empenho em desvendar sua opressão e demonstrar que uma abordagem dessas questões é pertinente. Esse período traz contribuições importantes ao entendimento da sociedade: a busca de legitimar a mulher como objeto de estudo.

Os pesquisadores viveram nesse momento sob intenso fogo cruzado dos colegas, da comunidade acadêmica e das agências de financiamento – para quem deviam incessantemente provar que sua atividade era científica e não de denúncia militante –, e das feministas, para quem precisavam provar seu desinteresse numa carreira pessoal e seu empenho na causa coletiva. Feministas para a comunidade acadêmica e acadêmicas para as feministas, as pesquisadoras viveram perigosamente nessa zona fronteiriça de tensão e ambiguidade.

Elegemos 1978 como marco divisor em razão de acontecimentos ocorridos em níveis muito diferentes, no âmbito acanhado das pesquisas sobre a mulher e na cena política brasileira. No âmbito mais restrito, realizam-se no Rio de Janeiro o seminário A Mulher na Força de Trabalho na América Latina e, na Fundação Carlos Chagas, o primeiro concurso de pesquisas sobre a mulher brasileira.

Em âmbito nacional, a realização de eleições e a consolidação da abertura política permitiram que os interesses amalgamados nos grupos de mulheres fossem se diferenciando progressivamente. Abrem-se outros tipos de espaço para discussões políticas de interesse geral e as mulheres têm ocasião de se debruçar um pouco mais sobre elas mesmas. A anistia, em 1979, viria consolidar esse processo. A partir de 1978 começavam a surgir grupos de mulheres de feição menos híbrida e mais caracteristicamente feminista.

No final da década de 1970, novas inquietações desafiavam as teorias tradicionais, uma vez que os instrumentos usuais das ciências sociais se mostravam ineficazes para dar conta de questões como a situação de classe das mulheres ou o trabalho doméstico.

A partir de 1978, entramos em uma fase de consolidação e expansão em que a legitimidade dessa área de estudos não está mais por comprovar, e as exigências são de outra ordem, maior rigor científico e elaboração teórica mais sólida.

EXPANSÃO E INSTITUCIONALIZAÇÃO

É inegável hoje a expansão dos estudos sobre mulher no Brasil. As pesquisas em torno do tema estenderam-se por todo o país (com as discrepâncias regionais que caracterizam toda produção científica brasileira), abarcando diversos conteúdos e disciplinas.

A sensível ampliação da comunidade acadêmica na área de ciências sociais e a diversificação de seu leque temático e de suas formas institucionais contribuíram favoravelmente para o desenvolvimento dos estudos sobre mulher. Apesar de não haver qualquer política de apoio oficial e ainda que navegassem contra a corrente, os estudos sobre mulher ocuparam as brechas possíveis.

Hoje, já não se desbasta mais a floresta; o momento é de cultivar cuidadosamente cada planta. No que se refere aos estudos sobre mulher, a Universidade, em particular, cumpriu um papel importante. O aumento do número de programas de pós-graduação, de 1968 para cá, permitiu o desenvolvimento de pesquisas nessa área, o que se evidencia pelo expressivo número de teses feitas nos últimos anos.

No mercado editorial, o tema mulher desfruta atualmente de uma razoável popularidade. Nas publicações mais restritas ao meio acadêmico sua presença já é bastante significativa, constituindo um dos temas em maior expansão.

ASSOCIAÇÕES CIENTÍFICAS E SEMINÁRIOS

O processo de ampliação dos espaços institucionais nas ciências sociais caracterizou-se pela criação de associações científicas específicas às diversas disciplinas ou pela intensificação da participação de cientistas sociais nas associações de caráter mais geral, como é o caso da Sociedade Brasileira para o Progresso da Ciência (SBPC). A presença crescente dos estudos sobre mulher nas reuniões dessas associações é outro indicador importante de sua expansão em nível institucional. Existem hoje grupos de trabalho envolvendo vários aspectos do tema mulher em praticamente todas as principais associações de cientistas sociais no país, como é o caso da Associação Nacional de Pesquisa e Pós-graduação em Ciências Sociais (Anpocs), da Associação dos Sociólogos do Estado de São Paulo (Asesp) e da Associação Brasileira de Antropologia (ABA). O interesse por essa temática cresce também em outras entidades, como a Associação Brasileira de Estudos Populacionais (Abep).

A SBPC, cujas reuniões anuais tiveram um papel político importante, em face da falta de espaços alternativos para a oposição na década de 1970, incluía em sua programação, já em 1972, os estudos sobre mulher. Em 1975, organizou uma mesa-redonda sobre o tema e posteriormente considerou inclusive a produção de grupos feministas não necessariamente vinculados à academia. Isso deve ter contribuído para o fato, salientado por Maria Isaura Pereira de Queiroz,[2] de que muitos dos trabalhos da área de ciências humanas, apresentados nessas reuniões, tivessem sobretudo um caráter militante e de denúncia.

A vitalidade dos novos estudos pode ainda ser demonstrada pela organização de seminários dedicados exclusivamente ao tema como o já mencionado, A Mulher na Força de Trabalho na América Latina, iniciativa que deu origem ao GT Mulher na Força de Trabalho, da Anpocs.

A produção científica de pesquisas sobre mulher teve, ainda, importante incentivo através dos três concursos de pesquisa sobre mulher, promovidos pela Fundação Carlos Chagas, e dos seminários aí organizados.

NÚCLEOS DE ESTUDOS

A recente criação de núcleos de estudos sobre mulher dentro das universidades abre um espaço institucional que, embora frágil, permite aliviar o peso dos ombros de algumas pesquisadoras que conseguiram abrir caminho para a questão da mulher dentro das instituições em que trabalham, forma característica da introdução dessa temática no Brasil.[3]

A partir de 1981, começam a surgir os primeiros núcleos junto a universidades brasileiras: o Núcleo de Estudos, Documentação e Informação sobre a Mulher (Nedim) ligado ao Departamento de Ciências Sociais e Filosofia da Universidade Federal do Ceará, e o Núcleo de Estudos sobre a Mulher (NEM) ligado ao Departamento de Sociologia e Política da Pontifícia Universidade Católica do Rio de Janeiro.

Em 1983, foram criados o Núcleo de Estudos Interdisciplinares sobre Relações Sociais de Gênero (NEIRSG) na Pontifícia Universidade Católica de São Paulo, o Núcleo de Estudos sobre a Mulher na Universidade Federal da Paraíba e o Núcleo de Estudos Interdisciplinares sobre a Mulher (Neim), ligado ao mestrado em Ciências Sociais da Faculdade de Filosofia e Ciências Humanas da Universidade Federal da Bahia.

Em 1984, são criados o Núcleo Interdisciplinar de Estudos sobre a Mulher (Núcleo Mulher) junto ao Instituto de Filosofia e Ciências Humanas da Universidade Federal do Rio Grande do Sul e o Núcleo de Estudos e Pesquisas sobre a Mulher da Universidade Federal de Minas Gerais.

Em princípio, a criação desses núcleos permite um esforço autônomo de pesquisa, estimula a formação de equipes, favorece o trabalho interdisciplinar, facilita a captação de recursos e racionaliza a formação de acervos documentais. Seria interessante uma análise mais detalhada de seu processo de implantação para avaliar suas potencialidades e limitações.

ÁREAS TEMÁTICAS

As pesquisas sobre mulher caracterizaram-se, nos últimos dez anos, sobretudo pela ampliação de seu leque temático. Ainda com vida curta, a expansão se deu muito mais no sentido de uma abertura, utilizando o termo de Bolívar Lamounier.[4] Abarcou diversas disciplinas e diversificou seus subtemas.

A constituição dessa área temática no Brasil está relacionada à discussão da incorporação da mão de obra feminina no mercado de trabalho capitalista. Os estudos de Heleieth Saffiotti e de Eva Blay[5] foram pioneiros e ainda constituem referências obrigatórias. Essa discussão evoluiu através da análise das diversas formas de participação da mulher na força de trabalho, no campo e na cidade (o emprego doméstico, o trabalho em domicílio, o setor informal de modo geral, o trabalho da menor, o trabalho na indústria e, numa abordagem mais histórica, a participação da mulher na constituição do sistema fabril), em seus mais variados aspectos (a discriminação, a segregação ocupacional, os estereótipos do trabalho feminino) e, finalmente, na relação do trabalho com a vida familiar.

Uma nova vertente vai se consolidando ao incorporar a questão da reprodução nas análises sobre a produção, tentando entender como essas duas instâncias se inter-relacionam. Isso implicou uma crítica aos limites do instrumental teórico da sociologia do trabalho, restrita à dimensão do mercado no mundo capitalista. O trabalho doméstico é tido, aqui, como tema privilegiado.

Os estudos sobre a relação entre trabalho e família, inicialmente de inspiração marxista, entrecruzam-se com os estudos demográficos. A demografia é influenciada pela nova literatura feminista e aparece em suas análises a preocupação com o impacto da mudança do estatuto social da mulher e sua crescente incorporação no mercado de trabalho sobre o comportamento reprodutivo. Desenvolvem-se mais recentemente estudos sobre a saúde da mulher, em especial sobre aborto e contracepção. O planejamento familiar, tema fundamental, até pouco tempo deixado em segundo plano pelo predomínio das análises centradas no trabalho, foi se impondo como tema privilegiado, sobretudo nos últimos anos, quando a discussão dessa questão foi levada para o nível das políticas públicas.

Especialmente na área da Sociologia e da Antropologia, diversificam-se os estudos sobre mulheres em condições particulares: a negra, a índia, a idosa, a prostituta, a religiosa, a presa. A própria construção social da feminilidade passou a merecer atenção sociológica. Surgem estudos sobre identidade feminina, em diferentes perspectivas teóricas, em Antropologia e em Psicologia.

Nos estudos sobre a família é feita a crítica da teoria dos papéis sexuais. Destaca-se o papel da mulher nas estratégias de sobrevivência, na reprodução da força de trabalho, na chefia da família, e pretende-se tornar palpável esse papel através de pesquisas de orçamento-tempo.

As análises sobre cotidiano contribuem de modo especial para dar visibilidade à mulher na família, no presente e no passado. Toma impulso uma literatura crítica à imagem da mulher nos meios de comunicação, especialmente na imprensa dirigida às mulheres. Estuda-se também a participação da mulher enquanto produtora no cinema, na televisão, na música, nas artes.

A existência de um movimento feminista ativo no país, a crescente, embora incipiente, organização política das mulheres dentro dos sindicatos e partidos e a forte presença feminina nos movimentos populares trouxe a mulher ao cenário dos estudos da Ciência Política. Desenvolveram-se inúmeras pesquisas sobre a participação política feminina: seu comportamento eleitoral, sua reduzida atuação parlamentar, sua participação nos sindicatos, partidos e movimentos de bairro, e começam a aparecer análises sobre o movimento feminista propriamente dito.

A violência começa a ser analisada também em sua forma específica, voltada contra a mulher, sobretudo depois das manifestações contra assassinatos de mulheres e da criação dos sos (entidades feministas voltadas para o combate a violência contra a mulher e assistência de mulheres vítimas de agressões).

A sexualidade enquanto construção social, foi erigida em problema sociológico, quebrando-se o tabu que pesava sobre essa dimensão da vida humana. No campo do Direito, a situação da mulher surge como problema, especialmente no Direito da Família e do Trabalho. Na Educação, abre-se um campo de estudos sobre a assimetria sexual, no que se refere às diferenças de oportunidades educacionais, que passam a ser relacionadas às diferentes formas de socialização na família e na escola. A crescente incorporação de mulheres no mercado de trabalho e a própria questão do direito da mulher ao trabalho, colocada em pauta pelo feminismo, trouxeram à tona a questão da creche, que mereceu atenção de alguns estudiosos. Na tentativa de ampliar o conceito de Educação, também a Educação Sexual ganhou terreno.

A História, campo potencialmente fértil, tem sido pouco cultivado. A mulher suscitou pouco interesse por parte dos historiadores. Embora estudos interessantes tenham sido feitos nos últimos anos, são grandes as lacunas. Apesar da ampla abertura do leque temático dos estudos sobre mulher, há que ressaltar que sua entrada no ambiente acadêmico foi um passo importante, mas ainda pequeno. Entre os problemas que permanecem sobressai a falta de diálogo dessas pesquisas com as áreas de estudos onde se situam, e com a totalidade das ciências humanas.

QUEM ESTUDA MULHER?

Quem produz essa nova área?[6] O interesse pelo tema dividiu de modo inequívoco os sexos. A grande maioria dos pesquisadores sobre mulher são mulheres. Fato que aponta para a maior fragilidade desse campo? Menor legitimidade do tema, menor prestígio do pesquisador em razão do sexo, mútua contaminação.

Há dez anos, no Brasil, as modas intelectuais eram mais imperativas, havia maior patrulhamento e as fontes de legitimidade e prestígio eram mais restritas, os temas "menores" tinham mais dificuldade para sobreviver.

Hoje com a profissionalização das ciências sociais, com sua expansão que implicou em diversificação de centros e em divisão do trabalho intelectual, há mais respiradouros. Há também uma crise de teorias e hegemonias que abre um grande espaço para acomodação. Talvez se tenha atingido uma fase de maturidade como quer Sérgio Abranches,[7] e maturidade quer também dizer tolerância, reconhecimento da existência de "outros".

O sexo é a única experiência amplamente compartilhada pelos pesquisadores da área. Os caminhos que levaram aos estudos sobre mulher são muito diferentes. Não existe uma formação de base comum nem há treinamento especializado. Mais recentemente, uma geração que fez seus créditos de pós-graduação teve cursos especificamente voltados para o tema, porém os efeitos desse novo tipo de escolaridade ainda não se fizeram sentir em termos de produção. Se no Brasil esses cursos são eventuais e bissextos, no exterior já se firmaram com uma certa solidez, mas os pesquisadores dessa área também não se beneficiaram desse tipo de formação no estrangeiro.

Um trajeto exemplar é aquele que não indica uma atenção especial ao tema até a obtenção do doutorado e posterior especialização em estudos sobre mulher. Esse tipo de itinerário pode ser apreendido de muitos prismas, uma vez que a virada profissional coincide com o momento histórico – início dos anos 1980 – em que o tema atingiu maior visibilidade e se tornou mais desafiante.

As pesquisadoras podem tanto não ter tido anteriormente a oportunidade de trabalhar o tema quanto não terem ainda se interessado por ele.

As mulheres que têm hoje quarenta anos fazem parte de uma geração que de início não acreditou (ou talvez não apostasse) que o feminismo tivesse alguma coisa a ver com sua carreira profissional. Simone de Beauvoir e Betty Friedman eram leituras de lazer, não de trabalho.[8] A geração de pesquisadores que introduziu os estudos sobre mulher nas instituições acadêmicas (salvo os casos excepcionais de Blay e Saffiotti) em geral não obteve seus próprios graus com pesquisas sobre o tema.

Essa geração também não tem uma origem institucional única, embora se concentre no Rio de Janeiro e em São Paulo. Teve no entanto, algum grau de exposição a vida acadêmica fora do Brasil, característico dessa fase (1965-75) de expansão das ciências sociais, o treinamento, em relativamente larga escala, realizado no exterior. Esse estágio no estrangeiro, particularmente nos Estados Unidos parece ter sido fator desencadeador de possíveis adesões, senão ao feminismo, pelo menos aos estudos sobre mulher. Valentina da Rocha Lima,[9] em sua análise do exílio brasileiro posterior a 1964, encontra uma significativa adesão de exiladas ao feminismo no período de 1975-80.

Essa experiência direta da presença do movimento de mulheres na vida acadêmica e na sociedade pode ter ocorrido por razões mais diversificadas do que motivos políticos, tais como formação profissional, realização de cursos de pós-graduação, ou ainda desempenho de tarefas de esposa: acompanhar o marido.

Muitos foram os itinerários percorridos. O tema atraiu estudiosas de diversas disciplinas em diferentes estágios do ciclo de vida profissional, de orientações teóricas divergentes e de variadas opções políticas. A necessidade de enfrentar um contexto adverso, de conquistar um espaço nas instituições de ensino e de pesquisa e de questionar as distorções com relação ao sexo na produção científica tradicional reuniu essas pesquisadoras que nesse processo forjaram aspectos comuns de identidade.

A partir de 1980 é possível constatar a existência de uma rede informal entre as pesquisadoras. A formalização dessa rede, embora seja intenção manifesta de alguns pesquisadores, tem esbarrado em obstáculos de várias ordens.

O CONTEXTO INSTITUCIONAL
AS CIÊNCIAS SOCIAIS NO BRASIL

O Brasil repetiu a tendência, registrada de modo bastante generalizado nos países centrais, de as pesquisas sobre a mulher se implantarem preferencialmente nos quadros institucionais das ciências humanas e sociais.

Os estudos sobre mulher se desenvolveram no espaço acadêmico brasileiro a partir dos anos 1970. Se tomarmos como referência o universo da produção científica inventariado nos dois volumes das edições de *Mulher Brasileira: bibliografia anotada*, verificaremos que para o período anterior a 1970 estão registrados apenas dois mestrados, dois doutoramentos e uma livre docência. Entre 1970 e 1984, cresce e se diversifica vertiginosamente a produção sobre o tema voltado para a obtenção de graus acadêmicos: localizamos nada menos que 33 doutoramentos e 132 mestrados.

MESTRADOS E DOUTORADOS SOBRE MULHER

	Mestrados	Doutorados
Antes de 1970	2	2
1970 a 1974	17	8
1975 a 1979	54	5
1980 a 1984 (1º semestre)	61	20

Essa progressão, no entanto, só pode ser corretamente avaliada no contexto mais amplo da expansão e institucionalização das ciências sociais no Brasil.

TESES SOBRE MULHER NA FFLCH/USP – 1970-1984

	Mestrados	Doutorados
Ciências Sociais (Sociologia, Antropologia e Ciência Política)	20	13
História	1	3
Letras	8	1
Total	29	17

O processo de criação e estímulo à expansão de programas de pós-graduação tem início em 1965 com a Lei da Reforma Universitária, cuja regulamentação complementar viria a dar ênfase aos títulos acadêmicos como requisito da carreira universitária. Até então, a Universidade de São Paulo (USP) mantinha o monopólio dos programas regulares de mestrado e doutoramento em ciências sociais.[10] Os anos 1970 são uma fase de amplo desenvolvimento, para a qual Rodrigues[11] chega a ensaiar a denominação de "período de ouro" das Ciências Sociais no Brasil. Há forte expansão do sistema educacional brasileiro em nível superior e a expansão dos cursos de pós-graduação é amplamente estimulada pelo governo federal, através particularmente do Conselho Federal da Educação e de organismos com dotações para o financiamento do sistema como a Coordenadoria de Aperfeiçoamento do Magistério Superior (Capes), do Conselho Nacional de Pesquisa (CNPq) e do Fundo Nacional de Desenvolvimento Científico e Tecnológico. Entre 1968 e 1980 foram criados em âmbito nacional 23 cursos de mestrado e oito de doutorado. Essa expansão não ocorreu apenas nas universidades federais e estaduais, mas também em instituições particulares, como universidades católicas e em institutos privados autônomos, de que é exemplo o Iuperj.

Lamounier,[12] em sua análise da transformação do marco institucional das ciências sociais no Brasil de um modelo burocrático-mandarinístico para outro pluralista e flexível, salienta o papel das entidades de um novo tipo, institutos de pesquisas implantados dentro e fora da universidade, ligados ou não ao ensino, tanto na esfera pública como privada, de que são exemplos o Cebrap, o Ceru, o CPDOC, o Cedec e tantos outros. Finalmente, é preciso ter presente que essa expansão das ciências sociais se deu num quadro marcado por um estímulo acentualmente preferencial com relação à pesquisa em detrimento do ensino, como sugere Neuma Aguiar[13] em sua análise dos estudos sobre mulher.

AS AGÊNCIAS FINANCIADORAS

Nos anos 1970 já se encontrava firmemente estabelecido o sistema de financiamento de pesquisas através de agências externas às instituições de pesquisa e ensino universitário. Inicialmente atendendo quase que com exclusividade as ciências exatas e biológicas, as agências financiadoras estatais, organizadas a partir do fim da década de 1950, foram progressivamente abrindo suas portas para as ciências sociais que, ao se expandirem e privilegiarem cada vez mais o trabalho de campo, no qual passavam a utilizar procedimentos metodológicos mais sofisticados, cada vez mais requeriam financiamento externo.

E os órgãos estatais constituíam praticamente o único canal existente, uma vez que a empresa privada, que pouquíssimo fez no Brasil em termos de financiamento da própria pesquisa tecnológica, na área das ciências humanas permaneceu quase totalmente ausente até poucos anos.

Apesar dessa exclusividade, e da crescente aceitação das ciências sociais nos foros científicos (especialmente na SBPC, onde o estatuto de Ciências lhes é concedido no momento em que a perplexidade diante dos impasses causados pela repressão militar busca saídas num conhecimento mais aprofundado da sociedade brasileira), jamais chegaram a ocupar posição de destaque nesses órgãos financiadores. É bem verdade que a participação reduzida das ciências sociais e humanas costuma ser explicada em termos do predomínio das solicitações. Argumenta-se que a função (da Fapesp) é muito mais a de amparar o desenvolvimento científico do que dirigi-lo. No entanto, parece bastante questionável que um órgão financiador não se preocupe em canalizar recursos de forma a superar carências históricas, provavelmente mais graves nas ciências sociais que nas demais.

As primeiras pesquisas sobre mulher obtiveram financiamento dos órgãos estatais. A forma como foram e continuam a ser concedidos esses financiamentos – por projetos e para pesquisadores individuais – tem marcado a produção acadêmica de modo geral, e os estudos sobre mulher em particular. A fragmentação, a não institucionalização, a impossibilidade de formação de equipes com perspectiva de continuidade, o pequeno aprofundamento e a limitada abrangência condicionados pela exiguidade dos prazos e das verbas são algumas da características menos desejáveis de boa parte da produção acadêmica. Não são resultados exclusivos da forma de financiamento adotada. Porém, o financiamento de projetos individuais não serve de antídoto aos fatores que os causam e possivelmente até lhes sirva de catalisador.

De outra parte, foi provavelmente graças à existência desse sistema que pesquisas importantes puderam ser realizadas e a própria área de estudos sobre mulher pôde se constituir. Não houvesse espaço para a iniciativa de pesquisadores isolados que adquirem certa autonomia em relação às suas instituições graças ao apoio externo, dificilmente as pesadas estruturas universitárias teriam se mobilizado para acolher um tema inicialmente tão pouco prestigiado – e mesmo francamente hostilizado. O financiamento limitado a um projeto permite à instituição financiadora correr certos riscos. Verba pequena concedida por período limitado dá ocasião a alguma ousadia.

E, como se trata de "amparar o desenvolvimento científico" como um todo, esse sistema de financiamento permite inclusive acomodações no sentido de acolher temas cuja relevância não se reconhece, mas cuja existência simplesmente se tolera. E é esse pluralismo que abre frestas para a heterodoxia.

Até os dias de hoje, parece ser essa a atitude predominante nos órgãos estatais de financiamento à pesquisa, em relação aos estudos sobre mulher. Embora continuem a financiar projetos isolados, ainda não se propõem a dedicar atenção especial à área.

Tanto as agências estatais quanto as fundações privadas americanas projetam uma imagem que faz supor critérios de julgamento mais limitados do que os que realmente utilizam. Ao solicitar financiamento, os pesquisadores procuram escolher, entre os temas de seu interesse e as abordagens de sua afinidade, aquilo que julgam aceitável por essas agências, deliberadamente evitando posturas mais radicais ou temas mais controvertidos. Isso contribui – juntamente com outros fatores – para o restrito leque temático que predominou nos estudos sobre mulher até

1978, e para a ausência de estudos de orientação feminista radical, com predominância de orientações mais bem-comportadas (marxista, feminista-socialista ou feminista-liberal).

A FUNDAÇÃO FORD

Atuando no Brasil desde 1962 e financiando estudos sobre mulher nos Estados Unidos desde 1972, a partir de 1974 a Fundação Ford passa a verificar o interesse pelo tema entre pesquisadores brasileiros, e gradativamente sua presença passa a ser mais atuante no país, constituindo-se na principal fonte de financiamento.

Em certos círculos, a Ford gozava de bastante credibilidade graças à sua política liberal de apoio a diferentes correntes de pensamento e de preservação da autonomia dos pesquisadores financiados, e especialmente ao apoio concedido aos professores cassados em 1968 e à criação do Cebrap. Em outros círculos, porém, pesava mais seu passado de apoio ao controle demográfico, do qual se tinha um conhecimento insuficiente para distingui-lo das políticas impositivas defendidas por outras agências.

Outros fatores contribuíram para o forte sentimento de ambiguidade em relação à Ford que era comum na comunidade acadêmica. A atuação da CIA no golpe de 1964, e na repressão na América Latina de um modo geral, colocava sob suspeita qualquer gringo que baixasse por essas *plagas*. Além disso, os funcionários da Ford sempre se caracterizavam por ser muito bem informados, fato que, se é motivo de prestígio em círculos civilizados, os colocava sob pesada suspeita num país onde o acesso à informação estava extremamente restrito. O próprio estilo com o qual obtinham seus conhecimentos contribuía para esse mal-estar. Protegidos pela relativa impunidade concedida por sua cidadania estrangeira, e socializados numa cultura que não considera deselegante fazer perguntas diretas, inclusive sobre delicados assuntos políticos, formulavam questões inconcebíveis no ambiente repressivo do momento, deixando os interlocutores perplexos: maquiavelismo ou ingenuidade?

O curioso é que, se a escassez de informações dava lugar à confusão da Ford com as agências do governo americano, e dessa resultava uma atitude de pé atrás, o mesmo não se dava com as agências ineludivelmente ligadas ao governo brasileiro, igualmente considerado indigno de um mínimo de confiança. Essa diferença provavelmente se explica por dois fatores. A maior familiaridade com a burocracia nacional e sua relativa transparência, ainda que não deliberada, permitia isolar setores e perceber nuanças num Estado que nunca foi monolítico. Além disso, a atuação do Estado se encaixa facilmente nos esquemas de referência existentes: é dever do Estado apoiar o desenvolvimento científico. Aliás, esse apoio é mesmo visto como resultado das reivindicações da comunidade científica. Por outro lado, não faz parte da tradição brasileira a atuação de fundações privadas, especialmente no círculo das ciências sociais. A estranheza diante das iniciativas da Ford dá lugar à convicção de que suas motivações só poderiam ser as mais condenáveis: se não espionagem pura e simples, cooptação dos focos de resistência à expansão do imperialismo, seja através da "compra" direta de suas lideranças ou através de atenuação dos efeitos mais danosos da exploração capitalista. Embora muitos setores fossem favoráveis a estratégias reformistas – acopladas, ou não, a atuações mais radicais –, não as queriam nas mãos de uma fundação que leva o nome de uma figura paradigmática do capitalismo.

Em relação aos estudos sobre mulher, somava-se uma estranheza adicional: contrariamente aos órgãos estatais de financiamento, a Ford tinha uma política explícita de apoio. Embora a busca ativa de instituições e projetos promissores fizesse parte da estratégia geral dos representantes da Ford, esse estilo de atuação era percebido como específico em relação à questão da mulher e exigia explicação. E as explicações imediatas vieram se somar às atitudes prevalecentes, segundo as quais "feminismo era coisa de mulher burguesa" e estratégia diversionista para esvaziar a "luta geral".

Essas explicações ignoraram o conteúdo mais radical do crescente movimento feminista dos países industrializados e se concentraram em justificativas que de fato haviam sido amplamente utilizadas para convencer as agências financiadoras a apoiar a mulher do Terceiro Mundo: a elevação da sua condição, alegava-se, contribuiria para a redução da fertilidade. Como a esquerda, à época, ainda não tinha elaborado uma análise própria em relação à questão demográfica, e limitava-se a rejeitar as proposições controlistas, para ela aquela associação era suficiente para invalidar qualquer atenção específica à questão da mulher. Some-se a isso a crescente visibilidade da participação feminina nos movimentos sociais urbanos, fortalecendo a hipótese de tentativa de cooptação ao geral das forças progressistas, e temos o quadro completo das dificuldades de interação com a Ford.

Com a abertura, o acesso à informação, a multiplicação dos contatos da Ford com entidades de diversos setores – sua imagem de bicho-papão praticamente desaparece, e seu papel importante no apoio às pesquisas sobre mulher passa a ser tranquilamente reconhecido. A atuação mais visível da Fundação Ford nessa área foi o financiamento de três concursos de pesquisa realizados a partir de 1978.

As pesquisadoras da Fundação Carlos Chagas – em conjunto com pesquisadoras de outras instituições que frequentavam regularmente desde 1974 os seminários sobre mulher realizados na Fundação – estavam buscando formas de ampliar o interesse pela temática na comunidade acadêmica. Com essa finalidade, elaboraram em setembro de 1975 um programa de pesquisas sobre o trabalho e a educação da mulher. Esse programa era composto de um projeto de concurso de pesquisas aberto às pessoas de todo o país, e de projetos a serem realizados pela Fundação Carlos Chagas: uma bibliografia anotada, um centro de documentação, um curso de pesquisa, uma pesquisa sobre vieses sexuais na avaliação de redações escolares e uma pesquisa sobre mulher e ciência.

Durante dois anos, buscou-se financiamento para o programa, junto a diversas instituições nacionais e estrangeiras. Algumas dessas instituições aceitaram financiar os projetos menores. A Secretaria da Cultura do Estado de São Paulo financiou a bibliografia anotada. O Inep, do Ministério da Educação, financiou o curso. O CNPq financiou as pesquisas. A Finep declarou que o tema não estava entre suas prioridades. Dos projetos mais caros, o Centro de Documentação não obteve financiamento e o concurso de pesquisa veio a ser financiado pela Fundação Ford dois anos mais tarde, em setembro de 1977.

O CONTEXTO POLÍTICO E SOCIAL

Não se pode entender a constituição de um espaço de reflexão e pesquisa sobre o tema mulher apagando seu significado e seu alcance político. O desenvolvimento das pesquisas sobre mulher no Brasil foi influenciado não só pela existência de um movimento de liberação da mulher nos países centrais, espécie de parâmetro simbólico e longínquo, mas também, e sobretudo, por um ativo movimento de mulheres local.

Os últimos anos da década de 1970 registraram uma considerável mobilização por parte das mulheres brasileiras, que passaram a atuar em vários tipos de organizações que, de maneiras diferentes, visavam contribuir para modificar o acesso a recursos e às relações de poder entre os sexos. Para um exame acurado dos diversos tipos de movimentos de mulheres no Brasil contemporâneo e de suas relações de aliança e tensão, remetemos à análise de Marianne Schmink.[14]

Feminismo, no Brasil dos anos 1970, houve sim, apesar da estranheza que essa denominação justaposta ao tipo de organização e mobilização de mulheres aqui existentes possa ter causado a analistas que observaram esse fenômeno nos Estados Unidos ou na Europa, de que é exemplo Marysa Navarro.[15]

Um dos aspectos principais que justificaria essa estranheza tem a ver com o enorme descompasso na conceituação daquilo que se entende por movimento social nos países centrais e nos periféricos.

É possível ver uma fase de transição na história política europeia, como faz Claus Offe, no espaço de tempo que medeia 1969 e 1975, justamente por causa do advento de movimentos sociais que demonstram que "nem tudo está bem quando o bem-estar está garantido". Trata-se de movimentos de forte conotação cultural, em um tempo de intenso questionamento dos valores da sociedade industrial, que propõem e pensam representar uma concepção nova do político. Questionam a noção mesma do Estado de bem-estar social, em larga medida compartilhada pela direita e pela esquerda tradicionais, clamam que o privado e o político querem reinventar o social.

Enquanto no Brasil o que se costuma caracterizar por movimento social, embora constituindo um fenômeno novo na experiência das classes populares e se enraizando na experiência cotidiana dos moradores das periferias metropolitanas, são movimentos que têm como característica essencial o questionamento da ação estatal na distribuição dos equipamentos de consumo coletivo.[16] Norteiam, portanto, sua ação em relação ao Estado, compartilhando da crença clássica do Estado como agência promotora do bem-estar social.

Anistia, luz, escolas e asfalto certamente não são palavras de ordem correntes nos movimentos de mulheres em sociedades democráticas com um mínimo de conforto social assegurado. Lá "as preocupações desses novos movimentos sociais não se inclinam para aquilo que deve ser criado ou realizado através da utilização do poder de Estado, mas sim para aquilo que deve ser salvo e defendido contra o Estado".[17]

A análise da relação entre a conjuntura política brasileira e o movimento de mulheres serve para identificar os diferentes significados que aparecem associados ao feminismo e mostra que este é apenas uma corrente dentre várias mobilizações femininas contemporâneas, esfera de referência positiva ou negativa que serve de interlocutor para todas as mulheres "em movimento".[18]

No entanto, não se deve esquecer que o processo de constituição da mulher em objeto teórico das ciências humanas teve também em sua raiz um mecanismo propulsar mais poderoso e mais difuso: o processo de transformação social que a sociedade brasileira atravessava.

O acelerado processo de mudança social que permitiu a emergência de um movimento feminista originou também um vasto espectro de inquietações e demandas.

Esse estado de perplexidade foi rapidamente captado pelos meios de comunicação de massa, que num duplo movimento o alardearam e procuraram explicá-lo. Apesar das restrições que se possa fazer ao tipo de imagem veiculada, o considerável espaço e tempo concedidos à questão contribuíram decisivamente para sua visibilidade e credibilidade e, talvez não fosse arriscado dizer, para acelerar alguns dos processos de mudança já encetados.

As pesquisas sobre mulher encontraram uma importante fonte de legitimação indireta, uma vez que, para ocupar esse espaço, os meios de comunicação fizeram apelo a especialistas, as "mulherólogas", como se autodenomina Carmem da Silva em *Memórias híbridas de uma senhora de respeito*.[19]

PESQUISA E MILITÂNCIA

A relação entre pesquisa e militância no final dos anos 1970 era bastante controvertida. Em 1978, num momento de clara afirmação do movimento feminista, no seminário A Mulher na Força de Trabalho na América Latina, refletiu-se com bastante nitidez a tensão entre pesquisa e militância. Reclamava-se das pesquisadoras o engajamento político com a questão feminista.

Reivindicava-se que os estudos não fossem um fim em si, mas um meio de denúncia da desigualdade entre os sexos. A valorização do engajamento passou a ser a tônica de grande parte desses estudos. As necessidades da militância abriam (ou fechavam) o leque de opções temáticas, direcionando, em larga medida, as linhas da pesquisa científica.

O trabalho foi o tema claramente predominante até fins dos anos 1970, em consonância com a tendência geral do movimento feminista de privilegiar a mulher trabalhadora como alvo de sua ação. Isso se explica pelo fato de o pensamento feminista ter se pautado pela ideologia da esquerda brasileira e pela concepção do trabalho como instrumento de emancipação da dona de casa defendida pelo feminismo. Havia ainda por parte de algumas pesquisadoras a escolha deliberada desse tema como estratégia para iniciar a discussão sobre as desigualdades entre os sexos. A questão do trabalho, embora se mantenha ainda hoje como uma das mais estudadas, começou a perder terreno com a diversificação de interesses do movimento feminista.

Numa tentativa de entrosamento entre pesquisadoras e militantes, foi criada, em 1980, no Rio de Janeiro, a Associação de Pesquisas e Estatutos sobre a Mulher (Apem), fora do âmbito acadêmico. As dificuldades de se constituir uma associação desse tipo em nível nacional vieram demonstrar, entretanto, que a questão era mais complicada do que supunha o entusiasmo inicial. Enquanto algumas reclamavam a necessidade de uma "autonomia relativa" da pesquisa, outras achavam inconcebível a atividade de pesquisa sem engajamento militante. Não existia consenso entre as pesquisadoras quanto aos possíveis pontos de coincidência. O problema era agravado pelo fato de que grande parte das pesquisadoras era, também, militante.

A questão foi retomada, em 1984, durante o seminário Zahide Machado Neto, em Salvador. Aqui, com uma intenção claramente crítica. Era evidente que não se tratava de voltar ao tema da neutralidade, tão velho quanto a própria Ciência Social: são as forças sociais em jogo que dão origem e vida à produção científica. O que se buscava era diferenciar as necessidades do saber científico das demandas da prática política.

Acompanhando a tendência ao engajamento militante nas pesquisas sobre mulher, houve nos últimos anos uma utilização disseminada da metodologia da pesquisa-ação ou pesquisa participante, englobando-se, às vezes indevidamente, nessa rubrica qualquer pesquisa que envolvesse alguma forma de comprometimento político do pesquisador com seu objeto de estudo.

Convém, entretanto, ressaltar que, no caso das pesquisas sobre mulher, a estreita relação entre pesquisa e militância contribuiu para criar uma rede de apoio e solidariedade que foi importante para os pesquisadores, ao enfrentar a ortodoxia acadêmica.[20]

PROBLEMAS MAL RESOLVIDOS
O GUETO

A crescente especialização dentro das ciências sociais tem sido descrita como uma das características de seu processo de expansão.[21] Progressivamente, foram se constituindo subáreas específicas que, de modo geral, resultaram na fragmentação dos diferentes campos do conhecimento. Os estudos isolados enfrentam igualmente impasses teóricos e metodológicos e suas contribuições dificilmente são incorporadas pelas ciências sociais como um todo.

No que se refere aos estudos sobre mulher, isso é particularmente verdade. É certo também que essa área de estudos foi segregada, considerada pouco legítima e desprestigiada. Por essas mesmas razões, confinada a um gueto. Confinamento, quem sabe, inevitável numa sociedade patriarcal.

Esse espaço segregado onde se instalaram os estudos sobre mulher (como em tantos outros países), entretanto, não se deve apenas ao modo como foram recebidos no quadro geral das ciências sociais, mas também está relacionado com a perspectiva em que se situaram esses estudos e com o fato de que foram feitos quase em sua totalidade por mulheres.[22]

Como geralmente acontece com todo grupo constituído a partir de uma condição comum, considerada oprimida, a construção de uma identidade era questão central para o grupo formado em torno dos estudos sobre mulher no Brasil. Diante de uma ciência que deixou invisíveis as mulheres enquanto atrizes sociais (o androcentrismo de que falamos), as mulheres reivindicaram a ênfase no especificamente feminino como condição fundamental para sair do anonimato histórico.

Ainda hoje, um espaço de discussão exclusivo pode ter importantes funções, tanto do ponto de vista institucional quanto na elaboração e no aprofundamento de um corpo de ideias independente. O saber autônomo, entretanto, corre o risco de se estiolar, se não for acompanhado de um diálogo constante com as ideias produzidas fora de seu círculo. E esse isolamento aconteceu. Algo semelhante à observação de Simone de Beauvoir em *O segundo sexo*, de que a mulher, recém-chegada ao mundo dos homens, estava ocupada demais consigo mesma.[23]

Narcisicamente centrados, os estudos sobre mulher tiveram dificuldades de se relacionar com o conhecimento que se produzia nas ciências sociais em geral (além de que, evidentemente, esses outros estudos tampouco lhes deram ouvidos).

Criou-se, então, o curioso fenômeno da existência de um gueto, que caracterizou o espaço no qual se desenvolveram os estudos sobre mulher, sem que, no entanto, esse espaço fosse institucionalizado.

A discussão sobre as vantagens do gueto – a afirmação de identidade, espaço próprio, legitimidade e apoio institucional – e suas desvantagens – isolamento e excessiva autorreferência – surgiu antes que estivesse garantida a sua institucionalização. Estamos assim diante de um paradoxo: reivindicar o reconhecimento institucional de um espaço próprio, exclusivo, que mal se começa a ter e do qual se precisa e, ao mesmo tempo ter a necessidade de se voltar para fora e expandir esse espaço restrito.

Houve uma tentativa de ampliar os horizontes quando, em lugar de estudos sobre mulher, passou-se a falar de estudos das relações entre os sexos ou das relações de gênero (para desbiologizar a noção de sexo). A ideia era deixar claro que os estudos sobre mulher dizem respeito também aos homens.

A QUESTÃO DA(S) TEORIA(S)

De modo geral, os estudos sobre mulher se ressentem de pequeno aprofundamento teórico. Isso talvez se deva à conjugação de duas tendências opostas, mas complementares em seu efeito de dificultar avanços na elaboração de um corpo teórico articulado.

De um lado, os estudos sobre mulher compartilham com as ciências sociais de modo geral uma atitude de deslumbramento diante da Grande Teoria, incumbindo-a de tudo explicar. O ritual de reiteração de postulados básicos, parafraseando os clássicos, não deixava lugar para a criatividade na elaboração de conceitos.

Paralelamente, setores insatisfeitos com o que viam como um dogmatismo estéril, e desiludidos quanto à possibilidade de teorias gerais explicativas, deram ênfase à descrição do concreto numa esperança ingênua de que a quantificação e a observação direta seriam suficientes para explicar a realidade social. Aí também as pesquisas sobre mulher acompanharam uma tendência mais geral das ciências sociais, pois a ênfase na pesquisa empírica, ao lado da crítica, as chamadas tergiversações teóricas que levavam a lugar nenhum, era característica das ciências sociais como um todo, produzidas no Brasil na última década.[24]

As pesquisas sobre mulher compartilharam, ainda, com outras áreas de estudo a crença difundida especialmente entre os que se dedicam a estudar os grupos oprimidos ou discriminados, de que é fundamental a experiência, como fonte de conhecimento. No caso das mulheres, essa crença se estendeu à valorização da intuição, uma espécie de saber às avessas, situado no mesmo nível do que se chamou poder informal das mulheres.

Havia quem acreditasse que apenas uma mulher era capaz de produzir conhecimento sobre a mulher; e questionou-se a ciência, baseada na razão e na lógica, sobre princípios eminentemente masculinos. Como resolver os inúmeros problemas advindos do fato de que os esquemas explicativos dominantes nas ciências sociais não eram satisfatórios para analisar a vivência da mulher na família, no trabalho, na política, no dia a dia? Em vez de se forjar novos conceitos e refinar as ferramentas utilizadas, passou-se por cima das dificuldades teóricas, negando sua importância. Valorizou-se, em contrapartida, o conteúdo de denúncia dos estudos, dando voz à experiência ou simplesmente utilizando uma linguagem coloquial como recurso para maior aproximação do vivido. Ingenuidade? Pode ser. Uma forma de eludir o problema, seguramente.

Outros fatores também contribuem para o pequeno aprofundamento teórico. O primeiro é a dificuldade inerente à tarefa. A assimilação de teorias pré-fabricadas ou o levantamento de dados requerem muito menos criatividade e disciplina do que o artesanato inventivo de ideias originais. Isso especialmente num país onde os institutos de ensino superior, de modo geral, não se caracterizam pelo rigor e abrangência da formação que oferecem, e onde estudantes e intelectuais raramente dispõem de condições para dedicação integral às suas atividades.

O segundo é a natureza das solicitações da sociedade. Num país em que os saberes são tão ou mais concentrados do que a renda, são poucos os profissionais que podem atender às necessidades básicas de informação da sociedade. O resultado é que se restringe o espaço para a produção teórica, uma vez que o pesquisador é transformado em informante e adquire sua legitimidade apenas na medida em que produz conhecimento facilmente assimilável por um público mais amplo, interessado em "fatos" ou ideias de consumo imediato, de pequeno nível de abstração. Nos estudos sobre mulher, a estreita ligação com a militância e a novidade do tema acentuam essas tendências. Se é fundamental que exista a possibilidade de divulgação da produção científica em nível amplo, é importante que o papel do divulgador não impeça o aprofundamento das análises sociais, através de uma atividade sistemática de estudo.

O terceiro fator que contribui para o pequeno aprofundamento teórico é a questão da interdisciplinaridade. Os estudos sobre mulher postulam a necessidade de inter-relação e reivindicam a quebra das barreiras disciplinares como condição essencial de seu aprofundamento. Definições rápidas, entretanto, não permitem estabelecer com clareza os elementos de articulação entre as diferentes disciplinas, dificultando o aprofundamento em cada disciplina isoladamente.

O quarto é a divisão internacional do trabalho intelectual, em que as brasileiras encontram-se – como o país – em desvantagem relativa. Se sempre houve um contato, ainda que individual, de pesquisadoras brasileiras com pesquisadores ou centros de pesquisa estrangeiros, através de publicações, seminários ou congressos internacionais, travou-se muitas vezes um diálogo unilateral, um monólogo. Não tendo uma posição hegemônica nessa divisão de trabalho, a frequente participação das brasileiras em seminários internacionais acaba sendo muitas vezes apenas a apresentação da realidade local, quase sempre desconhecida e exótica, sem uma efetiva troca em bases iguais, sem incentivo ou valorização da sua contribuição teórica. Aqui, também, trata-se de problema comum a vários ramos das ciências sociais, conforme salienta Otávio Velho.[25]

A crítica à falta de aprofundamento teórico que dominou as ciências sociais na última década não significa que os estudos empíricos não tenham mérito. Pelo contrário, são esses estudos que servem de subsídios para testar hipóteses e elaborar explicações teóricas novas e mais abrangentes. Se nos detivermos na análise dos obstáculos que se interpõem à construção mais sistemática de um *corpus* consistente de conceitos de mais alto grau de generalização e de adequação da realidade, é justamente porque consideramos que é nesse terreno que se encontram os impasses.

ESTE TEXTO É UMA VERSÃO REVISADA DO ARTIGO ORIGINALMENTE PUBLICADO EM *CADERNOS DE PESQUISA*, N° 54, SÃO PAULO: CORTEZ/FUNDAÇÃO CARLOS CHAGAS, 1985, P. 5-15. O ARTIGO É RESULTADO DE UM LEVANTAMENTO BIBLIOGRÁFICO DAS PESQUISAS SOBRE MULHER FEITAS NO BRASIL A PARTIR DE 1976, REALIZADO NA FUNDAÇÃO CARLOS CHAGAS E FINANCIADO PELO CNPQ E PELA FUNDAÇÃO FORD. UMA VERSÃO PRELIMINAR FOI APRESENTADA NA VIII REUNIÃO ANUAL DA ANPOCS, EM ÁGUAS DE SÃO PEDRO, 1984.

NOTAS

1 *Groupe D'etudes sur la Division Sociale et Sexuelle du Travail – Rapport Scientifique*, Paris: Centre d'Etudes Sociologiques, CNRS, 1983, p. 11.

2 Maria Isaura Pereira de Queiroz, "SBPC, 1982: caracterização das comunicações de pesquisa nas ciências do homem", *Ciência e Cultura* 35, nº 4, abr 1983, p. 451-473.

3 Carmen Barroso e Albertina Costa, "Introdução", in Carmen Barroso e Albertina O. Costa (orgs.), *Mulher, Mulheres*, São Paulo: Cortez, 1983.

4 Bolívar Lamounier, "A ciência política no Brasil: roteiro para um balanço crítico", in *A ciência política nos anos 80*, Brasília: Universidade de Brasília, 1982, p. 407-433.

5 Eva Blay, *Trabalho domesticado: a mulher na indústria paulista*, São Paulo: Ática, 1978 (originalmente tese de douramento na FFLCH/USP, 1972); e Heleieth Saffiotti, *A mulher na sociedade de classes: mito e realidade*, São Paulo: Quatro Artes, 1969 (originalmente tese de livre-docência na FFCL de Araraquara, 1967).

6 Nossa informação a esse respeito não é sistemática, porém é muito sugestiva. Baseia-se num interessante indicador indireto: o catálogo de todas as publicações dos pesquisadores na área, mesmo aquelas que não dizem respeito diretamente ao tema. Baseia-se também em currículos e notas biográficas.

7 Sérgio Henrique Abranches, "As Ciências Sociais e o Estado", Rio de Janeiro: BIB 13, 1º semestre, 1982, p. 37-47.

8 Huguette Dagenais, "Quand la Sociologie Devient Action: L'impact du Feminisme sur la Pratique Sociologique", *Sociologie et Scocieté les Femmes dans la Sociologia* 13, nº 2, out 1981, p. 49-65.

9 Valentina da Rocha Lima, *Women in Exile: Becoming Feminist*, Rio de Janeiro: CPDOC, 1983, mimeo.

10 Bolívar Lamounier, *Expansão e institucionalização das Ciências Sociais no Brasil: um estudo preliminar*, São Paulo: IDESP, 1981, mimeo (Seminário A Ciência Política nos Anos 1980).

11 L. M. Rodrigues, "Ciências sociais, universidade e intelectuais no Brasil", São Paulo, 1982, mimeo (Seminário Intelectuais, Universidade y Sociedad Santiago do Chile).

12 Bolívar Lamounier, *A ciência política no Brasil*, op cit.

13 Neuma Aguiar, *Programas de estudos e cursos sobre mulheres: o caso brasileiro*, Rio de Janeiro, 1982, mimeo.

14 Marianne Schmink, "Women in Brazilian Abertura Politics", *Signs* 1, nº 1, 1981, p. 115-133.

15 Marysa Navarro, "Research on Latin American Women", *Signs* 5, nº 1, 1979.

16 Pedro Roberto Jacobi, "Movimentos sociais urbanos no Brasil", BIB 9, Rio de Janeiro, 1980, p. 22-30.

17 Claus Offe, "A democracia partidária competitiva e o Welfare State Keynesiano: fatores de estabilidade e desorganização", *Dados*, 26, nº 1, Rio de Janeiro, 1983, p. 38.

18 Anette Goldberg, *Feminismo em regime autoritário: a experiência do movimento de mulheres no Rio de Janeiro*, 1982, 12º Congresso Mundial de IPSA, mimeo.

19 Carmen da Silva, *Memórias híbridas de uma senhora de respeito*, São Paulo: Brasiliense, 1984.

20 Carmen Barroso, *As pesquisas sobre mulher no Brasil*, São Paulo, 1981, mimeo.

21 Otávio Guilherme Velho, "Processos sociais no Brasil pós-64: as ciências sociais", in Bernardo Sorj e Maria Hermínia Tavares de Almeida (orgs.), *Sociedade e política no Brasil pós-64*, São Paulo: Brasiliense, 1983, p. 240-261.

22 A ausência de homens estudando a mulher (ou os sexos) pode tanto ser indício do desprestígio intelectual do tema quanto consequência de autorreferência desses estudos. A presença masculina, valorizada por umas, era rejeitada por outras. Na discussão sobre a criação de uma associação nacional de pesquisadores sobre mulher, em 1980, a exclusão de homens chegou a ser cogitada, embora não consensualmente.

23 Simone de Beauvoir, *O segundo sexo*, São Paulo: Difusão Europeia do Livro, 1970.

24 Otávio Guilherme Velho, op. cit.

25 Idem.

bandeiras tornam-se objeto de estudo

As mulheres vivem (literalmente) negociando papéis, sem abdicar, contudo, de suas identidades. Tendo em vista o alto grau de contradição presente na ideologia dominante de gênero (assim como na de raça/etnia e na de classe social), a negociação constitui *conditio sine qua non* para a própria sobrevivência das mulheres em sociedades falo-logocêntricas.

Heleieth Saffioti

Violência de gênero: o lugar da práxis na construção da subjetividade

Heleieth Saffioti

> (...) Feuerbach não vê que o próprio "espírito religioso" é um produto social e que o indivíduo abstrato que ele analisa pertence, em realidade, a uma forma social determinada.
> Karl Marx, *Teses sobre Feuerbach*, *VII*

EMBORA SE TENHA UTILIZADO apenas a tese VII sobre Feuerbach como epígrafe, o espírito de todas as onze teses escritas por Karl Marx permeia este trabalho. Isso equivale a dizer que sujeito e objeto não existem independentemente da atividade, uma vez que só por meio desta podem ocorrer os processos de subjetivação e objetivação. Assim, sujeito e objeto não são dados *a priori*, mas se constroem na e pela relação social. Por conseguinte, são sempre e sem sombra de dúvida historicamente situados. Nesses termos, a história é o demiurgo do sujeito-objeto.

Passa-se, doravante, sempre que possível, a empregar a expressão sujeito-objeto, numa tentativa de afastar todo e qualquer risco de oferecer uma leitura dicotomizada. Rigorosamente, subjetivação e objetivação são apenas duas faces de um mesmo processo, quando o universo conceitual se constrói no seio de uma sociologia e de uma psicologia materialistas.

As bases do psiquismo humano desenvolvido são constituídas pelo patrimônio histórico-social externo aos indivíduos e, como tal, não têm a forma do psíquico, não são, em absoluto, psíquicas. Só há algo da ordem do psíquico nos indivíduos, mas esse psíquico só se desenvolve através da apropriação psíquica de um patrimônio social não psíquico. (...) Para se compreender como este se torna algo psíquico nos indivíduos, necessita-se, precisamente, de uma teoria materialista da personalidade.[1]

Ora, a elaboração de tal teoria pressupõe uma teoria materialista da subjetividade. Isso implica uma rotação de 180 graus no pensamento, eliminando-se o raciocínio via categorias binárias, cujo resultado não seria senão a oposição entre sujeito e objeto, o que, em última instância, significaria partir de dois *a priori*, separando o individual do coletivo e o psíquico do social: a estrutura psíquica singular de cada um e os condicionantes sociais de um dado momento histórico. Ou seja, o interior e o exterior não têm, de acordo com a perspectiva aqui adotada, existência autônoma, nem sequer em termos relativos. Nessa linha de raciocínio, homens e mulheres fazem a história, produzindo objetivações através de suas práticas sociais e, simultaneamente, apropriando-se de seus resultados, isto é, reapropriando-se subjetivamente da história que fazem.[2]

A terminologia realidade externa x realidade interna apresenta um ranço cartesiano, rejeitado pela postura aqui adotada. Obviamente, a existência da realidade objetiva independe das subjetividades presentes em indivíduos singulares, mesmo porque preexiste e sobrevive a elas. Entretanto, há uma dimensão fusional importante, que elimina o caráter dicotômico emprestado ao sujeito-objeto pensado cartesianamente. O sujeito integra permanentemente a realidade objetiva com a qual interage.

Desta sorte, sujeito-objeto não é dado, ou sujeito e objeto não são dados, mas derivam da atividade, ou seja, do viver a vida, do produzir e reproduzir a vida em todas as suas dimensões. Quando os seres humanos, seja individualmente, seja coletivamente, se apropriam do resultado de sua práxis, procedem à subjetivação, tornando-se sujeitos que, por sua vez, se objetivam por meio de sua atividade. Lembrando Marx, "toda produção é apropriação da natureza pelo indivíduo no seio de uma forma de sociedade determinada e por intermédio dela. (...) Uma apropriação que não se apropria de nada é uma *contradictio in subjecto*."[3] E, convém lembrar, o movimento de apropriação ocorre quer na subjetivação, quer na objetivação. Desse modo, não se trata de pensar um conjunto de fatores externos ao sujeito como condicionantes de sua construção. A postura aqui assumida toma como verdadeira a afirmação de Marx e Engels: "(...) as circunstâncias tanto fazem os homens quanto os homens fazem as circunstâncias."[4] E esse fazer-se é simultâneo: a subjetivação envolve a objetivação e vice-versa. *Mutatis mutandis*, são ainda Marx e Engels que mostram esse movimento na análise da produção material: "a tomada de posse é, além disso, condicionada pelo objeto apropriado."[5]

O processo de subjetivação-objetivação não se dá sempre da mesma maneira. Quando as relações entre pessoas assumem a forma fantasmagórica de relações entre as coisas, o objeto a ser apropriado está reificado. A isso "corresponde uma subjetivação alienada. Isso esclarece também que não há uma precedência nem do sujeito nem do objeto, mas da atividade, da práxis, que é a condição e pressuposto da vida e da história humanas".[6]

A ideologia desempenha – através da inversão que promove nos fenômenos sociais[7] – papel fundamental no permanente processo de constituição do sujeito-objeto. Não se pode esquecer que essa realidade é móvel, pois a alienação presume a desalienação; a coisificação supõe a humanização. Graças à natureza porosa da ideologia e à emergência e ao desenvolvimento de contraideologias, as possibilidades de desalienação-humanização estão sempre presentes.

Cabe chamar a atenção para o fato de que os processos de subjetivação-objetivação estão constantemente sujeitos à capacidade-incapacidade de apropriação dos frutos da práxis humana por parte de seus sujeitos, não somente em virtude de ser a sociedade brasileira dividida em classes sociais, mas também por ser ela atravessada pelas contradições de gênero e de raça/etnia. Não se trata, contudo, de conceber três diferentes ordenamentos das relações sociais, correndo paralelamente. Ao contrário, esses três antagonismos fundamentais entrelaçam-se de modo a formar um nó. Convém alertar, contudo, para o fato de que não se trata de uma dissolução dos três eixos ao longo dos quais se estruturam as desigualdades, traduzidas em hierarquias e diferentes tipos de conflitos entre os *socii*. Trata-se de um entrelaçamento, que não apenas põe em relevo as contradições próprias de cada ordenamento das relações sociais, mas que as potencializa. Em outros termos, esse nó apresenta uma lógica contraditória.[8]

Não se desejando tomar muito espaço com esse subtema, aliás tratado em outros trabalhos,[9] ilustra-se a existência do nó através de um exame ligeiro da "vocação" do capital para a equalização de todas as forças de trabalho. Isso equivale a dizer que o capital se comporta segundo uma lógica inexorável, buscando sempre a maior rentabilidade. Ora, tomando-se gênero e raça/etnia como relações diferenciadoras do mercado de trabalho, pode-se afirmar, sem medo de errar, que em todas as sociedades presididas pelo referido *nó*, formado pelas três contradições básicas, o capital não obedece àquela lógica abstrata que, segundo Brisolla,[10] lhe permite prescindir do trabalho doméstico gratuito.

Com efeito, de um lado, a projeção de que "a igualdade na exploração da força de trabalho é o primeiro dos direitos do capital"[11] não se realizou em nenhuma sociedade, porquanto a força de trabalho é diferenciada em termos de gênero e raça/etnia. Sendo parte do *nó*, o capital não tem alcance suficiente para equalizar todas as forças de trabalho. De outro lado, a história não registra um só caso de sociedade capitalista que haja organizado o trabalho doméstico em seus moldes específicos. Nem é preciso pensar na organização capitalista de todos os trabalhos destinados à produção antroponômica,[12] basta registrar que nenhuma sociedade capitalista (e até socialista) conseguiu satisfazer à demanda por creches, *conditio sine qua non* para uma eventual equalização de todas as forças de trabalho. A título de ilustração, lembre-se que, de acordo com os dados da Pesquisa Nacional de Amostra por Domicílio (Pnad) de 1990, *a ordem das bicadas*[13] no Brasil era a seguinte: homem branco, mulher branca, homem negro e, finalmente, mulher negra.

Com efeito, cruzando-se rendimento, sexo e cor, verificou-se que, sempre em relação ao rendimento médio do homem branco, a mulher branca recebia, em média, 55,3%, o homem negro, 48,7% e a mulher negra, 27,6%.

Se "o campo da subjetividade engloba o conjunto dos processos pelos quais o indivíduo, em estreito contato com as estruturas simbólicas da cultura, tenta assumir e abrir um acesso à forma genérica de seu ser",[14] convém reter dois pontos:

1. Há uma dialética entre o ser singular e o ser genérico, um somente se realizando por intermédio do outro. Essa concepção, retendo a complexidade do processo de constituição do sujeito-objeto, permite afastar qualquer *a priori* situado no indivíduo, assim como superar a "determinação social dos destinos pessoais";[15]

2. Nas relações coisificadas, ocorre a alienação do sujeito, o que pode ser concebido como uma ruptura entre o ser singular e o ser genérico.

A rigor, há um movimento permanente de encontro e de desencontro entre o ser singular e o ser genérico. Essa oscilação própria da dinâmica contraditória existente entre as duas objetivações do ser humano constitui um sério indicador de que nem uma nem outra pertence à natureza do ser social. Isso posto, a base ontológica da discussão não pode ser senão relacional.[16]

Nessa linha de raciocínio, a história das pessoas consiste na história de suas relações sociais. A subjetivação, enquanto movimento inseparável da objetivação, ganha novo estatuto na história biográfica e na história social.

> Somente a elaboração com o próprio sujeito dos dados de sua história permite o engajamento num trabalho ao mesmo tempo indispensável, delicado e que sempre corre o risco de se prestar à contestação: o de fixar, em seu conjunto, as etapas de que é formado o ciclo de uma existência. Essa localização biográfica é fundamental para quem deseje evitar separar *a priori* as duas faces da personalidade que são a identidade e as atividades nas quais ela se desenvolve, pois talvez sejam as suas relações dialéticas que regulamentam, de alguma maneira, os ritmos da história pessoal.[17]

Não deixa de ser interessante essa forma de se pensar a identidade e as atividades por meio das quais ela se realiza como duas facetas da personalidade. Entretanto, nessa formulação, não se torna claro o processo de construção da identidade. Ademais, é frequente na literatura especializada o uso de termos como ego, eu, eu-mesmo, identidade, personalidade, sujeito, ator como sinônimos. Embora não se tenha a pretensão de resolver as complexas questões presentes na problemática, pretende-se abrir uma fresta, que talvez possa lançar alguma luz sobre o fenômeno.

Retomando-se o *nó* constituído pelas contradições fundamentais da sociedade brasileira, pode-se afirmar a existência de três identidades sociais básicas: a de gênero, a de raça/etnia e a de classe social. Não se trata, porém, de três identidades autônomas, em virtude, justamente, de estarem atados os antagonismos que lhes dão origem. Cabe mencionar, a propósito, que operárias costumam identificar-se como "mulheres trabalhadoras",[18] explicitando duas dimensões importantes de sua identidade: 1) o gênero, definidor da heterogeneidade da classe ou fração de classe social a que pertencem, diferenciação interna fortemente marcada por práticas sociais e políticas das mulheres, notadamente distintas das dos homens; 2) a ocupação, que reflete o tipo de inserção das mulheres na estrutura de classes.

> As pesquisas indicam a importância da qualificação na definição das trajetórias profissionais femininas. Por outro lado, a emergência de uma geração de mulheres com uma prática de trabalho regular, vivendo um processo de integração à [sic] cultura urbana e mudanças nos padrões educacionais (maior escolaridade) permite formular a hipótese de metamorfoses na subjetividade das mulheres trabalhadoras no sentido de uma integração do trabalho assalariado e mesmo do trabalho fabril como elemento que define sua identidade de mulheres.[19]

Na revisão bibliográfica realizada pela autora em pauta não apareceu a dimensão raça/etnia. Isso não significa, todavia, que ela não esteja presente na caracterização da identidade de muitas mulheres. O fenômeno é ainda muito pouco estudado, pois os próprios pesquisadores o ignoram ou não lhe atribuem o merecido realce.

Atribui-se fundamental importância à dialética entre o ser singular e o ser genérico, na medida em que, atualmente, muitas pesquisas feministas vêm tentando enfrentar o desafio da apreensão da diversidade, sem correr muitos riscos de perder-se na fragmentação.[20] Nessa linha de raciocínio, Mary Garcia Castro[21] mostra como o público e o privado adquirem significados distintos para diferentes subcategorias de mulheres. Comentando a análise realizada por Richard Sennett[22] das distintas significações do público e do privado para homens e mulheres no século XIX, Castro afirma:

> Não é por acaso que um dos vetores da essencialidade feminista foi a conquista do público e a desprivatização do lar, buscando a fusão dos espaços sociais. Já as trabalhadoras domésticas organizadas, por outro lado, reivindicam a separação dos espaços, e a sua realização como membros da classe operária passa por privilegiar o público como espaço político, e o direito ao privado, pela separação do lugar de residência e lugar de trabalho.[23]

O estudo de Mary Garcia Castro revela as clivagens de gênero, raça/etnia e geração no interior da classe, pois a construção da identidade de trabalhadora doméstica sindicalizada encontra empecilhos naqueles eixos de estruturação das relações sociais.[24] "Nas relações sociais de classe, ser negro é ser pobre, já ser mulher pode também significar ser patroa, o outro polo da oposição."[25]

Os excertos de pesquisas de Elizabeth Souza-Lobo e Mary Garcia Castro permitem situar concretamente o ser genérico, ainda que o façam de forma ligeira. O genérico não se confunde, de maneira alguma, com um ser universal, que é sempre uma abstração. Ele representa a possibilidade de o ser singular incorporar, na práxis, a defesa dos interesses de sua categoria. Ressalte-se que o interesse é sempre particular, na medida em que o interesse comum ou geral é uma ficção numa sociedade plena de clivagens. Seu caráter necessariamente particular não significa que ele diz respeito ao ser singular, pois ele pode representar, e frequentemente representa, o interesse de um grupo, uma categoria, uma classe. É preciso que se retenham dois pontos fundamentais: 1) Não existe interesse comum numa sociedade atravessada pelos eixos do gênero, da raça/etnia e das classes sociais, como estruturadores de desigualdades e, consequentemente, de hierarquias; 2) Embora o interesse seja sempre particular, ele não se circunscreve, necessariamente, ao ser singular, podendo representar, como o faz com frequência, anseios de um coletivo, cuja magnitude não importa. O caráter coletivo da atividade e da apropriação de seus resultados na busca da realização dos interesses de um grupamento constituído segundo os mencionados eixos marca qualitativamente a realização do ser genérico pelo ser singular.

A ideia de metamorfose da subjetividade, expressa de diferentes modos no presente texto – dinâmica entre o ser singular e o ser genérico; movimento de apropriação/alienação e de humanização/reificação –, encontrou uma manifestação muito feliz na expressão *identidade metamorfose*, considerada "como a unidade da atividade, da consciência e da identidade".[26]

Embora se trate de "um ensaio de Psicologia Social", o autor tem uma postura materialista, o que lhe permitiu fazer incursões interessantes no terreno, por exemplo, da relevância social e política da questão da identidade: entendendo-a como metamorfose, toma-a como vida. Ora, o fenômeno da subjetivação-objetivação concerne às atividades humanas vitais, isto é, às atividades necessárias à produção e à reprodução da vida. Dessa forma, pois, não paira dúvida sobre a unidade constituída pela atividade e pela identidade. Os problemas começam com a inclusão, nessa unidade, da consciência. Viver de acordo com uma identidade social de gênero, de raça/etnia e de classe social não implica necessariamente ter consciência de toda a complexidade presente no *nó* constituído por esses três antagonismos. Não se refuta a existência, real ou potencial, de consciência de gênero, de raça/etnia e de classe social. Apenas não se consente na afirmação de que a consciência integre sempre a unidade mencionada por Antonio da Costa Ciampa. Muitas mulheres comportam-se como membros da categoria *gênero feminino*, segundo a ideologia de gênero, independentemente de terem consciência desse fato, pois essa identidade integra inclusive os estratos inconscientes de sua psique.

Parafraseando Slavoj Zizek,[27] poder-se-ia afirmar que "elas não sabem o que fazem". O encontro entre o ser singular e o ser genérico, porém, exige algum grau de consciência, a fim de que o primeiro possa desenvolver atividades realizadoras do segundo. É esse movimento que caracteriza a constituição do sujeito coletivo. O tipo de raciocínio parece eficaz para se detectarem certas *unidades de sentido*[28] e, assim, evitar os descaminhos da fragmentação.

Embora possa não ser ideal, o caminho encontrado por Silveira traz a vantagem de levar em conta o inconsciente, campo no qual estão fortemente inscritas as identidades sociais básicas.

Em que pese a possibilidade de que certos elementos, que apontariam para uma autonomia do sujeito, possam se tornar conscientes, ainda assim, não resta dúvida, por se referirem às dimensões recalcadas, reprimidas, que se tratam [sic] de elementos de *origem inconsciente*. Se é assim, então, aquele *conflito interno*, aquela basculação entre a sujeição advinda do fetichismo e a tendência contrária do indivíduo determinar-se como sujeito, seria situado ao nível do *inconsciente* mesmo.[29]

O excerto transcrito oferece mais de uma leitura. Para que seja aceitável no universo conceitual do presente trabalho é preciso que se entenda por *conflito interno* o debater-se da pessoa que, participando de relações coisificadas, tenta, não obstante, se apropriar de seu resultado. O perigo do texto reside na interpretação da "tendência contrária do indivíduo determinar-se como sujeito" como um *a priori*. Como já se afirmou, a reificação é impensável sem a humanização, assim como a cisão representada pela alienação também não pode ser admitida sem a possibilidade de unidade entre o ser singular e o ser genérico. Nesse mesmo diapasão, pode-se afirmar que "a diferença não constitui senão a outra face da identidade".[30]

Este texto não tem por objetivo discutir a consciência de gênero, de raça/etnia e de classe social. No entanto, é preciso deixar claro que as identidades sociais se constroem sobretudo no plano inconsciente, podendo ser pequena ou grande sua presença no nível consciente. Isso em nada diminui a importância política de tais realidades, uma vez que as atividades humanas são levadas a cabo, na produção e na reprodução da vida, por portadores de inconsciente e de consciência. As identidades sociais fundamentais de que se está falando não se explicam pela teoria da aprendizagem e desempenho de papéis. O movimento de apropriação dos resultados de suas relações sociais por parte dos sujeitos humanos (subjetivação), assim como sua objetivação por meio das atividades de produção e reprodução da vida, implicam o recurso a estratos muito profundos da psique.[31]

Isso significa que, ao se fazer história, se produzem certos padrões de identidades sociais, os quais, embora sujeitos à transformação, são mais estáveis que os papéis sociais cujo desempenho varia em função de circunstâncias específicas. Ciampa caracteriza a identidade

> como a articulação de várias personagens, articulação de igualdades e diferenças, constituindo, e constituída por, uma história pessoal. Identidade é história. Isso nos permite afirmar que não há personagens fora de uma história, assim como não há história (ao menos história humana) sem personagens.[32]

De fato, identidade, seja de gênero, de raça/etnia ou de classe social é "uma categoria da prática".[33] Tudo estaria perfeito não fora o emprego do termo personagens. Estas exigem a *mise-en-scène*, na qual cada ator representa seu papel, como no teatro. Ora, o encaminhamento dado a este texto conduz à percepção de uma diferença entre o sujeito e o ator. Ele participa de um jogo, representa a personagem que lhe cabe na situação, podendo ter uma conduta inteiramente ritualística; aquele mobiliza sua psique para, procurando sair do estranhamento e livrar-se dos fetiches, buscar a unidade entre o ser singular e o ser genérico. Trata-se, pois, de dois níveis diferentes da vida social e, principalmente, de dois níveis muito distintos de análise. Não obstante a tentativa frustrada de mesclá-los, Ciampa parece mesmo inclinar-se para uma análise mais materialista da produção de identidade enquanto história, enquanto vida. O curioso é que não perceba a heteronomia entre subjetivação e objetivação, dispensando a esta um tratamento que a situa como exterior ao sujeito. Discorrendo sobre a naturalização (supressão da historicidade) da identidade, afirma:

> O caráter temporal da identidade fica restrito a um momento originário – como se fosse a revelação de algo preexistente e permanente –, quando, de fato, já vimos, nos tornamos nossas predicações; interiorizamos a personagem que nos é atribuída; identificamo-nos com ela.[34]

Esse excerto é profundamente infeliz, na medida em que nega a tese central do autor, ou seja, a identidade metamorfose. Não se trata da redução do caráter temporal da identidade, uma vez que o autor não tem responsabilidade por esse fato social. Trata-se de mostrar o realce dado pelo autor à interiorização da personagem, como se o ser humano não passasse de um receptáculo. O que, sem dúvida, estimula no livro em pauta é pensar a identidade como articulação de igualdades e de diferenças.

Efetivamente, se é verdade que "a diferença não constitui senão a outra face da identidade", a primeira integra a segunda, pelo menos na qualidade de contornos. Mas, seguramente, dela faz parte de modo mais incisivo. A articulação entre identidades e diferenças parece responder amplamente pelo encontro entre o ser singular e o ser genérico. Assim, a identidade de gênero equaliza todas as mulheres, de um lado, e todos os homens, de outro. Todavia, nenhum indivíduo é igual a outro, nem no contingente feminino nem no masculino. Analogia e diferença integram, portanto, o sentimento pessoal e o reconhecimento da sociedade de pertinência de alguém a uma categoria social (gênero e raça/etnia) ou a uma classe social. Mais do que isso, analogia e diferença instauram-se na própria psique.

A análise realizada até aqui distancia-se, e muito, da efetuada por Renan Freitas,[35] para quem os

> atores sociais (indivíduos ou grupos de indivíduos) constroem suas identidades e a ordem social a que pertencem na medida em que negociam rotinas. Estas, quando são interrompidas por desafios a responsáveis por atos diruptivos [sic], dão lugar a disputas pelo con-

148

trole sobre a interação, as quais são a manifestação de um processo subjacente de negociações de identidades, papéis, status, regras de convívio, hierarquias e sistemas de estratificação, e têm o efeito de reafirmar ou redefinir a rotina interrompida. Uma vez resolvida uma disputa (independentemente do resultado), um processo de negociação de rotinas se restabelece e as identidades dos atores (...) tornam-se novamente dadas, até que um novo ato diruptivo [sic] ponha em xeque suas validades, e uma nova disputa se inicie.[36]

Como se pode perceber com bastante clareza, Renan Freitas trabalha com conceitos funcionalistas, colocando no centro de sua análise a velha noção de normal e patológico ou, o que dá no mesmo, a noção de equilíbrio. Ademais, não estabelece nenhuma distinção entre identidade e papel, identidade e status etc. A ideia de negociação não deixa de exercer seu fascínio, mas acabou perdida graças à falta de precisão na utilização de conceitos e da própria indefinição dos instrumentos conceituais usados. A negociação de papéis constitui um dado de realidade absolutamente necessário à produção e à reprodução da vida. Desta sorte, dentro de limites mais ou menos estreitos, cada ator escolhe sua personagem, desempenhando os papéis a ela correspondentes. Para tomar um exemplo-limite, judeus confinados em campos de concentração entraram no jogo da negociação, desempenhando os papéis que lhes pudessem poupar a vida ou minorar o sofrimento. Não negociaram, porém, identidades; *et pour cause* levaram-nas para as câmaras de gás. Não se ignora a existência da figura do *kapo*, preso que passava a atuar, com relação aos demais judeus, exatamente de acordo com a cartilha nazista. Estatisticamente, contudo, esse fenômeno não teve maior significado. Talvez seja mais importante reter a ideia de que, em qualquer situação social, não há puros objetos; todos são sujeitos.[37]

Enquanto meramente papéis aprendidos e desempenhados, nenhuma personagem pode realizar a busca da unidade entre o ser singular e o ser genérico. Tão somente em nível de identidade pode-se realizar esse encontro. Assim, para centrar a análise na figura feminina, as mulheres vivem (literalmente) negociando papéis, sem abdicar, contudo, de suas identidades. Tendo em vista o alto grau de contradição presente na ideologia dominante de gênero (assim como na de raça/etnia e na de classe social), a negociação constitui *conditio sine qua non* para a própria sobrevivência das mulheres em sociedades falo-logocêntricas. A reprodução prolongada de certos papéis pode redundar em transformações na identidade. Estas, entretanto, não dependem apenas da repetição continuada de determinados papéis. As três identidades sociais básicas simbiotizam-se, na medida em que se constroem no contexto histórico do *nó*.

Esta discussão, ao fim e ao cabo, está revelando a multiplicidade do sujeito.[38] Não há nenhuma consequência negativa, pelo menos aparentemente, em se aceitar a multiplicidade também do ator. Pode-se mesmo pensar, num certo sentido, que este é mais diferenciado que o sujeito. Efetivamente, a constituição do sujeito é circunscrita pelas imposições do caráter reificado ou humano de suas relações sociais, podendo se afirmar o mesmo com relação à construção do objeto, já que ambos não são senão dimensões do mesmo processo. Talvez se possa afirmar, em caráter de hipótese, que o sujeito negocia os papéis que cabe ao ator desempenhar.

Dessa forma, mesmo em situações nas quais aparentemente exista só o ator, é o sujeito que comanda o espetáculo. No caso específico da violência masculina contra a mulher, o agressor parte da premissa de que a mulher é tão somente o objeto de suas ações. A corrente vitimista de pensamento tende a pensar a mulher como vítima passiva. Entretanto, as evidências caminham em sentido oposto, embora as queixas registrem a "passividade" da mulher.

> A queixa é a narrativa em que a pessoa que é objeto de algum infortúnio constrói discursivamente a sua posição enquanto vítima. Narrativa peculiar: expõe e, paradoxalmente, alimenta/ incita/reitera algumas das condições que fazem operar a violência. (...) na queixa existe a fruição, o desejo de enlaçar o outro e se autoaprisionar em um modelo em que nada se exige de si mesmo, pois é no outro que continuará a residir o dever da proteção, do amparo e da benevolência.[39]

É preciso, porém, esclarecer bem os limites dentro dos quais se aceita a assertiva de Maria Filomena Gregori.[40] No momento da queixa, a atriz desempenha um papel, que a vitimiza. Vitimizar-se significa perceber-se exclusivamente enquanto objeto da ação, no caso violência, do outro. Isso não quer dizer que a mulher, enquanto sujeito, seja passiva ou seja não sujeito, expressões usadas por Marilena Chauí[41] e Maria Filomena

150

Gregori.[42] O não sujeito é uma *contradictio in subjecto*. O sujeito é sujeito porque é capaz de interagir com outros seres humanos e de se apropriar dos frutos dessa práxis. É esse sujeito, sempre ativo, que estuda a relação custo-benefício e, certa ou erroneamente, decide pela representação do papel de vítima passiva. Provavelmente, o sujeito manobra o ator ou a atriz, numa negociação permanente, mas isso é muito diferente de afirmar que a vítima é passiva ou não sujeito. Pode-se afirmar, com certeza, que, via de regra, os homens dispensam às mulheres um tratamento de não sujeitos e, muitas vezes, as representações que as mulheres têm de si mesmas caminham nessa direção. Contudo, o mero fato de as mulheres serem autoras de representações constitui uma tradução de seu caráter de sujeitos. Essa discussão, entretanto, não autoriza ninguém a concluir pela cumplicidade da mulher com o homem na violência de gênero. Dada a organização social de gênero, de acordo com a qual o homem tem poder praticamente de vida ou morte sobre a mulher (a impunidade de espancadores e homicidas revela isso), no plano de fato, a mulher, ao fim e ao cabo, é vítima, na medida em que desfruta de parcelas muito menores de poder para mudar a situação. No que tange à violência de gênero, não é difícil observar que a mulher é considerada um mero objeto não apenas por seu agressor, mas por ela mesma. Faz parte do discurso da vítima considerar-se somente objeto, ou seja, não sujeito. No entanto, ela se põe como sujeito tanto na situação de violência que vivencia – revida a agressão, xinga, olha com deboche, não reage etc., seja como estratégia de defesa, seja como meio de obter atenção – quanto na formação discursiva por ela construída, na qual o homem figura como algoz e ela como santa. Aqui é interessante lembrar que se, de um lado, o discurso apresenta um caráter normatizador, por outro, ele nem chega a ser produzido sem o substrato material que o ser humano na sua totalidade (corpo, psique, razão) oferece à atividade coletivamente desempenhada, ou seja, a práxis.

Considera-se importante mostrar que as mulheres são vítimas da violência de gênero, o que não significa tomá-las como passivas. E isso é distinto de assumir uma postura vitimista. Para poder ser cúmplice do homem, a mulher teria de se situar no mesmo patamar que seu parceiro na estrutura de poder. Só esse fato a colocaria em condições de consentir na violência masculina.[43]

Jean Anyon[44] vale-se de um conceito de Eugene Genovese que, analisando a situação dos escravos norte-americanos, afirmou:

Acomodação e resistência desenvolviam-se como dois lados de um mesmo processo pelo qual os escravos aceitavam o que não podia ser evitado e, simultaneamente, lutavam individual e coletivamente pela sobrevivência física e moral.[45]

A acomodação e a resistência, quer para Eugene Genovese, quer para Jean Anyon, são processos simultâneos. É verdade, como ressalta Anyon, que a ideologia de gênero apresenta contradições insuperáveis. A seu ver, a impossibilidade de conciliar mensagens conflitantes levaria as mulheres que estudou a desenvolverem processos de acomodação e resistência, a fim de saberem como se conduzir. Em outros termos, que não são os de Anyon, a identidade de gênero construir-se-ia por meio dos mencionados processos, pois são intransponíveis as contradições entre feminilidade e autoestima.

A contradição predominante enfrentada por muitas das mulheres da classe trabalhadora e da classe média baixa consiste em que a carga de feminilidade (ser submissa, subordinada ao homem, dependente e doméstica) está em franca desconexão com as necessidades cotidianas de suas vidas (a necessidade, por exemplo, de luta pela sobrevivência diária). Complementarmente, para muitas mulheres da classe trabalhadora, a contradição manifesta-se na ruptura entre a vontade de seus maridos (de que permaneçam em casa e sejam submissas) e a necessidade de reconhecimento de sua competência e autoestima.[46]

Não há dúvida de que a socialização feminina é, quer na forma, quer no conteúdo, largamente ambígua. Tampouco se têm dúvidas quanto ao caráter conflitante e até mesmo contraditório dos apelos contidos na ideologia de gênero. Embora a identidade de gênero feminino seja firme,[47] a mulher é um ser ambíguo por excelência, não chegando, muitas vezes, a atingir o nível da ambivalência. Desta sorte, uma mesma mulher adota condutas distintas para responder a um mesmo apelo social, podendo esse comportamento representar uma acomodação ou uma resistência, de acordo com a peculiaridade da situação.

Não obstante o fato de ser o universo conceitual de Jean Anyon bastante diferente do aqui exposto, ele permite trazer à baila a ambiguidade feminina, questão das mais relevantes, na medida em que perpassa, seguramente, todos os níveis da psique da mulher. Mais do que isso, Anyon procura ilustrar seu trabalho com exemplos de mulheres que assumem, seja a mesma atitude para enfrentar situações distintas, seja comportamentos diferentes para encarar situações similares, em seu trânsito nos domínios do público e do privado.

Para a autora em pauta, a acomodação/resistência acaba por amarrar a mulher nas contradições contra as quais ela se debate. Trata-se, pois, a seu ver, de verdadeira armadilha, uma vez que não ataca as estruturas responsáveis pelas contradições sociais, só passíveis de destruição pela ação coletiva. Jean Anyon preserva a constituição do sujeito, ainda quando as aparências são de não sujeito.

Além do mais, reconhece que, no processo de acomodação/ resistência, no fundo, a mulher busca proteção masculina. No contexto teórico deste trabalho, o sujeito não oscila entre uma estratégia individual e outra coletiva. Na medida em que as relações sociais são, em grande extensão, reificadas, e o sujeito não logra, em boa parte dos casos, humanizá-las, dá-se não apenas o estranhamento, mas também a atomização dos *socii*. E não se trata de buscar, por meio da humanização das relações sociais, a eliminação do isolamento através de qualquer tipo de agregado coletivo. A rigor, a efemeridade de certos coletivos, derivada da natureza episódica do vínculo entre seus membros, não rompe com a atomização dos indivíduos. Se, contudo, a argamassa de constituição do grupamento tiver raízes nas contradições sociais básicas, o sujeito coletivo estará construído no sentido para si, ou seja, terá condições para se opor àqueles antagonismos. Para lembrar mais uma vez Marx e Engels, "os indivíduos isolados não formam uma classe senão na medida em que se impõem a tarefa de levar avante a luta comum contra uma outra classe (...)".[48]

Incorporando como verdadeira essa assertiva, tem-se a acrescentar a maior complexidade da situação quando se lida com o nó de três contradições sociais e não apenas com uma delas, sobretudo em virtude das clivagens que esse nó produz nas classes e nas categorias de gênero e de raça/etnia. É preciso esclarecer, de outra parte, que o sujeito coletivo não aglutinará jamais nem todos os membros de uma categoria de gênero ou de raça/etnia, nem de uma classe social. O que importa não é a magnitude estatística do grupamento humano, mas sua natureza de sujeito coletivo. Desse ângulo, consideram-se insuficientes a conceituação e a análise de Jean Anyon.[49] A constituição do sujeito coletivo vincula-se estreitamente às possibilidades de encontro entre o sujeito singular e o sujeito genérico, o que significa afirmar sua ligação com o movimento permanente de alienação/desalienação; reificação/humanização.

Considera-se razoavelmente claro o universo conceitual no seio do qual se poderá refutar o conceito de violência formulado por Marilena Chauí.[50] Rigorosamente, o conceito comporta um elemento plenamente aceitável, ou seja, o de que na relação de violência as diferenças são convertidas em desigualdades "com fins de dominação, de exploração e de opressão".[51] Embora não exista uma teoria consistente da opressão, sendo o conceito extremamente polissêmico, pode-se trabalhar com conceitos bastante precisos de dominação e exploração. O segundo elemento do conceito de Chauí consiste em considerar violenta:

> a ação que trata um ser humano não como sujeito, mas como uma coisa. Esta se caracteriza pela inércia, pela passividade e pelo silêncio, de modo que, quando a atividade e a fala de outrem são impedidas ou anuladas, há violência. (...) A violência deseja a sujeição consentida ou a supressão mediada pela vontade do outro que consente em ser suprimido na sua diferença. Assim, a violência perfeita é aquela que obtém a interiorização da vontade e da ação alheias pela vontade e pela ação da parte dominada, de modo a fazer com que a perda da autonomia não seja percebida nem reconhecida, mas submersa numa heteronímia [sic]. Certamente erro de impressão da palavra heteronomia) que não se percebe como tal. Em outros termos, a violência perfeita é aquela que resulta em alienação, identificação da vontade e da ação de alguém com a vontade e a ação contrária que a dominam. (...) O poder não exclui a luta. A violência, sim. [52]

Ora, no contexto teórico aqui exposto, não se pode admitir que uma pessoa se converta em objeto, ainda que ela possa ser tratada enquanto tal. A relação social ocorre, necessariamente, entre sujeitos. Sem entrar em seu conceito de poder, que se considera discutível, enuncia-se o de força, aqui interpretado como fragmentado, mas podendo ser útil: "Entenderemos por força, portanto, as relações de exploração econômica, de dominação política, de exclusão cultural, de sujeição ideológica e de coação física e psíquica."[53] A enunciação desse conceito foi necessária na medida em que a autora considera a violência "uma realização particular" da relação de força. Para evitar o abuso de transcrições, deixa-se de mostrar as contraposições feitas por Chauí entre a relação de força e a violência. Caberia perguntar, se se fosse fazer a exegese do texto, o porquê da compartimentalização, situando a exploração no econômico, a dominação no político, a exclusão na cultura etc., como se a vida social se constituísse de esferas.

Pelo menos aparentemente, a relação de força não exclui a luta, porquanto não se enunciou no conceito a passividade do polo vítima de exploração, dominação, exclusão, sujeição e coação. Ora, ainda que existam diferenças entre a relação de força e a violência, esta é uma forma de manifestação daquela. Assim, a maneira pela qual está formulado o conceito de relação de força comunica troca, luta. Por que falaria a autora em relação de força e não em ação de força se não estivesse também presente a ação da vítima, já que, com referência à violência, utiliza o conceito de ação, sem excluir sua acepção unilateral?

Considera-se pertinente afirmar que "a violência (...) visa a manter a relação mantendo as partes presentes uma para a outra",[54] posto serem fortuitas as ações violentas e apresentarem regularidade e continuidade as relações de violência. Ora, para que a relação violenta tenha futuro, o agressor não pode aniquilar a vítima.

Em outros termos, é esta última que alimenta o primeiro. A fim de poder nutri-lo, a vítima não pode, de maneira alguma, ser passiva, totalmente heterônoma e identificar-se com a vontade de seu algoz. Aliás, no contexto teórico deste texto, não cabe mencionar autonomia e heteronomia em termos absolutos. Se houver lugar para esses conceitos, eles devem, necessariamente, ser relativizados. Assim, tanto a identidade masculina quanto a feminina representariam pontos variáveis nesse *continuum* autonomia-heteronomia, segundo as possibilidades de reificação/ humanização das relações sociais contidas nas circunstâncias históricas, sem se esquecer de que estas são, simultaneamente, condições e resultados da atividade humana.

Há, para usar a linguagem de Bernard Doray[55] falando do ser humano, uma "contradição entre sua forma natural (seu corpo próprio, com os programas biológicos que nele se realizam, suas capacidades concretas, sua duração de vida própria etc.) e sua forma genérica essencial, aquela que resulta do fato de que sua existência realiza relações sociais".[56]

Nesses termos, chame-se o fenômeno de sujeito, identidade, eu, eu-mesmo etc., o fato importante a reter consiste na dinâmica contraditória que anima a relação ser singular/ser genérico. Isso posto, não há quem participe de relações sociais sem ser sujeito, sem ter identidades sociais, sem distinguir seu eu do eu do outro, até mesmo em situações em que é considerado um não sujeito ou encarne a personagem do não sujeito. Dessa forma, não se trata de negar que, em muitas ocasiões, independentemente da prática da violência física e da sexual, pessoas são tratadas como coisa. Trata-se de mostrar que o grau de reificação/alienação das pessoas nunca é total ou, se o for, só ocorre em situações-limite.

Explicitando-se, há uma rotinização da violência nas (perdoe-se a redundância) relações violentas. Se, efetivamente, um polo da relação fosse reduzido a coisa, a própria relação se extinguiria em termos de práxis, não podendo continuar a existir senão no imaginário e de modo efêmero. Ora, o fulcro da questão aqui posta consiste na práxis, pois é nela e por meio dela que se forjam as identidades. Por conseguinte, não há um polo passivo e um polo ativo, mas dois polos ativos numa correlação de forças em permanente luta pela hegemonia. O que não significa que a reificação das relações sociais seja facilmente perceptível. Ao contrário, tem razão Guattari quando afirma que "a alteridade tende a perder toda aspereza".[57] Nessa linha de raciocínio, pode-se dizer que a subjetividade está permanentemente ameaçada, necessitando desenvolver ingentes esforços para não sucumbir à alteridade. Ao mesmo tempo, se ela se forja nas e através das relações sociais, a alteridade lhe é absolutamente indispensável. Isso equivale a dizer o que já se afirmou atrás, ou seja, que a práxis é responsável pela construção da identidade.

Por falta de espaço, deixa-se de discutir o conceito de poder formulado por Chauí. Dados os propósitos deste trabalho, ele não apresenta maior interesse. Prefere-se utilizar a concepção foucaultiana, porque ela: 1) capta o fenômeno em suas manifestações capilares; 2) permite detectar a constituição de sujeitos como resultado do fenômeno; 3) repele a ideia do fenômeno como apropriação de uma coisa. Melhor será dar a palavra ao próprio Foucault:

> O poder deve ser analisado como algo que circula, ou melhor, como algo que só funciona em cadeia. Nunca está localizado aqui ou ali, nunca está nas mãos de alguns, nunca é apropriado como uma riqueza ou um bem. O poder funciona e se exerce em rede. Nas suas malhas os indivíduos não só circulam mas estão sempre em posição de exercer esse poder e de sofrer sua ação; nunca são o alvo inerte ou consentido do poder, são sempre centros de transmissão.[58]

Tal conceito tem relevância por descentrar o poder da figura do Estado e chamar a atenção para a malha fina de relações sociais na qual também se exerce poder. Mais do que isso, a micropolítica e a macropolítica não estão separadas na sociedade. Ao contrário, interpenetram-se, mostrando, cada uma, força para transformar a outra. Todavia, esse raciocínio só faz sentido num universo conceitual que atribui à estrutura e à sua capacidade de determinação um lugar importante.

Não se trata, obviamente, de defender um conceito de determinação cega, mas de entendê-la como limites e pressões, deixando espaço, ainda que exíguo, para o imponderável. O tripé gênero-raça/etnia-classe exerce pressões numa derterminada direção. O uso de conceito(s) inscrito(s) nesse nível assegura o afastamento do relativismo absoluto, tão a gosto de pós-estruturalistas. Com efeito, a instância do particular (sentido usado por Marx), na qual se faz história, é imprescindível para se evitarem, simultaneamente, o relativismo irrestrito e a fragmentação como traços do conhecimento. Ora, Foucault repudia o conceito de estrutura, donde ser impossível, para a postura aqui esposada, aceitar a totalidade de sua obra. Entretanto, foi relevante sua contribuição, assim como a de Guattari, para se incluírem os processos micro no horizonte das ciências sociais e se mostrar sua importância nas transformações sociais.

As discussões aqui travadas constituem uma tentativa de tirar da nebulosidade a questão de uma teoria materialista da construção da subjetividade, tomando-se como tema substantivo a violência de gênero. Embora não se tenha a pretensão de esgotar o assunto, é preciso retomar a constituição do sujeito, de forma a explicitar sua dinâmica. Concorda-se com a concepção de sujeito múltiplo construída por Teresa de Lauretis.[59] Constituído em classe, em raça/etnia e em gênero, o sujeito metamorfoseia-se dentro desses limites. Trata-se, em outros termos, de três faces, de três identidades sociais do sujeito, todas igualmente importantes para que ele atue na construção de uma sociedade sem desigualdades, como as que separam pobres de ricos, mulheres de homens, negros de brancos. As três identidades estão sempre presentes, embora não com o mesmo vigor. Dependendo da situação histórica vivenciada, uma delas pode apresentar mais relevo, e frequentemente o faz. Há circunstâncias em que a identidade de gênero fala mais alto, mas há outras em que a de classe ou a de raça/etnia se enquadra.

Conceber o sujeito como múltiplo permite a apreensão de, pelo menos, grande parte de sua riqueza. Há, contudo, um senão no ensaio de Lauretis, no qual ela afirma a possibilidade de as mulheres estarem simultaneamente dentro e fora do gênero. Sua premissa não explícita é o gênero como sinônimo de contrato social heterossexual e o fora do gênero como o espaço do contrato social homossexual. Parece partir do mesmo pressuposto Butler, quando pensa numa matriz de inteligibilidade cultural de gênero (aqui tratada como hegemônica) e em matrizes rivais e subversivas de "desordem de gênero".[60] Evidentemente, os termos em que a autora põe a questão não são aceitáveis, mas sua ideia de diferentes matrizes de gênero competindo entre si, uma vez que são rivais, e lutando por destronar a matriz hegemônica, na medida em que são subversivas, é interessante e, conjugada com o pensamento de Lauretis, pode se tornar instigante.

Com efeito, está aberto o campo para se pensarem várias matrizes de gênero. Uma, obviamente, detém a hegemonia, e as outras lutam por impor-se. O importante é que esse raciocínio/constatação pode prescindir por completo do recurso ao contrato social homossexual. Detectam-se, no seio do contrato social heterossexual, múltiplas matrizes de gênero, inclusive conflitantes, podendo as mulheres situarem-se, simultaneamente, em mais de uma. O estar ao mesmo tempo dentro e fora do gênero, de Lauretis, na verdade se transmuta em atuar simultaneamente em várias matrizes de inteligibilidade cultural de gênero. É exatamente graças a essa possibilidade que mulheres podem criticar a matriz hegemônica de gênero. Elas o fazem a partir de uma matriz alternativa ou, como quer Butler, subversiva. Visto assim, o sujeito se enriquece ainda mais, ampliando sua capacidade de negociação, para que o ator desempenhe, quando julgado necessário, um papel social que não chega a integrar o imo de suas identidades sociais fundamentais. E o papel de negociador é frequentemente desempenhado pela mulher enquanto sujeito/vítima preferencial da violência de gênero.

ESTE TEXTO É UMA VERSÃO REVISADA DO ARTIGO ORIGINALMENTE PUBLICADO EM *LUTAS SOCIAIS*, Nº 2, SÃO PAULO: PUC-SP, 2004, P. 59-79.

NOTAS

1   Lucien Séve, "Qu'est-ce que les formes historiques d'individualité?", documento de trabalho, apud Bernard Doray, *Elementos para uma teoria marxista da subjetividade*, São Paulo: Revista dos Tribunais Ltda., Edições Vértice, 1989.

2   Bernard Doray, "Da produção à subjetividade – referências para uma dialética das formas", in *Elementos para uma teoria marxista da subjetividade*, op. cit.

3   Karl Marx, *Conntribution à la critique de l'économie politique*, Paris: Éditions Sociales, 1957, p. 153.

4   Karl Marx e Friedrich Engels, *L'ideologie allemande*, Paris: Éditions Sociales, 1953, p. 30.

5   Ibid., p. 59.

6   Paulo Silveira, "Da alienação ao fetichismo – formas de subjetivação e de objetivação", in *Elementos para uma teoria marxista da subjetividade*, São Paulo: op. cit., p. 50.

7   Karl Marx e Friedrich Engels, op. cit.; Marilena Chauí, *O que é ideologia*, São Paulo: Brasiliense, 1991; Heleieth Saffioti, "Ideologia, Ideologias", in Gabriel Chalita (org.), *Vida para sempre jovem*, São Paulo: Siciliano, 1992.

8   Heleieth Saffioti, "Movimentos sociais: face feminina", in Nanci Valadares de Carvalho (org.), *A condição feminina*, São Paulo: Revista dos Tribunais Ltda., Edições Vértice, 1988.

9   Heleieth Saffioti, "Força de trabalho feminina no Brasil: no interior das cifras", *Perspectivas*, São Paulo, nº 8, 1988; *O poder do macho*, São Paulo: Moderna, 1987; "Movimentos sociais: face feminina", in Nanci Valadares de Carvalho (org.), *A condição feminina*, São Paulo: Revista dos Tribunais Ltda., Edições Vértice, 1988.

10 Sandra Negraes Brisolla, *Formas de inserção da mulher no mercado de trabalho – o caso Brasil*, Tese de doutoramento apresentada ao Departamento de Economia e Planejamento Econômico do Instituto de Filosofia e Ciências Humanas da Universidade Estadual de Campinas, 1982.

11 Karl Marx, *El Capital*, México: Fondo de Cultura Económica, tomo I, 1959, p. 232.

12 Daniel Bertaux, *Destins personnels et structure de classe*, Vendôme: Presses Universitaires de France, 1977.

13 N. E.: Em seu texto "Violência doméstica ou a lógica do galinheiro", Heleieth Saffioti expõe a hierarquia de poder nas sociedades usando como exemplo de dominação a relação entre galos e galinhas em um galinheiro, ao que ela chama de "a ordem da bicada".

14 Bernard Doray, "Da produção à subjetividade – referências para uma dialética das formas", in *Elementos para uma teoria marxista da subjetividade*, op. cit.

15 Daniel Bertaux, op. cit., p. 9.

16 Heleieth Saffioti, "Novas perspectivas metodológicas de investigação das relações de gênero", in Maria Aparecida Moraes Silva (org.), *Mulher em seis tempos*, Araraquara: Faculdade de Ciências e Letras, Unesp, 1991.

17 Yves Clot, "O marxismo em questão" (posfácio), in Paulo Silveira e Bernard Doray (orgs.), *Elementos para uma teoria marxista da subjetividade*, São Paulo: op. cit., p. 190-191.

18 Elizabeth Souza-Lobo, "Trabalhadoras e trabalhadores: o dia a dia das representações", in Elizabeth Souza-Lobo, *A classe operária tem dois sexos: trabalho, dominação e resistência*, São Paulo: Brasiliense, 1991.

19 Ibid., p. 96.

20 Roberta Hamilton e Michèle Barret, *The Politics of Diversity: Feminism, Marxism and Nationalism*, Londres: Verso, 1987.

21 Mary Garcia Castro, *Alquimia das categorias sociais – gênero, raça, geração – na produção de sujeitos políticos: o caso de líderes do Sindicato de Trabalhadores Domésticos em Salvador*, Comunicação apresentada no XV Encontro Anual da Anpocs, GT Relações sociais de gênero, Caxambu, out 1991.

22 Richard Sennet, *O declínio do homem público*, São Paulo: Companhia das Letras, 1988.

23 Mary Garcia Castro, op. cit., p. 3-4.

24 Não se concorda com Mary Castro quando ela atribui à geração o mesmo papel que confere à classe social, à raça/etnia e ao gênero. São várias as etapas da vida e, necessariamente, as pessoas, à medida que o tempo decorre, passam para outra fase. As relações desiguais entre raças/etnias e gêneros sofrem mudanças em ritmo lento e a classe social apresenta muito mais fixidez que mobilidade vertical (Bertaux, 1977). Ademais, as relações entre diferentes gerações

não são contraditórias, diferentemente do que ocorre nos outros grupamentos referidos. Heleieth Saffioti, "A síndrome do pequeno poder", in Maria Amélia de Azevedo e Viviane Nogueira de Azevedo Guerra (orgs.), *Crianças vitimizadas: a síndrome do pequeno poder*. São Paulo, Iglu, 1989.

25 Mary Garcia Castro, op. cit., p. 11.

26 Antonio da Costa Ciampa, *A estória do Severino e a história da Severina*, São Paulo: Brasiliense, 1990, p. 145.

27 Slavoj Zizek, *Eles não sabem o que fazem – o sublime objeto da ideologia*, Rio de Janeiro: Jorge Zahar, 1992.

28 Essa expressão não tem o menor parentesco com a postura weberiana.

29 Paulo Silveira, "Da alienação ao fetichismo – formas de subjetivação e de objetivação", in *Elementos para uma teoria marxista da subjetividade*, op. cit., p. 75 (grifos no original).

30 Heleieth Saffioti. "Novas perspectivas metodológicas de investigação das relações de gênero", in Maria Aparecida Moraes Silva (org.), *Mulher em seis tempos*, op. cit., p. 168.

31 Nancy Chodorow, *The Reproduction of Mothering – Psichoanalysis and the Sociology of Gender*, Berkeley: University of California Press, 1978.

32 Antonio da Costa Ciampa, *A estória do Severino e a história da Severina*, São Paulo: Brasiliense. 1990, p. 145.

33 Lena Lavinas, "Identidade de gênero: uma categoria da prática", Comunicação apresentada no GT: A mulher na força de trabalho, XIII Encontro Anual da Anpocs, Caxambu, 1989.

34 Antonio da Costa Ciampa, op. cit., p. 163.

35 Renan Springer de Freitas, *Bordel, bordéis: negociando identidades*, Petrópolis: Vozes, 1985.

36 Ibid., p. 22-23.

37 Linda Gordon, *Heroes of Their Own Lives*, Nova York: Penguin Books, 1988.

38 Teresa de Lauretis, *Technologies of Gender*, Bloomington: Indiana University Press, 1987.

39 Maria Filomena Gregori, "Cenas e queixas: mulheres e relações violentas", in *Novos estudos*, Cebrap, mar, 1989, p. 167 e 171.

40 Ela apoia-se amplamente, no que tange à pretensa passividade da vítima mulher, em Marilena Chauí (1984).

41 Marilena Chauí, "Participando do debate sobre mulher e violência", in *Perspectivas antropológicas da mulher*, Rio de Janeiro: Zahar Editores, 1984.

42 Maria Filomena Gregori, op. cit.

43 Nicole-Claude Mathieu, "Quand céder n'est pas consentir. Des déterminants matériels et psychiques de la conscience dominée des femmes, et de quelques-unes de leurs interprétations en ethnologie", in Nicole-Claude Mathieu, *L'arraisonnement des femmes*, Paris: Éditions de l'École des Hautes Études en Sciences Sociales, 1985.

44 Jean Anyon, "Interseções de gênero e classe: acomodação e resistência de mulheres e meninas às ideologias de papéis sexuais", in *Cadernos de pesquisa*, nº 73, São Paulo: Cortez/Fundação Carlos Chagas, 1990, p. 13-25.

45 Eugene Genovese e Roll Jordan, *The World the Slaves Made*, Nova York: Vintage, 1972, p. 659.

46 Jean Anyon, op. cit., p. 14-15.

47 Nancy Chodorow, op. cit.

48 Karl Marx e Friedrich Engels, op. cit., p. 47.

49 A recusa individual de uma mulher em cooptar [sic] com sua exploração é necessária, do meu ponto de vista, mas não é suficiente. Todas (grifo no original) as mulheres devem recusar-se coletivamente. E todos os homens que aderem à mudança social humanitária devem recusar-se com elas" (Jean Anyon, op. cit., p. 24). Há, aqui, três comentários a fazer: 1) Houve, provavelmente, um erro de tradução. *"To cope with"*, que deve constar do original, significa "arcar com", o que faz sentido no período acima. 2) A acepção em que a autora emprega o termo coletivo tem um traço marcadamente quantitativo: todas as mulheres. 3) O sujeito coletivo não se constitui por razões humanitárias, são seus interesses históricos que estão em jogo.

50 Marilena Chauí, "Participando do debate sobre mulher e violência", in *Perspectivas antropológicas da mulher*, vol. 4, Rio de Janeiro: Jorge Zahar, 1984.

51 Marilena Chauí, op. cit., p. 35.

52 Idem.

53 Ibid., p. 34.
54 Ibid., p. 35.
55 Bernard Doray, "Da produção à subjetividade – referências para uma dialética das formas", in *Elementos para uma teoria marxista da subjetividade*, op. cit., p. 99.
56 Idem.
57 Félix Guattari, *As três ecologias*, Campinas: Papirus Editora, 1989, p. 8.
58 Michel Foucault, op. cit., p. 83.
59 Teresa de Lauretis, op. cit.
60 Ibid., p. 17.

A concepção, o parto, a contracepção e o aborto são percebidos como fatos interligados em que a impossibilidade de acesso a qualquer um deles remete a mulher a um lugar de submissão.

Maria Betânia Ávila

Modernidade e cidadania reprodutiva

Maria Betânia Ávila

A NOÇÃO DE DIREITOS reprodutivos se constrói a partir da prática política das mulheres em torno de sua demanda na esfera reprodutiva. No século XIX e na primeira metade do século XX, aparecem na cena pública os movimentos por direitos no feminino, que reivindicavam acesso à educação e ao voto, centrados na busca da igualdade. Data também desse período a movimentação em torno do direito à regulação da fecundidade como um assunto de ordem política, constituindo-se, assim, em um novo campo de enfrentamento no processo histórico de construção da cidadania. Antes, as mulheres agiram no sentido de deter o controle do seu próprio corpo, da sua fecundidade e saúde. A expressão pública dessa ação está contextualizada dentro do processo político da construção da modernidade. A formalização da ideia em termos de direitos reprodutivos é bastante recente e considero que pode ser entendida como uma redefinição do pensamento feminista sobre a liberdade reprodutiva.

Por muito tempo as questões referentes às mulheres foram postas como pontos separados de uma agenda que privilegiava a luta pela descriminalização do aborto e o acesso à contracepção. A concepção e o exercício da maternidade eram possibilidades que, do ponto de vista moral, já estavam dadas, inclusive como prerrogativas fundamentais ou essenciais da existência das mulheres. Implícita nessa nova abordagem para o comportamento reprodutivo está a crença de que a sexualidade é também uma instância da vida a ser exercida com liberdade e autonomia.[1]

As questões que permearam a ação das mulheres nesse terreno – do final do século XIX até a metade do século XX e ainda presentes no feminismo dos anos 1960 – são postas em causa. A forma simplificada ou mecanicista como foi tratada a contraposição entre maternidade obrigatória *versus* contracepção moderna e liberadora mostrou-se insuficiente tanto no nível teórico quanto político.

Nessa nova perspectiva, a concepção, o parto, a contracepção e o aborto são percebidos como fatos interligados em que a impossibilidade de acesso a qualquer um deles remete a mulher a um lugar de submissão. Dessa forma, emerge também uma série de interrogações que, dentro de um processo crítico permanente, implica a ampliação dos direitos para além da área da saúde da mulher, sem, contudo, desconsiderar sua importância na efetivação desses direitos.

Esse campo de ação tem, nos seus primórdios, uma maior expressão nos Estados Unidos e na Europa. Atualmente, no entanto, sua internacionalidade é um fato irrefutável e tem se constituído em um fator importante para a definição dos termos em que devem ser colocados os direitos reprodutivos, inclusive no que se refere aos seus limites e possibilidades de se constituir como um conceito que possa embasar análises sobre as diversas realidades.

No processo de internacionalização, foram dois os momentos fundamentais. No Tribunal Internacional do Encontro sobre Direitos Reprodutivos (Amsterdã, 1984) os temas tratados estavam ampliados e a utilização da contracepção para fins controlistas foi profundamente questionada. Naquele momento estava claro que a complexidade do tema exigia novas análises e novos campos de ação. O termo direitos reprodutivos foi, inclusive, adotado como forma de ampliar o significado das ações, e também como estratégia política para a internacionalização da luta.

Na Conferência das Nações Unidas da Década das Mulheres (Nairóbi, 1985), a promoção dos direitos da reprodução "como uma aquisição fundamental das mulheres para uma justa posição na sociedade" tornou-se um objetivo universal das ativistas feministas.

OS DIREITOS REPRODUTIVOS: SEUS CAMINHOS NO BRASIL

De início, é importante ressaltar que nos dois momentos de internacionalizacão e definição mais ampla dos direitos reprodutivos estavam presentes feministas brasileiras engajadas na luta política por democracia e, em particular, pela cidadania das mulheres no Brasil. Traziam consigo uma experiência política e uma reflexão sobre as questões reprodutivas que as capacitavam como protagonistas de um movimento que se internacionalizava.

Voltando aos anos 1970, é interessante observar, como o faz Leila Linhares Barsted,[2] que os temas da reprodução e da sexualidade não inauguraram a primeira pauta do feminismo contemporâneo brasileiro. A conjuntura política do regime militar, a aliança com a Igreja e com os partidos de esquerda eram fundamentais na luta contra o arbítrio e, em função disso, as questões referentes à sexualidade e à reprodução tiveram que ficar estrategicamente fora do emergente discurso feminista. A inclusão desse ternário no final dos anos 1970 tem vários significados: superação do tabu, ampliação dos espaços democráticos dentro da oposição ao regime e, ao mesmo tempo, "descompressão" política por parte do regime autoritário. O debate sobre o aborto, a sexualidade, que coloca o corpo como tema da política, se instala nos anos 1980. As feministas trazem uma grande contribuição para expandir a agenda da luta política por democracia. A chegada de mulheres brasileiras do exterior, com a promulgação da anistia política em 1979, representa uma profunda contribuição aos termos desse debate no Brasil em função da experiência de militância feminista em outros países, o que já apontava para a internacionalização do debate no Brasil. Os temas básicos, que vão configurar a agenda dos direitos reprodutivos no país, têm um peso importante da experiência vivida lá fora. "Nosso corpo nos pertence." foi uma afirmação pronunciada por todas nos mais diferentes contextos, das passeatas à intimidade dos grupos de reflexão.

Os temas iniciais do debate local foram aborto e contracepção, trazendo consigo a ideia de autonomia das mulheres para decidirem sobre suas opções reprodutivas e sexuais. Nesse momento, proliferam grupos feministas em torno de temas específicos, como violência e saúde, começando a se configurar uma relação privilegiada entre a área da saúde e da reprodução. Vários elementos irão compor o espectro da reflexão e das reivindicações que dizem respeito à saúde da mulher: o interesse e o questionamento acerca do saber e do poder médico; a emergência do discurso das mulheres sobre suas experiências corporais; uma crítica contundente à situação atual dos serviços de saúde; além do empenho em exigir do Estado uma maior eficácia no que se refere ao funcionamento do sistema de saúde. Toda essa trama de temas e novas formas de organização se compõem na primeira metade da década de 1980 com uma ampla mobilização pelo fim do regime militar, configurada na luta por eleições diretas. Um governo civil eleito pelo povo é a grande aspiração do momento. A chegada da Nova República traz o governo civil, mas não as eleições diretas; é a chamada "transição negociada". A consolidação da democracia passa a ser a meta política e o pilar para a construção de uma nova sociedade em que o direito de representar, escolher e exprimir opiniões é fundamental.

Contudo, a organização em torno da obtenção dos direitos sociais passa a ocupar um espaço importantíssimo na nova conjuntura política. Os temas da reprodução estão sendo trabalhados tendo a saúde como campo básico, e integram a demanda por democracia social consubstanciados no Programa de Assistência Integral à Saúde da Mulher (Paism). Formulado pelo Ministério da Saúde no ano de 1983, o programa incorpora as ideias feministas sobre a assistência à saúde reprodutiva e sexual. Portanto, já se configuram dois aspectos importantes em relação aos conteúdos dos direitos reprodutivos: sua associação com a luta por liberdades democráticas e sua estreita conexão com a saúde das mulheres. Essas instâncias foram desarticuladas no final da década de 1980, quando o Governo Federal apresenta uma conduta desastrosa e leva o movimento feminista a uma ruptura com o processo de ocupação de espaços nos aparelhos de Estado.

Nessa época, o termo direitos reprodutivos já é amplamente utilizado pelo movimento e trata sobretudo das questões que o compõem sem que haja uma definição conceitual. Pode-se dizer que, em 1985, sob esse termo são tratados os seguintes assuntos: contracepção, esterilização, aborto, concepção e assistência à saúde.

Esta é a configuração que marcou a segunda década dos direitos reprodutivos: a instalação da Assembleia Nacional Constituinte traz o embate por direitos formais; as mulheres se mobilizam em todo o país; o Conselho Nacional dos Direitos da Mulher coloca um papel fundamental na articulação e na pressão por uma nova ordem constitucional que contemple as mulheres no âmbito da cidadania; uma vez mais, os direitos reprodutivos são reivindicados como ponto importante dessa nova ordem; o poder executivo também assume essa nova expressão e cria a Comissão Nacional de Estudos dos Direitos da Reprodução Humana. Formada por representantes governamentais e da sociedade civil organizada, essa comissão tem uma significativa participação de feministas.

Os grupos autônomos feministas que se consolidam e se expandem no trabalho e na militância na área de saúde e direitos reprodutivos consideram importante o papel do Estado enquanto interlocutor e oponente à Igreja e aos controlistas.

A mobilização pela implantação do Paism canalizou uma dimensão importante da ação desses grupos, não só no que diz respeito à esfera política propriamente dita, mas também no âmbito da produção e difusão de informações e conhecimentos.

Esse movimento, composto de mulheres de classe média e do meio popular, tinha significados distintos para cada um dos setores. Para as primeiras havia um forte componente ideológico, no sentido de qualificar o processo de democratização política e social com um conteúdo feminista. Já para as mulheres do meio popular, a melhoria das condições de vida propiciava à construção da cidadania um sentido material mais urgente de melhoria das suas próprias vidas. A junção dos dois, no entanto, se faz em prol da viabilização desse programa, entendido por todas como um direito social necessário e inadiável.

A primeira e única conferência oficial, denominada Conferência Nacional de Saúde e Direitos da Mulher (1986), é um momento fundamental de confluência de todos os setores desse movimento em sua interlocução com o Estado. Esse evento trouxe ainda o embate em torno da questão do aborto dentro do movimento entre os setores ligados à Igreja e a tendência feminista.

Ao longo da década, o movimento autônomo preserva sua articulação e realiza encontros que se constituem na base da reflexão conjunta e do confronto das ideias.

A construção dessa noção toma contornos mais precisos a partir da reflexão da prática política em torno do leque temático definido ao longo dessa trajetória. A qualidade das demandas, os argumentos que são construídos em função delas, os princípios que baseiam e justificam as posições do movimento são o lastro para repensar o conceito de cidadania com a inclusão desses direitos. Um esforço para uma conceituação rigorosa tem se dado de maneira mais elaborada nos últimos três anos, coincidindo com a estruturação de articulações em redes e a realização sistemática de debates dentro do movimento.

As divergências que emergem no interior do movimento feminista se estabelecem a partir de vários pontos. Destacarei como ilustração, em função da importância que lhes atribuo, três deles.

O primeiro se refere à controvérsia existente no Brasil sobre a origem estrangeira, ou melhor, liberal-americana, dos direitos reprodutivos. Nessa polêmica não está contemplada a forma assumida por esses direitos na construção brasileira nem se considera a matriz da igualdade, marco teórico e filosófico do feminismo, na qual a ideia de direitos é fundada.

Uma outra questão dá conta do papel do Estado na legislação dos direitos reprodutivos. No início dos anos 1980, o debate em torno do aborto era polarizado entre legalização *versus* descriminalização. Hoje parece superado como posições divergentes de correntes diferenciadas, e a questão que se mostra mais importante é de se resolver qual o meio mais próprio para garantir o princípio da liberdade individual. Por outro lado, discute-se qual a função do Estado na normatização da sua prática, incluindo aí a prestação do serviço na rede pública.

A esterilização é, neste momento, o assunto mais polêmico e que mais atenção tem despertado. A elevadíssima taxa de uso dessa prática tem sido percebida como portadora de vários significados que ilustram a dramaticidade dos rumos que tomou o controle de natalidade no Brasil, feito de maneira oficiosamente perversa. Políticas sociais no campo da reprodução biológica e social têm sido demandadas como fundamentais para reverter esse quadro. No entanto, é no campo da legislação – sobre como regulamentar a prática – que aparecem as várias visões, remetendo o debate para o caráter do Estado e o seu papel de normatizador da vida social. Para algumas, o estabelecimento de uma idade civil para o acesso à prática tem sido considerado necessário para coibir o abuso em idade precoce dentro de um quadro de carência social absoluta. Já para outras, tal norma reforça a tradição de um Estado regulador da liberdade do indivíduo. Esse me parece o ponto mais ilustrativo para o entendimento da forma de construção dos argumentos e do debate, indicando não apenas as soluções de curto prazo, mas também a conformação de propostas para uma nova ordem do social. O movimento de mulheres negras traz uma dimensão fundamental para o debate no âmbito das relações sociais, ao introduzir a questão racial como um elemento indissociável das condições de classe que definem a quantidade e a qualidade da recorrência à esterilização.

As novas tecnologias reprodutivas têm sido rejeitadas integralmente como um princípio fundamental de não se aceitar a construção da vida humana de maneira artificial, o que traz consigo, nessa maneira de ver, a possibilidade inevitável de usos perversos, como o eugenismo. Há também quem levante a opinião de que as técnicas trazem benefícios, estando em jogo aqui as relações de poder e seu controle. No entanto, o debate não tem tido um espaço comum, no sentido de se exporem ideias para ser trabalhadas dialogicamente.

É interessante evidenciar que as ações políticas dirigidas ao Estado têm se constituído em um lugar privilegiado de atuação do movimento de mulheres na busca dos direitos reprodutivos. Políticas sociais, sobretudo no campo da saúde, e mudanças de legislação são pontos fundamentais desse movimento, que calca suas demandas na exigência de bem-estar social. Entretanto, não há uma elaboração precisa nesse sentido. De maneira geral, a crítica ao caráter do Estado e à sua feição patriarcal carece, dentro do movimento, de uma elaboração mais rigorosa sobre a superação do modelo atual e das suas perspectivas. A proposta de direitos reprodutivos significa um confronto político acirrado que se situa nos campos da ética, da moral e das relações de classe, gênero e raça. Na prática, as transformações vão se dando pela via das reformas, com momentos de acirramentos maiores e menores, de conquistas e perdas, situados no quadro geral das conjunturas políticas repressivas ou democratizantes.

Tomando como base os mesmos conteúdos de análise, é possível também afirmar que o liberalismo – enquanto doutrina política e econômica, em que o mercado é percebido como a instância promotora das possibilidades de escolha, e a acumulação e a concorrência são valores básicos para sua sustentação – não poderia jamais incorporar integralmente as questões implícitas na noção de direitos reprodutivos, e é esse o caso do Brasil. A incorporação de novos códigos sociais exige uma desestruturação da ordem simbólica patriarcal que rege, desde sempre, os princípios do Estado no Brasil. Como o Estado foi, por tradição, instrumentalizado como agente controlador do corpo das mulheres, a perspectiva feminista da autonomia significa um confronto com os vários setores que se interessam, por razões diferenciadas, pela manutenção dessa ordem.

No embate, dois atores poderosos têm se colocado em cena como adversários da liberdade de escolha: os controlistas (que convergem com os interesses das elites econômicas) e a Igreja. Seus argumentos, apesar de apresentarem intenções radicalmente opostas, chegam, no entanto, ao mesmo lugar: o cerceamento da possibilidade de autonomia.

AS DUAS FACES DA MESMA MOEDA: CONTROLISTAS E NATALISTAS

A posição controlista tem ampla visibilidade na sociedade brasileira. A relação entre pobreza e natalidade é feita por políticos, empresários, setores médicos e aqueles ligados à prática direta desse controle, ou seja, os responsáveis nas entidades privadas pela distribuição de contraceptivos. Por outro lado, historicamente, encontramos leis natalistas de inspiração estrangeira, ou pior, nazista, como é o caso do artigo 20 da Lei das Contravenções Penais, promulgada em 1941 durante o Estado Novo, que proibia "anunciar processo, substância ou objeto destinado a provocar o aborto ou evitar a gravidez".[3] A lei foi formulada sob a clara influência dos governos nazifascistas da Europa, que fomentavam, em seus países, políticas natalistas. A posição natalista oficial foi mantida pela ditadura militar até o ano de 1974, ao mesmo tempo em que no país se estruturava a rede privada controlista, que obteve suporte governamental. É bom lembrar que a Sociedade Civil Bem-Estar Familiar no Brasil (Bemfam)[4] foi declarada de utilidade pública em 1971. A ideia de que no chamado Terceiro Mundo o controle de natalidade é uma necessidade crucial fomentou muitos programas de apoio internacional que tiveram, nacionalmente, fortes aliados. Além da pobreza, a degradação do meio ambiente é para alguns setores do movimento ecológico um forte argumento contra nascimentos abaixo da linha do Equador.

No caso brasileiro, a queda acentuada da taxa de fecundidade, elemento fundamental para a configuração da transição demográfica aqui realizada, foi acompanhada de violento aumento de miséria social que contradiz profundamente as teses neomalthusianas.

Esse ponto é importante, pois é em nome da carência que as propostas controlistas se expressam e ganham terreno na sociedade. A necessidade, enquanto elemento da pobreza, é sempre acionada para justificar atos arbitrários na tradição da nossa cultura política, como se não fosse a necessidade justamente aquilo que devesse ser superado. O jogo de ameaça sempre presente na história do país tem também sua expressão no campo da reprodução, e para sua ilustração podemos citar dois exemplos recentes. Em 1983, o texto final da Comissão Parlamentar de Inquérito criada com o "objetivo de investigar problemas vinculados ao aumento populacional brasileiro" tem contida a seguinte declaração:

> Uma dessas questões de longo prazo, para a qual, até agora, o Governo Federal não se dispôs a encaminhar qualquer alternativa de solucionamento, refere-se ao ímpeto do nosso crescimento populacional, das suas consequências para o desenvolvimento socioeconômico da Nação e também da necessidade de se implantar no país um Programa Nacional de Planejamento Familiar que inclua o fornecimento de informação e educação, além da necessária prestação de serviços, conforme ficou demonstrado pelos depoimentos prestados a esta Comissão.
> (...)
> A ausência de um efetivo Programa de Planejamento Familiar compromete os nossos esforços visando o desenvolvimento. Essa ausência, ademais, poderá fazer com que, dentro em pouco, sejamos confrontados com a necessidade de implantar uma política autoritária de regulação da natalidade, em nenhum ponto condizente com o atual momento político brasileiro e que, certamente, chocaria a consciência do nosso povo, por abstrair-lhe o sagrado direito de decidir, de maneira livre e consciente, o número de seus filhos e os espaçamentos entre eles.[5]

A defesa do planejamento familiar como proposta democrática tem, como contrapartida, o controle. Esse discurso autoritário e ameaçador tinha como alvo principal as mulheres, pois era para elas que se dirigiam as supostas ações de planejamento familiar. Tudo ainda estava impregnado de despotismo. Esse pequeno texto mostra-se revelador do pensamento da elite sobre o povo, que o percebe como não indivíduos, pessoas sem maioridade, portanto incapazes de decisão. Nesse sentido, o direito não é uma aquisição pautada como construção da luta política, mas algo que é outorgado do alto do poder do Estado.

O outro exemplo diz respeito à proposta de lançamento de um programa emergencial de controle de natalidade no momento em que o governo reconhece publicamente a falência do Plano Cruzado, em dezembro de 1986.

Nesse sentido, a questão dos direitos reprodutivos no Brasil tem que ser relacionada com os dois lados do contexto político onde eles se inserem e também a que se contrapõem na tradição brasileira. Inseridos como um item importante na luta por democracia, estão em contraposição com a concepção autoritária e protecionista do Estado ao lidar com a reprodução. Assim, ao serem colados na agenda política geral, atinge-se mais um campo do autoritarismo que não era visível nas pautas de discussão pública como ponto fundamental de transformação.

A Igreja Católica tem historicamente interferido nos assuntos ligados à reprodução e à sexualidade, tendo como princípio a relação sexual para a procriação. A instituição não admite comportamento diferenciado da sua norma, mesmo para aquelas pessoas que não comungam da sua doutrina e/ou não querem se submeter a sua lei como prerrogativa fundamental da liberdade de credo garantida constitucionalmente. Sua ação não se restringe apenas à pregação pastoral para manutenção da sua hegemonia no campo religioso, mas também tem como uma de suas metas influenciar ou mesmo definir o conteúdo das políticas sociais e da legislação. Isso faz com que o diálogo com os representantes dos poderes Executivo e Legislativo (na sua maioria) esteja sempre sob uma censura de ordem transcendental e teológica. Tal situação tem trazido impasses e atrasos na implantação de programas sociais, como foi o caso do Paism que teve sua declaração como programa oficial retardada em função do embate que a Igreja travou para retirar o DIU (dispositivo intrauterino) da lista dos métodos contraceptivos a serem oferecidos no serviço público. A polêmica se resolveu pela inclusão do método, mas o setor religioso ganhou um amplo espaço na divulgação e orientação dos métodos chamados naturais. Além disso, conseguiu embargar episodicamente e, em alguns casos, definitivamente, muitos dos materiais de divulgação que foram elaborados pelos grupos feministas a pedido do Ministério da Saúde.

No campo das leis, a descriminalização do aborto é ponto central da polêmica. A Igreja Católica parece perceber aí o lugar fundamental de expressão do seu poder sobre todo o conjunto da sociedade e não apenas sobre aqueles que comungam de suas doutrinas.

Os direitos reprodutivos trazem, portanto, uma contribuição fundamental para quebrar a perspectiva dualista e simplificada de que o controle é o lado mau e o natalismo é o lado bom, ou vice-versa. Em ambas as posições podem ser encontradas propostas perversas que atentam contra a cidadania e, mais particularmente, contra as mulheres, trazendo sempre a imposição da opinião de alguém ou de grupos de poder sobre como devem agir mulheres e homens na sua vida reprodutiva e sexual. Colocam, sobretudo, o peso da responsabilidade sobre as mulheres que, na maioria dos casos, vivem em condições de extrema precariedade e total falta de possibilidades de escolha. Já quando são colocadas no patamar do direito, da cidadania, as pessoas (sobretudo as mulheres) deixam de ser objetos de boas ou más intenções e tornam-se sujeitos de seus desejos, consciências, posições filosóficas e/ou teológicas. Quanto ao fato de a carência (e este é o caso do Brasil) não permitir a realização de escolhas efetivas, justamente para transformar a realidade é que a noção de direitos é construída enquanto instrumento político que não se cola nem se nivela pela necessidade, mas deve, dialeticamente, ser usado para sua transformação. A vigência desses direitos deve trazer consigo a exigência de corrigir desigualdades de classe, de raça e de gênero.

A bem da verdade, a concepção dos direitos reprodutivos carece ainda de aprimoramento no sentido de estabelecer a extensão dos seus objetivos, as esferas de sua atuação, as estratégias para sua vigência na sociedade e os princípios éticos e filosóficos que os regem.

CRÍTICAS E PROPOSIÇÕES

No meu entender, esses últimos pontos são fundamentais na medida em que, formulando direitos, estamos alargando o campo da cidadania e da democracia. Estamos, portanto, projetando um novo modelo de sociedade que exige reformas sociais e das mentalidades. Ora, muitas das nossas propostas embutidas nessa noção são incompatíveis com os princípios morais que regem nossa sociedade. Portanto, à ousadia política que temos ao defender publicamente esses direitos junta-se a tarefa desafiadora de refletir e elaborar conceitos e propostas que deem conta da análise da realidade que temos e daquela que queremos construir. Os direitos reprodutivos têm que ser entendidos dentro de uma dinâmica histórica do feminismo que, superando a ideia de específico como isolado ou apartado, possa construir conceitos e princípios que sirvam como bases de referência para a redefinição política e das condições sociais e econômicas, não só da vida das mulheres mas da sociedade como um todo.

O feminismo, enquanto um corpo de ideias críticas e prática política, deve se constituir em um lugar permanente de redefinição e inserção desses direitos na dinâmica mais ampla da transformação das desigualdades sociais. Nesse sentido, a questão da autonomia do indivíduo – tão profundamente valorizada pelo feminismo contemporâneo – como ponto fundamental do exercício da liberdade é a inspiração fundamental para a conformação desse campo do direito. A liberdade aqui aludida é compreendida nos termos em que a coloca Marilena Chauí:

> A liberdade não é, pois, a escolha voluntária ante várias opções, mas a capacidade de autodeterminação para pensar, querer, sentir e agir (...) Estamos habituados a considerar a liberdade como ato puro da vontade para dizer sim ou não às coisas e aos demais. Talvez seja interessante considerá-la como aptidão para transformar os dados brutos de nossa experiência em reflexão sobre sua origem e para lhes dar um sentido novo.[6]

A crítica da pretensa universalidade da noção de direitos reprodutivos é pertinente. As feministas têm um longo caminho de debate e estudos para pensar a multiplicidade de situações da reprodução no mundo. No entanto, é importante pensar que a inclusão da função reprodutiva no campo da cidadania amplia o discurso político da denúncia das questões pessoais para um discurso sobre o social e, portanto, de interesse e responsabilidade de todas/os. A exposição dos atos de violência sobre a vida reprodutiva, tendo como suporte a ideia de direitos reprodutivos, toma um significado universal de violação de direitos humanos.

Há uma outra crítica, considerada radical por suas formuladoras no nível internacional, mas que é de difícil compreensão: a das correntes mais naturalistas do feminismo. Ao retomar uma antiga discussão como se fosse nova, essa corrente, que associa a mulher à natureza, em função da sua capacidade de procriar, leva, por falta de proposição, a um estado de anomia ou a um idealismo edênico que é, a meu ver, inconsistente e injusto. Tal ponto de vista não leva em conta duas questões intrinsecamente ligadas. A primeira, de que toda essa concepção de mulher-natureza, baseada na desrazão e em dotes propriamente naturais, é velhíssima e patriarcal. Ou, melhor dizendo, faz parte da construção racional dos modelos das relações de gênero. A segunda, e em consequência da primeira, de que o mundo dito das mulheres, o mundo privado e da reprodução, está calcado e modelado pelas relações de dominação.

Tal pensamento pode também confluir para o separatismo, que nos leva para fora do campo da cultura. Diante dessa proposição, algumas questões se colocam. Como reproduzir a espécie humana? A tecnologia também não serve, já que é domínio do masculino. Como manter relações heterossexuais e afetivas? E ainda há a ideia de que é possível criar princípios novos em absoluto, começar o mundo a partir de nós.

As questões são confusas e difíceis, mas acredito que temos desafios profundos se quisermos, de fato, dar conta das nossas proposições. Saindo do particularismo de nós mesmas, partimos para a esfera pública trazendo uma vivência ontológica diferente da dos homens, e a partir daí novas questões políticas e filosóficas a serem postas no mundo. Portanto, não podemos ficar na superfície das coisas. As respostas para a vivência da alteridade sem alienação exigem não só uma desconstrução teórica em todos os campos das ciências humanas, mas também a construção de novos meios políticos e materiais que as viabilizem. Nesse sentido, o feminismo de hoje tem no binômio igualdade/diferença um dilema fundamental da sua proposição de transformação. Considero que o movimento para equacionar a questão deve ser compreendido dentro de um processo dialético, em que a reconstrução do entendimento do mundo é refeita a cada conquista ou a cada ideia que se esclarece. A liberação deve funcionar como uma "ideia reguladora",[7] que inspira sempre novas considerações.

Não existem, na tradição humana, sociedades – sejam as complexas ou as chamadas primitivas – que não tenham sua organização coletiva baseada em normas, códigos e valores. A novidade em relação aos direitos reprodutivos é que são uma invenção das mulheres participando, como sujeitos, da construção de princípios democráticos. O feminismo, que é o foco político e filosófico dos direitos reprodutivos, é, na sua história ocidental, uma luta por igualdade. É fundamental a crítica feita hoje à ideia de cidadania e igualdade, como ideais jamais realizados e, portanto, necessitando de serem repensados. Dessa forma, os direitos reprodutivos representam uma contribuição, na medida em que trazem consigo uma alteração do modelo de igualdade pensada só a partir do lugar do homem branco na sociedade e da sua inserção no sistema produtivo.

A formulação dos direitos reprodutivos na perspectiva de construção tem algumas consequências que devem ser analisadas em vários níveis.

No primeiro, faz da esfera da reprodução um lugar de constituição de sujeitos políticos, alargando assim a origem da participação política como um fenômeno exclusivo da inserção no sistema produtivo. Altera, portanto, a ordem dos conflitos sociais ampliando suas fronteiras. A relação entre essas duas esferas, reprodutiva e produtiva, é percebida como em desequilíbrio, não só em função das relações de dominação de classe, mas também de gênero e do próprio valor dado à existência humana. Para sua plena instalação é necessária, portanto, a desestabilização da hierarquia socialmente aceita entre a produção como lugar superior e a reprodução biológica e social enquanto um lugar inferior e a serviço da primeira. Tal desestabilização implica, direta e dialeticamente, a ruptura da dicotomia entre as esferas pública e privada.

ESTE TEXTO É UMA VERSÃO REVISADA DO ARTIGO ORIGINALMENTE PUBLICADO NA *REVISTA ESTUDOS FEMINISTAS*, VOL. 1, N° 2, JAN 1993, P. 382-393.

NOTAS

1. Rosalind Petchesky e Jennifer Wener, *Global Feminist Perspective on Reproductive Rights and Reproductive Health. A Report on the Special Sessions Held on the Fourth International Interdisciplinary Congress on Women*, Nova York: Hunter College, 1990.
2. Leila Linhares Barsted, "Legalização e descriminalização do aborto no Brasil: dez anos de luta", *Revista Estudos Feministas*, vol. 0, n° 0, 1992, p. 104-130.
3. Apud Maria Isabel Baltar da Rocha, *Política demográfica e parlamento: debates e decisões sobre o controle da natalidade*, Campinas: Centro de Estudos de População, Unicamp, 1989.
4. N. E.: A Bemfam – Sociedade Civil Bem-Estar Familiar no Brasil – foi criada em 1966 e é uma organização não governamental de ação social e sem fins lucrativos que oferece assistência em saúde sexual e orientação sobre planejamento familiar em diversos estados brasileiros.
   O reconhecimento oficial como entidade de utilidade pública permitiu que passasse a receber investimentos de instituições internacionais.
5. Brasil, Senado Federal, 1984, apud Maria Isabel Baltar da Rocha, op. cit.
6. Marilena Chauí, "Participando do debate sobre mulher e violência", in *Perspectivas Antropofágicas da Mulher*, n° 4, Rio de Janeiro: Zahar, 1985, p. 23-52.
7. Françoise Collin, *Práxis da diferença*, Recife: SOS Corpo, 1992.

A luta pelo direito ao aborto no Brasil tem em seu cerne a radicalidade da contestação contra a interferência do Estado no corpo feminino, contra o disciplinamento moral e religioso que se impõe sobre esse mesmo corpo.

Leila Linhares Barsted

Legalização e descriminalização: dez anos de luta feminista

Leila Linhares Barsted

A QUESTÃO DO ABORTO NO BRASIL surge no bojo de um movimento social cuja história se inicia no interior de uma sociedade marcada pela experiência de extrema repressão da ditadura militar. Já no contexto de sociedades capitalistas modernas e desenvolvidas, em que o feminismo surge com a proposta de alargar os horizontes democráticos, a fim de que se incorpore as mulheres ao ideário da igualdade, o direito ao aborto é conquistado com o reconhecimento do direito à autonomia individual[1] e como contestação ao poder do Estado em legislar sobre questões da intimidade do indivíduo. Ele se constituiria, assim, como a expressão mais radical da liberdade do cidadão perante o Estado.

Em contraposição, no Brasil, na década de 1970, as lutas não buscavam ampliar a democracia, mas sim, conquistá-la. Igualdade, liberdade, autonomia do indivíduo, cidadania e delimitação do poder do Estado eram princípios que não faziam parte de nossa tradição política. Não eram, no entanto, ideias fora do lugar, representando reivindicações dos mais diversos segmentos da sociedade. Dessa forma, como uma espécie de reação não armada à extrema repressão política do momento, o feminismo, assim como outros movimentos sociais, surge e se fortalece, no período autoritário, apresentando novas demandas sociais e questionando as relações de sexo e raça, dentre outras, que até então estavam ofuscadas e englobadas pela questão das classes sociais.[2]

A luta pelo direito ao aborto no Brasil tem em seu cerne a radicalidade da contestação contra a interferência do Estado no corpo feminino, contra o disciplinamento moral e religioso que se impõe sobre esse mesmo corpo por parte dos segmentos religiosos e contra o moralismo da sociedade em geral e de setores de esquerda, em particular, que viam na questão do aborto um viés divisionista e pouco relevante socialmente.

Um olhar retrospectivo sobre a trajetória da luta pelo direito ao aborto no Brasil permite resgatar alguns pontos importantes para este debate.

A problemática do aborto foi, ao longo da década de 1980, articulada com várias outras questões que lhe deram legitimidade, a partir de diferentes discursos. Em primeiro lugar, o direito ao aborto foi defendido como um direito inerente à autonomia da vontade do indivíduo quanto às temáticas que dizem respeito ao seu corpo. Síntese dessa postura é o *slogan* "Nosso corpo nos pertence", adotado nas campanhas no período. A radicalidade dessa posição se contrapõe aos diversos poderes que se instauraram historicamente sobre os corpos de homens e mulheres e, mais particularmente, sobre os corpos femininos.

A defesa do direito ao aborto teve também como forte argumento a questão da proteção à saúde da mulher. Sendo sua prática um dado da realidade, em face das situações econômicas e sociais ou diante de uma espécie de cultura feminina que inclui a prática do aborto na vivência do ciclo reprodutivo das mulheres, evidenciava-se a necessidade de fazer com que, através da legalização, as sequelas do aborto clandestino fossem eliminadas e a proteção à saúde da mulher fosse um valor maior do que a proteção a uma vida em potencial.

A partir do argumento do direito à saúde, destacava-se uma preocupação social: as maiores vítimas de sequelas de abortamentos clandestinos são as mulheres pobres. Nesse sentido, a posição contrária à legalização do aborto foi considerada como uma postura conservadora, reacionária, que penalizava exatamente as mulheres das classes populares que não dispunham de recursos para terem acesso às clínicas clandestinas que ofereciam um padrão de atendimento de alguma forma seguro.

Outra questão que se articula à defesa do direito ao aborto é o avanço da ciência na detecção das anomalias fetais. De fato, quando em 1940 o legislador se preocupou em criar permissivos legais, por motivo da honra da gestante ou preocupado com a sua vida, ainda não existiam os modernos exames pré-natais que possibilitam aferir com grande precisão a existência de anomalias fetais graves que inviabilizam a vida plena do nascituro.

Assim, os projetos que tratavam da questão do aborto passaram a ser articulados, finalmente, com a implementação de um sistema de assistência integral à saúde da mulher, que lhe possibilitava receber orientação e ter acesso a serviços e métodos contraceptivos que diminuíssem a incidência da interrupção da gravidez. Colocava-se, ainda, a necessidade de se desvincular a questão do aborto da questão exclusivamente religiosa, fazendo com que o Estado assumisse uma posição laica a esse respeito.

Essas posturas se refletiram nos diversos projetos e anteprojetos de lei que ganharam espaço ao longo da década de 1980 e início dos anos 1990. A legalização ampla ou a restrita e gradualista foram as posições colocadas pró-direito ao aborto, em oposição à postura dogmática da Igreja Católica de total criminalização do aborto, mesmo com as indicações já previstas em lei como lícitas.

Na busca por alianças, o movimento de mulheres se deparou com os limites de seus apoios em face das conjunturas políticas do país e da dificuldade da sociedade em polemizar com questões relativas à sexualidade. Se alguns setores da Ordem dos Advogados do Brasil, como a Seccional do Rio de Janeiro, se posicionaram ao lado do movimento de mulheres, a cúpula nacional dessa instituição preferiu não se posicionar. O mesmo ocorreu com os Conselhos Regionais de Medicina – poucos foram os aliados, poucos foram os opositores e muitos os que silenciaram. Alguns partidos políticos incluíram em suas plataformas a defesa do direito ao aborto. No entanto, no nível da articulação partidária, o que era fundamental para tornar visível esse direito e sua luta, a atuação desses partidos aliados foi fraca. Parlamentares aliados ao movimento de mulheres, a partir de posições ideológicas a esse respeito, tornaram-se os porta-vozes dos diversos projetos legislativos. Em relação aos médicos, o mesmo pode ser dito. Poucos assumiram corajosamente a defesa desse direito, quer em sua forma mais ampla, em nome da autonomia da mulher, quer em sua forma mais restrita no que se refere às anomalias fetais. Somente no início da década de 1990 é que o Conselho Federal de Medicina assume, publicamente, enquanto instituição, a defesa do aborto por anomalia fetal grave.

Por outro lado, os opositores não foram tantos, embora fossem poderosos: a Igreja Católica, por meio de sua rede nacional de púlpitos e de sua influência na grande imprensa e nos setores governamentais; os parlamentares evangélicos, por meio de seus mandatos legislativos; alguns setores da imprensa mais conservadora e alguns Conselhos Regionais de Medicina.

A década de 1990 apresentava, assim, alguns opositores novos. De um lado, as dissensões do próprio movimento de mulheres, a partir da crítica às novas tecnologias reprodutivas e da influência da visão fundamentalista que surgia nos movimentos de mulheres em nível internacional. De outro lado, alguns juristas de renome que, pela grande imprensa, se posicionaram contra o direito ao aborto.

As iniciativas de alguns grupos feministas de manterem acesa a discussão sobre o aborto e definir estratégias de ação, inauguraram, no início dos anos 1990, a velha polêmica sobre o direito da mulher de optar, ou não, pela maternidade.

ANTECEDENTES

A problematização do aborto enquanto fato social teve início na década de 1970, com a realização de alguns estudos acadêmicos na área de saúde pública. Dentre esses trabalhos, destacam-se os de Maria Lucia Milanesi, Flavio Rodrigues Falconi e George Martine.

O trabalho de Milanesi[3] considerava o aborto provocado ou voluntário como um problema de saúde pública, destacava a incidência de hospitalizações por consequência de sequelas e indicava as práticas rudimentares de abortamento provocado. Segundo a autora, em face da alta incidência do aborto provocado, havia uma institucionalização informal desse recurso e uma grande participação de médicos nos procedimentos de abortamento. Nesse sentido, dentre suas conclusões, sugeria um maior rigor quanto ao cumprimento da ética profissional dos médicos. Flavio Rodrigues Falconi[4] procurou destacar a relação entre aborto provocado e incidência de hospitalização em decorrência de sequelas e se posicionou, tal como Milanesi, por um maior rigor legal para desestimular a prática do abortamento voluntário.

George Martine[5] teve como perspectiva pesquisar os comportamentos sobre o planejamento familiar e constatou, por sua alta incidência, que a prática do aborto era quase que a única acessível às mulheres de baixo renda.

Em que pese o caráter disciplinador das duas primeiras pesquisas, tais estudos revelaram e divulgaram, pela primeira vez, dados estatísticos sobre a incidência do aborto nas camadas populares.

No entanto, seus resultados ficaram circunscritos ao público médico e acadêmico. Ainda na década de 1970, o jornal *Opinião*[6] publicou algumas matérias sobre o feminismo, dentre elas um artigo em defesa do aborto voluntário e outro esclarecendo as novas e seguras técnicas de abortamento.

Porém, tanto as questões do feminismo quanto a questão específica do aborto eram, ainda, temas considerados transplantados de outros contextos sociais. Na realidade, a questão do aborto, enquanto tema político, surge de forma tímida no cenário público, a partir da eclosão do movimento feminista no Brasil.

De fato, em 1975, dentro de uma conjuntura política e social de intensa repressão, um grupo de mulheres organizou, no Rio de Janeiro, durante uma semana, o seminário "O Papel e o Comportamento da Mulher na Sociedade Brasileira", sob os auspícios da Unesco/onu e da abi (Associação Brasileira de imprensa).[7] Trazendo à tona a especificidade da questão da mulher, o seminário representou um esforço de diagnosticar que a condição feminina no país constituiu-se no primeiro momento do debate público sobre o feminismo no Brasil.

O documento final do encontro apresentou uma análise sucinta da condição da mulher no país, tomando como parâmetro as questões do trabalho, da saúde física e mental, da legislação, dos estereótipos e papéis sexuais, da educação, da discriminação racial, dentre outros. Tendo em vista a participação quase unânime de mulheres com militância em grupos de esquerda, na organização do seminário e na elaboração desse documento, é inequívoca a intenção desse grupo organizador em dialogar com os outros grupos de oposição à ditadura, de se legitimar como mais um movimento de contestação ao regime militar. Essa aliança política, que envolvia inclusive os grupos católicos, explica em grande parte o destaque dado às questões do trabalho, o cuidado na omissão da expressão "feminismo" e a ausência de referência à questão do aborto no documento final (apesar de haver referência ao homossexualismo).[8]

O estatuto do Centro da Mulher Brasileira do Rio de Janeiro, criado quase imediatamente após o seminário de 1975, não imprimia igualmente as palavras "feminismo" ou "feminista" em seu texto e muito menos fazia qualquer referência ao aborto.

Nesse primeiro momento, duas tendências se definiram nos grupos de mulheres: de um lado, a pauta de reivindicações priorizava a luta jurídica e trabalhista, bem como a luta por creche. Esses eram os temas dos jornais do movimento, como *Nós Mulheres* e *Brasil Mulher*, e os boletins do Centro da Mulher Brasileira do Rio de Janeiro. Como pano de fundo necessário a esses temas, havia sempre a ênfase nas questões macro da sociedade, que iam desde o arrocho salarial até a construção da Transamazônica. Outra tendência enfatizava a questão da sexualidade, do aborto, da contracepção e a crítica à assimetria sexual na sociedade e na organização da família. Embora as duas tendências tivessem vínculos com os movimentos políticos de esquerda, apenas a primeira era considerada política.

A existência dessas distintas formas de encaminhamento do feminismo pode, de forma ainda exploratória, ser remetida aos impasses e questões colocadas pela ditadura, em plena vigência do AI-5: sonegação de direitos, repressão política, censura, arrocho salarial, suspensão de *habeas corpus*, dentre outras. Tais questões informavam às militantes desse movimento, que temiam ser definidas como alienadas, que se afastassem das discussões priorizadas pelos grupos de oposição ao regime militar.

Refletindo sobre esse receio que as feministas tinham de ser consideradas alienadas por seus grupos de origem, Mariska Ribeiro[9] explica por que Celso Furtado, ministro do governo deposto de João Goulart – que, em 1975, vinha ao Brasil pela primeira vez, após exílio na Europa – foi convidado para fazer o discurso de encerramento do seminário "O papel e o comportamento da mulher na sociedade brasileira".

> Se o assunto mulher e a bandeira da ONU nos traziam legitimidade junto à repressão da direita, era preciso, também, legitimarmo-nos junto aos movimentos de esquerda, aos quais parecia inaceitável que, num país como o Brasil, onde a luta social agonizava sufocada pela ditadura, a luta específica das mulheres pudesse ser considerada passível de discussão. Qualquer movimento de mulheres que não recheasse sua plataforma de reivindicações gerais ligadas ao trabalho, à miséria, às questões socioeconômicas e políticas do país seria considerado inoportuno, inconveniente e divisionista. Celso Furtado foi, portanto, um álibi de que as feministas lançaram mão para, assim, canhestramente, pedindo passagem daqui e dali, botar pela primeira

vez o seu bloco na rua. Bloco esse que, para surpresa de todos, despertou mais interesse e adesões do que se faria esperar...[10]

No que concerne às questões específicas da condição feminina, outro impasse se colocava. O que era mais importante: a luta pelo direito à creche ou pelo direito ao aborto?

A postura ideológica da esquerda e a necessidade de uma grande frente única contra a ditadura geravam questões insólitas: teriam as mulheres operárias preocupações com a sua sexualidade ou o prazer sexual era tema apenas para as mulheres burguesas e intelectuais?

Nesse sentido, Anette Goldberg[11] destaca como alguns escritores de esquerda, entre eles Paul Singer, já tinham dado sua opinião a esse respeito. Em 1973, em artigo publicado no jornal *Opinião*, Singer destacava que

> (...) apenas um pequeno grupo de mulheres de classe média e alta pode identificar como sua a problemática levantada pelos movimentos feministas dos países desenvolvidos (...) O movimento feminista no Brasil terá que se colocar como problema vital o do trabalho da mulher (...).

No Rio de Janeiro, o Centro da Mulher Brasileira evitava posicionar-se oficialmente em relação ao aborto – para não ter problemas com a Igreja Católica, grande aliada na luta contra a repressão – e em relação ao planejamento familiar – para não entrar em divergências com a esquerda –, apesar de muitas de suas associadas terem posições abertas a respeito de ambas as questões.

De certa forma, o movimento feminista, na década de 1970, deparou-se com alguns problemas que diziam respeito a sua identidade:

– deveria se subordinar aos aliados de esquerda e restringir suas demandas às questões do trabalho, creche e igualdade legal ou deveria se manter autônomo, com posições independentes, e ampliar seu leque de reivindicações, incluindo as questões da sexualidade, da contracepção, do aborto e da violência contra a mulher?

– deveria encampar em seus encontros e pronunciamentos apenas as lutas gerais ou deveria lutar para a legitimação de temas específicos?

– deveria posicionar-se sobre a sexualidade, o aborto e a contracepção de imediato ou transferir para um futuro distante o tratamento dessas questões, preservando a aliança com a Igreja e com a esquerda em torno das questões gerais?

– afinal, que alianças fazer, que alianças questionar, até onde preservá-las, quais os limites das concessões?

As contradições do movimento na definição de uma identidade se explicitaram em fins da década de 1970, em diversos encontros e publicações por todo o Brasil. Um exemplo ocorreu em 1978, no Rio de Janeiro, quando um grupo de feministas rompeu com o Centro da Mulher Brasileira e lançou um manifesto reivindicando espaço para os temas tabu, dentre eles as questões da sexualidade e do aborto.

A descompressão política do regime autoritário possibilitava, por outro lado, maior democratização dentro dos grupos de esquerda, permitindo que o movimento feminista assumisse questões não privilegiadas por sua ala política. A democratização do espaço interno permitiu que todas as questões passassem a ter a mesma legitimidade, abolindo-se as clássicas prioridades.[12] Dessa forma, a década de 1980 encontra o movimento feminista aberto a assumir publicamente a questão do aborto.

Evidentemente, em termos cronológicos, o processo se deu de forma diferenciada nas distintas regiões do Brasil. Mas, de modo geral, foi somente a partir dos anos 1980 que a questão do aborto passa a ser discutida, publicamente, pelo movimento feminista.

Deve-se destacar que quando, em 1975, o deputado João Menezes apresentou ao Congresso Nacional um projeto de descriminalização do aborto, as manifestações públicas das feministas foram discretas, não se registrando nenhuma campanha de apoio.

A partir de 1980, por diversos meios, o movimento feminista deflagrou o debate sobre o tema. Artigos em jornais e revistas da grande imprensa e da imprensa alternativa, livros, teses, seminários, conferências, panfletagens nas ruas, entrevistas na televisão, pressão sobre os partidos progressistas e sobre candidatos às eleições legislativas caracterizaram essa nova fase de luta pelo direito ao aborto.

A DÉCADA DE 1980: O DEBATE PÚBLICO SOBRE O ABORTO

A camisa de força em torno do movimento feminista no que concerne ao aborto, tecida pela aliança com setores de esquerda e da Igreja Católica, foi sendo afrouxada no fim dos anos 1970. De fato, já em 1978, pesquisas realizadas por feministas[13] destacavam a questão do aborto na vivência da sexualidade feminina não como uma exceção, mas como um dado da realidade.

Assim, a década de 1980 inicia-se com uma atitude mais ofensiva do movimento feminista sobre o assunto.

A prisão, no Rio de Janeiro, em 1980, de pacientes, enfermeiras e médicos, em uma clínica em Jacarepaguá, acusados da prática do aborto, levou um grupo de feministas a fazer manifestações na porta da delegacia e em frente ao Palácio da Justiça, no centro da cidade.[14] A ação teve grande repercussão na imprensa e foi manchete nos principais jornais do Rio de Janeiro.

A esse respeito, Hildete Pereira de Mello descreve:

> (...) a partir desse fato, foi organizada uma campanha nacional pela descriminalização do aborto. A estratégia seguinte foi a de redigir um panfleto: "Mulheres, chegou a hora de luta pelo aborto livre", que passou a ser distribuído, semanalmente, nas feiras livres. Tais panfletagens permitiram às militantes feministas conhecer a reação da maioria silenciosa das mulheres, diante da questão.[15]

Sobre esse mesmo fato, também em 1981, em artigo publicado no *Jornal do Brasil*, de grande circulação nacional, Jacqueline Pitanguy[16] defendia o direito ao aborto como um direito de opção da mulher.

Essa ofensiva dos grupos feministas, levando o tema do aborto para as ruas e para a imprensa, significava uma ruptura consciente com alguns tradicionais aliados na luta contra a ditadura, dentre eles a Igreja Católica. A reação católica veio sob a forma de diversos artigos na grande imprensa, acenando com a excomunhão para aquelas que defendessem o aborto.

Coincidentemente, esse processo corre em paralelo com a grande mobilização nacional pela redemocratização do país e com a revitalização dos movimentos sociais que aportavam à sociedade novas demandas, questões e formas de encaminhamento.

As ações para trazer a público a questão do aborto ganharam as ruas. Em frente a uma igreja, no bairro de Copacabana, e em terminais de ônibus, no Rio de Janeiro, feministas entrevistavam a população e pediam seu posicionamento através de voto a ser depositado em urnas. Duas questões foram colocadas nessa consulta popular:[17]

a) você é contra ou a favor do aborto?
b) você acha que uma mulher que faz aborto deve ser presa?

A avaliação das respostas revelou duas posições:

1) a maioria se posicionou contra o aborto;
2) a quase totalidade dos entrevistados (homens e mulheres) se posicionou contra a punição legal da prática do aborto.

A censura social ao aborto restringia-se a uma censura moral e religiosa, mas não a uma censura legal pelo Estado expressa em prisão.

Tal resultado permitia a inferência de que, apesar de censurado socialmente, o aborto se constituía em um comportamento desviante sem indicação de punição legal, com implicações éticas, morais ou religiosas, não necessitando, pois, ser tutelado pelo Estado.

Para as feministas que participaram desse processo ficava claro que a palavra de ordem não era a defesa do aborto, mas a defesa da sua descriminalização. Deixar de ser considerado crime previsto no Código Penal.

Nesse mesmo ano de 1980 o drama de J., menor de doze anos, e de sua mãe Cícera ganhou espaço na imprensa carioca. *O Jornal do Brasil, O Dia, O Fluminense* e *O Globo* noticiavam que, estuprada pelo padrasto, a menor J. não conseguira permissão médica para fazer o aborto previsto por lei. Tal fato evidenciou outra realidade: mesmo nos casos previstos em lei como situações não puníveis (gravidez resultante de estupro e gravidez que acarrete risco de vida para a mãe), a prática do aborto era negada pelo poder médico. Essa constatação fez parte de um pungente libelo dos advogados de J., enviado à imprensa, quando nada mais se podia fazer diante do estágio avançado da gestação da jovem. A história de Cícera e de sua filha J. foi acompanhada e, posteriormente, relatada em livro por Danda Prado.[18]

Também em 1980, em São Paulo, a defesa da interrupção voluntária da gravidez foi deflagrada pela Frente de Mulheres Feministas, que publicou o livro *O que é o aborto?*, de autoria de Carmen Barroso e Maria José Carneiro da Cunha.[19] No livro, procura-se tratar o aborto por diversos ângulos: social, moral, legal e demográfico, apresentando-se dados sobre os aspectos médicos do abortamento, técnicas utilizadas e depoimentos de mulheres que o praticaram. O livro destaca que:

(...) os grupos feministas brasileiros, ao reivindicar a legalização do aborto, têm enfatizado que esta é apenas uma entre as reivindicações feministas que incluem uma transformação geral da sociedade, de modo a não sonegar a nenhuma mulher seu direito a condições humanas de existência para si e para os filhos que deseja ter. Esse direito inclui o acesso às informações sobre os métodos anticoncepcionais (...) Ninguém propõe que o aborto substitua os métodos anticoncepcionais.

Mais adiante, as autoras afirmam que

(...) é razoável supor que a legalização do aborto pode contribuir para a melhoria das condições de saúde das mulheres, especialmente as pobres, que, atualmente, põem em risco suas vidas ao praticar o aborto em condições extremamente precárias. Nesse sentido é que se afirma que se opor à sua legalização significa assumir uma posição conservadora que resulta na manutenção de mais um privilégio para as classes economicamente mais favorecidas.[20]

A postura da Frente de Mulheres Feministas de São Paulo, endossando o trabalho de Barroso e Cunha, traz à tona duas questões: de um lado, articula-se a problemática do aborto ao conhecimento e acesso aos métodos anticoncepcionais; de outro, articula o tema às condições de vida das mulheres das classes trabalhadoras. Com essa última articulação, as autoras dialogam claramente com os setores de esquerda que se mantinham indiferentes à questão do aborto provocado, ou mesmo contrários e omissos quanto à demanda feminista por sua legalização.

Ao lado de uma visão do aborto como um direito à autonomia da mulher, expresso no *slogan* "Nossos corpos nos pertencem", o livro de Barroso e Cunha encara a luta pela legalização do aborto como o objetivo de "(...) evitar a morte e as graves lesões físicas que sofrem inúmeras mulheres que praticam o aborto clandestino".

Em 1980, o deputado João Menezes que, em 1975, apresentara um projeto de descriminalização do aborto ao Congresso Nacional, submete à apreciação do Poder Legislativo Federal um projeto de ampliação dos permissivos legais com duas novas indicações: casos de anomalia fetal e a situação social da mulher gestante. Antecipando-se ao resultado da votação do projeto no Congresso Nacional, a revista *Visão*, de 11 de agosto de 1980, prenunciava que o projeto

> (...) será combatido vigorosamente pela Igreja Católica. A campanha antiaborto se baseia na tese de que é crime tirar a vida do feto para atender desejos dos pais. A campanha pró-aborto se baseia na tese de que cabe ao casal, sobretudo à mulher, decidir se deve ou não ter um filho. Além disso, há a realidade dos abortos ilegais, com risco de vida para a mulher, que só terminariam com a sua legalidade.[21]

Apesar de igualmente rejeitado, o projeto revelou para o movimento feminista a necessidade de empreender a luta legislativa fosse pela descriminalização, fosse pela ampliação dos casos permitidos. De um lado, esse duplo encaminhamento pode ser visto como estratégia para se alcançar a curto ou a longo prazos um mesmo objetivo: o direito ao aborto como expressão da autonomia da mulher sobre o seu corpo. De outro, esse duplo encaminhamento refletia posições ideológicas distintas. Se a questão do aborto, nessa época, era assumida como um tema prioritário para o conjunto do movimento feminista, na realidade alguns grupos de mulheres temiam assumir politicamente um encaminhamento considerado mais radical, pela descriminalização.

As defensoras do descriminalização propunham a retirada dos artigos incriminadores do Código Penal, mantendo-se apenas o artigo 125 que criminaliza o aborto provocado sem o consentimento da gestante.

As defensoras de uma posição gradualista propunham a ampliação dos permissivos legais, para além dos já previstos no Código Penal, considerando que não havia clima político para conquistas mais amplas.

É nesse clima que as feministas tentam criar alianças com setores da sociedade, como a Ordem dos Advogados do Brasil.

Assim, em 1982, a advogada Romy Medeiros da Fonseca, lutadora histórica[22] pelos direitos da mulher e autora do anteprojeto do estatuto civil da mulher casada, de 1962, apresentou na conferência nacional da OAB uma tese defendendo a descriminalização do aborto.[23]

Aprovada em comissão, a tese não foi, todavia, submetida ao plenário da conferência, conforme procedimento estatutário, por decisão do então presidente do conselho federal da OAB, deputado Bernardo Cabral, que, avaliando que a tese seria rejeitada na sessão plenária, aconselhou sua autora e as demais advogadas feministas a, taticamente, retirarem-na, apresentando-a em outra ocasião. Tal conselho foi aceito e as advogadas feministas assumiram, à época, a proposta de levar a tese sobre a descriminalização do aborto para as seccionais estaduais do OAB.

Em relação a essa conferência, o jornal *Mulherio*,[24] de 1982, descreve: (...) a polêmica quase terminou em luta corporal (...) alguns juristas acusaram a autora da tese de dividir as atenções e tentar rachar a OAB". Em entrevista ao mesmo jornal, Romy declarava que "(...) o aborto bate nas batinas dos padres e para a OAB problema do povo e só Constituinte. E as mulheres que morrem, não são povo?".

Zulaiê Cobra Ribeiro, advogada de São Paulo, presente na conferência, observa para o *Mulherio* que

> (...) enquanto se discutiam teses sobre Lei de Segurança Nacional, Constituinte, justiça agrária, direitos trabalhistas, havia consenso. Mas, quando chega a hora de se falar em igualdade legal entre os sexos (...), a conversa muda de tom e se fala da proteção à vida do feto, mas não se levam em conta as milhares de mulheres que morrem ou ficam mutiladas em consequência do aborto clandestino que vem ocorrendo em grande escala.

De 1982 até hoje, o conselho federal da Ordem dos Advogados do Brasil omitiu-se, enquanto instituição, a posicionar-se favoravelmente ao aborto, em que pese a experiência internacional por um direito penal menos repressor. Apenas vozes isoladas de algumas seccionais da OAB, como a do Rio de Janeiro, e de alguns advogados em particular, se posicionaram a favor da descriminalização ou da ampliação dos permissivos legais em caso de aborto.

A percepção de que, com a redemocratização do país, tanto a descriminalização quanto a proposta gradualista seriam decisões do Congresso Nacional, levou as feministas a iniciarem, em 1982, um diálogo com os partidos políticos e, principalmente, com as candidatas femininas às eleições convocadas para aquele ano.

Esse diálogo foi registrado também pelo jornal *Mulherio*,[25] que entrevistou as candidatas Lucia Arruda (PT-RJ), Heloneida Studart (PMDB-RJ), Maria Tereza Amaral (PDT-RJ), Ruth Escobar (PMDB-SP), Clara Charf (PT-SP) e Lídice da Mata (PMDB-BA). A todas foi pedida a posição a respeito do aborto e, apesar de algumas nuances, todas foram favoráveis à sua legalização, alegando a preocupação com a saúde da mulher, em especial da mulher pobre.

Também em 1982, foi formado no Rio de Janeiro o Alerta Feminista Para as Eleições, constituído por diversos grupos de mulheres que, numa postura suprapartidária, encaminhavam as demandas femininas aos partidos políticos, destacando a reivindicação pela legalização do aborto. Alguns desses partidos[26] incluíram essa demanda em suas plataformas políticas.

Para as feministas do Rio de Janeiro, os argumentos favoráveis à legalização do aborto foram fortalecidos pela pesquisa de Hildete Pereira de Mello,[27] feminista que levantou junto aos hospitais do sistema público, o então Inamps, a realidade das mulheres quanto às sequelas do aborto realizado em situações de clandestinidade. Nas suas reivindicações, as feministas do Rio de Janeiro lutavam pela descriminalização do aborto até as primeiras doze semanas de gestação e destacavam que o mesmo não deveria ser compreendido como método contraceptivo.

Nesse sentido, o ano de 1983 é marcado por uma série de acontecimentos. Em março, no Rio de Janeiro, foi realizado um encontro sobre saúde, sexualidade, contracepção e aborto, organizado pela Casa da Mulher do Rio de Janeiro, Grupo Ceres, Coletivo de Mulheres do Rio de Janeiro, Projeto Mulher do Idac e Grupo Mulherando. O objetivo desse encontro era, segundo seu documento de avaliação,

> (...) trazer ao debate a polêmica questão do planejamento familiar e do aborto através de distintos enfoques e opiniões (...). Consideramos importantíssimo que o movimento de mulheres no Brasil passe a ter uma posição definida quanto ao planejamento familiar e ao aborto através de um amplo debate isento de preconceitos (...). Esse debate nos parece necessário e oportuno por dois motivos, dentre outros: a) para este ano (1983) está na pauta de discussão do poder legislativo, por proposta do poder executivo, a reforma do atual Código Penal brasileiro, que incrimina a prática do aborto voluntário: b) nos últimos anos, e no atual, de forma mais explícita, o poder legislativo vem se manifestando em relação a uma política demográfica (...). Torna-se fundamental que o movimento de mulheres no Brasil possa se manifestar, não apenas através de posições isoladas dos grupos, mas, principalmente, através de um consenso.

Esse encontro constituiu-se num marco do debate público sobre o aborto em face do seu caráter de reunião nacional. De fato, durante três dias, trezentas mulheres, representantes de 57 grupos de todo o país (apenas Pará, Maranhão e Sergipe não se fizeram representar) e parlamentares (senadores, deputados federais e estaduais e vereadores) se reuniram para debater os temas do encontro, que destacava a questão do aborto provocado em dois painéis, com expositores de grande representatividade em suas áreas profissionais.[28]

Segundo o jornal *Mulherio*,[29] "(...) as discussões foram marcadas pela diversidade de posições, não faltando, inclusive, uma representante do governo, a senadora Eunice Micheles, PDS-AM". Para o *Mulherio*, "(...) o mais importante, contudo, foi a maturidade do debate, que abriu a luta comum em torno da necessidade de as mulheres terem controle de seu próprio corpo". Nessa ocasião foi lançado o dia 28 de setembro como Dia Nacional do Luta Pelo Direito ao Aborto.

As discussões que se seguiram às exposições dos conferencistas e a exibição do filme de Eunice Gutman *Vida de mãe é assim mesmo?*, sobre o aborto, destacaram consensos e divergências. Ficaram expostas algumas confusões conceituais. Descriminalizar era a mesma coisa que legalizar? Seria oportuno lançar de imediato uma campanha nacional sobre o direito ao aborto? Os homens deveriam ser ouvidos? Essas dúvidas apontavam para a necessidade de aprofundamento da questão do aborto no interior do próprio movimento, levando-se em conta as defasagens do processo de discussão entre os grupos do Rio de Janeiro e de São Paulo, de um lado, e os demais grupos dos outros estados. Mesmo assim, a proposta do Dia Nacional pelo Direito ao Aborto foi assumida por quase unanimidade.

No documento final do encontro, de inspiração de Zuleika Alambert, da Frente de Mulheres Feministas de São Paulo, com a legitimidade de militante de esquerda e feminista, incluiu-se a demanda pelo

> (...) direito ao aborto como última medida para resolver o caso de uma gravidez indesejada. Ampla campanha de esclarecimento sobre a questão do aborto deveria ser feita, incluindo os perigos que ele acarreta para a saúde da mulher, se realizado sem assistência médica. Sua gradativa liberação deverá compreender total assistência ginecológica gratuita, incluindo-se a prática do aborto nos serviços de assistência médica oferecida pela Previdência Social. Somente uma

política assim considerará a mulher como sujeito e não objeto. E, por isso mesmo, será ela apoiada e defendida, pois, mais do que nunca, estamos conscientes: nosso corpo nos pertence!

Esse encontro serviu de estímulo para os grupos envolvidos na sua organização imprimirem, em maio de 1983, um boletim sobre questões de saúde, sexualidade e aborto.[30] O boletim foi denominado de "Sexo Finalmente Explícito", tendo uma tiragem de 5 mil exemplares. A publicação defendia a descriminalização do aborto e divulgava questões relativas à contracepção dentro da perspectiva da defesa dos direitos reprodutivos.

Também em 1983, Marta Suplicy[31] lança o livro *Conversando sobre sexo*, a partir da experiência de seu programa de grande audiência na TV Globo. No livro, a sexóloga trata da luta pela legalização do aborto, elenca os tipos de aborto e destaca a posição religiosa. O tema da interrupção voluntária da gravidez foi tratado de forma não preconceituosa. Curiosamente, o livro foi editado por uma editora católica, Vozes.

Ainda em 1983, o jornal *Mulherio* publica diversas matérias sobre aborto. No número de janeiro/fevereiro, traz um artigo de Carmen Barroso sobre planejamento familiar, em que a autora declara que:

> (...) pelos mesmos motivos que não interessa aos controlistas a plena disseminação dos métodos que dependam da vontade de ter filhos, também não lhes interessa tornar o aborto mais seguro e acessível, através de sua descriminalização. Permanecendo ilegal, o aborto representa um sério risco para as mulheres que decidem interromper uma gravidez que não conseguiram evitar.

Também em 1983, a Casa da Mulher de São Paulo, o Centro de Informação da Mulher (CIM), o SOS-Sexualidade e Política, o Pró-Mulher, a União de Mulheres, a Frente de Mulheres Feministas, o Grupo Ação Lésbico-Feminista e o Grupo do Conselho Estadual da Condição Feminina definiram uma pauta de reivindicações que incluía:

> (...) aborto livre e gratuito para as mulheres que o desejarem quando não conseguirem evitar uma gravidez indesejada. Orientação à mulher para que o aborto não seja entendido como método contraceptivo. Enquanto existir aborto clandestino, atendimento com dignidade

à mulher que necessite de hospitalização por causa de complicações de um aborto provocado.[32]

Nesse mesmo sentido, no Rio de Janeiro, foi enviado ao governo do Estado um documento assinado por entidades e grupos de mulheres, comissões de sindicatos e de movimentos partidários (PDT, PMDB e PT), com sugestões nas áreas de saúde, educação, violência e dupla jornada de trabalho que demandavam "(...) orientação à mulher no que diz respeito ao aborto: indicações, consequências, riscos, atendimento psicológico, cuidando para que o aborto não seja entendido como método contraceptivo".[33]

No mesmo ano, a revista *Veja* publicou uma matéria intitulada "Brasil, campeão de abortos" e a *Isto É* noticiava as conclusões de uma mesa redonda, na universidade de Campinas, São Paulo,

> (...) nenhuma política a esse respeito (planejamento familiar) deve passar ao largo da questão do aborto. Calcula-se que pode alcançar 4 milhões o número de abortos praticados anualmente no país, na clandestinidade. A descriminalização do aborto deveria ser submetida a um plebiscito, acreditam os especialistas reunidos na Unicamp.[34]

Fato marcante, nesse ano de 1983, foi o projeto apresentado ao Congresso Nacional pela deputada federal Cristina Tavares (PMDB-PE), tratando da ampliação das possibilidades legais de realização do aborto. Como justificativa do projeto, a deputada apontava a necessidade de pôr fim à indústria do aborto, responsável por tantas mortes e acidentes cirúrgicos.

Segundo o jornal *Mulherio*,[35] Cristina não pretendia descriminalizar o aborto, por considerar que essa opção seria muito polêmica, mobilizando opiniões "díspares e apaixonadas". Em vez disso, ela escolheu o caminho de "ampliar os aspectos legais das indicações permissivas do aborto". Para o jornal, "os grupos de mulheres receberam muito bem o projeto". Algumas deputadas federais entrevistadas pela publicação, como Ivete Vargas (PTB-SP), Rita Furtado (PDS-RO) e Bete Mendes (PT-SP), se posicionaram favoravelmente ao projeto.

Ivete Vargas chega a afirmar que

> é absolutamente legítimo lutarmos para que o aborto não seja penalizado. Posso assegurar que o PTB vai votar nesse sentido, pois penalizar

o aborto é uma forma absurda de incriminar a mulher e impedir que ela assuma seu próprio corpo. É uma atitude reacionária.

Rita Furtado declara que "é preciso liberalizar, abrir, democratizar a legislação relativa ao aborto". Bete Mendes, por sua vez, afirmava: "Quando o Congresso discutir o aborto, vai tratar da saúde da população – a parte da população que está nessa situação de aborto criminoso, de processos artesanais rudimentares, a população que não sabe sequer o corpo que tem, que não conhece o próprio corpo.

Em 1985, no estado do Rio de Janeiro, por iniciativa da deputada Lucia Arruda (PT-RJ), feminista atuante, a Assembleia Legislativa aprovou a Lei n° 832/85, que obrigava a rede pública de saúde do estado a prestar atendimento à mulher nos casos de aborto permitidos pelo Código Penal. A lei teve curta vigência e o episódio de sua revogação representa, de forma explícita, que apesar de o advento do sistema republicano no Brasil ter separado a Igreja do Estado, o poder dessa instituição religiosa atua, ainda hoje, em íntima relação com o Estado em relação às questões de moralidade e sexualidade.

A Lei n° 832/85 foi revogada por iniciativa do governador do Estado, que encaminhou pedido à Assembleia Legislativa em face dos apelos do cardeal Eugenio Salles. A cúpula da Igreja Católica no Rio de Janeiro deflagrou intensa campanha contra a lei. Distribuiu nas paróquias, para ser lida em todas as missas de domingo que antecederam à votação do pedido de revogação da lei, uma carta em que repudiava a norma legal, afirmando que obrigava os serviços médicos a praticarem o crime de aborto. A mesma campanha foi levada a efeito nas estações de rádio. Nessa polêmica, o Conselho Regional de Medicina do Estado do Rio de Janeiro também se colocou contra a Lei n° 832/85.

Em documento divulgado pelo gabinete da deputada Lucia Arruda, relatando o processo de revogação da Lei, consta que o Conselho Regional de Medicina do Estado de São Paulo

(...) defendeu uma posição de abertura ao propor à sociedade um amplo debate sobre o aborto (...). O CRM de São Paulo vê a atual legislação sobre o assunto ultrapassada (...), acha que o aborto deve ser legal não só nos casos de gravidez em que haja risco de vida para a gestante, mas quando a gravidez colocar em risco a saúde da mulher (...). Os conselheiros também são favoráveis à realização do aborto nos casos em que o feto for portador de doenças prejudiciais ao seu desenvolvimento ou acometido de afecções genéticas graves.

O mesmo documento destaca as manifestações de apoio à Lei n° 832/ 85, dentre elas a do presidente da Ordem dos Advogados do Brasil, seção do Rio de Janeiro, dr. Nilo Batista, e também da Comissão Feminina dessa mesma seccional (OAB Mulher), de representantes do Poder Legislativo de diversos estados e municípios e de mais de sessenta grupos diferentes da sociedade civil, incluindo grupos de mulheres, associações profissionais de diversos estados como Rio de Janeiro, São Paulo, Minas Gerais, Pernambuco, Ceará, Santa Catarina, Espírito Santo e, até mesmo, do município de São Félix do Araguaia, no Mato Grosso.[36]

De 1983 a 1987, a questão do aborto se manteve no debate público por meio de artigos na grande imprensa nacional, como o *Jornal do Brasil*, *Folha de S. Paulo*, revista *Veja*, publicações médicas, publicação do movimento de mulheres, de organizações não governamentais, de encontros e simpósios nacionais e internacionais, e é tratada até mesmo em publicação oficial.[37]

Em 1985, o jornal *Sexo Finalmente Explícito*,[38] com a manchete "Venceu a hipocrisia", noticia que "no dia 31 de maio, a comissão de constituição e justiça, da Câmara dos Deputados, rejeitou por dez votos a três o projeto de autoria da deputada Cristina Tavares que ampliava a despenalização do aborto", acatando o voto do relator deputado Hamilton Xavier (PDS-RJ).

Em 1986, é definida pelo então Instituto Nacional de Previdência Social (Inamps), Ministério da Saúde e Conselho Nacional dos Direitos das Mulher (CNDM), com apoio dos grupos feministas, uma política de atenção integral à saúde do mulher, conhecida como Programa de Assistência Integral à Saúde da Mulher (Paism). Esse programa teve como um dos seus objetivos "evitar o aborto provocado mediante a prevenção da gravidez indesejada". Partia-se do pressuposto de que a orientação e o acesso aos métodos contraceptivos se constituíam em processos preventivos à pratica do aborto provocado.

Em 1987, realizou-se, em São Paulo, o Seminário Nacional dos Direitos Reprodutivos, organizado pelo Coletivo de Mulheres Negras, Coletivo Feminista Sexualidade e Saúde, Conselho Estadual do Condição Feminina de São Paulo e pela dra. Elza Berquó, do Centro Brasileiro de Análise e Planejamento (Cebrap).

Esse seminário teve três grandes sessões, abordando a questão da reprodução; critérios para a produção de pesquisas e para a utilização de contraceptivos; e avanços científicos na detecção de anomalias fetais. Essa última sessão provocou a discussão sobre o aborto, não incluído, no entanto, como tema autônomo na agenda do seminário.

Discorrendo sobre os avanços científicos na detecção de anomalias fetais, o dr. Thomaz Gollop,[39] da Universidade de São Paulo, sugeriu a inclusão de um terceiro permissivo legal para a prática do aborto necessária, previsto no artigo 128, do Código Penal, com o seguinte texto:

> Não se pune o aborto praticado por médico:
> III - Quando for diagnosticada doença fetal grave e incurável.

Na mesma sessão, Danda Prado,[40] se posicionando sobre os avanços da ciência na detecção da malformação congênita, fez advertências críticas quanto às possibilidades antiéticas desses avanços e considerou que o único valor da proposta de lei sobre aborto com indicação embriopática

> (...) a partir do ângulo da integridade e autonomia das mulheres, reside no fato de ampliar o leque de possibilidades de abortamento, como etapa tática para alcançar, dentro de uma estratégia de luta, a liberação mais ampla dos casos permitidos na lei para a interrupção da gravidez.

Participando do mesmo seminário, o padre Júlio Munaro[41] colocou a posição da Igreja Católica, contrária, por questão de dogma, à indicção de aborto por anomalia fetal e definindo que

> (...) a mulher ou o casal que decidir fazer o exame pré-natal com a intenção de tirar a vida do feto caso se revele portador de deformação ou doença grave, precede contra uma pessoa e, consequentemente, contra seu direito à vida. A mesma afirmação vale para o profissional ou representante de instituições que se atreva a isto.

O relatório desse seminário, em especial da sessão sobre "Avanços científicos na detecção de anomalias fetais", registra a acesa polêmica entre os participantes sobre a questão do aborto. O debate entre o padre Munaro e as feministas indicava a impossibilidade de diálogo quando um dos lados tem como argumento de autoridade um dogma religioso.

Ficou claro, também, como a Igreja Católica no Brasil, em particular no que se refere às questões que envolvem a sexualidade, tem poder de influenciar e definir a posição do Estado. Essa influência, no entanto, não se faz sem contradições e sem forças oponentes.

Prova disso foi a edição do Paism, de 1986, que incluiu ações relativas à orientação e à oferta de serviços na questão da contracepção. Outro exemplo, embora não legislado, ainda hoje, diz respeito à reforma do Código Penal. De fato, em 1987, foi autorizada pelo ministro da Justiça, Paulo Brossard, a publicação, no *Diário Oficial*, do anteprojeto do Código Penal – parte especial, elaborado em 1983 – por comissão oficialmente designada para tanto. Na parte relativa aos crimes contra a vida, referente ao abortamento, o texto do anteprojeto ampliava a exclusão da ilicitude, com "a hipótese de o nascituro apresentar graves e irreversíveis anomalias físicas ou mentais".[42] Dessa forma, o artigo 128 do Código Penal passaria a vigorar com a inclusão do chamado "aborto piedoso".

Em 1987, por meio de uma vitoriosa articulação entre feministas e o prefeito da cidade do Rio de Janeiro, Roberto Saturnino Braga, foi aprovada uma lei municipal criando dois hospitais de referência para atendimento aos casos de aborto previstos no artigo 128, inciso II do Código Penal, dentre eles o Instituto Municipal da Mulher Fernando Magalhães, atual Hospital Maternidade Fernando Magalhães.[43]

Ainda em 1987, com o início dos debates sobre a elaboração da nova Constituição, os grupos de mulheres passam a se articular nacionalmente para definir uma estratégia sobre o direito ao aborto junto aos parlamentares constituintes. Num primeiro momento, as feministas pretendiam que o direito ao aborto fosse declarado na nova Carta. Em oposição a essa proposta, a Igreja Católica e os deputados evangélicos pretendiam que o aborto fosse declarado crime.

Nilce Gomes de Souza,[44] que acompanhou, como membro da equipe técnica do Conselho Nacional dos Direitos da Mulher, as discussões do processo constituinte relativas às questões da mulher, relata essa polêmica:

> Quanto à defesa da descriminalização do aborto, também houve polarização. De um lado, as feministas favoráveis à descriminalização ou, em último caso, à não inclusão no texto constitucional de artigos que o penalizassem. Do outro lado, as correntes conservadoras, dentre as quais se sobressaíam as religiosas. No primeiro relatório da subcomissão dos

Direitos e Garantias Individuais estava lá explicitamente: "(...) é crime o aborto diretamente provocado." Depois, se transformou em "(...) direito à vida desde a concepção até a morte natural". Esse mesmo enunciado aparecia, também, nas subcomissões de Saúde e Família. Na subcomissão da Família houve muita discussão. A Igreja, através de seus representantes, exibiu o filme tendencioso e feito por encomenda de antiabortistas *O grito silencioso*,[45] que gerou discussões em torno do bem e do mal.

Nós alertamos, mesmo os Constituintes mais conservadores, sobre o retrocesso que um artigo dessa natureza poderia provocar no Código Penal, em que, desde 1940, o aborto já é permitido em duas situações (...).

Nilce Gomes de Souza relata, também, que, na comissão do Homem e da Mulher, havia enunciados favoráveis à legalização do aborto que declaravam: "Adquire-se a condição de sujeito de direito pelo nascimento com vida" ou "(...) a vida intrauterina, inseparável do corpo que a concebeu é responsabilidade da mulher." Avaliando os trabalhos da subcomissão da Família, destaca que

> (...) marcaram forte presença as entidades religiosas católicas (através da CNBB) e evangélicas. Além destas, falavam representantes de organismos oficiais e de movimentos de mulheres. (...) Os debates foram marcados pelo caráter ideológico e político das diferentes concepções sobre a proteção à vida, sendo o aborto, uma vez mais, o tema mais polêmico desta subcomissão.

Nessa medição de forças, as feministas adotaram o posicionamento de lutar para que a questão do aborto não fosse tratada no texto constitucional, deixando a proposta de sua legalização para o momento de revisão da legislação criminal. O *lobby* feminista, organizado pelo Conselho Nacional dos Direitos da Mulher e por grupos autônomos de todo o país, conseguiu modificar a redação proposta pelos grupos religiosos para o artigo 5° da Constituição federal, que previa "a inviolabilidade do direito à vida desde a concepção". A forma final desse artigo, tal como consta do texto constitucional, refere-se tão somente à "inviolabilidade do direito à vida".

Atuando como mobilização nacional das mulheres, o Conselho Nacional dos Direitos da Mulher (CNDM) organizou, em 1989, em Brasília, o encontro nacional "Saúde da mulher: um direito a ser conquistado", realizado nas dependências do Congresso Nacional. A pauta do encontro abarcou temas ligados à morbidade e mortalidade materna, à assistência a mulheres que recorrem ao aborto, ao problema da cesariana, às questões da contracepção, da esterilização e do aborto.

O tema do aborto foi tratado em um painel específico, sob as óticas da ética, da política, da lei e da medicina. Médicos de renome nacional, como José Aristodemo Pinotti e Thomaz Gollop, assumiram uma posição favorável ao aborto, posicionando-se pela necessidade de um debate.[46] Dois deputados federais, José Genoino (PT-SP) e Luiz Alfredo Salomão (PDT-RJ), apresentaram suas posições favoráveis ao direito ao aborto, expressas em dois projetos de lei.[47]

Como conclusão, o CNDM elaborou a "Carta das Mulheres em Defesa de seu Direito à Saúde", em que, no que se refere ao aborto, afirma-se que:

1. o aborto voluntário deve ser considerado um problema da saúde da mulher;
2. é preciso a imediata revogação de todos os artigos do Código Penal que definem o aborto como crime, considerando-se que a Constituição em vigor, em seu artigo 196, determina que a saúde é um direito de todos e um dever do Estado;
3. o aborto voluntário deve ser atendido pela rede pública de serviços de saúde no âmbito federal, estadual e municipal.
4. é urgente a elaboração de um anteprojeto de lei contemplando os seguintes princípios:
   a) a mulher tem o direito de interromper a gravidez;
   b) o Estado é responsável pela assistência integral à saúde da mulher na rede pública, tendo em vista seu direito de conceber, evitar a concepção e interromper a gravidez;
   c) o dia 28 de setembro é o Dia Nacional de Luta pela Descriminalização do Aborto.

A década de 1980 pode ser considerada como uma década de luta pelo direito ao aborto, período de intensa mobilização do movimento de mulheres sobre sua saúde e direitos sexuais e reprodutivos, articulando essas questões com a cidadania feminina. Defendendo a autonomia das mulheres, o movimento de mulheres tornou o aborto um tema político capaz de gerar adesões e reações, mas impossível de ser ignorado.

A pressão dos setores religiosos foi contínua; ora discreta, nos bastidores da política, ora mais ofensiva, através de um intenso marketing na grande imprensa ou de poderoso *lobby* junto aos congressistas e setores governamentais em geral. No entanto, é importante assinalar que o mais notável do processo desencadeado pelas feministas na luta pelo direito ao aborto foi a sua capacidade de defender esse direito de forma solitária. As mulheres deflagraram, sozinhas, um debate público com uma radicalidade e persistência inegáveis. De fato, os aliados foram poucos. Os Conselhos Regionais de Medicina, com algumas exceções, o Conselho Federal da Ordem dos Advogados do Brasil, os sindicatos e centrais de trabalhadores e a intelectualidade progressista do país se mantiveram indiferentes à luta feminista, quando não contrárias a ela.

O Congresso Nacional não aprovou nenhum dos projetos apresentados sobre a matéria do aborto, em que pese a representatividade política de parlamentares como Cristina Tavares, José Genoino e Luiz Alfredo Salomão. Já em relação às questões do trabalho, direitos civis, assistência à saúde e, até mesmo, na questão do repúdio a violência doméstica, as feministas encontraram aliados e conseguiram vitórias legais. A luta pelo direito ao aborto voluntário e seguro, no entanto, esbarrou no moralismo, no medo da Igreja, na batina dos padres.

A proposta dos grupos feministas para dar seguimento ao debate sobre o aborto definiu alguns alvos: persistir no apoio aos projetos liberalizantes no Congresso Nacional; influir na elaboração das constituições estaduais, em 1989, nas leis orgânicas municipais, em 1990, e na proposta de alteração do Código Penal. Essa estratégia de diálogo com o poder legislativo trouxe ganhos parciais, mas também arrefeceu o debate público sobre o aborto para outros setores da sociedade.

A compreensão do processo atual sobre a luta pelo direito ao aborto impõe uma reflexão sobre o estado da legislação brasileira.

A QUESTÃO DO ABORTO NOS ANOS 1990: IMPASSES E PERSPECTIVAS

O início dos anos 1990 apresenta algumas ações do movimento de mulheres pelo direito ao aborto. Dentre elas, destacam-se as pressões sobre as diversas câmaras municipais, em particular nas capitais dos estados, para fazer incluir nas leis orgânicas dos municípios o direito ao atendimento nos serviços públicos de saúde, nos casos de aborto previstos em lei. Em muitos municípios, esse direito foi conquistado sem encontrar a resistência da Igreja Católica manifestada, em 1985, contra a Lei nº 832/85, no Rio de Janeiro.

Adotou-se, formalmente, até com certa facilidade, o direito ao atendimento para o aborto legal, na rede pública de saúde, tanto no nível dos estados como municipal, em diversas regiões do país, particularmente naquelas onde o movimento feminista participou do processo legislativo local. Essas conquistas foram possíveis pelo princípio de que normas municipais e estaduais podem ampliar direitos, desde que não colidam com a legislação federal e, desde que o Poder Legislativo local tenha competência prevista na Constituição Federal para legislar sobre a matéria. Dessa forma, o Código Penal brasileiro não pode ser contrariado por legislação estadual ou municipal, porque a competência para legislar em matéria penal é do poder legislativo federal. Na ausência de regulamentação da norma federal, os estados e municípios podem legislar para fazê-lo. No caso do aborto permitido por lei, foi possível, portanto, que alguns legislativos locais regulamentassem o artigo 128, garantindo às mulheres o direito de realizarem o aborto em hospitais da rede pública, gratuitamente.

A tática das feministas, em atuar legislativamente nos estados e municípios, permitiu criar uma regulamentação liberal para os casos previstos em lei. No entanto, após o encontro nacional "Saúde da mulher: um direito a ser conquistado", realizado em Brasília, em 1989, por iniciativa do CNDM, o tema do aborto não avançou no campo legislativo.

Na área da saúde da mulher, a grande questão no início dos anos 1990 se constituiu na denúncia da esterilização em massa. A denúncia contra as práticas abusivas partiam, principalmente, das feministas do movimento negro, na medida em que as mulheres negras estariam sendo o grupo populacional mais afetado por tal prática. O problema da esterilização, em que pesem dados efetivamente alarmantes quanto a sua magnitude, se constituiu num debate, muitas vezes, marcado por posições pouco esclarecedoras sobre o assunto. Se, por um lado, os dados estatísticos indicavam índices excessivamente altos para a prática da esterilização feminina, em especial mulheres negras, por outro lado, as causas desse fenômeno devem ser relativizadas. Sob pena de uma análise simplista, não se pode resumir essa alta incidência à fraude contra as mulheres ou, apenas, às orientações de política de ajuste internacional.[48]

É necessário elencar e analisar outros fatores que levam as mulheres a buscar esse método irreversível: a não implementação do Paism, que, se efetivado, possibilitaria às mulheres terem acesso a anticoncepcionais não irreversíveis; as dificuldades socioeconômicas encontradas pelas mulheres para viverem a sua maternidade; a penalização social que a mulher-mãe sofre no mercado de trabalho e com a dupla jornada; a inexistência de creches e equipamentos sociais que permitam criar filhos de forma digna; os novos padrões impostos pela mídia ou desejados pelas mulheres; a instabilidade das relações amorosas face a uma diminuição do moralismo quanta à multiplicidade de parceiros ao longo da vida; as diferenciadas estratégias de sobrevivência e projetos de vida; a dificuldade de contar com a cooperação do parceiro na questão da contracepção; as mensagens do movimento feminista, incentivando as mulheres a assumirem novos papéis sociais no espaço público, e tantas outras motivações que precisariam ser pesquisadas para a compreensão do fenômeno da esterilização feminina no Brasil.

Em 1991, a partir de uma grande articulação nacional, foi criada a Rede Nacional Feminista de Saúde, Direitos Sexuais e Direitos Reprodutivos, respondendo ao pouco investimento na divulgação e na denúncia do quadro do aborto clandestino no Brasil, acompanhando o destino dos projetos de lei, organizando *lobby* junto ao Estado e à sociedade pelo direito ao aborto. Buscava-se superar um aparente desânimo do movimento de mulheres, depois da desmobilização do CNDM pelo Estado. Nessa década, colocou-se em debate a questão da esterilização.

A questão da esterilização tem encontrado, por parte de alguns grupos de mulheres, propostas de tratamento criminalizante, mesmo quando a laqueadura for realizada com o consentimento da mulher. Essa posição é altamente problemática para a demanda pelo direito ao aborto. Se criminalizada, a esterilização com o consentimento do gestante trará em seu bojo a permanência da criminalização do aborto.

Por trás do luta pelo direito ao aborto, reside uma questão política e filosófica – o direito do cidadão, do indivíduo, a autonomia da vontade sobre seu próprio corpo. É em nome desse direito que não se pune, por exemplo, a tentativa de suicídio, ou a greve de fome, respeitada inclusive pelo Código de Ética Médica. É em nome desse mesmo direito que muitos penalistas defendem a não incriminação do usuário de drogas ilegais. Trata-se de temáticas polêmicas que precisam ser consideradas.

Nesse sentido, a criminalização da esterilização com consentimento da mulher pode ser vista como uma rejeição desse princípio da autonomia da vontade e significará a manutenção da criminalização do aborto em todos os casos, exceto, talvez, na situação de risco de vida para a gestante.

Por outro lado, a dificuldade de fazer avançar a questão do aborto em geral e, em particular, a questão do aborto por anomalia fetal, esbarrava nas críticas que setores do movimento de mulheres faziam às novas tecnologias reprodutivas. A tendência em questionar os parâmetros do desenvolvimento científico confluem, também, para posições de revalorização da natureza feminina, dos processos naturais, da ecologia humana. Essa tendência encontra pontos de convergência com a revitalização do fundamentalismo oriental e ocidental.

Tais questões revigoram a necessidade de um debate público sobre a ética da ciência, sobre o poder dos médicos na sociedade moderna, sobre a posição da mulher em face de processos que, em último caso, incidem sobre seu corpo.[49] Por outro lado, essas questões podem gerar retrocessos quanto à importância do avanço científico ético e quanto à independência conseguida pelas mulheres em não serem objetos de um destino biológico inevitável, tanto para a concepção, quanto em relação à situação da infertilidade.

O poder da Igreja Católica na temática do aborto não diminuiu nem aumentou nesse período. Certamente, em situações específicas, como na visita do papa João Paulo II ao Brasil, em 1991, voltou à tona, com vigor, a posição de rejeição à descriminalização do aborto. Sabe-se, no entanto, que grupos católicos leigos e religiosos já estavam discutido, no interior da Igreja, essa questão dentro de uma postura não dogmática, procurando refletir sobre as condições de vida das mulheres e se posicionando, de forma aberta, quanto à sua legalização.[50] É inegável o poder da Igreja Católica diante de um Estado que não assume a sua laicidade. Nesse sentido, embora os corações e mentes das grandes massas da população, em especial das camadas mais pobres da sociedade, não estejam mais monopolizados pelo catolicismo, em face do avanço e da intensa proliferação das crenças evangélicas, a Igreja Católica ainda é o grande interlocutor religioso do Estado.

É importante destacar ainda que, na luta pelo direito ao aborto, as mulheres perderam, em 1989, um grande canal de articulação nacional que foi o Conselho Nacional dos Direitos da Mulher (CNDM). Apesar de continuar formalmente existindo durante a década de 1990, o CNDM acabou, de fato, em 1989, devido ao seu processo de esvaziamento e desmantelamento empreendido pelo governo federal. Esse foi um duro golpe, pois, pela primeira vez, o movimento de mulheres no Brasil teve, no nível do poder federal, uma representação direta que lhe possibilitou articular redes de apoio, de comunicação e de alianças nacionais.

Em uma sociedade dominada pela mídia, a ausência de canais alternativos de formação de opinião pública foi um dos grandes impasses do movimento de mulheres no encaminhamento de todas as suas reivindicações. Se, às vezes, a mídia tem sido simpática à causa das mulheres, o acesso à grande imprensa, em particular às redes de televisão, ainda é pequeno e intermitente.

A percepção desse esmorecimento quanto à questão do direito ao aborto levou, no início da década de 1990, alguns grupos de mulheres a retomar, na discussão interna e no debate público, as propostas e os projetos de legalização do aborto.

Essas iniciativas não se fazem sem reações. A grande imprensa, ao lado dos tradicionais artigos assinados por membros do clero católico ou por pessoas afinadas com ele, abre espaço para que figuras de renome se posicionem contra as propostas liberalizantes. A grande mídia, mesmo abrindo espaço para as feministas, acaba por dar mais visibilidade a pesquisas que apontam para uma rejeição social ao aborto.

Fez-se necessária, no início da década de 1990, uma nova articulação pelo direito ao aborto, centrado nos seguintes pontos que o rico debate dos anos 1980 já destacara:

a) defesa da autonomia do indivíduo sobre seu corpo;
b) preocupação com a saúde da mulher;
c) preocupação com as mulheres pobres, vítimas do aborto clandestino, em especial as mulheres negras;
d) extensão e democratização dos avanços da ciência na detecção das anomalias fetais;
e) laicização do debate e do Estado.

Essa articulação confluiu para a elaboração de estratégias e táticas consensuais que permitissem tratar o direito ao aborto como uma demanda política, tendo, porém, como pano de fundo, a percepção de que essa demanda de cidadania se encontra inserida no contexto de uma sociedade moralista, autoritária e discriminadora contra as mulheres.

NOTA DA AUTORA A ESTA EDIÇÃO

Este artigo foi escrito em 1992, quando procurei destacar, que, apesar de características adversas, que ainda hoje se mantêm, a demanda por autodeterminação e, em particular, por autodeterminação reprodutiva, incluindo o direito ao aborto, já não representava, desde a década de 1980, uma ideia fora de lugar. Procurei resgatar e dar continuidade a este texto em anos seguintes, e recuperar, em parte, o rico debate promovido no Brasil pelos movimentos de mulheres nas últimas três décadas. Em especial, refiro-me ao meu artigo "Movimento de mulheres e o debate sobre aborto", de 2009, em que destaco avanços importantes, como a elaboração, em 1998, do dossiê "Aborto Inseguro", pela Rede Nacional Feminista de Saúde, Direitos Sexuais e Direitos Reprodutivos. Na década de 2000, chamo atenção para a importante iniciava da Rede com a organização, em fevereiro de 2004, das "Jornadas brasileiras pelo direito ao aborto legal e seguro", com o objetivo de estimular e organizar a mobilização nacional pelo direito ao aborto legal e seguro; apoiar projetos de lei que ampliem os permissivos legais para o aborto; contrapor-se ao projetos de lei que representem retrocessos; ampliar o leque de aliadas(os) para a descriminalização/legalização do aborto e promover o debate. A partir de 2003, o diálogo das feministas com o novo poder executivo federal retornou com vigor. Na primeira década de 2000, o movimento de mulheres continuou a lutar em defesa da norma técnica do Ministério da Saúde relativa aos agravos da violência sexual, para a implantação e ampliação de serviços de aborto legal; defesa da interrupção da gestação de feto com anencefalia em respeito à dignidade da gestante e com a preocupação com danos à sua saúde física e mental; propositura de projeto de descriminalização do aborto. Em 2004, realizou-se a I Conferência Nacional de Mulheres, apoiada pela Secretaria Especial de Políticas para as Mulheres (SPM), que aprovou por unanimidade a proposta de legalização do aborto e, em 2005, essa Secretaria instituiu e coordenou a Comissão Tripartite, integrada por representantes dos poderes executivo e legislativo, membros da sociedade civil, com a participação de duas representantes das Jornadas. As Jornadas elaboraram proposta de descriminalização/legalização apresentado à SPM e ao Congresso Nacional que propunha a normatização das condições em que o aborto poderá ser realizado pelo Sistema Único de Saúde (SUS), recomendando a criminalização apenas nos casos de aborto forçado. Em 2004, o Ministério da Saúde revisou a norma técnica de prevenção e tratamento dos agravos resultantes de violência sexual contra mulheres e adolescentes, explicitando a não obrigatoriedade de realização do registro de ocorrência na polícia. Movimentos de mulheres oriundos de camadas populares e setores sindicais, dentre os quais a Marcha Mundial de Mulheres, criada no Brasil, em 2004, que incluiu em suas reivindicações o direito da mulher de decidir sobre sua vida, seu corpo e sobre suas funções reprodutivas e a legalização do aborto.

Na década de 2000, o debate junto ao poder judiciário se intensificou, tendo como eixo a interrupção da gravidez por anencefalia. Em 2014, o STF julgou a ação direta de Arguição de Descumprimento de Preceito Fundamental (ADPF 54), e reconheceu o direito das mulheres à interrupção voluntária da gestação de feto anencéfalo. Mais recentemente, o STF tem sido provocado pelas feministas a considerar a descriminalização/legalização do aborto que ensejou, em 2018, a realização de Audiência Pública para debater a Arguiço de Descumprimento de Preceito Fundamental (ADPF 442), ajuizada pelo Partido Socialismo e Liberdade (PSOL) e com *amicus curiae* de organizações feministas que está voltada para a descriminalização do aborto até a 12ª semana de gestação.

Nos dias atuais, apesar do avanço das forças conservadoras e religiosas, o aborto se tornou tema da sociedade e seu debate no Brasil constituiu um campo político específico nas questões relativas à sexualidade e à reprodução, graças à contínua mobilização dos movimentos e organizações feministas. As ameaças das forças políticas conservadoras respaldadas, atualmente com mais agressividade, pelo poder executivo e grandes setores do poder legislativo, estão longe de arrefecer a luta feminista pelo direito à interrupção voluntária da gravidez. As mesmas são respondidas com vigor pelos movimentos de mulheres, por organizações feministas, por coletivos de jovens, por núcleos da academia, por movimentos novos que surgem na década de 2010 – como a Marcha das Vadias –, por meio das redes sociais, passeatas, mobilizações junto ao poder judiciário, pressão políticas, articulações com setores democráticos da sociedade civil, que continuam a lutar pelo direito à autonomia e defesa das vidas das mulheres que necessitam recorrer ao aborto.

ESTE TEXTO FOI ORIGINALMENTE APRESENTADO NO SEMINÁRIO NACIONAL "REALIDADE DO ABORTO NO BRASIL", ORGANIZADO PELOS GRUPOS: COLETIVO FEMINISTA SEXUALIDADE E SAÚDE; ESTUDOS E COMUNICAÇÃO EM SEXUALIDADE E REPRODUÇÃO HUMANA (ECOS); INSTITUTO DA MULHER NEGRA (GELEDÉS), SÃO PAULO, 1991. ESTE DOCUMENTO FAZ PARTE, TAMBÉM, DO PROJETO CEPIA, "ABORTO: UM DEBATE PÚBLICO", APOIADO PELA FUNDAÇÃO MERK, *REVISTA ESTUDOS FEMINISTAS*, VOL. 0, N° 0, 1992, P. 104-130.

NOTAS

1. Ver Gisèle Halimi, *La cause des femmes*, Paris: Bernard Grosset, 1973.
2. Leila de Andrade Linhares Barsted, *O movimento feminista no Rio de Janeiro: trajetória, demandas e impasses*, Rio de Janeiro: Universidade das Nações Unidas/FESP, 1985.
3. Maria Lucia Milanesi, *O aborto provocado*, São Paulo: Livraria Pioneira/Edusp, 1970.
4. Ver Flavio Rodrigues Falconi, *Incidencia de abortos en el amparo maternal durante el ano de 1967*, Dissertação de Mestrado, Faculdade de Higiene e Saúde Pública, USP, 1970.
5. George Martine em trabalho realizado para o Centro Latinoamericano de Demografia (Celade), Santiago, Chile, "Formación de la Familia y Marginalidad Urbana en Río de Janeiro", em 1975.

6   Ver jornal *Opinião*, nº 19, mar 1973.

7   O grupo organizador desse seminário era formado por Mariska Ribeiro, Leila Linhares Barsted, Branca Moreira Alves, Elice Munerato, Berenice Fialho, Miriam Campello, Maria Luiza Heilborn, Maria Helena Darcy, Maria da Gloria Yung, dentre outras.

8   É interessante destacar que a íntegra do manifesto aprovado nesse seminário foi reproduzida na revista do Serviço de Documentação (Sedoc), órgão de divulgação católica, administrado pela Editora Vozes, no Rio de Janeiro, em 1975.

9   Mariska Ribeiro, "Ter filhos: uma escolha consciente", Rio de Janeiro: Idac, 1986.

10 Mariska Ribeiro era coordenadora no Idac (Instituto de Ação Cultural), da área de saúde reprodutiva da mulher, membro do Grupo Ceres, e fundadora, em 1975, do movimento feminista no Rio de Janeiro. Sobre a necessidade do movimento feminista se legitimar junto aos setores de esquerda, ver também Anette Goldberg, *Feminismo em regime autoritário: a experiência do movimento de mulheres no Rio de Janeiro*, Rio de Janeiro: PUC, 1982 e Leila Linhares Barsted, op. cit.

11 Annette Goldberg, op. cit.

12 Ver *Mulheres em movimento*, várias autoras, Rio de Janeiro: Editora Marco Zero/Idac, 1981. O livro é a transcrição do encontro do movimento de mulheres, realizado por um grupo de feministas, no Rio de Janeiro. Nesse encontro, buscou-se o consenso, entre os diversos grupos, de vários estados brasileiros, quanto à relevância de todos os temas e tipos de trabalhos que o movimento de mulheres realizava, superando-se a visão existente entre temas prioritários e temas não prioritários.

13 Dentro do programa de dotações para pesquisa sobre a mulher, da Fundação Carlos Chagas, em 1978, o Grupo Ceres (Branca Moreira Alves, Mariska Ribeiro, Leila Linhares Barsted, Jacqueline Pitanguy e Sandra Azeredo) realizou uma pesquisa sobre a identidade social da mulher, entrevistando mulheres de distintos segmentos sociais e faixas etárias, abordando, dentre outros temas, a questão do aborto. O trabalho foi publicado sob o título de *Espelho de Vênus: identidade social e sexual da mulher*, São Paulo: Brasiliense, 1981.

14 Hildete Pereira de Mello, *Sequelas do aborto: custos e implicações sociais*, Rio de Janeiro: Fundação Carlos Chagas/Inamps, 1982. Ver também Rosangela Di Giovanni, *Projetos de vida: um estudo das representações femininas do aborto*, São Paulo: Unicamp, 1983.

15 Hildete Pereira de Mello, "Sexo finalmente explícito: retrospectiva de uma experiência", *Impressões*, nº 1, Rio de Janeiro, s.d.

16 Artigo publicado no *Jornal do Brasil*, em 1981, sob o título "O aborto – direito de opção".

17 Carmen Barroso, "Consulta popular e oportuna", *Folha de S. Paulo*, 10 out 1987; e *Leis e políticas sobre o aborto: desafios e possibilidades*, São Paulo: IWHC/Conselho Estadual da Condição Feminina de São Paulo, 1991.

18 Danda Prado, *Cícera, um destino de mulher*, São Paulo: Brasiliense, 1980.

19 Carmen Barroso e Maria José Carneiro da Cunha, *O que é o aborto?*, Frente de Mulheres Feministas, São Paulo: Cortez, 1980.

20 Idem.

21 *Revista Visão*, 11 ago 1980.

22 Autora do anteprojeto que redundou na denominada Lei do Estatuto Civil da Mulher Casada, ampliando, em 1962, os direitos da mulher no Código Civil brasileiro, Romy Medeiros da Fonseca foi a pioneira, no movimento feminista, a levantar a bandeira de luta pelo direito ao aborto.

23 Romy Medeiros da Fonseca et al., "A mulher e o aborto", in *A mulher e o Direito*, Rio de Janeiro: OAB/RJ, 1985.

24 *Mulherio*, "Cresce a campanha pela legalização do aborto", jul/ago 1982.

25 *Mulherio*, "Rio: a busca da forma feminina de fazer político", jul/ago 1982.

26 Na ocasião, dentre esses partidos, destacavam-se o PMDB e o PT.

27 Ver a esse respeito Hildete Pereira de Mello, op. cit.

28 Nos painéis que trataram do aborto participaram, como expositores, Marta Suplicy (sexóloga), Hélio Aguinaga (médico), Christian Gauderer (médico), Hildete Pereira de Mello (economista), Eliana Labra (cientista social), Danda Prado (escritora), Leni Silverstein (antropóloga), Mirian Fauri (médica), Zuleika Alambert (jornalista), Eunice Michelis (senadora), Cristina Tavares (deputada federal) e Nilo Batista (advogado criminalista) Rosangela Giovanni, que, em seu

trabalho, se reporta a esse encontro e destaca a opinião de Carmen da Silva, uma das presentes, expressa em artigo, na revista *Claudia*, de 26 jun 1983, "(...) vamos obter um direito que ninguém quer usar, mas de qualquer modo nos é devido. Assim como obtivemos o divórcio, embora todo mundo prefira que seu casamento dê certo. Assim como o direito de usar óculos ou muletas, de amputar um membro gangrenado ou fazer uma ponte de safena. Perspectiva que ninguém deseja para si, mas liberdade de que, surgindo a necessidade, ninguém nos pode razoavelmente privar".

29 *Mulherio*, mai/jul 1983. No número anterior, de mar/abr, esse jornal destacava o seminário afirmando que "(...) tiraram do tabu a discussão pelo direito ao aborto".

30 Ver a esse respeito Hildete Pereira de Mello, op. cit.

31 Marta Suplicy, *Conversando sobre sexo*, São Paulo: edição independente, 1983.

32 *Mulherio*, jan/fev 1983.

33 Idem.

34 "Brasil, campeão de abortos", *Veja*, 16 nov 1983, p. 74; *Isto É*, 29 jun 1983, p. 42.

35 *Mulherio*, "Congresso discutirá o aborto", mai/jun 1983.

36 Esse documento foi elaborado em 1985 pelo gabinete da deputada Lucia Arruda e se constitui num dossiê sobre a elaboração, aprovação e revogação da referida lei. A referência que nesse documento se faz ao Conselho Regional de Medicina do estado de São Paulo encontra correspondência na posição assumida por esse Conselho em relação ao aborto. Em 1984, o CRMSP elaborou o trabalho *A questão do aborto legal no Brasil*, incorporando os subsídios do movimento feminista.

37 Dentre os livros e artigos publicados, destacamos: o trabalho do Idac, coordenado por Mariska Ribeiro, "Ter filhos: uma escolha consciente", de 1986; artigos na revista *Impressões*, Rio de Janeiro, 1987; artigos publicados na *Folha de S.Paulo*, por Carmen Barroso (1987 e 1989); Anesia Pacheco e Chaves e Silvia Pimentel, "O direito à vida e a Constituinte" e artigo de Silvia Pimentel, "A favor do aborto", in *Leis e políticas sobre o aborto: desafios e possibilidades*, São Paulo: IWHC/Conselho Estadual da Condição Feminina de São Paulo, 1991, e também publicado na revista *Veja*, 17 de fev 1988; trabalho do dr. Thomaz Gollop, publicado na *Revista Brasileira de Genética*, em 1987 etc. Dentre os encontros, destacamos: Encontro Internacional do Cedaw, em São Paulo, em 1987; Seminário Nacional dos Direitos Reprodutivos, em São Paulo, em 1987; Simpósio Internacional Christopher Tietze, "A saúde da mulher no terceiro mundo", no Rio de Janeiro, em 1988; Encontro Nacional Saúde da Mulher, Brasília, 1989, etc.

38 Ver Hildete Pereira de Mello, "Sexo finalmente explícito", op. cit.

39 Thomaz Gollop, "Avanços científicos na detecção de anomalias fetais: problemas éticos e institucionais e a legislação brasileira", *Relatório do Seminário Nacional dos Direitos Reprodutivos*, Embu, São Paulo, 1987.

40 Danda Prado, "Os avanços da ciência na detecção da má formação congênita", *Relatório do Seminário Nacional dos Direitos Reprodutivos*, Embu, São Paulo, 1987.

41 Júlio Munaro, "Avanços científicos na detecção de anomalias fetais: problemas éticos e institucionais e a legislação brasileira", *Relatório do Seminário Nacional dos Direitos Reprodutivos*, Embu, São Paulo, 1987.

42 Ver René Ariel Dotti, *Código Penal*, Rio de Janeiro: Forense, 1989.

43 Em 1989, na cidade de São Paulo, o Hospital Municipal do Jabaquara iniciava um pioneiro Programa de Aborto Legal.

44 Ver Nilce Gomes de Souza, "E assim se falou da mulher nos bastidores da Constituinte", *Impressões*, nº 1, Rio de Janeiro.

45 Esse filme foi amplamente divulgado nas principais redes de TV do país e foi motivo de matéria em jornais e revistas de grande circulação nacional.

46 Thomaz Gollop, "A legalização do aborto por afecção fetal grave e incurável", in *Leis e Politicas sobre o aborto: desafios e possibilidades*, São Paulo: IWHC/Conselho Estadual da Condição Feminina de São Paulo, 1991 e revista *Veja*, 17 fev 1988.

47 José Genoino e Luiz Alfredo Salomão, "Aspectos políticos sobre a questão do aborto", in *Quando a paciente é Mulher*, Brasília: Conselho Nacional dos Direitos da Mulher (CNDM), 1989.

48 Fátima Miranda, "Gravidez, aborto e esterilização", in *Mulher brasileira: a caminho da libertação*, Escrita/Ensaio, Ano II, nº 25, São Paulo, 1979.

49 José Aristodemo Pinotti, "Aborto no Brasil: aspectos éticos, políticos, legais", in *Quando a paciente é mulher*, Brasília: CNDM, 1989.
50 Haidi Jarschel, "Aspectos éticos-teológicos sobre o aborto", in *Quando a paciente é mulher*, Brasília: CNDM, 1989.

As mulheres trabalhadoras em suas organizações constroem uma agenda feminista própria. A sua lógica em termos de uma produção de subjetividade de gênero está demarcada por sua prática social.

Mary Garcia Castro

Mulheres sindicalizadas: classe, gênero, raça e geração na produção de novossujeitos políticos, um estudo de caso

Mary Garcia Castro

COMO OS VÁRIOS SISTEMAS de privilégios que afetam as relações sociais são referidos por sujeitos políticos mulheres em uma situação de trabalho específica?[1] Em que medida a busca de uma identidade de classe, pelas trabalhadoras domésticas, implica também privilegiar questões de gênero, raça e geração ou secundarizá-las? Como são reapropriados os construtos dessas questões? Como os sujeitos políticos mulheres utilizam os conceitos de público e privado, próprios da tônica de essencialidade do feminismo?

Tais questionamentos podem ser formulados a partir das biografias e idealizações das trabalhadoras domésticas organizadas, tendo como referência o enfoque da política da diversidade. Por esse enfoque, a cultura política das mulheres deve ser construída no reconhecimento, e não na negação, das heterogeneidades, para melhor se compreender como estão divididas entre si, evitando-se porém cortes individualizantes.

Para Michele Barrett e Roberta Hamilton, "apreender a diversidade, sem se perder na fragmentação, vem se tornando um dos maiores desafios do trabalho de corte feminista, hoje".[2]

Sujeitos políticos, para essas autoras, são mulheres que escolheram como arena o domínio público, em que o *self* entremeia-se a um coletivo por meio de suas práticas.[3] Isso se traduz em um estar junto ou ser parte de um projeto comum de mudança de uma identidade social imposta ao seu grupo de referência por interesses de um poder antagônico. A identidade de referência do sujeito político vai sendo traçada na relação entre biografia e história, um processo com diversos momentos e situações. Tal processo é marcado por projetos através dos quais as experiências são reelaboradas.

No caso das trabalhadoras domésticas, o projeto de serem reconhecidas como membros da classe trabalhadora reelabora, por um lado, vivências sobre questões de gênero, de raça, de geração e até de classe e, por outro, redimensiona significados de construtos do conhecimento feminista, como os de público e privado.

Situações de vivência do público e do privado por diferentes mulheres questionam a propriedade de teses calcadas na essencialidade de dimensões da reprodução, como o trabalho doméstico e a desprivatização da casa, para o processo de constituição da identidade feminina. No caso das empregadas domésticas, a vivência do público e do privado historicamente não se alinha ao retratado por outras mulheres, em distintas situações de classe e de práticas de trabalho. Para essas mulheres, a casa não é necessariamente sítio do reino das necessidades, ainda que o público possa ser o do reino da liberdade.

Richard Sennett,[4] referindo-se ao século XIX, chama atenção para a diferença de significados do público para homens e mulheres. O público seria o lugar onde a mulher correria o risco de "perder a virtude, enxovalhar-se, ser envolvida em um estonteante e desordenado torvelinho". Já para o homem burguês, o público seria o espaço que lhe permitiria despir-se de suas "características de respeitabilidade que se supunha estarem encarnadas na sua pessoa, enquanto marido e pai, no lar".

Jurgen Habermas[5] retraça a etimologia do público e do privado, identificando as demarcações entre as esferas da *polis* e da *oikos*, rigorosamente separadas na cidade-estado grega, sendo a pólis de domínio dos cidadãos livres. Habermas advoga a persistência normativa de tal modelo e nos leva a refletir porque, no projeto de classe das empregadas domésticas, não basta estar na pólis, já que os cidadãos não somente estariam dispensados do trabalho produtivo, como também gozariam de "autonomia privada como senhores da casa". Não é por acaso que um dos vetores da essencialidade do conhecimento feminista foi a conquista do público e a desprivatização do lar, buscando a fusão dos espaços sociais. As trabalhadoras domésticas organizadas reivindicam a separação dos espaços e a sua realização enquanto membros da classe operária. Isso significa privilegiar o público, como espaço político, sem refutar o direito ao privado, pelo divórcio entre lugar do trabalho e lugar de residência, e a exigência de cidadania.[6]

Gênero, geração e raça são categorias aqui usadas para o debate sobre a alquimia das categorias sociais e o eu dividido, ou seja, o jogo entre encontros, contradições, transformação e parcialização das rebeliões ou seleção de frentes de rebeliões. A metáfora da alquimia não é gratuita. É preferida àquela de simbiose,[7] que sugere fusão ou anulação de uma categoria pela outra.

O teorema subjacente ao conhecimento alquimista era de que haveria uma matéria-prima comum a metais bastante diferentes entre si, para a produção de um metal superior – o ouro –; haveria que combinar, por exemplo, cobre, ferro e prata. Chegar a tal matéria, transformando-a, exigia do alquimista experiência nas técnicas de laboratório e uma postura filosófica própria.[8] O alquimista, ao juntar categorias ou elementos para uma transformação, transforma-se, chegando a um conhecimento próprio singular e a um alter/autoconhecimento de si.

As categorias de raças, gênero e geração têm em comum serem atributos naturais com significados políticos, culturais e econômicos, organizados por hierarquias, privilégios e desigualdades, aparados por símbolos particulares e "naturalizados".[9] A combinação de categorias é de fácil comprovação, já o seu produto leva a outros resultados e o seu conhecimento exige saber que se inicia por ruptura com os esquemas duais.

Nicos Poulantzas[10] defende que os interesses das categorias sociais atravessariam as fronteiras de classe, embora advogue que as alianças podem ocorrer entre indivíduos de diferentes classes sociais se – e tão somente neste caso – seus interesses de classe não estiverem ameaçados.

Concordamos que a estrutura de classe condiciona práticas, mas não as determina nem limita alianças construídas em nome de interesses de algumas categorias sociais. Na alquimia das categorias, nem o conceito de classe se reproduz na íntegra, estando sujeito a reapropriações.

A alquimia das categorias sociais está presente na construção de subjetividades, que, somente para fins analíticos, seriam referidas como específicas, ou seja, segundo a classe, gênero, a geração ou etnicidade. Contudo, se se trata de ação coletiva, no plano da subjetividade coletiva são elaboradas seleções quanto a referências. A tese é que, em se tratando de trabalhadoras domésticas que enfrentam o estigma da não consideração do seu trabalho como tal, o norte é uma subjetividade de classe, que guarda distância do que tradicionalmente se convencionou chamar classe.

A produção de subjetividade não é um componente ideológico ou uma parte da superestrutura. É parte de um sistema econômico, político e cultural que se reproduz por diferentes mecanismos.[11] O conceito de subjetividade é aqui entendido como resultado da interação entre atos e ideias que identificam o *self* na sua relação com os outros. A subjetividade coletiva junta os atos orientados por referências do cotidiano pessoal e a preocupação com projetos orientados ao coletivo em termos de impulso ou estímulo à mudança. Com tal raciocínio, melhor se equacionam as relações feitas nas referências de vida, ou para frentes de luta, além dos rótulos de alienação. Também se evita o deslumbramento com as representações, com o dito, risco frequente se se trabalha com testemunhos. Há que relacionar desejos, modelos de identidade às "máquinas de produção de subjetividades". Félix Guattari[12] assim expressa tal postura:

> Tudo o que é produzido pela subjetivação capitalística – tudo o que nos chega pela linguagem, pela família, pelos equipamentos que nos rodeiam – não é apenas uma questão de ideia, não é apenas uma transmissão de significações com polos maternos, paternos etc. Trata-se de sistemas de conexão direta entre as grandes máquinas produtivas, as grandes máquinas de controle social e as instâncias psíquicas que definem a maneira de perceber o mundo (...) Todos os fenômenos importantes da atualidade envolvem dimensões do desejo e da subjetividade.

CATEGORIAS SOCIAIS E DIVERSIDADE

Na literatura feminista, são lugares-comuns as disputas de competência entre gênero e classe. Também nos escritos sobre raça, tais disputas se repetem, alguns antepondo, outros mesclando as propriedades de um sistema de raça e as de um sistema de classe.

Buscamos um caminho diferente de análise, ao reconhecer que, na sociedade brasileira, identificam-se historicamente sistemas de privilégios que se perfilam de forma nítida, podendo-se referir a um sistema de raça, a um sistema de gênero e a um sistema de geração, com hierarquias próprias e relações legitimadas. Tais sistemas não são explicados por causações lineares ordenadas pela questão de classe.

Reconhecer a pluralidade dos sistemas de privilégios e hierarquias implica o exercício da crítica ao essencialismo, tão empregado pelos movimentos sociais e pelos conhecimentos competentes, especializados. Pela modelagem da essencialidade, a desvalorização social do trabalho doméstico seria explicada porque é historicamente exercida por mulheres (explicação de certas correntes do feminismo) ou porque é reminiscência do trabalho negro escravo (explicação de correntes do conhecimento sobre relações raciais e sobre classes sociais).

Mas não é essa parte da modelagem – reconhecimento de distintos sistemas de privilégios – que emprestaria singularidade ao caminho analítico aqui proposto. Insistir no reconhecimento da pluralidade de sistemas de hierarquizações sociais consistiria em circular no campo da posição althusseriana das autonomias relativas.

Além da pluralidade, a tradução dos sistemas de privilégios (por categorias sociais) se dá por vivências, isto é, realizações de uma sociedade de classe em tempos e lugares definidos.

Tais sistemas de privilégios se entrelaçam, resultando em especificidades que se afastam dos modelos puros. Nesse sentido, a análise, pautada por uma perspectiva de gênero, será pobre para a compreensão das situações de todas as mulheres de diferentes raças e em distintos ciclos de geração e posição de classe. Gênero seria um – não exclusivo – conteúdo de relações sociais pautado por hierarquias e subordinações.[13]

A vivência de relações sociais racistas, com marcas de gênero e códigos de geração por sexo, leva tanto à fragmentação da identidade por referências exclusivas, indirecionais, quanto às combinações entre identidades, resultando em significados próprios de construtos básicos de cada sistema de discriminação.

Em tal raciocínio está ancorada a expressão *alquimia de categorias sociais* (raça, gênero e geração). Essa alquimia não ocorreria em um vácuo resultando em um tipo de perfil próprio. Seus significados e suas reelaborações, por sujeitos políticos, numa trajetória de se assumirem como tal, são pautados por práticas sociais e projetos específicos. Tal alquimia é levada a extremos em uma sociedade de classe, que ideologicamente a reinterpreta para difusão de responsabilidades. Não só se naturalizam questões de gênero, raça e geração, como essas são filtradas por questões de classe, diluindo-se identidades e, portanto, percepções e ações críticas a suas lógicas. Dilui-se também a propriedade compreensiva dos quadros conceituais próprios a cada sistema de relações.[14]

As líderes do serviço doméstico organizado em Salvador se identificam como feministas, mas não compartem as críticas feitas pelo movimento feminista ao trabalho doméstico. Ao contrário, lutam pela valorização desse trabalho como técnica, especialidade. Têm como norte a desprivatização do trabalho doméstico quando remunerado e recusam as analogias entre trabalho e serviço doméstico. Tendem a enfatizar o público como o espaço por excelência da sua constituição enquanto sujeitos políticos e separam, em termos de sua prática ocupacional, o que seria espaço da produção (serviço doméstico) e da reprodução (trabalho doméstico). Não compartem tampouco as críticas feministas sobre família, pois ter uma família sua, realizar o trabalho doméstico para os seus, se configura numa aspiração e passo importante na definição de distintas espacialidades (lugar de trabalho *versus* lugar de morar ou de ter família). Tal separação é considerada essencial na construção da identidade de trabalhadora, isto é, pela alteridade, que além da separação mencionada, entre vida privada e vida pública, implica avaliações distintas.

As sindicalistas contam casos de racismo, filtrados por relações de classe, indicam casos de sexismo no interior das relações raciais e rotulam como distintos os problemas das mulheres mais jovens e das mais velhas. Elas destacam que o fazer-se sujeito de classe, trabalhadora doméstica sindicalizada, é obstaculizado pelos códigos, quer do sistema de geração – o sindicato seria lugar de mulher mais velha –, quer do sistema de gênero – as relações afetivas entre homem e mulher levariam as empregadas domésticas a se afastarem do sindicato, principalmente se mais jovens –, quer, enfim, por códigos do sistema de raça – as trabalhadoras domésticas não se sindicalizariam porque o trabalho doméstico remunerado é menosprezado socialmente como trabalho de negro.

As múltiplas discriminações se reforçam e podem também impedir a construção de identidades específicas ou o reconhecimento das lógicas de privilégios de cada sistema. A medida que o norte prioritário das trabalhadoras domésticas é serem reconhecidas socialmente como trabalhadores, tanto pelo polo em oposição (Estado e patrões), como pelo polo parâmetro de identificação (outros sindicatos e centrais sindicais), secundariza-se o debate sobre a realização das diversas categorias sociais, enquanto relações pautadas por discriminações.

As sindicalistas entrevistadas concordam que, pelo fato de o trabalho doméstico trazer o estigma das relações de escravidão e/ou ser papel de mulher, sua desvalorização social é reforçada. Consideram, no entanto, que o vetor básico do trabalho sindical são as relações de exploração próprias do serviço doméstico. Não lhes atrai o debate sobre o trabalho doméstico como privativo do gênero feminino e tendem a uma maior lealdade com o movimento negro do que com o movimento feminista, em especial porque aquele lhes proporciona uma referência, uma ancestralidade, uma história que não descobrem neste. Uma história que se confunde com a história dos dominados. Nas relações sociais de classe, ser negro é ser pobre, já ser mulher pode também significar ser patroa, o outro polo de oposição.

A identificação das sindicalistas, trabalhadoras domésticas, baianas, com o movimento negro, passa, portanto, pela imbricação entre classe e raça (ou etnicicidade), pela linguagem comum – a história – da relação de discriminação com um outro totalizado o branco, rico e patrão. A ambiguidade do eu no outro complica lealdades entre mulheres de diferentes posições sociais. A mulher feminista patroa é percebida, principalmente, como patroa pela sindicalista empregada doméstica. Empiricamente, tais associações podem ser remodeladas, pois a alquimia entre raça, classe, gênero e geração resulta em produtos heterogêneos.

A geração é outra categoria naturalizada com códigos sociais rígidos na sociedade brasileira. Até um certo limite, geração comparte com raça e sexo a qualidade de ser "natural" e socialmente recodificada, uma vez que também está imersa em estereótipos culturais e econômicos direcionados a cada ciclo de vida.

A interação entre gênero e geração afeta em especial as mulheres. Limita o que é ou não próprio das mulheres de certa idade, fazendo variar os códigos de seleção econômica e sexual e os de valorações sociais.

As entrevistas com líderes do serviço doméstico de Salvador mostram discriminação segundo o ciclo geracional, tais como: exploração do trabalho infantil, abuso sexual de crianças e adolescentes, seletividade no emprego por conta da idade e abandono por seus maridos ou companheiros por envelhecerem. Mas, enquanto as líderes entrevistadas concordam que a discriminação contra as mulheres e a discriminação racial[15] ou mesmo as desigualdades econômicas e raciais podem e devem ser abolidas, consideram também que não há formas de combater os estereótipos geracionais, uma vez que, de acordo com uma das entrevistadas, "isso sempre foi assim".

A complexidade da geração como categoria social também se relaciona com o problema de identificação do sujeito com um ciclo de idade. Os sujeitos se movem entre ciclos de vida, mudando, portanto, referências, símbolos de relações. Ciclos geracionais que estão em xeque não estão relacionados ao mesmo grupo de pessoas, e aquela situação específica é naturalmente suplantada com um novo ciclo de vida. Essa particularidade bloqueia a autopercepção e a construção de uma subjetividade coletiva.

PERFIL E ORGANIZAÇÃO DAS TRABALHADORAS DOMÉSTICAS DE SALVADOR

Na Região Metropolitana de Salvador, excetuando-se o emprego doméstico, um terço dos assalariados são mulheres. Já a maioria das empregadas domésticas é mulher (92,5%), sendo elevada a participação das mais jovens. Há dez vezes mais crianças e adolescentes, entre dez e dezessete anos, trabalhando como empregada doméstica do que em outras ocupações assalariadas.

Salvador é um dos principais núcleos do movimento negro no Brasil, destacando-se o significado da ancestralidade africana na formação da cultura, da história e da economia. É ainda hoje bastante expressiva a participação dos afro-brasileiros na população total, cerca de 65% da população em 1989. A raça empresta singularidade à seletividade da força de trabalho. Há quase três vezes mais pessoas de cor branca entre as diversas categorias de assalariados do que entre as trabalhadoras domésticas de Salvador. Enquanto 93% das trabalhadoras domésticas são mulheres não brancas, estas são 77% das demais assalariadas. A relação entre raça e classe é mais evidente se considerarmos, por exemplo, a posição na ocupação. Entre os empregadores, a proporção de não brancos é de apenas 45% em 1985.[16]

Não chega a duzentos o número de trabalhadoras domésticas sindicalizadas na cidade de Salvador, apesar de uma diretoria ativa e presente constantemente na mídia.

Obter o estatuto legal de sindicato (1989) e adquirir uma sede (1988), com o apoio da Oxfam (agência internacional), foram os objetivos que mais mobilizaram as empregadas domésticas organizadas na cidade de Salvador.

Tais objetivos se relacionam com seu desejo de reconhecimento social como trabalhadoras: serem aceitas como iguais por outros trabalhadores, garantindo a sua autonomia em relação aos partidos políticos, entidades religiosas e outros movimentos sociais.

GERAÇÃO

As líderes do serviço doméstico em Salvador, em média, são mais velhas do que a maioria das empregadas domésticas. Sua idade varia entre 21 e 41 anos.

Geração é um fator seletivo na sindicalização. As líderes se queixam da dificuldade em atrair mulheres jovens para o sindicato, porque o coletivo do serviço doméstico como grupo ocupacional não é parte do projeto de vida das adolescentes. Ao contrário, as trabalhadoras domésticas jovens não querem ser reconhecidas como tal, pois acreditam na possibilidade de uma mobilidade social. O sindicalismo é também considerado pelas jovens trabalhadoras como próprio das mulheres mais velhas, daquelas que não têm marido ou das que não são amadas.

As líderes sindicais admitem que o ciclo de vida das mulheres limita as suas atividades públicas. Não há mulheres casadas no sindicato, mas há várias mães solteiras, o que sugere que a carga de trabalho nas suas casas, como o fato de terem filhos pequenos, não é um fator de limitação da sua participação no sindicato. Porém, o marido ou namorado aparecem como um forte empecilho à sindicalização de muitas delas.

Códigos sociais geracionais também afetam os projetos coletivos de gênero, considerando-se estereótipos de beleza e seletividade nas relações homem/mulher. Algumas líderes mais velhas contam casos de abandono por parte de seus namorados, envolvidos em outra relação, geralmente com uma mulher mais jovem.

A dinâmica social das relações pautadas por códigos geracionais são interpretadas por um prisma fatalista. As mulheres mais velhas, acima dos trinta anos, não teriam mais chances de vir a ser selecionadas ou de "arranjar um homem", não havendo, para as sindicalistas, como alterar tal quadro.

RAÇA

Ao serem interrogadas sobre a cor da sua pele, bem como a de seus pais e irmãos, as líderes sindicais deram respostas variadas. Entre as mulheres negras, algumas responderam "sou muito escura", "preta" ou da "raça negra". Nós não mencionamos o termo raça na nossa pergunta. A última resposta, raça negra, é dada por líderes do serviço doméstico que também militam no Movimento Negro Unificado (MNU). Três entre as catorze trabalhadoras domésticas entrevistadas integram esse movimento.

Aquelas que nas estatísticas oficiais seriam classificadas de pardas referem-se a si próprias como "marrom", "escura", "clarinha", "claramente", "um pouco escurinha", "clara" e "marrom clara", "não muito escura" ou "morena". Tal reconhecimento de raça ou disfarce está de acordo com pesquisas desenvolvidas especificamente sobre questões raciais.[17] Em vez de uma diferenciação aguda entre negros e brancos, um contínuo de cores é estabelecido. Agier[18] adverte que esta prática de "autoembranquecimento" ou de apagamento da própria identidade racial teria o efeito de uma "violência simbólica"[19] que os negros cometem contra si próprios, uma vez que o sistema de poder racial é reproduzido sem rebelião, mas com cumplicidade.

Esse tipo de violência também operaria por outro raciocínio, o da identidade, relacionada com a pobreza. Nesses termos, não haveria uma questão de gênero ou uma questão de raça e muito menos de geração, tudo se resumindo a uma questão de classe.

Algumas respostas à pergunta sobre a cor de pele ilustram as ambiguidades referidas e também os diferentes estágios no processo de produção da subjetividade racial:

"Algumas pessoas dizem que sou branca, enquanto outras dizem que eu sou morena. Eu penso que sou branca, e sou um pouquinho amarelada. Esta corzinha que tá aqui é do sol."

"Eu sou moreninha."

"Eu sou mulher negra."

"Eu sou uma mulher negra, empregada doméstica."

É visível o ganho, em termos de dignidade e autorrespeito, quando se centraliza a discussão sobre raça e a influência de princípios difundidos pelo movimento negro.

Dentre as entrevistadas, aquelas que são militantes de movimento negro declararam que a escravidão é parte da história das empregadas domésticas e argumentaram sobre a necessária relação entre raça e classe no caso das empregadas domésticas. Já outros tópicos constantes da agenda do movimento negro, como o resgate da cultura e das raízes africanas, não entusiasmam de igual forma.

As sindicalistas declararam que é bom receber apoio de grupos do movimento negro, considerando que "a maioria das empregadas domésticas é negra". Mas também acrescentaram que os interesses do movimento negro e os do sindicato não são necessariamente os mesmos, uma vez que "há muito intelectual no movimento negro". "Eles, lá no movimento negro, não lidam diretamente com o caso das empregadas domésticas, são apenas solidários conosco."

Quando a referência é raça, os temas que perpassam os discursos orientam-se para os casos de negros pobres e, para todas, o movimento negro é um movimento para os pobres, ainda que algumas citem a presença de "doutores" no movimento como barreira para uma maior integração entre o sindicato e o movimento negro. Segundo Luiza Bairros, também membro do MNU, a composição desse movimento é basicamente de trabalhadores e funcionários, sem presença de classe média.

Se o movimento negro é percebido como um movimento para os pobres, este não é o caso do movimento feminista.

> Alguns militantes homens, do movimento negro, são um bocado machistas e nem todos eles respeitam nosso sindicato como sendo uma organização representativa dos trabalhadores. Mas nós somos da mesma raça e eles têm sido bastante ativos na defesa dos direitos dos pobres (...) As feministas têm nos ajudado, mas nós não temos muita coisa em comum com o movimento feminista(...) bem, talvez alguma coisa, uma vez que nós somos todas mulheres.

GÊNERO

Vivências moldadas pelo sistema social de gênero são retratadas quando a vida familiar na infância é focalizada. O pai é a figura mais forte. No discurso das líderes é o protetor, autoritário, que toma decisões. Muitas complementam que "ele só queria o melhor para nós, os filhos". A mãe é lembrada como uma pessoa dócil, cúmplice da filha nas questões amorosas. A maneira como algumas entrevistadas mencionam a ocupação de cada um dos pais indica o modo subliminar como opera a ideologia de gênero. "Meu pai, ele trabalhava fabricando fogos de artifícios para vender, minha mãe apenas o ajudava. Ela era dona de casa." "Meu pai trabalhava duro na plantação. Minha mãe ajudava. Nós, minha mãe, meus irmãos e eu ajudávamos o pai lá na roça." "Ela ficava a cargo do trabalho doméstico. Ele era um trabalhador rural."

Não somente a divisão sexual do trabalho, mas também a divisão sexual do poder e do prazer são parte das biografias. Ao pai cabia a decisão de migrar para a cidade. Decisão sempre difícil, pois os pais gostariam que os filhos ficassem na área rural. A decisão era tomada considerando a situação de pobreza. O pai tinha um papel ativo na ordenação das relações das entrevistadas com seus amigos do sexo masculino enquanto permaneciam na casa paterna. Os irmãos tinham permissão de sair à noite e voltar tarde. Esse não era o caso das mulheres, das meninas ou das moças. Esses fatos não são revelados espontaneamente e, quando citados, não há nenhuma recriminação ou reconhecimento de desigualdade ou discriminação. Algumas mencionam o comportamento autoritário do pai, mas também costumam suavizar a questão, enfatizando que, em contrapartida, ele protegia a família.

A família primária é uma importante referência para as entrevistadas, que se sentem mais gratificadas por terem sido educadas por valores austeros, com "cuidados".

Muitas não se sentem à vontade para falar de sexualidade. Volta e meia lembram que são "mulheres direitas", "moças direitas". Algumas ainda associam o feminismo com um movimento que prega práticas sexuais "diferentes" ou "sexo livre", o que contribui para que não se sintam parte do movimento feminista.

Poucas escaparam a casos de "coração partido" ou a "uma desilusão amorosa", sendo comuns comentários amargos sobre as relações com os companheiros, durante a juventude. Nos seus projetos de vida, o casamento ou uma relação estável foi uma referência forte até os vinte anos. Poucas verbalizam a intenção de ainda querer casar e ter filhos.

Diferentes tipos de rebelião contra as relações subordinadas entre homem e mulher fazem parte da história de vida das entrevistadas.

Um tipo comum de rebelião foi garantir projetos próprios. Para uma das entrevistadas, a conciliação entre uma relação amorosa estável e a participação no sindicato não foi possível, levando a uma escolha.

É, eu acabei ficando com o sindicato, esta é a minha luta. Talvez um dia eu case (ela tem 37 anos hoje) ou então viva com alguém. Porque casar hoje está fora de moda. O problema é que se você casar, você tá fora. Você já não pode participar do sindicato e de nenhuma outra coisa. Se você casa, você tem que ficar em casa tomando conta do marido e da criança. Eu nunca quis isso para mim. Quando eu era jovem, tive muitos namorados, mas eles não aceitavam os meus planos. Eram pessoas de cabeça fechada. Uma mulher pode viver muito bem sem um homem, o problema é que poucas admitem isso.

O movimento feminista encontra restrições em alguns itens da sua agenda, tais como aborto, sexualidade, e pela sua composição social, já que incorpora as patroas.[20]

Rupturas radicais com a tradição e com a socialização recebida da família nuclear não são facilmente aceitas. As líderes do serviço doméstico deixam claro que as empregadas domésticas devem ser vistas como "pessoas sérias", "mulheres direitas", "profissionais preocupadas com as relações de trabalho". É a forma de se alinhar com o que em sindicatos de outras categorias seria o perfil de um trabalhador militante.

Algumas respostas à pergunta "Você se considera feminista?" ilustram a multiplicidade de tipos de produção da subjetividade de gênero: "Bem, eu sou uma mulher. De fato a maioria das empregadas domésticas são mulheres, assim o feminismo é algo que me diz respeito (...) Não há necessidade, no entanto, de se estar associada a um movimento feminista. As empregadas domésticas vêm de outro meio." "Ah, não tem como, eu não sou nem feminista nem machista, eu sou é por direitos iguais (...) O movimento negro, esse sim é muito importante para a gente (...) Nós nos damos bem com algumas feministas, elas colaboram conosco." "Uma vez que a maioria das empregadas domésticas é mulher, há alguma coisa em comum com as feministas, mas de fato eu não tenho uma opinião muito clara sobre o movimento feminista. E sobre o movimento negro, ah!, com esse nós temos muita coisa em comum, é um movimento muito importante para a gente, pois somos em maioria negra. É importante tê-los conosco nos ajudando."

Outras entrevistadas vão mais além, fixando limites à fraternidade, à possibilidade de estarem juntas com outras mulheres. "Algumas pessoas dizem que as feministas são todas lésbicas, eu não penso assim. É importante lutar pelos direitos das mulheres, e nós, empregadas domésticas, somos mulheres. Mas eu gosto de homem e, sobretudo, tem um problema: as feministas são mulheres, pessoas bem-educadas, por que elas viriam perder o domingo para escutar a gente falar delas uma vez que elas são patroas? Talvez só para nos estudarem." (ela ri) "Eu sou contra o racismo, mas no movimento negro tem muito advogado, professora, intelectual e pessoas relacionadas com partidos políticos. O sindicato não, esse é nosso. Aqui no sindicato nós somos todas iguais, a maioria aqui é negra e somos mulheres, mas nós somos pobres e somos empregadas domésticas."

CLASSE

Todas as líderes entrevistadas vieram da área rural e a maioria chegou à cidade ainda criança ou adolescente para trabalhar. São filhas de trabalhadores rurais, de pequenos proprietários, sem terra, pequenos negociantes e trabalhadores autônomos. Os seus irmãos têm grande probabilidade de seguir o mesmo destino do pai se ficarem na área rural, mas possivelmente também vão migrar e se tornar, na cidade, trabalhadores não especializados. Suas irmãs serão também empregadas domésticas ou donas de casa.

Contudo, as sindicalistas entrevistadas defendem que as empregadas domésticas são membros da classe trabalhadora não por adscrição à sua procedência familiar, e sim porque o seu trabalho tem um valor social e estaria pautado por relações similares às de outros trabalhos produtivos.

Apesar da visão crítica das suas condições de vida e das lutas pelos seus direitos, as líderes sindicais não qualificam as relações patrão/empregado como antagônicas. Algumas declaram que o serviço doméstico nunca terminará. Outras dizem gostar dessa ocupação.

Para todas as entrevistadas, são as relações sociais de trabalho em nível molecular, o relacionamento patrão (patroa)/empregada, que devem ser mudados, investindo-se mais no reconhecimento da importância do trabalho doméstico para a sociedade. Consideram que o sindicato deve empenhar-se em garantir um salário justo e proteção legal para a trabalhadora, além de conseguir reconhecimento profissional. Respeito e dignidade são metas enunciadas pelas líderes do serviço doméstico em Salvador.

Elas são simpáticas aos partidos de oposição. Entretanto, são comuns declarações como "não entendo" ou "não gosto de política". Não consideram que os partidos políticos sejam importantes para mudar as condições de vida do trabalhador e, em especial, da empregada doméstica. Na produção de subjetividade entre as líderes do serviço doméstico em Salvador, o conceito de classe toma, hoje, um acento próprio, relacionado a direitos de cidadania, ao processo de autoprodução e reconhecimento social como trabalhadora. Não há necessariamente um projeto de classe, entendido na sua forma clássica de uma classe contra a outra, em que se priorizam os antagonismos. Ainda que a patroa seja rotulada como a "outra" e reconhecida como a que tem interesses diferentes,[21] reivindica-se a manutenção do serviço doméstico, despojado de suas características pré-capitalistas, reformado.

O privado é uma parte intrínseca das relações das empregadas domésticas com os empregadores e relativiza as separações antagônicas entre patrões e empregados, ainda que elas considerem seu emprego como do domínio do público.

A oposição público *versus* privado se mostra clara nas conversas que têm lugar na *nossa casa* (expressão cunhada nas entrevistas), ou seja, na sede do sindicato. Aí elas cozinham para si, falam do seu cotidiano, dos namorados, de seus planos e também reúnem-se e planejam campanhas públicas em favor dos seus direitos.

A presidente do sindicato, Creuza Maria de Oliveira, discorda que ele seja vivido como a *nossa casa* e relativiza o ambiente de informalidade observado pelas pesquisadoras. Tal interpretação teria uma conotação paternalista. Segundo ela, os *esforços* pela criação da sede objetivaram demonstrar o caráter profissional da categoria e suas reivindicações pelo reconhecimento de um estatuto de uma organização pública. O sindicato, seria, assim, considerado pelas sindicalistas como um "espaço de luta por direitos e conscientização".

As características pré-capitalistas do serviço doméstico são colocadas em questão. A negação do passado é mais facilmente reconhecida do que a afirmação de um futuro. Mas passado e futuro não estão à parte, e no discurso transcrito abaixo, há a sugestão de que a formação da subjetividade de classe das domésticas já está em processo:

Nós lutamos para sermos reconhecidas como trabalhadoras. Outros sindicatos de trabalhadores nos apoiam em questões legais de trabalho e também nos dão apoio material. Mas nós sentimos que mesmo entre os militantes políticos há preconceitos contra a gente. Muito deles são também patrões.

Você cresce como pessoa quando você participa de um sindicato. E a categoria é mais respeitada se a organização tem a forma de um sindicato. Eu aprendi muito indo a congressos e a reuniões fora de Salvador e sendo parte de um importante grupo de pressão.

Na escola, uma amiga minha me falou sobre a associação. Naquele tempo ainda não havia sindicato. Eu gostei muito das reuniões, dos encontros, apesar de estar um pouco desapontada porque éramos muito pouquinhas. Pela primeira vez ouvi o que eu já estava procurando ouvir há muito tempo: que nós éramos importantes e que podíamos mudar nossa situação. Eu sinto como se tivesse despertado quando comecei a participar junto com outras empregadas domésticas da associação. Então, eu tive a oportunidade de botar em prática o que queria, de deixar sair o que tava lá trancado em mim há muito tempo. Porque eu sinto que essas coisas todas já tavam lá escondidinhas. *De fato, foi como um despertar e a escola foi muito importante. Os professores falavam sobre escravidão, sobre organização de trabalhadores e de camponeses. Isso foi mais ou menos em 1986, e muitos dos movimentos sociais estavam aparecendo. Eu pensei, uai, por que não nós também?* Eu antes já tinha ido à reunião de uma outra associação de empregados domésticos que é orientada pela igreja, mas lá não gostei, não. Não se falava nada sobre os direitos da empregada, mas eu não gosto dos partidos políticos. Eu tenho simpatia por alguns partidos que apoiam os direitos dos trabalhadores, mas é muito importante manter a nossa autonomia. Alguns padres também nos ajudaram muito, principalmente no começo da organização. A nossa associação funcionou muito tempo na igreja do colégio, mas aos poucos nós sentimos que eles queriam nos controlar, como eles fazem com muitos outros movimentos sociais. *Nós temos que aprender por nós mesmos.* Nós precisamos de colaboração. Talvez um dia eu tenha que me filiar a um partido político. Eles são poderosos e eles podem enfrentar os ricos, mas antes de entrar num partido político eu vou querer saber muito, conhecer cada um deles por dentro. *É importante ser dono das nossas vidas, dirigir as nossas vidas junto com outros que são iguais à gente.* (grifo nosso)

228

REFLEXÕES FINAIS

A história de vida das líderes do sindicato de empregados domésticos de Salvador não é muito diferente daquela de empregadas domésticas da América Latina: migração, exploração do trabalho infantil, humilhação, servilismo, proletarização dos pais, empobrecimento, racismo, falta de respeito social para com o seu trabalho, falta de alternativas educacionais e de oportunidades de emprego, socialização para desempenhar os trabalhos domésticos como sendo um destino natural de mulher pobre.[22]

Mas, alguns traços bem peculiares se destacam. Rebelião é um traço comum que toma diferentes formas nas biografias das líderes. Um tipo comum de rebelião é a busca por educação para mudar as suas trajetórias individuais. Outro é a orientação coletiva de companheirismo, de estar com os iguais. É comum as empregadas domésticas esconderem sua ocupação, terem vergonha do tipo de trabalho que fazem devido ao desprezo social que pesa sobre essa atividade. Mas as sindicalistas entrevistadas já romperam com esse estigma. Fazem críticas à condição do emprego doméstico, gostariam de mudar de ocupação, mas sua rebelião pessoal contra o destino está emoldurado por um projeto coletivo.

Nas suas biografias, há ilustrações de que a rebelião não se dirigiu apenas contra as condições de trabalho e seus parâmetros legais. Padrões de gênero, como, por exemplo, dar prioridade ou ficar restrita às relações afetivas e familiares, em detrimento das práticas sindicais, são questionados por muitas líderes.

Elas também se insurgem contra os preconceitos raciais. Isso não significa que consideram importante ser parte do movimento negro ou feminista, e muito menos de um partido político. Estarem juntas, serem solidárias, não é um princípio necessariamente compartilhado ou estendido a todas as mulheres e a todos os negros. Linhas de classe são seguidas rigidamente nas alianças e nem todos os termos das agendas dos movimentos feminista ou negro são assumidos como bandeiras.

Insistimos na tese de que a adoção de uma agenda feminista pelas trabalhadoras domésticas, líderes sindicais, chega somente até o ponto da discussão sobre igualdade. Defendemos a ideia de que as mulheres trabalhadoras em suas organizações constroem uma agenda feminista própria. A sua lógica em termos de uma produção de subjetividade de gênero está demarcada por sua prática social, suas experiências como empregada doméstica. Uma tese que está bem ilustrada pela compreensão de uma delas sobre o que é feminismo.

> Eu sou feminista. Uma mulher feminista não aguenta imposições nem da sociedade nem do marido. Ela quer brigar pelo direito de trabalhar pela sua independência. Ela quer estar livre para chegar tão tarde quanto sinta vontade. Desde criança eu já era feminista. Eu fugi da casa da patroa quando eu tinha treze anos porque ela costumava me bater (...) Mas um bocado de coisas está faltando no movimento feminista. Muitas mulheres feministas ainda não acordaram para o reconhecimento das necessidades das empregadas domésticas. Eu trabalhei com uma feminista ativista. Ela costumava participar em campanhas pelos seus direitos, mas no meu caso era diferente. Ela não me pagava um salário justo e não me dava dias livres. Ela era feminista, mas somente para mulheres da classe dela. O movimento feminista tem muita coisa que ver com a luta das empregadas domésticas, mas há uma diferença fundamental: elas tiveram acesso a uma boa educação, já as mulheres negras, não.

Uma alquimia singular entre categorias sociais de gênero e raça condicionada pelo ciclo geracional – ser jovem ou não – e emoldurada pela estrutura de classe é construída por essas artesãs da ação coletiva.

A classe substancia-se em gênero e em raça, assim como gênero e raça são filtrados por posições e relações de classe. A estrutura de classe que produz e onde se reproduzem os pobres não é uma dimensão paralela, e sim palco das relações de raça e de gênero.

Essa tese apresenta problemas se a referência é a questão das relações homem-mulher, uma vez que a empregada doméstica negra tem experiência afetiva conflituosa com os homens negros, tópico aliás comum em suas biografias. Rebelar-se nessas relações também é parte das suas biografias, mas, nem por isso, um projeto coletivo em relação a gênero está em marcha.

A matriz da interação entre categorias sociais em um sistema de classe dá lugar a um sujeito coletivo peculiar. A autodefinição de uma sindicalista quando lhe perguntamos qual a sua cor de pele traduz bem o que estamos aqui denominando de alquimia de categorias sociais, emoldurada por uma sociedade de classe e diretamente formatada pela prática do cotidiano social: *"Eu sou uma mulher negra, empregada doméstica."*

Múltiplas determinações interativas não se ajustam à perspectiva de essencialidade no tratamento das categorias e a movimentos sociais específicos, nem ao tradicional modelo de sindicato de classe. A construção da subjetividade das trabalhadoras domésticas é ainda um processo em aberto que está sendo construído por elas, mediante práticas peculiares.

Se o reconhecimento da diversidade social e das alquimias entre categorias sociais, segundo práticas de classe, questiona o viés da essencialidade das formulações monovetorizadas, nem por isso invalida a necessidade de corpos especializados de conhecimento, referidos a cada categoria social de *per si*. Tal reconhecimento questiona, sim, a intolerância e o estatuto teórico de construtos usados sem referência a práticas concretas como os conceitos de público e privado. Indica também a necessidade do respeito à alteridade, à recorrência a análises sobre múltiplos sistemas de hierarquias e privilégios e a necessidade de estratégias de alianças e reforços ao nível dos movimentos sociais.

Insistimos na necessidade da delimitação dos enfoques essencialistas, retirando-lhes suas pretensões de chaves mestras, explicativas, pecado original das formulações dogmáticas sobre classe, que também contagiaram correntes do feminismo. Uma das contribuições epistemológicas do feminismo foi chamar atenção para a alteridade, recusar homogeneizações, e, como sublinha Silva Dias,[23] questionar "um sujeito universal". Contribuiu, enfim, para a política da diversidade, relacionando classe, gênero e raça.[24]

O desafio é não somente respeitar as variações internas nas alteridades, mas reconhecer que distintos movimentos, como os das trabalhadoras domésticas organizadas, têm um processo e um modelo próprio de realização, que pode inclusive descartar alguns dos parâmetros originais de movimentos afins, como a ênfase na chamada esfera da reprodução e sua identificação com o privado.

ESTE TEXTO É UMA VERSÃO REVISADA DO ARTIGO PUBLICADO ORIGINALMENTE SOB O TÍTULO "ALQUIMIA DE CATEGORIAS SOCIAIS NA PRODUÇÃO DOS SUJEITOS POLÍTICOS: GÊNERO, RAÇA E GERAÇÃO ENTRE LÍDERES DO SINDICATO DE TRABALHADORES DOMÉSTICOS EM SALVADOR", NA *REVISTA ESTUDOS FEMINISTAS*, N° 0, 1992, P. 57-73. ESTUDO REALIZADO COMO PARTE DO PROGRAMA DE PESQUISA "DIVIDINDO PARA SOMAR: A PRODUÇÃO DE SUJEITOS POLÍTICOS MULHERES (O CASO DE LÍDERES SINDICAIS DO SETOR BANCÁRIO E DO SETOR DE SERVIÇO DOMÉSTICO, SALVADOR/BAHIA)", REALIZADO NA UNIVERSIDADE FEDERAL DA BAHIA ENTRE 1990 E 1991.

NOTAS

1   Toma-se de Nicos Poulantzas o conceito de categoria social: "Por categoria social, entendemos particularmente os conjuntos sociais com efeitos pertinentes – que podem tornar-se, como Linin mostrou, forças sociais – cujo traço distintivo repousa na sua relação específica e sobredeterminante com outras estruturas além das econômicas.", Nicos Poulantzas, *Poder político e classes sociais*, São Paulo: Martins Fontes, 1968.

2   Michele Barrett e Roberta Hamilton, *The Politics of Diversity*, Londres: Verso, 1987.

3   Sobre o público no caso de homens e mulheres, ver também Jean Betke Eishtain, *Public Man, Private Woman: Women in Social and Political Thought*, Nova Jersey: Princeton University Press, 1984.

4   Richard Sennett, *O declínio do homem público*, São Paulo: Companhia das Letras, 1988.

5   Jürgen Habermas, Mudança estrutural na esfera pública: investigação quanto a uma categoria da sociedade burguesa, Rio de Janeiro: Tempo Brasileiro, 1984.

6   Idem.

7   Heleieth Saffioti, "Rearticulando gênero e classe social", in Albertina de O. Costa e Cristina Bruschini (orgs.), *Uma questão de gênero*, Rio de Janeiro: Rosa dos Tempos/São Paulo: Fundação Carlos Chagas, 1992.

8   Albertus Frater, *Manual do alquimista*, Madri: Louis Carcamo, 1976.

9   Verena Stolcke, *Is Sex to Gender as Race Is to Ethnicity*, 15ª Conferência da Associação Europeia dos Antropólogos Sociais, Coimbra, 1990; Mireya Suarez, "As categorias mulher e negro no pensamento brasileiro", Comunicação apresentada no xv Encontro Anual da Anpocs, Caxambu, 1991.

10 Nicos Poulantzas, op. cit.

11 Félix Guattari e Suely Rolnik, Suely, *Micropolítica. Cartografias do desejo*, Petrópolis: Vozes, 1986.

12 Idem.

13 Joan Wallach Scott, *Gender and Politics of History*, Nova York: Columbia University Press, 1988.

14 Verena Stolcke, op. cit.

15 Discriminação racial é aqui usada de acordo com a definição estabelecida pela convenção internacional para a eliminação de todas as formas de discriminação racial – citada por Stolcke (1990) apud M. Banton (1988) – qualquer distinção, exclusão, restrição e preferência baseada na raça, cor, descendência ou origem nacional ou étnica. Sobre questão racial no Brasil, em perspectiva antropológica e histórica, ver também Patrícia Birman, "A construção da negritude: notas preliminares" e Giralda Seyferth, "As ciências sociais no Brasil e a questão racial", in Francisco Inácio Bastos e Gustavo Meyer (coords.), *Cativeiro & liberdade*, Rio de Janeiro: UERJ, 1989.

16 Dados SUTRAB/PED (Superentendência Baiana para o Trabalho/Pesquisa Emprego e Desemprego), 1989.

17 Yvonne Maggie e Kátia S. Mello, "O que se cala quando se fala do negro no Brasil", in Francisco Inácio Bastos e Gustavo Meyer (coords.), op. cit.; Michel Agier, "A construção do mundo negro. Apontamentos para uma antropologia da identidade negra na Bahia", in IV Encontro das Ciências Sociais no Nordeste, Salvador: CRH, UFBA,1989, entre outros.

18 Michel Agier, op. cit.

19 Pierre Bourdieu, *O poder simbólico*, Lisboa: Difel, 1989.

20 Hildete Pereira de Melo, "Feminist and Domestic Workers in Rio de Janeiro", in Elsa Chaney e Mary G. Castro, *Muchachas No More. Household Workers in Latin America and the Caribbean Temple*, Philadelphia Temple University Press, 1989.

21 Elsa Chaney e Mary G. Castro, op. cit.

22 Idem.

23 Maria Odila Leite Silva Dias, "Teoria e método dos estudos feministas: perspectiva histórica e hermenêutica do cotidiano", in Albertina de O. Costa e Cristina Bruschini (orgs.), op. cit.

24 Michele Barrett e Roberta Hamilton, op. cit.

interseccio-
nalidades

PIONEIRAS NO FEMINISMO BRASILEIRO

Racismo? No Brasil?
Quem foi que disse?
Isso é coisa de americano.
Aqui não tem diferença,
porque todo mundo é brasileiro
acima de tudo, graças a Deus.
Preto aqui é bem tratado,
tem o mesmo direito que a
gente tem. Tanto é que,
quando se esforça, ele sobe
na vida como qualquer um.
Conheço um que é médico;
educadíssimo, culto, elegante
e com umas feições tão
finas... Nem parece preto.

Lélia Gonzalez

Racismo e sexismo na cultura brasileira

Lélia Gonzalez

CUMÉ QUE A GENTE FICA?

"Foi então que uns brancos muito legais convidaram a gente pra uma festa deles, dizendo que era pra gente também. Negócio de livro sobre a gente, a gente foi muito bem recebido e tratado com toda consideração. Chamaram até pra sentar na mesa onde eles tavam sentados, fazendo discurso bonito, dizendo que a gente era oprimido, discriminado, explorado. Eram todos gente fina, educada, viajada por esse mundo de Deus. Sabiam das coisas. E a gente foi sentar lá na mesa. Só que tava cheia de gente e não deu pra gente sentar junto com eles. Mas a gente se arrumou muito bem, procurando umas cadeiras e sentando bem atrás deles. Eles tavam tão ocupados, ensinando um monte de coisa pro crioléu da platéia, que nem repararam que se apertasse um pouco até que dava pra abrir um espaçozinho e todo mundo sentar juto na mesa. Mas a festa foi eles que fizeram, e a gente não podia bagunçar com essa de chega pra cá, chega pra lá. A gente tinha que ser educado. E era discurso e mais discurso, tudo com muito aplauso. Foi aí que a neguinha que tava sentada com a gente, deu uma de atrevida. Tinham chamado ela pra responder uma pergunta. Ela se levantou, foi lá na mesa pra falar no microfone e começou a reclamar por causa de certas coisas que tavam acontecendo na festa. Tava armada a quizumba. A negrada parecia que tava esperando por isso pra bagunçar tudo. E era um tal de falar alto, gritar, vaiar, que nem dava pra ouvir discurso nenhum. Está na cara que os brancos ficaram brancos de raiva e com razão. Tinham chamado a gente pra festa de um livro que falava da gente e a gente se comportava daquele jeito, catimbando a discurseira deles. Onde já se viu, se eles sabiam da gente mais do que a gente mesmo, se tavam ali, na maior boa vontade, ensinando uma porção de coisa pra gente da gente? Teve uma hora que não deu pra aguentar aquela zoada toda da negrada ignorante e mal educada. Era demais. Foi aí que um branco enfezado partiu pra cima de um crioulo que tinha pegado no microfone pra falar contra os brancos. E a festa acabou em briga...

Agora, aqui pra nós, quem teve a culpa? Aquela neguinha atrevida, ora. Se não tivesse dado com a língua nos dentes... Agora está queimada entre os brancos. Malham ela até hoje. Também, quem mandou não saber se comportar? Não é à toa que eles vivem dizendo que "preto quando não caga na entrada, caga na saída..."[1]

A LONGA EPÍGRAFE diz muito além do que ela conta. De saída, o que se percebe é a identificação do dominado com o dominador. E isso já foi muito bem analisado por um Fanon,[2] por exemplo. Nossa tentativa aqui é a de uma indagação sobre o porquê dessa identificação. Ou seja, o que foi que ocorreu para que o mito da democracia racial tenha tido tanta aceitação e divulgação? Quais foram os processos que teriam determinado sua construção? O que ele oculta, para além do que mostra? Como a mulher negra é situada no seu discurso?

O *lugar* em que nos situamos determinará nossa interpretação sobre o duplo fenômeno do *racismo* e do sexismo. Para nós, o racismo se constitui como a *sintomática* que caracteriza a *neurose cultural brasileira*. Nesse sentido, veremos que sua articulação com o sexismo produz efeitos violentos sobre a mulher negra em particular. Consequentemente, o lugar de onde falaremos põe um outro, aquele que habitualmente vínhamos colocando em textos anteriores. E a mudança se deu progressivamente a partir de certas noções que, forçando sua emergência em nosso discurso, nos levaram a retornar à questão da mulher negra em uma outra perspectiva. Trata-se das noções de mulata, doméstica e mãe preta.

Em comunicação apresentada no Encontro Nacional da Lasa (Latin American Studies Association), em abril de 1979,[3] falamos da mulata, ainda que de passagem, não mais como noção de caráter étnico, mas como profissão. Tentamos desenvolver um pouco mais essa noção em outro trabalho, apresentado num simpósio realizado, em Los Angeles (UCLA), em maio de 1979.[4] Ali, falamos sobre essa dupla imagem da mulher negra de hoje: mulata e doméstica. Mas ali também emergiu a noção de mãe preta, colocada numa nova perspectiva. Mas ficamos por aí.

Nesse meio tempo, participamos de uma série de encontros internacionais que tratavam da questão do sexismo como tema principal, mas que certamente abriam espaço para a discussão do racismo também. Nossa experiência foi muito enriquecedora. Vale ressaltar que a militância política no Movimento Negro Unificado constituía-se como fator determinante de nossa compreensão da questão racial. Por outro lado, a experiência vivida como membro do Grêmio Recreativo de Arte Negra e da Escola de Samba Quilombo permitiu-nos a percepção de várias facetas que se constituiriam em elementos muito importantes para a concretização deste trabalho. E começou a se delinear, para nós, aquilo que se poderia chamar de contradições internas. O fato é que, como mulheres negras, sentimos a necessidade de aprofundar essa reflexão, ao invés de continuarmos a reprodução e repetição dos modelos que nos eram oferecidos pelo esforço de investigação das ciências sociais. Os textos nos falavam apenas da mulher negra numa perspectiva socioeconômica que elucidava uma série de problemas propostos pelas relações raciais. Porém, ficava (e ficará) sempre um resto, que desafiava as explicações. E isso começou a nos incomodar. Exatamente pelas noções de mulata, doméstica e mãe preta que estavam ali, nos martelando com sua insistência.

Nosso suporte epistemológico se dá a partir de Freud e Lacan, ou seja, da psicanálise. Justamente porque, como nos diz Jacques-Alain Miller em sua Teoria da Alíngua:

> O que começou com a descoberta de Freud foi outra abordagem da linguagem, outra abordagem da língua, cujo sentido só veio à luz com sua retomada por Lacan. Dizer mais do que sabe, não saber o que diz, dizer outra coisa que não o que se diz, falar para não dizer nada, não são mais, no campo freudiano, os defeitos da língua que justificam a criação das línguas formais. Essas são propriedades inelimináveis e positivas do ato de falar. Psicanálise e lógica, uma se funda sobre o que a outra elimina. A análise encontra seus bens nas latas de lixo da lógica. Ou ainda: a análise desencadeia o que a lógica domestica.[5]

Ora, na medida em que nós negros estamos na lata de lixo da sociedade brasileira, pois assim o determina a lógica da dominação, caberia uma indagação via psicanálise. E justamente com base na alternativa proposta por Miller, ou seja: por que o negro é isso que a lógica da dominação tenta (e consegue muitas vezes, nós o sabemos) domesticar?

O risco que assumimos aqui é o do ato de falar com todas as implicações. Exatamente porque temos sido falados, infantilizados (*infans* é aquele que não tem fala própria, é a criança que fala de si na terceira pessoa, porque é falada pelos adultos), que neste trabalho assumimos nossa própria fala. Ou seja, o lixo vai falar, e numa boa.

A primeira coisa que a gente percebe nesse papo de racismo é que todo mundo acha que é natural. Que negro tem mais é que viver na miséria. Por quê? Ora, porque ele tem umas qualidades que não estão com nada: irresponsabilidade, incapacidade intelectual, criancice etc. e tal. Daí, é natural que seja perseguido pela polícia, pois não gosta de trabalho, sabe? Se não trabalha, é malandro e, se é malandro, é ladrão. Logo, tem que ser preso, naturalmente. Menor negro só pode ser pivete ou trombadinha,[6] pois filho de peixe, peixinho é. Mulher negra, naturalmente, é cozinheira, faxineira, servente, trocadora de ônibus ou prostituta. Basta a gente ler jornal, ouvir rádio e ver televisão. Eles não querem nada. Portanto, têm mais é que ser favelados.

Racismo? No Brasil? Quem foi que disse? Isso é coisa de americano. Aqui não tem diferença, porque todo mundo é brasileiro acima de tudo, graças a Deus. Preto aqui é bem tratado, tem o mesmo direito que a gente tem. Tanto é que, quando se esforça, ele sobe na vida como qualquer um. Conheço um que é médico; educadíssimo, culto, elegante e com umas feições tão finas... Nem parece preto.

Por aí se vê que o barato é domesticar mesmo. E, se a gente detém o olhar em determinados aspectos da chamada cultura brasileira, a gente saca que, em suas manifestações mais ou menos conscientes, ela oculta, revelando, as marcas da africanidade que a constituem. (Como é que pode?) Seguindo por aí, a gente também pode apontar pro lugar da mulher negra nesse processo de formação cultural, assim como os diferentes modos de rejeição e integração de seu papel.

Por isso, a gente vai trabalhar com duas noções que ajudarão a sacar o que a gente pretende caracterizar. A gente está falando das noções de consciência e de memória. Como consciência, a gente entende o lugar do desconhecimento, do encobrimento, da alienação, do esquecimento e até do saber. É por aí que o discurso ideológico se faz presente. Já a memória, a gente considera como o não saber que conhece, esse lugar de inscrições que restituem uma história que não foi escrita, o lugar da emergência da verdade, dessa verdade que se estrutura como ficção. A consciência exclui o que memória inclui. Daí, na medida em que é o lugar da rejeição, a consciência se expressa como discurso dominante (ou efeitos desse discurso) numa dada cultura, ocultando memória, mediante a imposição do que ela, consciência, afirma como a verdade. Mas a memória tem suas astúcias, seu jogo de cintura: por isso, ela fala por meio das mancadas do discurso da consciência. O que a gente vai tentar é sacar esse jogo aí, das duas, também chamado de dialética. E, no que se refere à gente, à crioulada, a gente saca que a consciência faz tudo para a nossa história ser esquecida, tirada de cena. E apela para tudo nesse sentido.[7] Só que isso tá aí... e fala.

A NÊGA ATIVA

> Mulata, mulatinha meu amor
> Fui nomeado teu tenente interventor
> LAMARTINE BABO

Carnaval. Rio de Janeiro, Brasil. As palavras de ordem de sempre: bebida, mulher e samba. Todo mundo obedece e cumpre. Blocos de sujo, banhos à fantasia, frevos, ranchos, grandes bailes nos grandes clubes e nos pequenos também. Alegria, loucura, liberdade geral. No entanto, há um momento que se impõe. Todo mundo se concentra: na concentração, nas arquibancadas, diante da tevê.

As escolas vão desfilar suas cores duplas ou triplas. Predominam as duplas: azul e branco, verde e rosa, vermelho e branco, amarelo e preto, verde e branco e por aí afora. Espetáculo feérico, dizem os locutores: plumas, paetês, muito luxo e riqueza. Imperadores, uiaras, bandeirantes e pioneiros, princesas, orixás, bichos, bichas, machos, fêmeas, salomões e rainhas de sabá, marajás, escravos, soldados, sóis e luas, baianas, ciganas, havaianas. Todos sob o comando do ritmo das baterias e do rebolado das mulatas que, dizem alguns, não estão no mapa. "Olha aquele grupo do carro alegórico, ali. Que coxas, rapaz"; "veja aquela passista que vem vindo; que bunda, meu Deus! Olha como ela mexe a barriguinha. Vai ser gostosa assim lá em casa, tesão"; "elas me deixam louco, bicho".

E lá vão elas, rebolantes e sorridentes rainhas, distribuindo beijos como se fossem bênçãos para seus ávidos súditos nesse feérico espetáculo... E feérico vem de "fée", fada, na civilizada da língua francesa. Conto de fadas?

O mito que se trata de reencenar aqui é o da democracia racial. E é justamente no momento do rito carnavalesco que o mito é atualizado com toda a sua força simbólica. E é nesse instante que a mulher negra transforma-se única e exclusivamente na rainha, na "mulata deusa do meu samba", "que passa com graça/fazendo pirraça/fingindo inocente/ tirando o sossego da gente". É nos desfiles das escolas de primeiro grupo que a vemos em sua máxima exaltação. Ali, ela perde seu anonimato e se transfigura na Cinderela do asfalto, adorada, desejada, devorada pelo olhar dos príncipes altos e loiros, vindos de terras distantes só para vê-la. Esses, por sua vez, tentam fixar sua imagem, estranhamente sedutora, em todos os seus detalhes anatômicos; e os flashes se sucedem, como fogos de artifício eletrônicos. E ela dá o que tem, pois sabe que amanhã estará nas páginas das revistas nacionais e internacionais, vista e admirada pelo mundo inteiro. Isso, sem contar o cinema e a televisão. E lá vai ela feericamente luminosa e iluminada, no feérico espetáculo.

Toda jovem negra, que desfila no mais humilde bloco do mais longínquo subúrbio, sonha com a passarela da Marquês de Sapucaí. Sonha com esse sonho dourado, conto de fadas no qual "a Lua te invejando fez careta/ porque, mulata, tu não és deste planeta". E por que não? Como todo mito, o da democracia racial oculta algo para além daquilo que mostra.

Numa primeira aproximação, constatamos que exerce sua violência simbólica de maneira especial sobre a mulher negra. Pois o outro lado do endeusamento carnavalesco ocorre no cotidiano dessa mulher, no momento em que ela se transfigura na empregada doméstica. É por aí que a culpabilidade engendrada pelo seu endeusamento se exerce com fortes cargas de agressividade. É por aí, também, que se constata que os termos mulata e doméstica são atribuições de um mesmo sujeito. A nomeação vai depender da situação em que somos vistas.[8]

Se a gente dá uma volta pelo tempo da escravidão, pode encontrar muita coisa interessante. Muita coisa que explica essa confusão toda que o branco faz com a gente porque a gente é preto. Pra gente que é preta então, nem se fala. Será que as avós da gente, as mucamas, fizeram alguma coisa pra eles tratarem a gente desse jeito? Mas, o que era uma mucama? O Aurélio assim define:

Mucama. (Do *quimbumdo* mu'kama 'amásia escrava') S. f. Bras. A escrava negra moça e de estimação que era escolhida para auxiliar nos serviços caseiros ou acompanhar pessoas da família e que, *por vezes*, era *ama de leite*. (Os grifos são meus).

242

Parece que o primeiro aspecto a observar é o próprio nome, significante proveniente da língua quimbunda, e o significado que nela possui. Nome africano, dado pelos africanos e que ficou como inscrição não apenas no dicionário. Outro aspecto interessante é o deslocamento do significado no dicionário, ou seja, no código oficial. Vemos aí uma espécie de neutralização, de esvaziamento no sentido original. O "por vezes" é que, de raspão, deixa transparecer alguma coisa daquilo que os africanos sabiam, mas que precisava ser esquecido, ocultado.

Vejamos o que nos dizem outros textos a respeito de mucama. June E. Hahner, em *A mulher no Brasil*, assim se expressa:

> (...) a escrava de cor criou para a mulher branca das casas grandes e das menores, condições de vida amena, fácil e na maior parte das vezes ociosa. Cozinhava, lavava, passava a ferro, esfregava de joelhos o chão das salas e dos quartos, cuidava dos filhos da senhora e satisfazia as exigências do senhor. Tinha seus próprios filhos, o dever e a fatal solidariedade de amparar seu companheiro, de sofrer com os outros escravos da senzala e do leito e de submeter-se aos castigos corporais que lhe eram, pessoalmente, destinados. (...) O amor para a escrava (...) tinha aspectos de verdadeiro pesadelo. As incursões desaforadas e aviltantes do senhor, filhos e parentes pelas senzalas, a desfaçatez dos padres a quem as Ordenações Filipinas não intimidavam, com seus castigos pecuniários e degredo para a África, nem os faziam desistir dos concubinatos e mancebias com as escravas. [9]

Mais adiante, citando José Honório Rodrigues, ela se refere a um documento do fim do século XVIII pelo qual o vice-rei do Brasil na época excluía de suas funções do capitão-mor que manifestara "baixos sentimentos" e manchara seu sangue pelo fato de ter se casado com uma negra. Já, naqueles tempos, observa-se de que maneira a consciência (revestida de seu caráter de autoridade, no caso) buscava impor suas regras do jogo: concubinagem, tudo bem; mas casamento é demais.

Ao caracterizar a função da escrava no sistema produtivo (prestação de bens e serviços) da sociedade escravocrata, Heleieth Saffioti mostra sua articulação com a prestação de serviços sexuais. E por aí ela ressalta que a mulher negra acabou por se converter no "instrumento inconsciente que, paulatinamente, minava a ordem estabelecida, quer na sua dimensão econômica, quer na sua dimensão familiar."[10] Isso porque o senhor acabava por assumir posições antieconômicas, determinadas por sua postura sexual; como houvesse negros que disputavam com ele no terreno do amor, partia para a apelação, ou seja, a tortura e a venda dos concorrentes. E a desordem se estabelecia exatamente porque

> as relações sexuais entre os senhores e escravas desencadeavam, por mais primárias e animais que fossem, processos de interação social incongruentes com as expectativas de comportamento, que presidiam à estratificação em castas. Assim, não apenas homens brancos e negros se tornavam concorrentes na disputa das negras, mas também mulheres brancas e negras disputavam a atenção do homem branco.[11]

Pelo que os dois textos dizem, constatamos que o engendramento da mulata e da doméstica se fez a partir da figura da mucama. E, pelo visto, não é por acaso que, no Aurélio, a outra função da mucama está entre parênteses. Deve ser ocultada, recalcada, tirada de cena. Mas isso não significa que não esteja presente, com sua malemolência perturbadora. E o momento privilegiado em que sua presença se torna manifesta é justamente o da exaltação mítica da mulata neste entre parênteses que é o Carnaval.

Quanto à doméstica, ela nada mais é do que a mucama permitida, a da prestação de bens e serviços, ou seja, o burro de carga que carrega sua própria família e a dos outros nas costas. Daí, ela ser o lado oposto da exaltação; porque está no cotidiano. E é nesse cotidiano que podemos constatar que somos vistas como domésticas. Melhor exemplo disso são os casos de discriminação de mulheres negras da classe média, cada vez mais crescentes. Não adianta serem "educadas" ou estarem "bem vestidas" (afinal, "boa aparência", como vemos nos anúncios de emprego, é uma categoria "branca", unicamente atribuível a "brancas" ou "clarinhas"). Os porteiros dos edifícios obrigam-nos a entrar pela porta de serviço, obedecendo instruções dos síndicos brancos (os mesmos que as "comem com os olhos" no Carnaval ou nos oba-obas. Só pode ser doméstica, logo, entrada de serviço). E, pensando bem, entrada de serviço é algo meio maroto, ambíguo, pois sem querer remete a gente para outras entradas (não é, *seu* síndico?). É por aí que a gente saca que não dá pra fingir que a outra função da mucama tenha sido esquecida. Está aí.

Mas é justamente aquela negra anônima, habitante da periferia, nas baixadas da vida, quem sofre mais tragicamente os efeitos da terrível culpabilidade branca. Exatamente porque é ela que sobrevive na base da prestação de serviços, segurando a barra familiar praticamente sozinha. Isso porque seu homem, seus irmãos ou seus filhos são objeto de perseguição policial sistemática (esquadrões da morte, mãos brancas estão aí matando negros à vontade; observe-se que são negros jovens, com menos de trinta anos. Que se veja também quem é a maioria da população carcerária deste país). Cabe de novo perguntar: como é que a gente chegou a este estado de coisas, com abolição e tudo em cima? Quem responde pra gente é um branco muito importante (pois é cientista social, uai) chamado Caio Prado Junior. No livro *Formação do Brasil contemporâneo*, ele diz uma porção de coisas interessantes sobre o tema da escravidão:

> Realmente a escravidão, nas duas funções que exercerá na sociedade colonial, fator trabalho e fator sexual, não determinará senão relações elementares muito simples. (...) A outra função do escravo, ou antes, da mulher escrava, de instrumento de satisfação das necessidades sexuais de seus senhores e dominadores, não tem um efeito menos elementar. Não ultrapassará também o nível primário e puramente animal do contato sexual, não se aproximando senão muito remotamente da esfera propriamente humana do amor, em que o ato sexual se envolve de todo um complexo de emoções e sentimentos tão amplos que chegam até a fazer passar para o segundo plano aquele ato que afinal lhe deu origem.[12]

Depois que a gente lê um barato assim, nem dá vontade de dizer nada porque é um prato feito. Mas vamos lá. Quanto aos dois fatos apontados e conjugados, é só dar uma olhadinha, de novo, no texto de Heleieth. Ela dá um baile no autor, no mesmo espaço discursivo em que ele se colocou. Porém, nosso registro é outro, vamos dar nossa chamadinha também. Pelo exposto, a gente tem a impressão de que branco não trepa, mas comete ato sexual e que chama tesão de necessidade. E, ainda por cima, diz que animal só tira sarro. Assim não dá pra entender, pois não? Mas, na verdade, até que dá, pois o texto possui riqueza de sentido, na medida em que é uma expressão privilegiada do que chamaríamos de neurose cultural brasileira. Ora, sabemos que o neurótico constrói modos de ocultamento do sintoma, porque isso lhe traz certos benefícios. Essa construção o liberta da angústia de se defrontar com o recalcamento. Na verdade, o texto em questão aponta para além do que pretende analisar. No momento em que fala de alguma coisa, negando-a, ele se revela como desconhecimento de si mesmo.

Nessa perspectiva, ele pouco teria a dizer sobre essa mulher negra, seu homem, seus irmãos e seus filhos de que vínhamos falando. Exatamente porque ele lhes nega o estatuto de sujeito humano. Trata-os sempre como objeto. Até mesmo como objeto de saber.[13] É por aí que a gente compreende a resistência de certas análises que, ao insistirem na prioridade da luta de classes, se negam a incorporar as categorias de raça e sexo. Ou sejam, insistem em esquecê-las.[14]

E, retomando a questão da mulher negra, a gente vai reproduzir uma coisa que a gente escreveu há algum tempo:

> As condições de existência material da comunidade negra remetem a condicionamentos psicológicos que têm que ser atacados e desmascarados. Os diferentes índices de dominação das diferentes formas de produção econômica existentes no Brasil parecem coincidir num mesmo ponto: a reinterpretação da teoria do "lugar natural" de Aristóteles. Desde a época colonial aos dias de hoje, percebe-se uma evidente separação quanto ao espaço físico ocupado por dominadores e dominados. O lugar natural do grupo branco dominante são moradias saudáveis, situadas nos mais belos recantos da cidade ou do campo e devidamente protegidas por diferentes formas de policiamento que vão desde os feitores, capitães de mato, capangas etc. até a polícia formalmente constituída. Da casa-grande e do sobrado até os belos edifícios e residências atuais, o critério tem sido o mesmo. Já o lugar natural do negro é o oposto, evidentemente: da senzala às favelas, cortiços, invasões, alagados e conjuntos "habitacionais" (...) dos dias de hoje, o critério tem sido simetricamente o mesmo: a divisão racial do espaço. (...) No caso do grupo dominado, o que se constata são famílias inteiras amontoadas em cubículos cujas condições de higiene e saúde são as mais precárias. Além disso, aqui também se tem a presença policial; só que não é para proteger, mas para reprimir, violentar e amedrontar. É por aí que se entende por que o outro lugar natural do negro sejam as prisões. A sistemática repressão policial, dado o seu caráter racista, tem por

objetivo próximo a instauração da submissão psicológica através do medo. A longo prazo, o que se visa é o impedimento de qualquer forma de unidade do grupo dominado, mediante a utilização de todos os meios que perpetuem a sua divisão interna. Enquanto isso, o discurso dominante justifica a atuação desse aparelho repressivo, falando de ordem e segurança sociais.[15]

Pelo visto, e respondendo à pergunta que a gente fez mais atrás, parece que a gente não chegou a esse estado de coisas. O que parece é que a gente nunca saiu dele. Basta a gente dar uma relida no que a Hahner e a Heleieth disseram. Acontece que a mucama "permitida", a empregada doméstica, só faz cutucar a culpabilidade branca, porque ela continua sendo a mucama com todas as letras. Por isso ela é violenta e concretamente reprimida. Os exemplos não faltam nesse sentido; se a gente articular divisão racial e sexual de trabalho, fica até simples. Por que será que ela só desempenha atividades que não implicam em "lidar com o público"? Ou seja, em atividades onde não pode ser vista? Por que os anúncios de emprego falam tanto em "boa aparência"? Por que será que, nas casas das madames, ela só pode ser cozinheira, arrumadeira ou faxineira e raramente copeira? Por que é "natural" que ela seja a servente nas escolas, supermercados, hospitais etc. e tal?

E quando, como no famoso "caso Marli"[16] (que tem sua contrapartida no "caso Aézio"[17] que, afinal, deu no que deu), ela bota a boca no trombone, denunciando o que estão fazendo com homens de sua raça? Aí as coisas ficam realmente pretas e há que dar um jeito. Ou se parte para a ridicularização ou se assume a culpabilidade mediante a estratégia de não assumí-la. Deu pra sacar? A gente se explica: os programas radiofônicos ditos populares são useiros e vezeiros na arte de ridicularizar a crioula que defende seu crioulo das investidas policiais (ela sabe o que vai acontecer a ele, né? O "caso Aézio" taí de prova). Que se escute as seções policiais desses programas. Afinal um dos meios mais eficientes de fugir à angústia é ridicularizar, é rir daquilo que a provoca. Já o "caso Marli", por exemplo, é levado a sério, tão a sério que ela tem que se esconder. É sério porque se trata do seu irmão (e não do seu homem); portanto, nada melhor para neutralizar a culpabilidade despertada pelo seu ato do que o gesto de folclorizá-la, de transformá-la numa "Antígona Negra", na heroína, única e inigualável. Com isso, a massa anônima das Marlis é esquecida, recalcada. E tudo continua legal nesse país tropical. Elementar, meu caro Watson.

É por aí que a gente entende por que dizem certas coisas, pensando que estão xingando a gente. Tem uma música antiga chamada "Nêga do cabelo duro" que mostra direitinho porque eles querem que o cabelo da gente fique bom, liso e mole, né? É por isso que dizem que a gente tem beiços em vez de lábios, fornalha em vez de nariz e cabelo ruim (porque é duro). E quando querem elogiar a gente dizem que a gente tem feições finas (e fino se opõe a grosso, né?). E tem gente que acredita tanto nisso que acaba usando creme pra clarear, esticando os cabelos, virando "leidi" e ficando com vergonha de ser preta. Pura besteira. Se bobear, a gente nem tem que se defender com os xingamentos que se referem diretamente ao fato de a gente ser preta. E a gente pode até dar um exemplo que põe os pintos nos is.

Não faz muito tempo que a gente estava conversando com outras mulheres, num papo sobre a situação da mulher no Brasil. Foi aí que uma delas contou uma história muito reveladora, que complementa o que a gente já sabe sobre a vida sexual da rapaziada branca até não faz muito: iniciação e prática com as crioulas. É aí que entra a história que foi contada pra gente (obrigada, Ione). Quando chegava na hora do casamento com a pura, frágil e inocente virgem branca, na hora da tal noite de núpcias, a rapaziada simplesmente brochava. Já imaginaram o vexame? E onde é que estava o remédio providencial que permitia a consumação das bodas? Bastava o nubente cheirar uma roupa de crioula que tivesse sido usada, para "logo apresentar os documentos". E a gente ficou pensando nessa prática, tão comum nos intramuros da casa-grande, da utilização desse santo remédio chamado catinga de crioula (depois deslocado para o cheiro de corpo ou simplesmente cê-cê). E fica fácil entender quando xingam a gente de negra suja, né?

Por essas e outras também, que dá vontade de rir quando a gente continua lendo o livro do *seu* Caio Prado Junior.[18] Aquele trecho, que a gente reproduziu aqui, termina com uma nota de rodapé, onde ele reforça todas as babaquices que diz da gente, citando um autor francês (André Maurois) em francês (só que a gente traduz):

> O milagre do amor humano é que, *sobre um instinto tão simples, o desejo, ele constrói os edifícios de sentimentos, os mais complexos e delicados.*

É esse milagre que o amor da senzala não realizou e não podia realizar no Brasil-colônia.

Pelo exposto, parece que nem Freud conseguiu melhor definir neurose do que André Maurois. Quanto à negativa do "seu" Caio Prado Júnior, infelizmente, a gente sabe o que ele está afirmando esquecidamente: o amor da senzala só realizou o milagre da neurose brasileira, graças a essa coisa simplérrima que é o desejo. Tão simples que Freud passou a vida toda escrevendo sobre ela (talvez porque não tivesse o que fazer, né, Lacan?). Definitivamente, Caio Prado Júnior "detesta" nossa gente.

A única colher de chá que dá é quando fala da "figura boa da ama negra" de Gilberto Freyre, da "mãe preta", da "bá", que "cerca o berço da criança brasileira de uma atmosfera de bondade e ternura".[19] Nessa hora, a gente é vista como figura boa e vira gente. Mas aí ele começa a discutir sobre a diferença entre escravo (coisa) e negro (gente) pra chegar, de novo, a uma conclusão pessimista sobre ambos.

É interessante constatar como, por meio da figura da "mãe-preta", a verdade surge da equivocação.[20] É exatamente essa figura, para a qual se dá uma colher de chá, quem vai dar a rasteira na raça dominante. É através dela que o "obscuro objeto do desejo" (o filme do Buñuel), acaba se transformando na "negra vontade de comer carne" na boca da moça-da branca que fala português. O que a gente quer dizer é que ela não é esse exemplo extraordinário de amor e dedicação totais como querem os brancos e nem tampouco essa entreguista, essa traidora da raça como querem alguns negros muito apressados em seu julgamento. Ela, simplesmente, é a mãe. É isso mesmo, é a mãe. Porque a branca, na verdade, é a outra. Se assim não é, a gente pergunta: quem é que amamenta, que dá banho, que limpa cocô, que põe pra dormir, que acorda de noite pra cuidar, que ensina a falar, que conta história e por aí afora? É a mãe, não é? Pois então. Ela é a mãe nesse barato doido da cultura brasileira. Como mucama, é a mulher; então a "bá" é a mãe. A branca, a chamada legítima esposa, é justamente a outra que, por impossível que pareça, só serve para parir os filhos do senhor. Não exerce a função materna. Essa é efetuada pela negra. Por isso, a "mãe preta" é a mãe.

E, quando a gente fala em função materna, a gente está dizendo que a mãe preta, ao exercê-la, passou todos os valores que lhe diziam respeito para a criança brasileira, como diz Caio Prado Júnior. Essa criança, este *infans*, é a dita cultura brasileira, cuja língua é o pretoguês. A fun-

249

ção materna diz respeito à internalização de valores, ao ensino da língua materna e a uma série de outras coisas mais que vão fazer parte do imaginário da gente.[21] Ela passa pra gente esse mundo de coisas que a gente vai chamar de linguagem. E graças a ela, ao que ela passa, a gente entra na ordem da cultura, exatamente porque é ela quem nomeia o pai.

Por aí, a gente entende por que, hoje, ninguém quer saber mais de babá preta, só vale portuguesa. Só que é um pouco tarde, né? A rasteira já foi dada.

MUITA MILONGA PRA UMA MIRONGA SÓ

> Só uma palavra me devora
> Aquela que o meu coração não diz
> ABEL SILVA

Quando se lê as declarações de um Dom Avelar Brandão [1912-1986], Arcebispo da Bahia, dizendo que a africanização da cultura brasileira é um modo de regressão, dá pra desconfiar, porque, afinal de contas, o que está feito, está feito. E o Bispo dançou aí. Acordou tarde porque o Brasil já está e é africanizado. M. D. Magno tem um texto que impressionou a gente, exatamente porque ele discute isso. Duvida da latinidade brasileira afirmando que este barato chamado Brasil nada mais é do que uma América Africana, ou seja, uma Améfrica Ladina. Para quem saca de crioulo, o texto aponta para uma mina de ouro que a boçalidade europeizante faz tudo para esconder, para tirar de cena. E, justamente por isso, estamos aí, usando de jogo de cintura, para tentar se entender. Embora falando, a gente, como todo mundo, *tá* numa de escritura. Por isso, a gente vai tentar apontar para aquele que tascou sua assinatura, sua marca, seu selo (aparentemente, sem sê-lo), seu jamegão, seu *sobre-nome* como pai dessa "adolescente" neurótica que a gente conhece como cultura brasileira. E quando se fala de pai está se falando de função simbólica por excelência. Já diz o ditado popular que "Filhos de minha filha, meus netos são; filhos do meu filho, serão ou não. Função paterna é isso aí. É muito mais questão de assumir do que de ter certeza. Ela não é outra coisa senão a função de ausentificação que promove a castração. É por aí, graças a Frege,[22] que a gente pode dizer que, como o zero, ela se caracteriza como a escrita de uma ausência.

É o nome de uma ausência. O nome dessa ausência, digamos, é

o nome que se atribui à castração. E o que é que falta para essa ausência não ser ausente, para completar essa série? Um objeto que não há, que é retirado de saída. Só que os mitos e as construções culturais etc. vão erigir alguma coisa, alguma ficção para colocar nesse lugar; ou seja, qual é o nome do Pai e qual é o nome do lugar-tenente do Nome do Pai? Por um motivo importante, porque se eu souber qual é o nome do lugar-tenente do Nome do Pai, acharei esse um (S_1) que talvez não seja outra coisa senão o *nome* [grifo nosso] do Nome do Pai.[23]

É por isso que a gente falou em *sobre-nome*, isto é, nesse S_1 que inaugura a ordem significante de nossa cultura. Acompanhando as sacações de Magno, a gente fecha com ele ao atribuir ao significante negro o lugar de S_1. Pra isso, basta que a gente pense nesse mito de origem elaborado pelo Mário de Andrade que é o Macunaíma. Como todo mundo sabe, Macunaíma nasceu negro, "preto retinto e filho do medo da noite". Depois ele branqueia como muito crioulo que a gente conhece, que, se bobear, quer virar nórdico. É por aí que dá pra gente entender a ideologia do branqueamento, a lógica da dominação que visa a dominação da negrada mediante a internalização e a reprodução dos valores brancos ocidentais. Mas a gente não pode esquecer que Macunaíma é o herói da nossa gente. E ninguém melhor do que um herói para exercer a função paterna.[24] Isso sem falar nos outros como Zumbi,[25] Ganga-Zumba e até mesmo Pelé. Que se pense nesse outro herói chamado de a Alegria do Povo, nascido em Pau Grande.[26] Eles estão como repetição do S_1, como representações populares do herói. Os heróis oficiais não têm nada a ver com isso, são produto da lógica da dominação, não têm nada a ver com "a alma de nossa gente".

É por essa via que entendemos uma série de falas contra o negro e que são como modos de ocultação, de não assunção da própria castração. Por que será que dizem que preto correndo é ladrão? Ladrão de quê? Talvez de uma onipotência fálica. Por que será que dizem que preto, quando não caga na entrada, caga na saída? Por que será que um dos instrumentos de tortura utilizados pela polícia da Baixada do Rio de Janeiro é chamado de "mulata assanhada" (cabo de vassoura que introduzem no ânus dos presos)? Por que será que tudo aquilo que o incomoda é chamado de coisa de preto? Por que será que ao ler o Aurélio, no verbete negro, a gente encontra uma polissemia marcada pelo pejorativo e pelo negativo? Por que será que *seu* Bispo fica tão apavorado com a ameaça da africanização do Brasil? Por que será que ele chama isso de regressão? Por que vivem dizendo pra gente se por no lugar da gente? Que lugar é esse? Por que será que o racismo brasileiro tem vergonha de si mesmo? Por que será que se tem "o preconceito de não ter preconceito" e ao mesmo tempo se acha natural que o lugar do negro seja nas favelas, nos cortiços e alagados?

É engraçado como eles gozam a gente quando a gente diz que é Framengo. Chamam a gente de ignorante, dizendo que a gente fala errado. E de repente ignoram que a presença desse r no lugar do l nada mais é que a marca linguística de um idioma africano, no qual o l inexiste. Afinal, quem que é o ignorante? Ao mesmo tempo, acham o maior barato a fala dita brasileira, que corta os erres dos infinitivos verbais, que condensa você em cê, o está em tá e por aí afora. Não sacam que tão falando pretoguês.

E por falar em pretoguês, é importante ressaltar que o objeto parcial por excelência da cultura brasileira é a bunda (esse termo provém do quimbundo que, por sua vez, e juntamente com o ambundo, provém do tronco linguístico bantu que "casualmente" se chama bunda). E dizem que significante não marca... Marca bobeira quem pensa assim.[27] De repente bunda é língua, é linguagem, é sentido, é coisa. De repente é desbundante perceber que o discurso da consciência, o discurso do poder dominante, quer fazer a gente acreditar que a gente é tudo brasileiro, e de ascendência europeia, muito civilizado etc. e tal.

Só que, na hora de mostrar o que eles chamam de "coisas nossas", é um tal de falar de samba, tutu, maracatu, frevo, candomblé, umbanda, escola de samba e por aí afora. Quando querem falar do charme, da beleza da mulher brasileira, pinta logo a imagem de gente queimada da praia,[28] de andar rebolativo, de meneios no olhar, de requebros e faceirices. E culminando, pinta este orgulho besta de dizer que a gente é uma democracia racial. Só que quando a negrada diz que não é, caem de pau em cima da gente, xingando a gente de racista. Contraditório, né? Na verdade, para além de outras razões, reagem dessa forma justamente porque a gente pôs o dedo na ferida deles, a gente diz que o rei está pelado. E o corpo do rei é preto e o rei é escravo.

E logo pinta a pergunta. Como é que pode? Que inversão é essa? Que subversão é essa?

A dialética do senhor e do escravo serve para explicar o barato.

E é justamente no Carnaval que o reinado desse rei manifestamente se dá. A gente sabe que Carnaval é festa cristã, que ocorre num espaço cristão, mas aquilo que chamamos do Carnaval brasileiro possui, na sua especificidade, um aspecto de subversão, de ultrapassagem de limites permitidos pelo discurso dominante, pela ordem da consciência. Essa subversão na especificidade só tem a ver com o negro. Não é por acaso que nesse momento, a gente sai das colunas policiais e é promovida à capa de revista, a principal focalizada pela tevê, pelo cinema e por aí afora. De repente, a gente deixa de ser marginal para se transformar no símbolo da alegria, da descontração, do encanto especial do povo, dessa terra chamada Brasil. É nesse momento que Oropa, França e Bahia são muito mais Bahia do que outra coisa. É nesse momento que a negrada vai para a rua viver o seu gozo e fazer a sua gozação. Expressões como: *botá o bloco na rua, botá pra frevê* (que virou nome de dança nas fervuras do carnaval nordestino), *botá pra derretê, deixa sangrá, dá um suó*, etc. são prova disso. É também nesse momento que os não negros saúdam e abrem passagem para o Mestre-Escravo, para o senhor, no reconhecimento manifesto de sua realeza. É nesse momento que a exaltação da cultura americana se dá através da mulata, desse "produto de exportação" (o que nos remete a reconhecimento internacional, a um assentimento que está para além dos interesses econômicos, sociais etc., embora com eles se articule). Não é por acaso que a mulher negra, como mulata, sabendo disso, posto que conhece, bota pra quebrar com seu rebolado. Quando se diz que o português inventou a mulata, isso nos remete exatamente ao fato de ele ter instituído a raça negra como objeto; e mulata é crioula, ou seja, negra nascida no Brasil, não importando as construções baseadas nos diferentes tons de pele. Isso aí tem mais a ver com as explicações do saber constituído do que com o conhecimento.

É também no Carnaval que se tem a exaltação do mito da democracia racial, exatamente porque nesse curto período de manifestação do seu reinado o Senhor-Escravo mostra que ele, sim, transa e conhece a democracia racial. Exatamente por isso que no resto do ano há reforço do mito enquanto tal, justamente por aqueles que não querem olhar para onde ele aponta. A verdade que nele se oculta, e que só se manifesta durante o reinado do escravo, tem que ser recalcada, tirada de cena, ficando em seu lugar as ilusões que a consciência cria para si mesma. Senão como é que se explicaria, também, o fato de os brancos proibirem a presença da gente nesses lugares que eles chamam de chique e da gente não ter dessas frescuras com eles? E é querendo aprofundar sua sacação que Magno se indaga se

> na Dialética Senhor-Escravo, porque é a dialética da nossa fundação (...), aonde sempre o senhor se apropria do saber do escravo, a inseminação, por vias desse saber apropriado, como marca que vai dar em relação com o S_2, não foi produzida pelo escravo, que, na dialética, retoma o lugar do senhor, subrecepticiamente, como todo escravo. (...) Quer dizer, o lugar do senhor era de outrem, mas a produção e a apropriação do lugar-tenente de nome do pai veio marcada, afinal, por esse elemento africano.[29]

Diferentes lugares da cultura brasileira são caracterizados pela presença desse elemento. No caso da macumba, por exemplo, que se atente para o 31 de dezembro nas praias do Rio de Janeiro, para os despachos que se multiplicam em cada esquina (ou encruzilhada) de metrópoles como Rio e São Paulo, e isso sem falar de futebol. Que se atente para as festas de largo em Salvador (tão ameaçadoras para o inseguro europocentrista do Bispo de lá). Mas que se atente para os hospícios, as prisões e as favelas, como lugares privilegiados da culpabilidade como dominação e repressão. Que se atente para as práticas dessa culpabilidade através da chamada ação policial. Só porque o Significante-Mestre foi roubado pelo escravo que se impôs como senhor. Que se atente, por fim, pro samba da Portela quando fala de Macunaíma: "Vou m'embora, vou m'embora/ Eu aqui volto mais não/ Vou morar no infinito e virar constelação". E o que significa constelação, senão lugar de inscrição, de marcação do Nome do Pai?

Se a batalha discursiva, no que se refere à cultura brasileira, foi ganha pelo negro, que terá ocorrido com aquele que segundo os cálculos deles, ocuparia o lugar do senhor? Estamos falando do europeu, do branco, do dominador. Desbancando do lugar do pai, ele só pode ser, como diz o Magno, o tio ou o corno; do mesmo modo que a europeia acabou sendo a outra.

ESTE TEXTO É UMA VERSÃO REVISADA DO ARTIGO PUBLICADO NO ANUÁRIO *CIÊNCIAS SOCIAIS HOJE*, ANPOCS, 1984, P. 223-244, TENDO SIDO APRESENTADO PELA PRIMEIRA VEZ NA REUNIÃO DO GRUPO DE TRABALHO "TEMAS E PROBLEMAS DA POPULAÇÃO NEGRA NO BRASIL", IV ENCONTRO ANUAL DA ASSOCIAÇÃO BRASILEIRA DE PÓS-GRADUAÇÃO E PESQUISA NAS CIÊNCIAS SOCIAIS (ANPOCS), RIO DE JANEIRO, 31 DE OUTUBRO DE 1980.

NOTAS

1 N.E.: Epígrafe da própria autora.
2 N.E.: Frantz Fanon (1925-1961), filósofo, psiquiatra e ensaísta francês nascido na Martinica e de origem africana. Foi intelectual fortemente engajado nas questões raciais e nos temas ligados à descolonização, tendo elaborado importantes estudos sobre efeitos psicológicos da colonização.
3 Lélia Gonzalez, "Cultura, etnicidade e trabalho: efeitos linguísticos e políticos da exploração da mulher", mimeo, Annual Meeting of the Latin American Studies Association, Pittsburgh, 5-7 abr 1979.
4 Lélia Gonzalez, "O papel da mulher negra na sociedade brasileira", mimeo, Spring Symposium the Political Economy of the Black World, Los Angeles, 10-12 mai 1979.
5 JacquesAlain Miller, "Teoria da Alíngua", *Revista Lugar*, nº 8, 1976, p. 17.
6 Lélia Gonzalez, "A Juventude negra brasileira e a questão do desemprego", mimeo, Annual Meeting of African Heritage Studies Association, Pittsburgh, 26-29 abr 1979.
7 O melhor exemplo de sua eficácia está no barato da ideologia do branqueamento. Pois foi justamente um crioulo, apelidado de mulato, quem foi o primeiro na sua articulação em discurso "científico". A gente tá falando do *seu* Oliveira Vianna. Branqueamento, não importa em que nível, é o que a consciência cobra da gente, para mal aceitar a presença da gente, para mal aceitar a presença da gente. Se a gente parte pra alguma crioulice, ela arma logo um esquema pra gente "se comportar como gente". E tem muita gente da gente que só embarca nessa.
8 Nesse sentido, vale apontar para um tipo de experiência muito comum. Refiro-me aos vendedores que batem à porta da minha casa e, quando abro, perguntam gentilmente: "A madame está?" Sempre lhes respondo que a madame saiu e, mais uma vez, constato como somos vistas pelo "cordial" brasileiro. Outro tipo de pergunta que se costuma fazer, mas aí em lugares públicos: "Você trabalha na televisão?" ou "Você é artista?" E a gente sabe o que significa esse "trabalho" e essa "arte".
9 June E. Hahner, *A mulher no Brasil*, Rio de Janeiro: Civilização Brasileira, 1978, p. 120-121.
10 Heleieth Saffioti, *A mulher na sociedade de classe: mito e realidade*, Petrópolis: Vozes, 1976, p. 165.
11 Idem.
12 Caio Prado Junior, *Formação do Brasil Contemporâneo*, São Paulo: Editora Brasiliense, 1976, p. 342-343.
13 Sigmund Freud, *Obras Completas*, Madrid: Editorial Biblioteca Nueva, 1967.
14 Que se leia o *Jornal do Brasil* de 28 de outubro de 1980, para se ter uma ideia de como se dá esse "esquecimento". Trata-se de mais um caso de discriminação racial de uma mulher negra; no caso uma professora. Como a história resultou em morte, indo para a alçada judicial, o criminoso juntamente com seus "cúmplices" afirmam que a causa do crime não foi o seu racismo, mas a incompetência da professora.
15 Lélia Gonzalez, "O papel da mulher negra na sociedade brasileira", mimeo, Spring Symposium the Political Economy of the Black World. Los Angeles, 10-12 mai 1979.
16 Em 1980, em Belford Roxo, uma mulher negra, de uns 27 anos, chamada Marli Pereira da Silva, em plena ditadura militar, resolvera enfrentar os grupos de extermínio para afirmar que seu irmão Paulo Pereira da Silva, de 19 anos, fora assassinado por policiais militares infiltrados nesses grupos. Sem temer as ameaças de morte, Marli esteve em delegacias e batalhões

tentando reconhecer os assassinos de seu irmão. Uma fotografia dela nos jornais da época destaca a mulher pobre e negra olhando firme para a multidão de policiais perfilados no pátio do batalhão da Polícia Militar, em Nova Iguaçu, numa tentativa de reconhecer os assassinos.

17   "Caso Aézio": um servente de pedreiro morreu torturado na cela de uma delegacia na Barra da Tijuca em 1979.

18   Caio Prado Junior, *Formação do Brasil Contemporâneo (Colônia)*, São Paulo: Editora Brasiliense, 1976, p. 343.

19   Idem.

20   Jacques Lacan, *O Seminário, Livro XI*, Rio de Janeiro: Zahar Editore, 1979.

21   Lélia Gonzalez, op. cit.

22   Friedrich Ludwig Gottlob Frege (1948-1925) foi um matemático, e filósofo alemão, que atuou aproximando a filosofia e a matemática.

23   M. D. Magno, *Améfrica Ladina: introdução a uma abertura*, Rio de Janeiro: Colégio Freudiano do Rio de Janeiro, 1980.

24   O barato do Magno é chamar Macunaíma de Máquina-íman, o erói sem H. Sacaram?

25   Que se atente para o fato da permanência de Zumbi no imaginário popular nordestino como aquele que faz as crianças levadas se comportarem melhor. "Se você não ficar quieto, Zumbi vem te pegá". Por aí, a gente lembra não só o temor que os senhores de engenho tinham em face de um ataque surpresa do grande general negro, assim como a fala das mães que, referindo-se ao pai que vai chegar, ameaçam os filhos de lhe contar (ao pai) as suas molecagens. Que se atente também para a força simbólica de Zumbi como significante que cutuca a consciência negra do seu despertar. Não é por acaso que o 20 de novembro, dia de sua morte em 1695, é considerado o Dia Nacional da Consciência Negra e que nada tem a ver com o 13 de maio. Esse deslocamento de datas (do 13 de maio para o 20 de novembro) não deixa de ser um modo de assunção da paternidade de Zumbi e uma denúncia contra a falsa maternidade da Princesa Isabel. Afinal, a gente sabe que a mãe-preta é que é a mãe.

26   N.E.: Trata-se de Garrincha, jogador de futebol.

27   Basta olhar na tevê e sacar como as multinacionais transam bem os significantes que nos pegam "pelo pé". A USTop tem um anúncio de jeans que só mostra o pessoal rebolando a bunda e isso sem falar na Sardinha 88, "a mais gostosa do Brasil".

28   Um anúncio de bronzeador transmitido nos ônibus que trafegam na zona sul do Rio de Janeiro, reproduz um ato falho, uma mancada do discurso consciente, ao afirmar: "primeiro a cor, depois, o amor." Bandeira, né?

29   M. D. Magno, op. cit.

A mulher negra, elemento que expressa mais radicalmente a cristalização dessa estrutura de dominação, vem ocupando os mesmos espaços e papéis que lhe foram atribuídos desde a escravidão.

Beatriz Nascimento

A mulher negra no mercado de trabalho

Beatriz Nascimento

PARA ENTENDER A SITUAÇÃO da mulher negra no mercado de trabalho, é necessário recuarmos no tempo, estabelecendo um pequeno histórico da sociedade brasileira no que concerne à sua estrutura. Da maneira como estava estruturada essa sociedade na época colonial, ela se estabeleceu de maneira extremamente hierarquizada, podendo-se conceituar como uma sociedade de castas, na qual os diversos grupos desempenhavam papéis rigidamente diferenciados.

Em um dos polos desta hierarquia social encontramos o senhor de terras, que concentra em suas mãos o poder econômico e político; no outro, os escravos, a força de trabalho efetiva da sociedade. Entre estes dois pontos encontramos uma camada de homens e mulheres livres, vivendo em condições precárias. Por estar assim definida, a sociedade colonial se reveste de um caráter patriarcal que permeia toda sua estrutura, refletindo-se de maneira extrema sobre a mulher.

Devido ao caráter patriarcal e paternalista, atribui-se à mulher branca o papel de esposa e mãe, com a vida dedicada ao seu marido e filhos. Deste modo, seu papel é assinalado pelo ócio, mantendo-se amada, respeitada e idealizada naquilo que o ócio lhe representava como suporte ideológico de uma sociedade baseada na exploração do trabalho [e da pessoa] de uma grande camada da população.

Contrariamente à mulher branca, sua correspondente no outro polo, a mulher negra é considerada uma mulher essencialmente produtora, papel semelhante ao do homem negro, isto é, desempenha um papel ativo. Antes de mais nada, como escrava, ela é uma trabalhadora, não apenas nos afazeres da casa-grande (atividade que não se limita a satisfazer as vontades de senhores, senhoras e seus filhos, mas como produtora de alimentos para a escravaria), como também no campo, desempenhando atividades subsidiárias do corte e do engenho. A sua capacidade produtiva, determinada pela condição de mulher, e, portanto, mãe em potencial de novos escravos, afirmava a sua função de reprodutora de nova mercadoria para o mercado de mão de obra interno. Assim, a mulher negra era também vista como uma fornecedora de mão de obra em potencial, concorrendo com o tráfico negreiro.

A observação anterior não quer afirmar que o crescimento vegetativo da população escrava no Brasil tenha sido positivo. Comparado aos Estados Unidos, o balanço entre natalidade e mortalidade dos crioulos no Brasil foi claramente desfavorável. Basta dizer que após o fim do tráfico negreiro nos Estados Unidos, em 1808, até a Guerra de Secessão (1861-1865), a população negra escrava norte-americana quase triplicou. Enquanto no Brasil, no mesmo período e com o tráfico em curso, o número de escravos não cresceu, ficando em torno de um milhão e meio. De qualquer forma, é importante chamar a atenção para essa "capacidade reprodutiva" da mulher negra, que a faz revestir de uma tradição como elemento produtor neste período da história do Brasil. Ela é, junto com o seu correspondente masculino, o suporte para a instituição escravocrata. Ressalte-se, entretanto, que, justamente por isso, recai sobre ela o peso da dominação senhorial.

A moderna sociedade brasileira apresenta maior dinamismo no que concerne à diversificação das atividades produtivas, efeito do processo de industrialização demarcado na década de 1930. Com a expansão industrial e do setor de serviços, a estratificação social, profundamente polarizada nos períodos anteriores, passou a apresentar maior flexibilidade e gradação. No entanto, esta maior flexibilidade manteve muito profundamente marcadas as diferenças de papéis atribuídos aos vários grupos da sociedade. Diversos fatores funcionam como causa para que se perpetuem estas diferenças. Um deles, como não poderia deixar de ser em uma sociedade constituída de diferentes grupos étnicos, é o fator racial.

Numa sociedade como a brasileira, em que a dinâmica do sistema econômico estabelece espaços na hierarquia de classes, existem alguns mecanismos para selecionar as pessoas que irão preenchê-los.

O critério racial constitui-se em um desses mecanismos de seleção, fazendo com que as pessoas negras sejam relegadas aos lugares mais baixos da hierarquia, resultado de patente discriminação. O efeito continuado da discriminação feita pelo branco tem também como consequência a internalização pelo grupo negro dos lugares inferiores que lhes são atribuídos. Assim, os negros ocupam de maneira contínua os mesmos lugares na hierarquia social, desobrigando-se a penetrar em espaços designados para os grupos de cor mais clara e perpetuando dialeticamente o processo de domínio social e privilégio racial.

A mulher negra, elemento que expressa mais radicalmente a cristalização dessa estrutura de dominação, vem ocupando os mesmos espaços e papéis que lhe foram atribuídos desde a escravidão. Dessa maneira, a "herança escravocrata" sofre uma continuidade no que diz respeito à mulher negra. Seu papel como trabalhadora, *grosso modo*, não mudou muito. As sobrevivências patriarcais na sociedade brasileira fazem com que ela seja recrutada e assuma empregos domésticos nas áreas urbanas, em menor grau na indústria de transformação, e que permaneça como trabalhadora nos espaços rurais. Podemos acrescentar, no entanto, ao exposto anteriormente que a estas sobrevivências ou resíduos do escravagismo se superpõem os mecanismos atuais de manutenção de privilégios por parte do grupo dominante. Mecanismos que são essencialmente ideológicos e que, ao se debruçarem sobre as condições objetivas da sociedade, têm efeitos discriminatórios. Se a mulher negra hoje permanece ocupando empregos similares aos que ocupava na sociedade colonial, é tanto devido ao fato de ser uma mulher de raça negra como por seus antepassados terem sido escravos.

Numa sociedade como a brasileira, em que elementos arcaicos convivem com o processo de modernização, a educação representa um fator de pressão dos grupos subordinados, visando a melhores condições de vida e ascensão social. Entretanto, justamente por causa da presença insistente desses elementos arcaicos, os avanços educacionais são limitados e muito recentes, e ao mesmo tempo pouco eficientes, uma vez que a maior parte da população tem tido pouco acesso efetivo à educação. Entretanto, pesquisas recentes baseadas nos recenseamentos de 1940, 1950 e 1970 registram que a mulher branca conseguiu maior acesso ao curso superior, diminuindo proporcionalmente a desigualdade entre ela e o homem branco. A realidade não é a mesma quanto à população negra e mestiça, menos ainda em relação à mulher negra.

Como a educação é um requisito para o acesso às melhores condições na hierarquia de empregos, deduz-se que as populações de cor e as mulheres brancas não estariam capacitadas para assumir os empregos de maior status, tendo, consequentemente, maior remuneração. Nesse contexto, a mulher negra tem possibilidades menores que qualquer um outro grupo social. Aqui é preciso estabelecer uma comparação entre a mulher negra e a mulher branca. A partir de 1930, com a decadência das áreas rurais e a consequente ascensão das áreas urbanas, o processo de vida levado a efeito nestas últimas faz com que o poder econômico do homem, chefe de família, decaísse um pouco. Para manter o nível da renda familiar estável e empreender a sobrevivência, filhos e mulheres são obrigados a ingressar no mercado de trabalho. Por outro lado, um dado exógeno concorre para que esses grupos alijados anteriormente da hierarquia ocupacional se engajem no processo e no mercado de trabalho: a necessidade de mão de obra para a indústria e outros serviços requisitados nas cidades.

As populações de nível de renda mais baixo são as principais recrutadas. Deste modo, a mulher branca passa a fazer parte da força de trabalho e a ocupar lugares definidos como de "atividades femininas", por pertencerem a um grupo subordinado. Nessa fase inicial de industrialização, com o declínio das indústrias tradicionais, principalmente a têxtil, a mulher branca se vê expulsa do setor industrial e passa a concentrar-se em empregos burocráticos de nível baixo que, embora mal remunerados, exigem certa qualificação educacional. Como consequência desse deslocamento, os homens de classe média ascendem a ocupações burocráticas de nível mais alto. O mesmo não ocorre com a mulher negra, e isso por dois motivos fundamentais: primeiro, porque a mulher negra ainda não teve acesso à educação suficiente, a fim de qualificar-se para estes tipos de empregos burocráticos. Segundo, porque esses empregos implicam relações públicas ou relação com o público, como o comércio de mercadorias. Neste contexto, o critério racial se faz muito mais seletivo, mantendo a mulher negra nos empregos tradicionais ou, então, como operárias industriais.

Ao analisar a situação do mercado de trabalho no Brasil, vimos como a mulher negra se encontra na mais baixa posição da hierarquia social. No entanto, não é somente por meio desse contexto específico que se pode atestar a situação de subordinação em que vive a mulher negra no país. A condição feminina a conduziu a um tipo de dominação sexual por parte do homem desde os primórdios da colonização. A exploração sexual de que foi vítima por parte dos senhores – situação determinada principalmente pela moral cristã portuguesa que atribuía à mulher branca das classes mais altas o papel de esposa, dependente economicamente do homem, e limitada quando esposa, ao papel de procriadora, com a vida sexual restrita à maternidade – fez com que a liberação da função sexual masculina recaísse sobre a mulher negra ou mestiça.

Mecanismos ideológicos se encarregaram de perpetuar a legitimação da exploração sexual da mulher negra através do tempo. Com representações baseadas em estereótipos de que sua capacidade sexual sobrepuja a das demais mulheres, de que sua cor funciona como atrativo erótico, enfim, de que o fato de pertencer às classes pobres e a uma raça "primitiva" a faz menos oprimida sexualmente, tudo isso facilita a tarefa do homem em exercer sua dominação livre de qualquer censura, pois a moral dominante não se preocupa em estabelecer regras para aqueles carentes de poder econômico.

ESTE TEXTO É UMA VERSÃO REVISADA DO ARTIGO ORIGINALMENTE PUBLICADO NO *JORNAL ÚLTIMA HORA*, RIO DE JANEIRO, 25 DE JULHO DE 1976, IN *EU SOU ATLÂNTICA: SOBRE A TRAJETÓRIA DE VIDA DE BEATRIZ NASCIMENTO*, ALEX RATTS (ORG.), SÃO PAULO: IMPRENSA OFICIAL/INSTITUTO KUANZA, 2006, P. 126-129.

Ao rejeitar a fantasia da submissão amorosa, pode surgir uma mulher preta participante, que não reproduz o comportamento masculino autoritário, já que se encontra no oposto deste, podendo, assim, assumir uma postura crítica, intermediando sua própria história e seu ethos.

Beatriz Nascimento

A mulher negra e o amor

Beatriz Nascimento

PODE PARECER ESTRANHO que tenhamos escolhido a condição amorosa e não sexual para nos referir ao estado de ser mulher e preta no meu país. A escolha do tema funda-se em histórias de vida e na observação de aspectos da afetividade da mulher diante da complexidade das ligações heterossexuais.

Atualmente, a temática da sexualidade nas relações homem e mulher é cada vez mais pensada do ponto de vista político ou sociológico. Ou seja, perpassa na discussão a questão do poder: o status dominante do elemento masculino em detrimento do outro elemento, o feminino. Recorre-se a explicações econômicas, sociais e políticas, enfatizando o papel do trabalho, visto como fator de resolução da desigualdade ou propulsor de um igualitarismo entre os dois sexos.

Em princípio, a retórica política do mundo moderno está calcada no liberalismo do Iluminismo europeu no século XVIII. Persegue-se o ideal de igualdade entre os agentes sociais das sociedades humanas. Fruto da reflexão na economia, que invadiu a filosofia e privilegiou o indivíduo mais que o grupo, o Iluminismo adiciona a todo universo da humanidade a noção masculina e sobredeterminada do produtor, que tem como recompensa do seu esforço o privilégio de ser o chefe. Foi forjada no Ocidente uma sociedade de homens que identificava não apenas o gênero masculino, mas a espécie no seu todo. Essa perspectiva possuía um devir utópico, previa-se um mundo sem diferenças. Entretanto, ao contrário do pensamento iluminista, processava-se naquele momento, por meio da máquina colonialista, a anexação de sociedades e culturas com extremas diferenças de ordem política, social e individual em relação à sociedade europeia.

Essa contradição histórica no terreno das ideias e do real impunha o poder da razão, no seu interior. Para exemplificar a mecânica dessa ideologia na prática do pensamento ocidental em que a afirmação corresponde à negação, reflitamos sobre esta frase de Martinho Lutero no século XVIII: "a razão é uma mulher astuta". Poderíamos contrapor: logo, é preciso que seja aprisionada pelo homem e expressada pelo atributo masculino, só assim pode ser dominante.

De acordo com esse pensamento, a mulher seria um homem, embora não sendo total. Seria ciclicamente homem, conforme seu próprio ciclo natural (puberdade e maternidade). Fora desses estados, sua capacidade de trabalho estaria a reboque da necessidade do desenvolvimento econômico (mão de obra anexada ou excludente de acordo com as variações da economia). Fora desses espaços, ou mesmo aí, ela não o é. Será a razão fora de lugar ou exercerá sua razão fora do campo produtivo.

Vai recobrir a mulher a moral totalizadora, seja como agente ou como submetida. Vai se revestir de fantasias, de sonhos, de utopia, de eroticidade não satisfeita e estagnada pela condição específica da sua arquitetura física e psicossocial.

Dentro desse arcabouço, qualquer expressão feminina é revestida pela instituição moral. Representa em si a desigualdade caracterizada pelos conflitos entre submissão x dominação; atividade x passividades, infantilização x maturação. A contrapartida a esse estado de coisas coloca a mulher num papel desviante do processo social, em que a violência é a negação de sua autoestima.

A mulher negra, na sua luta diária durante e após a escravidão no Brasil, foi contemplada como mão de obra na maioria das vezes não qualificada. Num país em que somente nas últimas décadas do século XX, o trabalho passou a ter o significado dignificante – o que não acontecia antes, devido ao estigma da escravatura – reproduz-se na mulher negra "um destino histórico". É ela quem desempenha, majoritariamente, os serviços domésticos, os serviços em empresas públicas e privadas recompensadas por baixíssimas remunerações. São de fato empregos cujas relações de trabalho evocam a mesma dinâmica da escravocracia.

A profunda desvantagem em que se encontra a maioria da população feminina repercute nas suas relações com o outro sexo, uma vez que não há a noção de paridade sexual entre ela e os elementos do sexo masculino. Essas relações são marcadas mais por um desejo amoroso de repartir afeto, assim como repartir o recurso material. Nas camadas mais baixas da população, cabe à mulher negra o verdadeiro eixo econômico onde gira a família. Essa família, grosso modo, não obedece aos padrões patriarcais, muito menos aos padrões modernos de constituição nuclear. São da família todos aqueles (filhos, maridos, parentes) que vivem as dificuldades da extrema pobreza.

Quanto ao homem negro, geralmente despreparado profissionalmente por força de contingências históricas e raciais, ele tem na mulher negra economicamente ativa um meio de sobrevivência, já que à mulher se impõe, como sabemos, dupla jornada: o trabalho e o lar.

Entretanto, nem toda mulher negra está nessa condição. Quando ela escapa para outras formas de trabalho, dirige-se ou para profissões que requerem educação formal ou para a arte (como a dança). Nesses papéis, elas se tornam verdadeiras exceções sociais. Mesmo nesse cenário, continua com o papel de mantenedora, na medida em que, numa família preta, são poucos os indivíduos a cruzar a barreira da ascensão social. Quando o fazem, variadas gamas de discriminação racial dificultam os encontros da mulher preta, seja com homens pretos ou de outras etnias.

Por exemplo, uma mulher preta que, no mundo atual, atinge determinado padrão social, requer cada vez mais relações de parceria, o que pode recrudescer as discriminações a essa mulher específica. Pois uma sociedade organicamente calcada no individualismo tende a massificar e serializar as pessoas, distanciando o discriminado das fontes de desejo e prazer. A parceria, elemento de complementação em todas as relações, também as materiais, é obstruída e restringida na relação amorosa da mulher.

Quanto mais a mulher negra se especializa profissionalmente em uma sociedade desse tipo, mais é levada a individualizar-se. Sua rede de relações também se especializa. Sua construção psíquica, forjada no embate entre sua individualidade e a pressão da discriminação racial, muitas vezes surge como impedimento à atração do outro, na medida em que este, habituado aos padrões formais de relação dual, teme a potência inesperada dessa mulher. Também ela, por sua vez, acaba por rejeitar esses outros homens, pois não aceitará uma proposta de dominação unilateral.

Desse modo, ou permanece solitária ou liga-se a alternativas em que os laços de dominação podem ser afrouxados. Convivendo em uma sociedade plurirracial, que privilegia padrões estéticos femininos como aqueles cujo ideal é de um maior grau de embranquecimento (desde a mulher mestiça até a branca), seu trânsito afetivo é extremamente limitado. Há poucas chances para essa mulher numa estrutura em que a atração sexual está impregnada de modelos raciais e é ela representante da etnia mais submetida. A escolha dos homens passa pela crença de que ela seja mais erótica ou mais ardente sexualmente que as demais, crenças relacionadas às características de seu físico, muitas vezes exuberantes. Entretanto, quando se trata de um relacionamento institucional, a discriminação étnica funciona como um impedimento, mais reforçado à medida que essa mulher alça uma posição de destaque social.

No contexto em que se encontra, cabe a essa mulher a desmistificação do conceito de amor, transformando este em dinamizador cultural e social (com o envolvimento na atividade política, por exemplo), buscando mais a paridade entre os sexos do que a "igualdade iluminista". Ao rejeitar a fantasia da submissão amorosa, pode surgir uma mulher preta participante, que não reproduz o comportamento masculino autoritário, já que se encontra no oposto deste, podendo, assim, assumir uma postura crítica, intermediando sua própria história e seu ethos. Assim, caberia a ela levantar a proposta de parceria nas relações sexuais, o que, por fim, se replicaria nas relações sociais mais amplas.

ESTE TEXTO É UMA VERSÃO REVISADA DO ARTIGO PUBLICADO ORIGINALMENTE NO JORNAL *MAIORIA FALANTE*, Nº 17, FEV/MAR 1990, P. 3, IN *EU SOU ATLÂNTICA: SOBRE A TRAJETÓRIA DE VIDA DE BEATRIZ NASCIMENTO*, ALEX RATTS (ORG.), SÃO PAULO: IMPRENSA OFICIAL/INSTITUTO KUANZA, 2006, P. 102-105.

Pensar a contribuição do feminismo negro na luta antirracista é trazer à tona as implicações do racismo e do sexismo que condenaram as mulheres negras a uma situação perversa e cruel de exclusão e marginalização sociais.

Sueli Carneiro

Mulheres em movimento: contribuições do feminismo negro

Sueli Carneiro

O MOVIMENTO DE MULHERES DO BRASIL é um dos mais respeitados do mundo e referência fundamental em certos temas do interesse das mulheres no plano internacional. É também um dos movimentos com melhor performance entre as mobilizações sociais do país. Fato que ilustra a sua potência foram os encaminhamentos da Constituição de 1988, que contemplou cerca de 80% das suas propostas, o que mudou radicalmente o status jurídico das mulheres no Brasil. A Constituição de 1988, entre outros feitos, destituiu o pátrio poder.

Esse movimento destaca-se, ainda, pelas decisivas contribuições no processo de democratização do Estado produzindo, também, inovações importantes no campo das políticas públicas. Chama atenção, nesse cenário, a criação dos Conselhos da Condição Feminina – órgãos voltados para o desenho de políticas públicas de promoção da igualdade de gênero e combate à discriminação contra as mulheres. A luta contra a violência doméstica e sexual estabeleceu uma mudança de paradigma em relação às questões do público e do privado. A violência doméstica tida como algo da dimensão do privado alcança a esfera pública e torna-se objeto de políticas específicas. Esse deslocamento levou a administração pública a criar novos organismos, como as Delegacias Especializadas no Atendimento à Mulher (Deams), os abrigos institucionais para a proteção de mulheres em situação de violência, e a atender outras necessidades para a efetivação de políticas públicas voltadas para as mulheres, a exemplo do treinamento de profissionais da segurança pública para lidar com as situações de violência contra a mulher, entre outras iniciativas. De acordo com Mireya Suarez e Lourdes Maria Bandeira:

> Apesar de suas imperfeições, as Deams são instituições governamentais resultantes da constituição de um espaço público, onde se articulou o discurso relativo aos direitos das mulheres de receberem um tratamento equitativo quando se encontram em situações de violências denunciadas. Diferentemente das outras delegacias, as Deams evitam empregar métodos de condutas violentas, promovendo a negociação das partes em conflito. A grande particularidade dessas instituições policiais é admitirem a mediação como um recurso eficaz e legítimo. Nesse sentido, não é demais lembrar que a prática da mediação é crescentemente considerada um recurso valioso na administração dos conflitos interpessoais, na medida em que diminui o risco de os conflitos administrados terem desdobramentos violentos.[1]

No campo da sexualidade, "a luta das mulheres para terem autonomia sobre os seus próprios corpos, pelo exercício prazeroso da sexualidade, para poderem decidir sobre quando ter ou não filhos, resultou na conquista de novos direitos para toda a humanidade: os direitos sexuais e reprodutivos."[2]

A desigualdade sofrida pelas mulheres em relação ao acesso ao poder foi enfrentada por diversas campanhas das quais resultaram a aprovação de projeto de lei, de iniciativa da então deputada Marta Suplicy, de reserva de 20% das legendas dos partidos para as candidatas mulheres.

Embora as desigualdades salariais significativas entre homens e mulheres que ocupam as mesmas funções permaneçam, é inegável que a crítica feminista sobre as desigualdades no mercado de trabalho teve papel importante na intensa diversificação, em termos ocupacionais, experimentada pelas mulheres nas últimas três décadas. Um dos orgulhos do movimento feminista brasileiro é o fato de, desde o seu início, estar identificado com as lutas populares e com as lutas pela democratização do país.

São memoráveis, para as feministas, o protagonismo que tiveram nas lutas pela anistia, por creche (uma necessidade precípua das mulheres de classes populares), na luta pela descriminalização do aborto que penaliza, inegavelmente, as mulheres de baixa renda, que o fazem em condições de precariedade e determinam em grande parte os índices de mortalidade materna existentes no país; entre outras ações.

Porém, em conformidade com outros movimentos sociais progressistas da sociedade brasileira, o feminismo esteve, também, por longo tempo, prisioneiro da visão eurocêntrica e universalizante das mulheres. A consequência disso foi a incapacidade de reconhecer as diferenças e desigualdades presentes no universo feminino, a despeito da identidade biológica. Dessa forma, as vozes silenciadas e os corpos estigmatizados de mulheres vítimas de outras formas de opressão, além do sexismo, continuaram no silêncio e na invisibilidade.

As denúncias sobre essa dimensão da problemática da mulher na sociedade brasileira, que é o silêncio sobre outras formas de opressão que não somente o sexismo, vêm exigindo a reelaboração do discurso e das práticas políticas do feminismo. E o elemento determinante nessa alteração de perspectiva é o emergente movimento de mulheres negras sobre o ideário e a prática política feminista no Brasil.

ENEGRECENDO O FEMINISMO

Enegrecendo o feminismo é a expressão que vimos utilizando para designar a trajetória das mulheres negras no interior do movimento feminista brasileiro. Buscamos assinalar, com ela, a identidade branca e ocidental da formulação clássica feminista, de um lado; e, de outro, revelar a insuficiência teórica e prática política para integrar as diferentes expressões do feminino construídos em sociedades multirraciais e pluriculturais. Com essas iniciativas, pôde-se compor uma agenda específica que combateu, simultaneamente, as desigualdades de gênero e intragênero; afirmamos e visibilizamos uma perspectiva feminista negra que emerge da condição específica do ser mulher, negra e, em geral, pobre; delineamos, por fim, o papel que essa perspectiva tem na luta antirracista no Brasil.

Ao politizar as desigualdades de gênero, o feminismo transforma as mulheres em novos sujeitos políticos. Essa condição leva esses sujeitos a assumir, a partir do lugar em que estão inseridos, diversos olhares que desencadeiam processos particulares subjacentes na luta de cada grupo particular. Ou seja, grupos de mulheres indígenas e grupos de mulheres negras, por exemplo, possuem demandas específicas que, essencialmente, não podem ser tratadas, na essência, sob a rubrica da questão de gênero se esta não levar em conta as especificidades que definem o ser mulher neste e naquele caso. Essas óticas particulares vêm exigindo, paulatinamente, práticas igualmente diversas que ampliem a concepção e o protagonismo feminista na sociedade brasileira, salvaguardando as especificidades. Isso é o que determina o fato de o combate ao racismo ser uma prioridade política para as mulheres negras, assertiva já enfatizada por Lélia Gonzalez, "a tomada de consciência da opressão ocorre, antes de tudo, pelo racial."[3]

A fortiori, essa necessidade premente de articular o racismo às questões mais amplas das mulheres encontra guarida histórica, uma vez que a "variável" racial produziu gêneros subalternizados, tanto no que toca à identidade feminina estigmatizada (das mulheres negras) como a masculinidades subalternizadas (dos homens negros) com prestígio inferior ao do gênero feminino do grupo racialmente dominante (das mulheres brancas).

Em face dessa dupla subvalorização, é válida a afirmação de que o racismo rebaixa o *status* dos gêneros. Ao fazê-lo, institui como primeiro degrau de equalização social a igualdade intragênero, tendo como parâmetro os padrões de realização social alcançados pelos gêneros racialmente dominantes. Por isso, para as mulheres negras atingirem os mesmos níveis de desigualdades existentes entre homens e mulheres brancos significaria experimentar uma extraordinária mobilidade social, uma vez que os homens negros, na maioria dos indicadores sociais, encontram-se abaixo das mulheres brancas. Nesse sentido, racismo também superlativa os gêneros por meio de privilégios que advêm da exploração e exclusão dos gêneros subalternos. Institui para os gêneros hegemônicos padrões que seriam inalcançáveis numa competição igualitária. A recorrência abusiva, a inflação de mulheres loiras ou a "loirização" na televisão brasileira, é um exemplo dessa disparidade.

A diversificação das concepções e práticas políticas que a ótica das mulheres dos grupos subalternizados introduz no feminismo é resultado de um processo dialético que, se, de um lado, promove a afirmação das mulheres em geral como novos sujeitos políticos: de outro, exige o reconhecimento da diversidade e desigualdades existentes entre essas mesmas mulheres.

Lélia Gonzalez faz sínteses preciosas que balizam a discussão: a primeira delas diz respeito às contradições que historicamente marcaram a trajetória das mulheres negras no interior do Movimento Feminista Brasileiro, e a segunda refere-se à crítica fundamental que a ação política das mulheres negras introduziu no feminismo e que vem alterando significativamente suas percepções, comportamentos e instituições sociais. De acordo com ela, as concepções do feminismo brasileiro:

> padeciam de duas dificuldades para as mulheres negras: de um lado, o viés eurocentrista do feminismo brasileiro, ao omitir a centralidade da questão de raça nas hierarquias de gênero presentes na sociedade, e ao universalizar os valores de uma cultura particular (a ocidental) para o conjunto das mulheres, sem as mediações que os processos de dominação, violência e exploração que estão na base da interação entre brancos e não-brancos, constituísse em mais um eixo articulador do mito da democracia racial e do ideal de branqueamento. Por outro lado, também revela um distanciamento da realidade vivida pela mulher negra ao negar toda uma história feita de resistências e de lutas, em que essa mulher tem sido protagonista graças à dinâmica de uma memória cultural ancestral – que nada tem a ver com o eurocentrismo desse tipo de feminismo[4].

A consciência de que a identidade de gênero não se desdobra naturalmente em solidariedade racial intragênero conduziu as mulheres negras a enfrentar, no interior do próprio movimento feminista, as contradições e as desigualdades que o racismo e a discriminação racial produzem entre as mulheres, particularmente entre negras e brancas no Brasil. O mesmo se pode dizer em relação à solidariedade de gênero intragrupo racial, que conduziu as mulheres negras a exigirem que a dimensão de gênero se instituísse como elemento estruturante das desigualdades raciais na agenda dos movimentos negros brasileiros.

Essas avaliações vêm promovendo o engajamento das mulheres negras nas lutas gerais dos movimentos populares e nas empreendidas pelos movimentos negros e movimentos de mulheres nos planos nacional e internacional, buscando assegurar neles a agenda específica das mulheres negras. Tal processo vem resultando, desde meados da década de 1980, na criação de diversas organizações de mulheres negras que hoje se espalham em nível nacional; na criação de fóruns específicos de discussões programáticas e instâncias nacionais organizativas das mulheres negras no país, a partir dos quais os temas fundamentais da agenda feminista são perscrutados pelas mulheres negras à luz do efeito do racismo e da discriminação racial. Nesse sentido, apontamos a seguir os principais vetores que nortearam as propostas do movimento, o que resultou em mudanças efetivas na ótica feminista.

MERCADO DE TRABALHO

É sobejamente conhecida a distância que separa negros e brancos no país no que diz respeito à posição ocupacional. O movimento de mulheres negras vem pondo em relevo essa distância, que assume proporções ainda maiores quando o tópico de gênero e raça é levado em consideração.

Nesse sentido, é fundamental apontar os ganhos obtidos pela luta feminista no mercado de trabalho. Malgrado se constituírem em grandes avanços, não conseguiram, no entanto, dirimir as desigualdades raciais que obstaculizam maiores avanços para as mulheres negras nessa esfera. Sendo assim, as propostas universalistas da luta das mulheres não só mostram a sua fragilidade, como a impossibilidade de as reivindicações que daí advêm, tornarem-se viáveis para enfrentar as especificidades do racismo brasileiro.

Em relação às mudanças na estrutura ocupacional do país, Carlos Hasenbalg e Nelson do Valle Silva afirmavam, na década de 1980, que

> Em definitivo, as mulheres não só tendem a conseguir uma melhor distribuição na estrutura ocupacional, como também abandonam os setores de atividade que absorvem a força de trabalho mais qualificada e pior remunerada, para ingressar em proporções crescentes na indústria e nos serviços modernos. As tendências observadas permitem sugerir, de maneira provisória, a possibilidade de uma diferenciação dos mercados de trabalho para as mulheres: enquanto as mulheres oriundas das classes populares, com baixos níveis de escolaridade, tendem a concentrar-se na prestação de serviços e nos empregos ligados à produção na indústria, as mulheres de classe média, dotadas de níveis mais elevados de educação formal, dirigem-se para os serviços de produção e de consumo coletivo.[5]

Em outros estudos, como o de Márcia Lima sobre *Trajetória educacional e realização socioeconômica das mulheres negras*, torna-se evidente que o fato de 48% das mulheres pretas (...) estarem no serviço doméstico é sinal de que a expansão do mercado de trabalho para essas mulheres não significou ganhos significativos. E quando esta barreira social é rompida, ou seja, quando as mulheres negras conseguem investir em educação numa tentativa de mobilidade social, elas se dirigem para empregos com menores rendimentos e menos reconhecidos no mercado de trabalho.[6]

Os diferentes retornos auferidos pelas mulheres de uma luta que se pretendia universalizante tornava insustentável o não reconhecimento do peso do racismo e da discriminação racial nos processos de seleção e alocação da mão de obra feminina, posto que as desigualdades se mantêm mesmo quando controladas as condições educacionais. Em síntese, o quesito "boa aparência", um eufemismo sistematicamente denunciado pelas mulheres negras como forma sutil de barrar as aspirações dos negros, em geral, e das mulheres negras, em particular, revelava em números, no mercado de trabalho, todo o seu potencial discricionário.

A questão política que decorre dessa realidade será a exigência de que o combate ao racismo, à discriminação racial e aos privilégios que ele institui para as mulheres brancas seja tomado como elemento estrutural do ideário feminista; um imperativo ético e político que reflita os anseios coletivos da luta feminista de representar as necessidades e os interesses do conjunto de mulheres.

No entanto, se é crescente no âmbito do movimento feminista brasileiro a compreensão da imperiosidade do combate às desigualdades raciais de que padecem as mulheres negras no mercado de trabalho, permanece no senso comum, e mesmo na percepção de importantes formadores de opinião, as visões consagradas pelo mito da democracia racial, tal como demonstrado no artigo da juíza federal Mônica Sifuentes, "Direito e justiça", publicado no jornal *Correio Braziliense*, de 18 de fevereiro de 2002. Na oportunidade, a juíza argumenta contra a adoção das políticas de cotas para negros. Peremptoriamente, ela diz:

> (...) para nós mulheres não houve necessidade de se estipular quotas. Bastou a concorrência em igualdade de condições com os homens para que hoje fôssemos maioria em todos os cursos universitários do país.

Em resposta a esse artigo, reagimos ao nobre pronome utilizado pela juíza, com o artigo "Nós?", publicado no mesmo jornal em 22 de fevereiro de 2002, no qual fazíamos os seguintes questionamentos:

> O argumento da juíza não leva em conta o fato de os homens entrarem mais cedo do que as mulheres no mercado de trabalho com prejuízos para a sua permanência no sistema educacional e que, apesar disso, os estudos recentes sobre a mulher no mercado de trabalho revelam que elas precisam de uma vantagem de cinco anos de escolaridade para alcançar a mesma probabilidade que os homens têm de obter um emprego no setor formal. Para as mulheres negras alcançarem os mesmos padrões salariais das mulheres brancas com quatro a sete anos de estudos, elas precisam de mais quatro anos de instrução, ou seja, de oito a onze anos de estudos. Essa é a igualdade de gênero e de raça instituída no mercado de trabalho e o retorno que as mulheres, sobretudo as negras, têm do seu esforço educacional.[7]

VIOLÊNCIA: OS OUTROS ASPECTOS DA QUESTÃO

Em relação ao tópico da violência, as mulheres negras realçaram outra dimensão do problema. Tem-se reiterado que, para além da problemática da violência doméstica e sexual que atingem as mulheres de todos os grupos raciais e classes sociais, há uma forma específica de violência que constrange o direito à imagem ou a uma representação positiva, limita as possibilidades de encontro no mercado afetivo, inibe ou compromete o pleno exercício da sexualidade pelo peso dos estigmas seculares, cerceia o acesso ao trabalho, arrefece as aspirações e rebaixa a autoestima.

Esses são os efeitos da hegemonia da "branquitude" no imaginário social e nas relações sociais concretas. Trata-se de uma violência invisível que contrai saldos negativos para a subjetividade das mulheres negras, resvalando na afetividade e na sexualidade destas. Tal dimensão da violência racial e as particularidades que ela assume em relação às mulheres dos grupos raciais não hegemônicos vêm despertando análises cuidadosas e recriação de práticas que se mostram capazes de construir outros referenciais. A historiadora e cineasta negra Beatriz Nascimento, em seu belo artigo "A mulher negra e o amor", salienta que:

Convivendo em uma sociedade plurirracial, que privilegia padrões estéticos femininos como ideal de um maior grau de embranquecimento (desde a mulher mestiça até à branca), seu trânsito afetivo é extremamente limitado. Há poucas chances para ela numa sociedade em que a atração sexual está impregnada de modelos raciais, sendo ela representante da etnia mais submetida. Sua escolha por parte do homem passa pela crença de que seja mais erótica ou mais ardente sexualmente do que as demais, crença relacionada às características do seu físico, muitas vezes exuberante. Entretanto, quando se trata de um relacionamento institucional, a discriminação étnica funciona como um impedimento, mais reforçado à medida que essa mulher alça uma posição de destaque social [...] No contexto em que se encontra, cabe a essa mulher a desmistificação do conceito de amor, transformando este em dinamizador cultural e social (envolvimento na atividade política, por exemplo), buscando mais a paridade entre os sexos do que a "igualdade iluminista". Rejeitando a fantasia da submissão amorosa, pode surgir uma mulher preta participante, que não reproduza o comportamento masculino autoritário, já que se encontra no oposto deste, podendo, assim, assumir uma postura crítica, intermediando sua própria história e seus ethos. Levantaria ela a proposta de parcerias nas relações sexuais que, por fim, se distribuiria nas relações sociais mais amplas.[8]

A médica negra Regina Nogueira, em seu artigo "Mulher negra e obesidade", questiona a tirania estética que o padrão branco hegemônico impôs a todas as mulheres não brancas e advoga um novo direito: "A mulher negra deve exigir que sua imagem represente toda a diversidade de seus valores culturais."[9]

SAÚDE

Entre as contribuições do feminismo negro, ocupa lugar privilegiado a incorporação da temática da saúde e dos direitos reprodutivos na agenda da luta antirracista e o reconhecimento das diferenças étnicas e raciais nessa temática.

Nessa perspectiva, a luta pela inclusão do quesito cor, sobretudo nos sistemas de classificação da população, tem se constituído um desafio permanente e objeto da ação política de aguerridas ativistas para as quais, como afirma a médica negra Fátima Oliveira:

> (...) a compreensão da dimensão das diferenças e diferenciais raciais/étnicos, da opressão de gênero e do racismo na manutenção, recuperação e perda da saúde em sociedade classista. As controvérsias são tantas e tamanhas que o quesito cor – a identificação racial – é um problema/desafio nos meios científicos, entre profissionais, serviços, formuladores e implementadores das políticas de saúde. (...) Os argumentos a favor e contra o preenchimento da cor das pessoas são inúmeros. As acusações de posturas racistas partem de ambos os lados. Quando o item existe nos formulários, a negligência no seu preenchimento é regra. Mesmo quando preenchido por autodeclaração ou por observação do(a) profissional, não se sabe muito bem nem para que serve e nem o que fazer com ele. Em geral, os serviços não o consideram um dado epidemiológico essencial.[10]

A esterilização ocupou lugar privilegiado durante anos na agenda política das mulheres negras que produziram campanhas contra esta prática em função dos altos índices que o fenômeno adquiriu no Brasil, fundamentalmente entre mulheres de baixa renda (a maioria das mulheres que são esterilizadas o fazem porque não encontra no sistema de saúde a oferta e a diversidade dos métodos contraceptivos reversíveis que lhes permitiriam não ter de fazer a opção radical de não poder mais ter filhos). Esse tema foi, também, objeto de proposições legislativas, numa parceria entre parlamentares e ativistas feministas que culminou no projeto de Lei nº 209/91, que regulamentou o uso da esterilização.

Outro tema de relevância na luta das mulheres negras na área da saúde é a implantação de um programa de atenção à anemia falciforme, que consiste "numa anemia hereditária e constitui a doença genética mais comum da população negra".

No Brasil, trata-se de "uma questão de saúde pública",[11] e as ações por políticas públicas para a atenção aos portadores dessa doença de ativistas negras e outros atores da área da saúde resultaram no Programa de Anemia Falciforme do Ministério da Saúde (PAF-MS).

Apesar da importante conquista que o PAF representa para o enfrentamento da anemia falciforme, somente no estado de Minas Gerais esse programa foi adotado integralmente, havendo ainda iniciativas esparsas em alguns municípios de outros estados do país. A doença atinge, segundo as estimativas, cerca de 10% da população brasileira, notadamente negros ou seus descendentes.

Uma nova área de pesquisa e intervenção política – a da bioética – é desenvolvida quase que solitariamente por Fátima de Oliveira numa perspectiva feminista e antirracista, cujas preocupações fundamentais são:

> as interfaces dos novos saberes das biociências, em particular da genética, sobretudo os oriundos dos megaprojetos da genética humana (Projeto Genoma Humano – PGH e Projeto da Diversidade do Genoma Humano – PDGH) e a utilização distorcidas deles pelas teorias racistas.[12]

Oliveira aponta os riscos de desenvolvimento de práticas eugenistas nas pesquisas com seres humanos. E, sobretudo, convoca feministas e antirracistas para atuarem nos fóruns em que esses temas são tratados, pois considera que:

> Na atualidade, bioeticistas e fóruns de bioética, majoritariamente masculinos e brancos, são os setores da sociedade que adquiriram legitimidade, no mundo, perante legisladores e governos. Movimentos sociais com tradição de luta como o feminista, o antirracista e da juventude ainda estão fora dos debates e das decisões na área de bioética. O que é preocupante, pois a bioética aborda assuntos que dizem respeito à toda a sociedade, tais como: os temas dos direitos reprodutivos (concepção, contracepção, esterilização, aborto, infertilidade e Novas Tecnologias Reprodutivas Conceptivas (NTRC), saúde pública, sexualidade, doentes terminais, eutanásia e manipulação genética.[13]

MEIOS DE COMUNICAÇÃO

Os meios de comunicação vêm se constituindo em um espaço de interferência e agendamento de políticas do movimento de mulheres negras, pois a naturalização do racismo e do sexismo na mídia reproduz e cristaliza, sistematicamente, estereótipos e estigmas que prejudicam, em larga escala, a afirmação de identidade racial e o valor social desse grupo. Segundo Antonia Quintão,

> a exclusão simbólica, a não representação ou distorções da imagem da mulher negra nos meios de comunicação são formas de violência tão dolorosas, cruéis e prejudiciais que poderiam ser tratadas no âmbito dos direitos humanos.[14]

Se partimos do entendimento de que os meios de comunicação não apenas repassam as representações sociais sedimentadas no imaginário social, mas também se instituem como agentes que operam, constroem e reconstroem no interior da sua lógica de produção os sistemas de representação, concluiremos que eles ocupam posição central na cristalização de imagens e sentidos sobre a mulher negra. Muito tem se falado a respeito das implicações dessas imagens e dos mecanismos capazes de promover deslocamentos para a afirmação positiva desse segmento.

A presença minoritária de mulheres negras nas mídias, bem como a fixação dessa presença em categorias específicas (a mulata, a empregada doméstica) foi um dos assuntos mais explorados nesse aspecto.

A despeito de algumas mudanças, pois presenciamos gradativamente a presença de mulheres negras em espaços outros que não somente os de subserviência, consideramos que mudanças radicais ainda precisam ser efetivadas (temos, atualmente, uma apresentadora negra no Fantástico [Glória Maria], exibido pela TV Globo; as novelas passam a contar com personagens que ocupam posições de certo prestígio e destaque). De acordo com os produtores dos meios, essa mudança reflete, igualmente, mudanças radicais na situação da mulher negra brasileira, que deixou de ocupar apenas posições subalternas. Embora proceda sob certos aspectos, consideramos que essa afirmativa possui uma conotação capciosa e perversa, que encobre as manobras de padrão já estabelecidas pela mídia e que são encobertas por uma possível correlação com a realidade. Esperamos que a mulher negra seja representada levando-se em conta o espectro de funções e as habilidades que ela pode exercer, mesmo em condições econômicas adversas.

Nesse sentido, segundo Nilza Iraci,[15] são ainda grandes os desafios na área dos meios de comunicação e da imagem em prol da construção de um novo imaginário da mulher negra nesse espaço e, por extensão, nas instâncias de decisão política e na sociedade. Existe uma consciência crescente entre as mulheres negras de que os processos relacionados à globalização e à nova ordem mundial requerem novas formas de ação e, nesse sentido, tratar a comunicação como um nexo de empoderamento tem sido fundamental para garantir-lhes uma representação positiva, bem como a visibilidade do processo de mobilização e de lutas.

As mulheres negras vêm atuando para não apenas mudar a lógica de representação dos meios de comunicação de massa, como também capacitar suas lideranças para o trato com as novas tecnologias de informação, pois a falta de poder dos grupos historicamente marginalizados para controlar e construir sua própria representação possibilita a crescente veiculação de estereótipos e distorções pelas mídias, eletrônicas ou impressas.

NOVAS UTOPIAS E AS NOVAS AGENDAS FEMINISTAS

A consequência do crescente protagonismo das mulheres negras no interior do movimento feminista brasileiro pode ser percebido na significativa mudança de perspectiva que a nova Plataforma Política Feminista adota. Essa Plataforma, proveniente da Conferência Nacional de Mulheres Brasileiras realizada em 6 e 7 de junho de 2002, em Brasília, reposiciona a luta feminista no Brasil nesse novo milênio, sendo gestada (como é da natureza feminina) coletivamente por mulheres negras, indígenas, brancas, lésbicas, nortistas, nordestinas, urbanas, rurais, sindicalizadas, quilombolas, jovens, de terceira idade, portadoras de necessidades especiais, de diferentes vinculações religiosas e partidárias... que se detiveram criticamente nas questões mais candentes da conjuntura nacional e internacional, nos obstáculos contemporâneos persistentes para a realização da igualdade de gênero e nos desafios e mecanismos para a sua superação, tendo os seguintes princípios como orientadores das análises e propostas:

- reconhecer a autonomia e a autodeterminação dos movimentos sociais de mulheres;
- comprometer-se com a crítica ao modelo neoliberal injusto, predatório e insustentável do ponto de vista econômico, social, ambiental e ético;

- reconhecer os direitos econômicos, sociais, culturais e ambientais das mulheres;
- comprometer-se com a defesa dos princípios de igualdade e justiça econômica e social;
- reconhecer o direito universal à educação, à saúde e à previdência;
- comprometer-se com a luta pelo direito à terra e à moradia;
- comprometer-se com a luta antirracista e a defesa dos princípios de equidade racial-étnica;
- comprometer-se com a luta contra todas as formas de discriminação de gênero, e com o combate a violência, maus-tratos, assédio e exploração de mulheres e meninas;
- comprometer-se com a luta contra a discriminação a lésbicas e gays;
- comprometer-se com a luta pela assistência integral à saúde das mulheres e pela defesa dos direitos sexuais e reprodutivos;
- reconhecer o direito das mulheres de ter ou não ter filhos com acesso de qualidade à concepção e/ou à contracepção;
- reconhecer o direito de livre exercício sexual de travestis e transgêneros;
- reconhecer a discriminalização do aborto como um direito de cidadania e uma questão de saúde pública e reconhecer que cada pessoa tem direito as diversas modalidades de família e apoiar as iniciativas de parceria civil registrada (...).[16]

Diz a feminista e cientista política norte-americana Nancy Fraser que, a um conceito amplo de gênero que incorpore a diversidade de femininos e feminismos historicamente construídos, deve corresponder "um conceito de justiça tão abrangente quanto e que seja capaz de englobar igualmente a distribuição e o reconhecimento."[17]

Nessa direção, como já apontamos no artigo citado anteriormente, a Plataforma Política Feminista que resultou da Conferência Nacional das Mulheres Brasileiras representa o coroamento de quase duas décadas de luta pelo reconhecimento e incorporação do racismo, da discriminação racial e das desigualdades de gênero e raça que eles geram. Tal concepção constitui-se em um dos eixos estruturais da luta das mulheres brasileiras. A Plataforma, ao incorporar esse princípio, sela um pacto de solidariedade e coresponsabilidade entre mulheres negras e brancas na luta pela superação das desigualdades de gênero e entre as mulheres no Brasil. Redefine os termos de uma verdadeira justiça social no Brasil. Como afirma Guacira César de Oliveira da Articulação de Mulheres Brasileiras (AMB) e uma das integrantes da Comissão Organizadoras da Conferência:

> reafirmamos que os movimentos de mulheres e feministas querem radicalizar a democracia, deixando claro que ela não existirá enquanto não houver igualdade; que não haverá igualdade sem distribuição das riquezas; e não há distribuição sem o reconhecimento das desigualdades entre homens e mulheres, entre brancos e negros, entre urbanos e rurais, que hoje estruturam a pobreza. Não almejam a mera inversão dos papéis, mas um novo marco civilizatório.[18]

Diz-nos Nancy Fraser ainda: "(...) situo lutas de gênero como uma das facetas de um projeto político mais amplo que busque uma justiça democrática institucionalizante, cruzando os múltiplos eixos da diferenciação social."[19]

Nessa perspectiva, a Plataforma Política Feminista oferece importante contribuição para uma sociedade democrática e socialmente justa. Sinaliza, claramente, para a urgência de instituição de um novo marco civilizatório, no qual são colocados em questão a necessidade de avançar a democracia política:

> A democracia política representativa – que tem no voto seu instrumento básico de funcionamento – vigora no Brasil como se fosse a única prática legítima de exercício de poder, apesar da forte crise de legitimidade de suas instituições. (...) A democracia representativa ainda está impregnada dos perfis racista, sexista e classista da sociedade brasileira, que consolidaram um poder hegemônico de face masculina, branca e heterossexual, em que pesem as diferenças político-ideológicas entre os partidos. Essa situação tem sido ainda agravada pela política liberal/conservadora vigente que, com seus mecanismos de poder junto ao sistema econômico e ao sistema de comunicação de massa, restringe as possibilidades de disputa política para muitos segmentos.[20]

A crítica incide também sobre o Estado democrático de direito e justiça social em que se aponta a concentração de riqueza, a dimensão de gênero e raça/etnia das desigualdades e exclusão social:

a desigualdade cresce também através das atuais práticas fiscais, que favorecem a acumulação livre do capital e restringem o acesso à riqueza nacional por parte da grande maioria da população, principalmente as mulheres negras e indígenas. (parágrafo 31)

E, fundamentalmente, em busca de um novo marco civilizatório, as mulheres se posicionam claramente contra a ordem neoliberal:

> Os movimentos brasileiros de mulheres opõem-se às políticas neoliberais e de ajuste estrutural e reafirmam a necessidade de que o Estado desenvolva políticas públicas afirmativas para a superação da pobreza, a geração de renda e emprego e a garantia de bem-estar. (parágrafo 33)

O grande desafio é propor, articular e implementar propostas que estejam afinadas com um projeto radical de superação desses problemas e vislumbre novos ideais. Paulatinamente, o movimento de mulheres negras sinaliza para iniciativas fundamentais nas imbricações entre racismo e sexismo.

> Nas últimas décadas o movimento de mulheres vem se firmando como sujeito político ativo no processo brasileiro de democratização política e de mudança de mentalidades. É nessa condição que convidamos toda a sociedade para debater os entraves que, ainda nesse início de milênio, dificultam em nosso país o estabelecimento da justiça social de gênero, de raça/etnia e de classe, para todos as pessoas em todos os aspectos de suas vidas.[21] (parágrafo 11)

Essa articulação permanente das exclusões de gênero e raça determinadas pelas práticas sexistas e racistas constituía um dos pré-requisitos fundamentais para selar uma perspectiva de luta comum entre mulheres negras e brancas no contexto da luta feminista.

O jornal *Folha de S.Paulo* assim noticiou o evento de lançamento da Plataforma Política Feminista em 6 de agosto de 2002 na OAB – São Paulo: "um grupo de ONGs lançará hoje a Plataforma Política Feminista. O documento traz propostas de interesse das mulheres para reforma agrária e meio ambiente e de combate ao racismo".[22]

Os conteúdos destacados pelo jornal são indicativos do impacto da perspectiva das mulheres negras sobre a agenda feminista brasileira. O combate ao racismo, antes questão periférica ou inexistente, torna-se um dos elementos estruturais da Plataforma. Da mesma forma, as questões de reforma agrária e meio ambiente sublinhadas pelo jornal são temas do interesse das mulheres populares, contexto ao qual as mulheres negras estão diretamente ligadas pela prevalência da população negra nas áreas rurais do país. Some-se a isso a conflituosa situação das comunidades remanescentes de quilombos em disputa por suas terras ancestrais enfrentando empreendimentos agropecuários, madeireiros e grilagens para fins de especulação imobiliária que operam para postergar a titulação de suas terras, um direito conquistado e reconhecido pelo artigo 68 da Constituição Federal.

SEGUINDO EM FRENTE...

Pensar a contribuição do feminismo negro na luta antirracista é trazer à tona as implicações do racismo e do sexismo que condenaram as mulheres negras a uma situação perversa e cruel de exclusão e marginalização sociais. Tal situação, por seu turno, engendrou formas de resistência e superação tão ou mais contundentes.

O esforço pela afirmação de identidade e de reconhecimento social representou para o conjunto das mulheres negras, destituído de capital social, uma luta histórica que possibilitou que as ações dessas mulheres do passado e do presente (especialmente as primeiras) pudessem ecoar de tal forma a ultrapassarem as barreiras da exclusão. O que possibilitou, por exemplo, que a primeira romancista brasileira fosse uma negra a despeito das contingências sociais em que ela emergiu?

Os efeitos do racismo e do sexismo são tão brutais que acabam por impulsionar reações capazes de recobrir todas as perdas já postas na relação de dominação. O efervescente protagonismo das mulheres negras, orientado, num primeiro momento, pelo desejo de liberdade, pelo resgate de humanidade negada pela escravidão e, num segundo momento, pontuado pelas emergências das organizações de mulheres negras e articulações nacionais de mulheres negras, vem desenhando novos cenários e perspectivas para as mulheres negras e recobrindo as perdas históricas.

Sumariamente, podemos afirmar que o protagonismo político das mulheres negras tem se constituído em força motriz para determinar as mudanças nas concepções e o reposicionamento político feminista no Brasil. A ação política das mulheres negras vem promovendo:

- o reconhecimento da falácia da visão universalizante de mulher;
- o reconhecimento das diferenças intragênero;
- o reconhecimento do racismo e da discriminação racial como fatores de produção e reprodução das desigualdades sociais experimentadas pelas mulheres no Brasil;
- o reconhecimento dos privilégios que essa ideologia produz para as mulheres do grupo racial hegemônico;
- o reconhecimento da necessidade de políticas específicas para as mulheres negras para a equalização das oportunidades sociais;
- o reconhecimento da dimensão racial que a pobreza tem no Brasil e, consequentemente, a necessidade do corte racial na problemática da feminização da pobreza;
- o reconhecimento da violência simbólica e a opressão que a brancura, como padrão estético privilegiado e hegemônico, exerce sobre as mulheres não brancas.

E a introdução dessas questões na esfera pública contribuem, ademais, para o alargamento dos sentidos de democracia, igualdade e justiça social, noções sobre as quais gênero e raça impõem-se como parâmetros inegociáveis para a construção de um novo mundo.

ESTE TEXTO É UMA VERSÃO REVISADA DO ARTIGO PUBLICADO EM *ESTUDOS AVANÇADOS* VOL. 17, Nº 49, SÃO PAULO: INSTITUTO DE ESTUDOS AVANÇADOS / USP, 2003, P. 117-133.

NOTAS

1 Mireya Suarez e Lourdes Maria Bandeira, "A politização da violência contra a mulher e o fortalecimento da cidadania", in Cristina Bruschini e Cristina Unbehaum (orgs.), *Gênero, democracia e sociedade brasileira*, São Paulo: Fundação Carlos Chagas/Editora 34, 2002, p. 299.
2 Plataforma Política Feminista, parágrafo 8: aprovada na Conferência Nacional de Mulheres Brasileiras em 6 e 7 de junho de 2002. Distribuição Centro Feminista de Estudos e Assessoria (CFEMEA), Brasília, 2002.

3 Luiza Barros Bairros, "Lembrando Lélia Gonzalez", in Jurema Werneck, Maisa Mendonça e Evelyn C White, *O livro da saúde das mulheres negras: nossos passos vêm de longe*, Rio de Janeiro: Criola/Pallas, 2000, p. 56.

4 Lélia Gonzalez apud Luiza Barros, "Lembrando Lélia Gonzalez", in Jurema Werneck, Maisa Mendonça e Evelyn C White, op. cit.

5 Carlos Hasenbalg e Nelson do Valle Silva, *Industrialização, emprego e estratificação social no Brasil*, Rio de Janeiro: Instituto de Pesquisas do Rio de Janeiro, 1984, p. 37.

6 Márcia Lima, "Trajetória educacional e realização sócio-econômica das mulheres negras brasileiras", *Revista Estudos Feministas*, vol. 3, n° 2, 1995, p. 28.

7 Sueli Carneiro, "Nós?", jornal *Correio Braziliense*, Coluna Opinião, 22 fev 2002, p. 5.

8 Beatriz Nascimento, "A mulher negra e o amor", jornal *Maioria Falante*, fev/mar, 1990, p. 3. Nesta coletânea, p. 265.

9 Regina Nogueira, "Mulher negra e obesidade", in Jurema Werneck, Maisa Mendonça e Evelyn C White, op. cit., p. 201.

10 Fátima Oliveira, *Oficinas mulher negra e saúde*, Belo Horizonte: Mazza Edições, 1998, p. 43.

11 Idem, p. 133.

12 Idem, p. 132.

13 Idem, p. 13.

14 Antonia Aparecida Quintão, *Lá vem meu parente: as irmandades de pretos e pardos no Rio de Janeiro e Pernambuco no século XVIII*, tese de doutorado, São Paulo: Departamento de História, USP, 1999.

15 Em Nós mulheres negras – Diagnóstico e propostas da Articulação de ONGs de Mulheres Negras rumo à III Conferência Mundial contra o Racismo, 2001, p. 22-23.

16 Sueli Carneiro, "Mulheres", jornal *Correio Braziliense*, Coluna Opinião, 14 jun 2002, p. 5.

17 Nancy Fraser, "Políticas feministas na era do conhecimento: uma abordagem bidimensional da justiça de gênero", in Cristina Bruschini e Cristina Unbehaum (orgs.), op. cit., p. 63.

18 Esses comentários foram originalmente publicados na Coluna Opinião do jornal *Correio Braziliense* em 14 jun 2000.

19 Nancy Fraser, op. cit., p. 63.

20 Plataforma Política Feminista aprovada na Conferência Nacional de Mulheres Brasileiras (CNMB) em 6 e 7 jun 2002. Parágrafos 12 e 13.

21 Plataforma Política Feminista aprovada na Conferência Nacional de Mulheres Brasileiras (CNMB) em 6 e 7 jun 2002. Parágrafo 11.

22 Jornal *Folha de S. Paulo* de 6 ago 2002. Painel, p. A4.

em busca de novos caminhos críticos

É pela perspectiva de gênero que se entende o fato de a violência contra as mulheres emergir da questão da alteridade como fundamento distinto de outras violências.

Lourdes Maria Bandeira

Violência de gênero: a construção de um campo teórico e de investigação

Lourdes Maria Bandeira

OS ESTUDOS SOBRE A VIOLÊNCIA DE GÊNERO, especialmente aquela dirigida à mulher, constituem-se em um campo teórico-metodológico fundado com base nas reivindicações do movimento feminista brasileiro e internacional. Além disso, compõem um campo linguístico e narrativo, ao contribuírem para a nominação e a intervenção no fenômeno nas esferas da segurança pública, da saúde e do Judiciário. A partir de 1980, se estabeleceu no Brasil uma nova área de estudos e ação, abrindo-se um espaço cognitivo novo e, sobretudo, uma abordagem política singular, levando à criação de serviços públicos especializados e leis particulares. A qualificação e a análise da problemática da violência contra a mulher ocorreram à medida que o movimento feminista desconstruiu a ideia corrente de que o aparato sexual era inerente à natureza das mulheres e dos homens, colocando as concepções acerca dos sexos fora do âmbito biológico e inscrevendo-as na história. Por conseguinte, desconstruiu a ideia de que a violência contra a mulher está ligada aos significados atribuídos, de modo essencial, à masculinidade, à feminilidade e à relação entre homens e mulheres em nossa cultura. Para se aprofundar no tema, a noção de gênero foi fundamental. Distinta da noção de sexo, sob a qual se dava no senso comum, essa noção oferece uma alternativa à associação do feminino com fragilidade ou submissão, que serve ainda hoje para justificar preconceitos.

Afinal, é pela perspectiva de gênero que se entende o fato de a violência contra as mulheres emergir da questão da alteridade como fundamento distinto de outras violências. Ou seja, esse tipo de violência não se refere a atitudes e pensamentos de aniquilação do outro, que venha a ser uma pessoa considerada igual ou que é vista nas mesmas condições de existência e valor que o seu perpetrador. Ao contrário, tal violência ocorre motivada pelas expressões de desigualdades baseadas na condição de sexo, a qual começa no universo familiar, em que as relações de gênero se constituem no protótipo de relações hierárquicas. Porém, em outras situações, quem subjuga e quem é subjugado pode receber marcas de raça, idade, classe, dentre outras, modificando sua posição em relação àquela do núcleo familiar.

O CAMPO DE PESQUISA E A INTERVENÇÃO PELO OLHAR FEMINISTA

Na teoria sociológica clássica, a definição e a análise da violência surgem associadas aos conceitos de controle social e do papel do Estado. Nessa linha, o Estado é visto como órgão central de controle, detendo o monopólio legítimo da violência para aplacar desordens sociais e ameaças à propriedade. A tradição de pesquisa nas ciências sociais brasileiras não foge a esta perspectiva: a maioria dos trabalhos na área está voltada para a violência estatal – institucional – e a administração da criminalidade por parte do Estado.[1] Há também de se lembrar da vasta produção bibliográfica sobre o período militar e, mais recentemente, do volume da revista *Tempo Social*[2] dedicado ao sistema de justiça criminal. Portanto, é visível que o tema da violência seja objeto de investigação atual e ocupe lugar relevante no campo sociológico desde as três últimas décadas do século xx, com enfoque na distribuição e no exercício do poder, cujo ator central é o Estado, assim como outras formas de violência e criminalidade.[3]

Articulados à teoria do Estado, esses estudos sobre a violência tenderam a encobrir outras manifestações violentas, que vêm ocorrendo no cotidiano entre as pessoas, sendo denominadas por violência interpessoal[4] e marcadas pelas dissimetrias de poder que, no geral, ocorrem entre homens e mulheres com algum vínculo, seja no âmbito privado ou na esfera pública. A correlação da violência com a condição de gênero originou-se sob a inspiração das questões e das reivindicações do movimento feminista, com base em evidências empíricas contundentes. Desde o início dos anos 1970, as feministas americanas denunciavam a violência sexual contra a mulher. No entanto, apenas uma década depois esse fenômeno veio a ser apresentado como categoria sociológica e área de pesquisa, cuja configuração mais usada passou a ser violência contra a mulher e se caracterizou como a questão central do movimento feminista nacional.

Embora o uso da expressão violência contra a mulher possa ter diversos significados, dependendo de suas implicações empíricas e teóricas, seus variados usos semânticos têm, muitas vezes, sentidos equivalentes nas distintas nominações: violência contra a mulher, doméstica, intrafamiliar, conjugal, familiar e de gênero.[5] Ainda nos anos iniciais do século XXI, alertava Maria F. Gregori que,

> (...) como não havia uma definição jurídica, apenas as tipificações penais correntes, assim como não há uma reflexão mais aprimorada sobre as implicações em termos de gênero desses tipos de violência, o saber que se tem sobre eles – e que orientam as classificações, o atendimento e o encaminhamento dos casos – acaba ficando subordinado às demandas das queixosas.[6]

Por outro lado, é também verdade que os diversos significados dessas categorias adquirem desdobramentos e implicações teóricas e práticas em função das condições e situações específicas de sua concretude. Em outras palavras, ao escolher o uso da modalidade *violência de gênero*, entende-se que as ações violentas são produzidas em contextos e espaços relacionais e, portanto, interpessoais, com cenários sociais históricos não uniformes. A centralidade das ações violentas incide sobre a mulher, quer sejam estas violências físicas, sexuais, psicológicas, patrimoniais ou morais, tanto no âmbito privado-familiar como nos espaços de trabalho e públicos.

Não se trata de adotar uma perspectiva vitimizadora em relação à mulher, tendência que já recebeu críticas importantes,[7] mas de destacar que a expressiva concentração desse tipo de violência se impõe historicamente sobre os corpos femininos e que as relações violentas existem porque as relações assimétricas de poder permeiam o cotidiano das pessoas. Assim, na agenda do movimento feminista brasileiro, a questão da violência contra a mulher tornou-se sua principal identidade, o que possibilitou ampliar o diálogo além dos espaços da militância com a academia, em especial com os núcleos de pesquisa,[8] bem como com a sociedade civil, por meio das organizações não governamentais (ONGs).

A atuação da militância feminista e as reivindicações dos movimentos sociais criaram as condições históricas, políticas e culturais necessárias para o reconhecimento da legitimidade e da gravidade da questão, conferindo novos contornos às políticas públicas. Destaca-se a criação de grupos de combate e atendimento às mulheres em situação de violência, os pioneiros sos Corpo de Recife (1978), São Paulo, Campinas e Belo Horizonte (década de 1980). Esses grupos se caracterizaram por um agir político diante das instâncias públicas, contribuindo para a politização das violências de gênero cotidianas e para a demanda por uma resposta do Estado. Esse, por sua vez, atendeu à reivindicação das feministas, legal e formalmente, com a criação das Delegacias Especiais de Atendimento às Mulheres (Deam's)[9] a partir de 1985. Mais recentemente, foi instituída a Lei nº 11.340, "Lei Maria da Penha", voltada à erradicação, coibição, punição e prevenção da violência doméstica e intrafamiliar.

A EXPERIÊNCIA PIONEIRA DA DELEGACIA ESPECIAL DE ATENDIMENTO À MULHER (DEAM)

No contexto de reabertura democrática, semeada nos anos 1980, a pressão exercida pelo movimento feminista diante do descaso do sistema policial e de justiça no tratamento da violência contra a mulher levou à criação das Deam's (Delegacia Especial de Atendimento à Mulher), iniciativa brasileira pioneira que acabou adotada posteriormente em vários países da América Latina. Outro avanço do movimento feminista foi o de garantir que os crimes de violência sexual fossem considerados contra a pessoa, não mais contra os costumes.

As Deam's foram asseguradas pelo Estado por meio de aparato policial específico. Isso representou a validação de um direito social coletivo, ao se reconhecer que a maioria das brasileiras sofria agressões cotidianas. Embora a maior repercussão política e midiática em relação às Deam's tenha sido a denúncia do caso extremado do poder de vida e de morte dos homens sobre as mulheres, e não a crítica à violência cotidiana e crônica contra as mulheres, a tônica foi capaz de agitar a opinião pública em meio às elites políticas da época.[10]

A característica marcante que ancora a existência da Deam é a construção de um ordenamento de valores diferenciados, que possibilitem a escuta e o olhar distintos em relação ao parâmetro masculino de compreensão sobre a violência. Ou seja, essas delegacias devem ter seus quadros funcionais compostos por delegadas e agentes policiais mulheres capacitadas em relação às especificidades que caracterizam a violência contra a mulher, assim como a mais ampla compreensão dos contextos em que ocorre. Do mesmo modo, o atendimento nas Deam's deve favorecer as denúncias, contrapondo-se às delegacias comuns. Estas, em geral, levavam as mulheres agredidas a constrangimentos e humilhações, o que ocasionava a ausência do registro da queixa em boletim de ocorrência (BO), sobretudo quando a solicitante precisava comparecer à delegacia de polícia repetidas vezes.

O descaso, o desinteresse e o despreparo dos agentes geravam desestímulo a novas denúncias. Em muitas situações, predominava a ideia no imaginário policial de que eram as mulheres as responsáveis por provocar a agressão. Com a prerrogativa de que essas situações eram assunto da esfera privada e de que as mulheres eram deflagradoras dos conflitos conjugais, a intervenção do Estado era mínima, assim como também o era a proteção daquelas agredidas em situação de risco. Os agressores usufruíam da impunidade e encontravam no policial, muitas vezes, um aliado.

A instalação da primeira delegacia ocorreu na cidade de São Paulo, em 1985, e atualmente há aproximadamente 500 espalhadas pelo território nacional. O impacto real e simbólico causado pelas Deam's é indiscutível não apenas pela importância que assumiu para as mulheres, sobretudo àquelas com menores recursos socioeconômicos, com acesso restrito ao sistema policial, mas também porque são elas as vítimas, entre as presentes nas denúncias de violência doméstica intrafamiliar e sexual com maior visibilidade social. De forma fundamental, a delegacia especializada representou um ganho político para a conscientização das mulheres contra a opressão masculina e pela busca de cidadania.

Articulada à presença das Deam's, foram criadas nos anos 1990 as Casas Abrigo para mulheres ameaçadas pela violência, sobretudo pela violência sexual e com risco de vida iminente. Hoje, conta-se com cerca de 80 Casas Abrigo espalhadas pelo país.

Infelizmente, ainda persistem problemas nas Deam's e nos serviços públicos voltados ao combate e ao atendimento de mulheres vítimas de violência. Somadas às restrições referentes à capacitação e à sensibilização dos recursos humanos, que ainda possuem representações patriarcais sobre a mulher, esses centros sofrem de carência de equipamentos necessários aos procedimentos de investigação e ao acompanhamento dos casos, reduzindo o êxito policial e dos demais trabalhos que devem atuar de modo integrado em rede. Diante das dificuldades, são muitos os desafios a enfrentar; o maior deles, a qualificação adequada de agentes públicos para perceber os processos de opressão contra grupos vulneráveis, assim como os mecanismos concretos que introduzem e reproduzem as desigualdades de gênero.

Sem dúvida, foi o movimento feminista que teve atuação múltipla e fundamental em relação ao combate à violência de gênero: por um lado, visibilizou a violência da qual as mulheres eram "vítimas preferenciais". Ao mesmo tempo, retirou-o da esfera da vida privada e familiar, legitimando-o como problema político e de saúde pública, envolvendo os direitos humanos das mulheres. Por outro lado, ao questionar o ordenamento estruturador da ordem familiar e normatizador da sexualidade e dos corpos, o feminismo voltou-se contra o controle mantido pela ordem patriarcal sobre as relações íntimas, evidenciando não apenas as desigualdades de poder, mas a ameaça que ela significava à integridade física, moral e psicológica das mulheres. Articulado com núcleos de pesquisas nas universidades e com ONGs, o movimento feminista passou a garantir a eficiência e a eficácia da rede de atendimento e de combate à violência contra as mulheres, pressionando e indicando formas de sanar os problemas existentes.

Dessa maneira, as Deam's tornaram-se objeto de observação da sociedade e de pesquisadoras, tanto aquelas que registram experiências mais localizadas como outras quantitativas ou voltadas para interferir nas políticas públicas. Parte dessas pesquisas reitera a importância e o significado da implementação das delegacias especializadas, sem menosprezar que há segmentos que se sentem decepcionados com a própria atuação, sobretudo pela desproporção existente entre a alta demanda de atendimentos e a baixa instauração de inquéritos, aquém de sua capacidade concreta. Essa desproporção no atendimento, observada especialmente depois da implementação da Lei Maria da Penha, em 2006, acrescida de certo descrédito, acabou em grande parte em denúncias acolhidas pelo Ligue 180, serviço criado em 2005 pela Secretaria de Política para as Mulheres (SPM),[11] que indicou, conforme levantamento de dados pelo

Núcleo de Gênero Pró-Mulher, do Ministério Público do Distrito Federal e Territórios (MPDFT) que, entre julho e dezembro de 2010, policiais se recusaram a registrar ocorrências de violência doméstica ao menos quarenta e três vezes. Ao todo, foram 157 reclamações dessa natureza. Os casos de omissão e falta de providências após o registro da violência ocupam o segundo lugar no volume das queixas. Há também aqueles não registrados pelo fato de o agressor integrar ou conhecer o grupo policial.

Portanto, os atos e as reflexões da militância feminista, associados à comunidade acadêmica e aos grupos de mulheres organizadas, foram os formadores da área de estudos da violência de gênero, destacando a natureza das relações de poder estabelecida entre homens e mulheres, nas conjugalidades e famílias. Possibilitaram, ainda, evidenciar a existência dessa modalidade específica de violência e contribuíram para alterar parte dos equipamentos e serviços públicos, sem deixar de evidenciar as dificuldades de seu enfrentamento nas instituições públicas. Afinal, esta violência *"que se origina no modo como se armam as relações entre homens e mulheres no âmbito doméstico e familiar: maridos, ex-companheiros, pais e padrastos e namorados"*[12] desloca-se, atingindo as relações de agentes públicos com as mulheres, o que contribui para a reprodução, sob novas formas, da violência de gênero. Assim, no dizer de Heleieth Saffioti:[13] se o "gênero é uma maneira primordial de significar relações de poder", nem homens nem mulheres podem situar-se fora dele, o que requer constante autorreflexão e disposição à mudança pessoal. Obviamente, as distintas matrizes teóricas sobre gênero permitem a ressignificação das relações de poder: objetivo prioritário do feminismo.

Conforme sistematizado por Mireya Suarez e Lourdes Maria Bandeira,[14] outras ações e desdobramentos que se verificam depois da constituição desse novo campo temático e expressivo de estudo – violência de gênero – no domínio das ciências sociais foram: a criação de disciplinas, cursos, grupos de trabalho em fóruns acadêmicos, assim como a instalação de núcleos de estudos e pesquisas nas universidades. De alguma maneira, todas essas ações contribuem para a elaboração de políticas públicas mais consistentes. Por sua vez, o pensamento acadêmico, na perspectiva feminista, ao tentar explicar a violência de gênero, defrontou-se com uma diversidade de explicações conceituais e metodológicas que, grosso modo, podem ser resumidas em algumas linhas de indagações, a saber:

a) a hegemonia do poder masculino, que permeia as relações entre homens e mulheres;

b) a condição de subalternidade feminina, baseada na hierarquia de gênero;

c) a reprodução das imagens de homem e mulher e dos papéis a ambos atribuídos por meio da construção social da violência;

d) a existência disseminada e, ao mesmo tempo, invisibilizada das violências nas relações familiares e sociais;

e) e, enfim, a presença das dissimetrias organizadoras das normas e regras sociais em relação aos comportamentos de homens e mulheres.

É certo que essa abordagem não representa a maioria das autoras e dos autores que trabalham com as várias classificações realizadas nas pesquisas de violência contra as múlheres, nas perspectivas de gênero e feminista. Do mesmo modo, ela não esgota a ampla produção atestada pelas pesquisas pioneiras sistematizadas no livro *Bibliografia estudos de gênero sobre violência sexual contra a mulher: 1984-2003*, elaborado e publicado pela ONG Instituto de Bioética, Direitos Humanos e Gênero (Anis). O volume oferece uma contribuição singular para resgatar e sistematizar uma extensa produção bibliográfica, acadêmica e social sobre a temática. Com certeza, a obra supriu uma lacuna existente havia décadas e classificou a produção de cerca de 1.180 referências sobre livros, dissertações, teses, periódicos, artigos, filmes e legislação, entre outras, sobre o universo das práticas e das representações da violência de gênero.

PERSISTÊNCIA DA VIOLÊNCIA DE GÊNERO

É sabido que, no fim dos anos 1970, os assassinatos de mulheres cometidos pelos respectivos maridos, ex-maridos e companheiros localizados nos segmentos de classe média ganharam visibilidade midiática e das autoridades. Esse processo culminou na mobilização da militância feminista que passou a demandar políticas públicas de combate à violência contra as mulheres. Até então, os registros jornalísticos e as práticas jurídicas desses assassinatos assentavam-se no argumento da legítima defesa da honra, cuja espetacularização teve exemplo incontornável no caso Doca Street. Raul Fernando Street (Doca Street) matou, em 1976, a socialite Ângela Diniz, com quem teve um relacionamento amoroso, com a justificativa de legítima defesa da honra, uma vez que havia sido traído pela mulher. O réu foi absolvido. No entanto, a reação popular resultou no cancelamento do julgamento e, numa segunda ocasião, Doca Street acabou sendo condenado por homicídio. Tal episódio tornou-se paradigmático para as reivindicações feministas, pois indicava o quanto o machismo estava presente na aplicação da lei. Assim, exemplificam Sílvia Pimentel e Valéria Pandjiarjian, ao referir-se ao crime de honra:

> Acusado que, surpreendendo a mulher em situação de adultério, mata-a juntamente com seu acompanhante. A tese de legítima defesa da honra foi aceita por expressiva maioria pelo Tribunal do Júri e confirmada pelo Tribunal de Justiça de São Paulo, que negou provimento ao apelo do Ministério Público, mantendo a decisão do Júri. Uma das argumentações: "Antonio, já antes ferido na sua honra, objeto de caçoada, chamado, agora sem rodeios, de chifrudo por pessoas daquela localidade (...), mal sabia o que o esperava. Entrou em casa e viu sua esposa e J. J. dormindo a sono solto, seminus, em sua própria cama e na presença de seu filho, cujo berço estava no mesmo quarto (...). Saísse ele daquela casa sem fazer o que fez, sua honra estaria indelevelmente comprometida.[15]

Em pleno século XXI, os assassinatos de mulheres continuam sendo praticados de forma crescente, embora não sejam mais explicados oficialmente como crimes de honra. Paradoxalmente, não houve mudanças significativas em relação às razões que continuam a justificar formalmente a persistência da violência de gênero, centrando-se, ainda, na argumentação de que a mulher não está cumprindo bem seus papéis de mãe, dona de casa e esposa por estar voltada ao trabalho, ao estudo ou envolvida com as redes sociais. Pela abundância de atos recorrentes de violência, percebe-se que a ordem tradicional se ressignifica permanentemente, remodelando os padrões e os valores sexistas, porém, sem os eliminar. Logo, não há ruptura significativa nas estruturas antigas, as que ordenam e regem as hierarquias e os papéis femininos e masculinos na esfera familiar. Isto é, as concepções dominantes de feminilidade e masculinidade ainda se organizam com base em disputas simbólicas e materiais, que operam no interior dos espaços domésticos e que, por conseguinte, acabam por se projetar a outras searas, sendo processadas em diferentes espaços institucionais.

Os estudos feministas sobre a violência de gênero consideram um dos pilares da violência contra a mulher o patriarcado e, de modo correlato, a posição de dominação simbólica masculina. Contudo, reconhecem que há outros elementos que compõem essa dinâmica. Assim, o patriarcado e a dominação masculina, se tomados isoladamente, seriam causas insuficientes para explicar a violência contra a mulher. Apesar das fragilidades que ambos os conceitos apresentam na sociedade contemporânea, bem como das críticas que lhes são atribuídas, ainda assim trazem consigo significados e desdobramentos importantes, para que se possa compreender a manutenção dos ordenamentos familiares, uma vez que não está rompida a máxima: "em briga de marido e mulher, ninguém mete a colher". Se a luta do movimento feminista foi tornar pública a violência sofrida pelas mulheres, no sentido de reconhecê-la como problema que envolve a sociedade em geral, o poder familiar ainda a silencia.

Assim, a manutenção da lógica familista se alia aos motivos aparentemente desencadeadores da violência e que são sempre frequentes nas conciliações dos conflitos domésticos e intrafamiliar, cabendo à mulher reatar a relação afetivo-conjugal, rejeitar o pedido de separação, abdicar da independência econômica (mulher em processo de ascensão social), aceitar a violência como expressão de ciúmes, entre outros.

Mariza Corrêa, pioneira no estudo dos crimes de honra, diz que tanto em países de tradição católica como muçulmana, a questão da honra encobre outras questões, sendo objeto de usos políticos: "A constatação comum é que, se o Estado de direito for fraco, em qualquer latitude vai imperar a lei do mais forte. No entanto, as mulheres têm resistido à posição de vítimas e começam a fazer perguntas incômodas para situações aparentemente estabelecidas." Ainda, segundo a autora, a diferença marcante é que, na América Latina, são os maridos ou companheiros que matam, ao passo que em países islâmicos a questão da honra é vinculada à família de origem, sendo os parentes consanguíneos responsáveis pelos assassinatos de mulheres. Se, em um caso, trata-se de justificar o orgulho ferido do marido; no outro, de reconstituir as relações da família de origem da mulher, "(...) desmistificar a ideia de que a noção de honra teria o beneplácito das religiões muçulmanas como forma de controle da sexualidade feminina, o que os líderes islâmicos negam com veemência."[16]

A violência de gênero, gerada na intimidade amorosa, revela a existência do controle social sobre os corpos, a sexualidade e as mentes femininas, evidenciando, ao mesmo tempo, a inserção diferenciada de homens e mulheres na estrutura familiar e social, assim como a manutenção das estruturas de poder e dominação disseminadas na ordem patriarcal. Em outras palavras equivalentes, a violência física e sexual está sendo mantida como forma de controle, já que se ancora na violência simbólica:

> Na violência de gênero em relações íntimas, a dimensão simbólica é potencializada por ser um problema circunscrito a um espaço fechado, ambíguo, fortemente estruturado no campo axiológico e moral, no qual as categorias de conhecimento do mundo contêm, tendencialmente, maior peso emocional do que cognitivo.[17]

Portanto, as relações interpessoais de convivência nos locais privados e familiares são o lugar propício para a instalação e a potencialização da violência contra a mulher. A célula elementar dos atos violentos são as relações de gênero, e a violência moral onipresente, considerada normal, é o cimento que mantém o sistema hierárquico e de poder.

Outro desmembramento manifesto da violência de gênero é, então, a violência moral, ação que envolve agressão emocional, ainda que não seja consciente e deliberada. Trata-se da argamassa para todos os outros tipos de violência de gênero, podendo ocorrer sem ofensa verbal explícita, por meio de gestos, atitudes ou olhares, uma vez que se inscreve no ambiente costumeiro. São exemplos da violência moral: humilhação, intimidação, desqualificação, ridicularização, coação moral, suspeitas, desqualificação da sexualidade, desvalorização cotidiana da mulher como pessoa, de sua personalidade, de seu corpo, de suas capacidades cognitivas, de seu trabalho, de seu valor moral. Importante ressaltar que a definição de violência moral contida na Lei Maria da Penha se restringe aos crimes contra a honra dispostos no Código Penal (injúria, calúnia e difamação).

Se a questão da violência contra as mulheres foi um marco do feminismo brasileiro na década de 1980, ao chamar atenção para o fato de que milhares de mulheres morriam nas mãos de maridos, namorados ou ex-parceiros, esse fenômeno tornava-se mais grave, na medida em que era insuficientemente reconhecido como crime. Em 1982, a TV Globo exibiu a minissérie brasileira "Quem ama não mata", com 20 episódios que tratavam do tema da violência contra a mulher em rede nacional. Reflexo direto da política feminista da época, o programa ganhava repercussão justamente no momento que as mulheres brasileiras haviam começado a sensibilizar a sociedade sobre a forma violenta que a discriminação de gênero poderia assumir. A sociedade ficou mais atenta ao tema e muito se avançou, mas é indiscutível que a violência contra as mulheres permanece como grave problema no país.

A título de exemplo, em 2000, 7% dos homicídios ocorridos no Brasil vitimou mulheres; em 2010, esse percentual aumentou para 16%, segundo pesquisa da Fundação Perseu Abramo. Boa parte dessas mulheres mortas e agredidas ainda faz parte de um contingente de desiguais, na medida em que pertencem à condição racial negra e a segmentos populares, o que indica seus pertencimentos na ordem social como simbólicos. Somem-se a esses dados, as estatísticas da SPM, obtidas pela Central de Atendimento à Mulher (Disque 180) e referentes ao primeiro semestre de 2014: aproximadamente 90% das denúncias são feitas pelas vítimas; 70% dessas sofrem lesão corporal leve e ameaça; 60% dos agressores são os próprios cônjuges ou companheiros das vítimas; 50% dessas possuem filhos; e 70% das quais sofrem agressões diariamente; por fim, 33% delas relacionam-se com o agressor por tempo superior a dez anos.

CATEGORIA POLISSÊMICA E MULTICAUSAL

A violência contra a mulher constitui-se em fenômeno social persistente, multiforme e articulado por facetas psicológica, moral e física. Suas manifestações são maneiras de estabelecer uma relação de submissão ou de poder, implicando sempre situações de medo, isolamento, dependência e intimidação para a mulher. É considerada como uma ação que envolve o uso de força real ou simbólica por parte de outrem com a finalidade de submeter o corpo e a mente à vontade e à liberdade de alguém.

A maior parte das agressões sofridas pelas mulheres é decorrente de conflitos interpessoais, o que acaba por merecer pouca atenção e sua exposição causa embaraço. Esses traços contribuem para a complexidade do fenômeno, uma vez que é inerente às situações entre homens e mulheres que mantêm vínculos afetivos e profissionais.

Há o pressuposto de que a violência contra mulheres é um tipo de violência apreendida no decorrer dos processos primários de socialização e deslocada para a esfera da sociedade em momentos secundários da socialização e na sociabilidade da vida adulta. Tal modalidade de violência, portanto, não se caracteriza como patologia ou como desvio individual, mas sim como "permissão social" concedida aos homens na sociedade, em relação a qual estariam de acordo.[18] Por outro lado, as pesquisas informam que, entre alguns dos motivos que dificultam o rompimento da relação violenta, estão atos e sentimentos apreendidos socioculturalmente, como: a esperança do agressor mudar de comportamento, o medo de represálias e de novas agressões, o medo de perder a guarda dos filhos, a censura da família e da comunidade, a dependência afetiva e econômica etc. A dominação masculina sobre as mulheres impõe-lhes uma submissão paradoxal, que se dá através da violência exercida pelas vias da comunicação e do conhecimento.[19]As instituições configuram-se em espaços privilegiados, onde os princípios da perpetuação da dominação masculina são elaborados e impostos. Por essa razão, o movimento feminista passou a demandar do sistema policial ações dirigidas para implantar processos de capacitação de seus quadros, como a verificação do tipo de acolhimento e tratamento dispensado às mulheres agredidas, assim como a ampliação do entendimento sobre as situações de violência de gênero, uma vez que a tendência dessas instituições é a de se manterem falsamente "neutras".

O uso da expressão violência de gênero tornou-se, portanto, uma categoria que, além de potencializar a complexidade das relações sociais, em nível mais abstrato, consolidou-se como categoria analítica.[20] A inteligibilidade e o uso dessa expressão estão associados a campos teóricos e políticos específicos, o que permite determinadas análises e aplicações do termo ao se eleger uma perspectiva e não outra. A própria categoria insere-se num jogo de forças entre tradições acadêmicas e políticas, que visam legitimar suas respectivas definições. Do mesmo modo, deve-se considerar que, do ponto de vista metodológico, os conceitos dialogam, complementam-se e interagem. Dada a complexidade do fenômeno, não há como contê-lo em um sistema de classificação ou de codificação com fronteiras nítidas de diferenciação.

Nesse contexto, a emergência da expressão violência de gênero, independentemente de sua matriz teórica, associa-se à luta da violência contra as mulheres, bem como a outras reivindicações de valores feministas concernentes a mudanças na ordem legal, social e jurídica, para interferir na estrutura patriarcal familiar vigente e avançar na implantação de políticas públicas de combate à violência de gênero, ancorada em lei específica.

O SIGNIFICADO E OS DESAFIOS DA LEI MARIA DA PENHA

Como uma das atuações iniciais da esfera jurídica em relação ao combate à violência contra a mulher, destaca-se a atuação dos Juizados Especiais Criminais (Jecrim's), criados pela Lei nº 9.099/95, cuja competência e importância são julgar os crimes classificados como de "menor potencial ofensivo", entre os quais se enquadram os de violência contra a mulher. Além disso, os juizados se caracterizavam pela busca da conciliação entre as partes, cuja penalidade máxima não ultrapassaria dois anos de reclusão. Foram concebidos em resposta à necessidade de ampliar o acesso da população à justiça, sobretudo no momento que a consolidação democrática da sociedade brasileira se efetivava nos direitos sociais pela Constituição de 1988.

Os conflitos conjugais aplicados de acordo com tal Lei não eram analisados em sua dimensão sociológica e cultural e acabavam banalizados como crimes de "menor potencial ofensivo",[21] em virtude do caráter linear no tratamento imposto por ela que, com essa disposição normativa, desconsiderava qualquer relação de poder envolvida na relação afetivo-violenta. Os aplicadores da lei tinham pouco alcance para perceber que o conflito doméstico apresenta uma potencialidade lesiva capaz de se perpetuar durante anos e ultrapassar a definição de menor potencial ofensivo, sobrepondo-se ao direito das mulheres a uma vida sem violência. Ademais, a violência contra a mulher, sob a ótica de menor potencial ofensivo, desloca a centralidade do tratamento ao agressor e não à vítima, sendo incapaz de protegê-la.

O movimento feminista, articulado com as pesquisadoras e as ONGs, reagiu ao atestar a insuficiência de atuação dos Jecrim's para enfrentar a complexidade e as especificidades da violência de gênero, assim como pelo descrédito ao caráter punitivo assentado nas penalidades alternativas e pecuniárias. Por sua vez, os operadores jurídicos argumentavam que seria desnecessária lei específica, uma vez que tais juizados já se ocupavam dos referidos conflitos e "além destes facilitarem o acesso da população à Justiça, viabilizariam um tratamento igualitário entre homens e mulheres".[22] Ao reivindicar a desnecessária criação de uma lei específica para combater a violência contra as mulheres, aparentemente os operadores jurídicos davam mostra de que desconheciam a histórica realidade em relação às situações de violência com as quais grande parte das mulheres convive cotidianamente.

Por outro lado, o Estado brasileiro já havia ratificado o compromisso com os tratados e as convenções internacionais de direitos humanos, bem como com as legislações da Organização dos Estados Americanos, sobretudo a Convenção de Belém do Pará (1994). Esta, por sua vez, define a violência contra a mulher de modo bastante abrangente e não apenas na sua dimensão material, a ver: "qualquer ato ou conduta baseada no gênero, que cause morte, dano ou sofrimento físico, sexual ou psicológico à mulher, tanto na esfera pública como na esfera privada."

A inclusão dos casos de agressão não inscritos nos corpos, como violência psicológica e moral, é que deu margem para a elaboração assertiva da Lei Maria da Penha, a qual é consoante a essa convenção e nela tem seu pilar fundante. Afinal, nem todas as sociedades de nossa história civilizatória têm qualificado os atos violentos contra as mulheres como crimes. É recente sua percepção dessa forma, a qual se deve à perspectiva formulada e defendida pelos direitos humanos, empenhada em denunciar e aplacar variedades de sofrimento. Trata-se do reconhecimento de que existem categorias de pessoas com problemas diferenciados e uma experiência histórica comum entre elas de opressão, que as levam a ser vistas como sujeitos coletivos, com direitos próprios. Nesse sentido, Piovesan e Guimarães[23] escrevem que, ao contrário do sistema penal de proteção, cujo destinatário é qualquer pessoa,

> (...) o sistema especial de proteção dos direitos humanos é endereçado a um sujeito de direito concreto, visto em sua especificidade e na concretude de suas diversas relações. Vale dizer, a partir do sujeito de direito abstrato, genérico, destituído de cor, sexo, etnia, idade, classe social, entre outros critérios, emerge o sujeito de direito concreto, historicamente situado, com especificidades e particularidades.[24]

A Lei Maria da Penha resulta da luta feminista[25] pela criação de um expediente jurídico capaz de combater as situações de violência contra as mulheres, possibilitando mudanças significativas no âmbito dos direitos. Trata-se também de nova forma de administração legal dos conflitos interpessoais, embora esse estatuto ainda não seja de pleno acolhimento pelos operadores jurídicos. Além de definir o que é e quais são as formas de violência, consolidou estratégias de prevenção, assistência e proteção às mulheres, articulando as três esferas do poder: Executivo, Legislativo e Judiciário.

Nesse aspecto, a maior crítica que a Lei recebe é justamente a de ter acentuado seu caráter punitivo e a possibilidade de prisão para os homens agressores. Vários institutos da Lei nº 9.099/95 foram adequados ao contexto de relações domésticas violentas, possibilitando sensibilização para as questões de gênero que a própria violência doméstica suscita. Em outros termos, a mulher foi reconhecida como a parte lesada.

No tocante à intervenção do Poder Judiciário, a sua implementação é controversa no que se refere à interpretação de tratamento diferenciado às mulheres. Há uma pluralidade de visões conflituosas em torno da Lei, por vezes, inconciliáveis quanto à sua vigência e à sua aplicação. Questionada em sua (in)constitucionalidade por parte dos operadores do direito, sua inconstitucionalidade acabou sendo votada pelo Supremo Tribunal Federal (STF) em 12 de fevereiro de 2012, com isso determinando seu uso jurídico.

Uma das consequências positivas da implementação da Lei Maria da Penha tem sido a visibilidade que dá à violência praticada contra a mulher, na medida em que as denúncias têm, desde então, crescido. A partir da Lei, pôde ser comprovado um aumento de denúncias, por meio do Ligue 180. Durante o ano de 2013, o centro de atendimento recebia em média de 12 mil ligações por dia. Em junho de 2014, a partir da campanha nacional "Violência contra a mulher – Eu ligo 180" e com sua conversão em disque-denúncia, somaram-se às 12 mil ligações por dia, outras 8 mil, perfazendo um total aproximado de 20 mil ligações por dia.

Vale lembrar que, de janeiro a junho de 2013, 55% das agressões denunciadas correspondiam a violências físicas, seguida por 29% de violência psicológica. No entanto, entre os maiores desafios para a efetivação dos direitos assegurados às mulheres na Lei Maria da Penha está o encaminhamento dos processos de violência psicológica pela estrutura dos sistemas de Justiça e Segurança. Um estudo do qual participou a pesquisadora Maria Cecília Minayo, da Fundação Oswaldo Cruz, revela que "muitos policiais resistem ou se negam a fazer o termo de ocorrência, principalmente nos casos de violência psicológica, estando incluídas as ameaças de morte". Em entrevista, Minayo explica que "a violência psicológica, por ser fruto em geral de uma relação verbal, é muito mais difícil de ser compreendida por um agente da lei."[26]

OS SERVIÇOS DE SAÚDE: ACOLHIMENTO ÀS MULHERES AGREDIDAS

A partir de 1984, com o Programa de Assistência Integral à Saúde da Mulher (Paism), lançado pelo Ministério da Saúde, as mulheres passaram a contar com um programa exclusivo no âmbito da saúde pública. Contudo, as questões de gênero nesse campo equivalem às especialidades da ginecologia e obstetrícia. O conservadorismo com que a saúde da mulher é abordada está em consonância com as representações sociais patriarcais, já que novas práticas e desdobramentos políticos, desvinculados dos determinismos biológicos, aí pouco avançam, na medida em que são atrelados à esfera da reprodução social. Sua implantação, no que diz respeito à violência, apenas se efetivou por volta de 1996. Isso se deveu ao fato de a área técnica da Saúde da Mulher – com a participação do movimento feminista, das organizações de mulheres e de especialistas – ter redefinido diretrizes estratégicas para orientar suas ações às mulheres em situação de violência.

Nesse processo, foram estabelecidas como prioritárias as medidas de prevenção e tratamento dos agravos decorrentes da violência doméstica e sexual, a partir da indução de políticas locais, por meio de assessoria técnica e financiamento de projetos. Também foram produzidos, entre 1998 e 2002, documentos normativos para orientação da prática em serviços de saúde e ações comunitárias, entre eles: norma técnica de prevenção e tratamento dos agravos decorrentes da violência sexual contra mulheres e adolescentes; caderno de atenção básica sobre violência intrafamiliar (dirigida às equipes de saúde da família); cartilha sobre direitos humanos e violência intrafamiliar (dirigida aos agentes comunitários de saúde); norma técnica com orientações para profilaxia de DST, HIV e hepatites virais pós-exposição; e recomendações para apoio psicossocial a vítimas de violência. Esse conjunto de documentos e projetos implicou a ampliação dos serviços de referência para atenção à mulher em situação de violência, e, em 1997, já havia 17 deles para assistência integral à sua saúde e, em junho de 2002, esse número já chegava a 74.[27] Em 2013, foi sancionado pela Presidência da República o projeto de lei que determina o atendimento obrigatório, integral e imediato no Sistema Único de Saúde (SUS) a vítimas de violência sexual, o qual deve assegurar a atenção de forma humanizada e respeitosa, com ações como acolhimento, apoio psicológico e profilaxias para evitar doenças sexualmente transmissíveis (DST) às mulheres.

Os Programas de Atenção à Violência (PAV's) fazem parte desse conjunto de serviços de saúde pública e são uma das principais portas de entrada no sistema de saúde para o atendimento de casos de violência, em especial aqueles ocorridos no âmbito doméstico e intrafamiliar. A formação das equipes de atendimento especializado e sua manutenção têm sido um permanente desafio. A principal barreira acaba sendo o despreparo de profissionais para lidar com as usuárias, mas também o impacto subjetivo que o trabalho com o cotidiano da violência causa nessas profissionais. Por exemplo, a violência sexual no âmbito do casamento e os atos contra a integridade sexual das mulheres, como o aborto forçado, o impedimento do uso de contraceptivos ou da camisinha, nem sempre são assim qualificados pelo olhar da saúde, apesar de serem considerados atos violentos.

Em 24 de novembro de 2003, o presidente da República Luiz Inácio Lula da Silva estabeleceu, por meio da Lei nº 10.778, a notificação compulsória dos casos de violência contra a mulher que fosse atendida em serviços de saúde públicos ou privados. Em 26 de janeiro de 2011 foi publicada a Portaria nº 104, do Ministério da Saúde, que estabelece a nova Lista de Notificação Compulsória, incluindo os casos de estupro e agressão física contra mulheres. Contudo, tanto nas instituições de saúde como nas policiais, com destaque para as Deam, o atendimento ainda é realizado com base em uma ideologia de gênero patriarcal.

LUTAS E DESAFIOS COMPARTILHADOS

As mulheres foram as responsáveis efetivas pela tomada de consciência da natureza das sociabilidades violentas que permeiam a vida cotidiana e habitam o senso comum. Isso contribuiu para o enfrentamento da complexidade das práticas de violência, que transcendem a realidade vivida ao impregnar o imaginário social e projetar um mundo violento, que passa a ser referência compartilhada.

Nesse ambiente, a crítica das feministas abalou a crença ilusória de que a cidadania teria funções de integração social e garantiria, *ipso facto*, a equidade social, regulando conflitos interpessoais. O pensamento feminista mostrou que a cidadania, assim como é definida formalmente (direito ao voto, à educação etc.), não absorve esses conflitos, visto que estão mais enraizados nos costumes do que nas desigualdades sociais.

310

Uma explicação adicional, que merece ser aprofundada, é de natureza interacionista e sustenta que o crescimento da violência está enraizado nas relações sociais instauradas nas aceleradas mudanças do país no final do século xx, com a intensificação do processo de modernização. Tais mudanças alteraram profundamente as relações de poder e, ao mesmo tempo, ampliaram as expectativas relativas à condição de sujeito, aos direitos individuais e às possibilidades de realização individual. Isso ocasionou maior e densa presença das mulheres nos espaços públicos, assim como em esferas de poder. Sem dúvida que as desigualdades de cor e de gênero também interferem nessa realidade, uma vez que operam de forma diferente das desigualdades de classe, na medida em que inscrevem o sistema de dominação nos corpos, tornando-o indelével. Enquanto a mobilidade social pode ocorrer, assim como o uso de símbolos de ostentação capazes de indicar a variabilidade das posições sociais, as marcas biológicas não são apagadas em nenhuma circunstância.

Nesse contexto brasileiro da violência contra a mulher, diante das tensões da tradicional dicotomia público/privado, percebe-se que os conflitos interpessoais e as violências deles decorrentes são considerados pertencentes à singularidade das pessoas. Logo, para grande parte dos agentes públicos, a denúncia dessas violências aparece como ato imprudente, por quebrar o imperativo moral que mantém separadas as esferas do público e do privado. Há um movimento sexista de privatização deste tipo de violência, o qual orienta pensamentos como "ninguém deveria tomar conhecimento da violência praticada na intimidade da vida das pessoas", ou seja, nas entranhas da sociedade, no interior das famílias, a menos que sejam violências inequivocamente criminalizadas há muito tempo, tal qual o assassinato.

A questão de gênero, em sua interface com a violência, deve ser vista como ampliação, aprimoramento e desdobramento das diretrizes estabelecidas nos campos da segurança, justiça e saúde no Brasil, superando as limitações observadas nas experiências recentes. Nessa perspectiva, a formação, sensibilização e capacitação de agentes públicos dirigidas às transformações socioculturais não devem distanciar-se dos interesses coletivos feministas e, assim, manterem-se comprometidas com a construção de novos saberes e práticas. A coibição, a prevenção e o atendimento à violência de gênero exigem reflexões e atuações multissetoriais e multidisciplinares, que incidam diretamente na estrutura e na conjuntura do fenômeno organizador da nossa realidade social tão desigual e violenta em relação às mulheres.

ESTE TEXTO É UMA VERSÃO REVISADA DO ARTIGO PUBLICADO ORIGINALMENTE NA REVISTA *SOCIEDADE E ESTADO*, VOL. 29, N° 2, 2014. ELABORADO EM 2011, TEVE SUA PRIMEIRA VERSÃO ESCRITA COM A COLABORAÇÃO DA PROFESSORA TÂNIA MARA CAMPOS DE ALMEIDA.

NOTAS

1 Paulo Sérgio S. Pinheiro, "Statesponsored violence in Brazil", in Chalmers et al. (org.), *The new politics of inequality in Latin America*, Oxford: Oxford University Press, 1997; V. Brandt, *São Paulo, trabalhar e viver*. São Paulo: Brasiliense, 1989; Alba Zaluar, *Condomínio do Diabo*, Rio de Janeiro: Revan, 1994; Luiz Eduardo Soares e Leandro P. Carneiro, *Os quatro nomes da violência: um estudo sobre éticas populares e cultura política*, in Luiz Eduardo Soares (org.), *Violência e política no Rio de Janeiro*, Rio de Janeiro: Relume Dumará, 1996; Gilberto Velho e M. Alvito (orgs.), *Cidadania e violência*, Rio de Janeiro: Editora da UFRJ; FGV, 1996.
2 *Tempo Social - Revista de Sociologia da USP*, vol. 9, n° 1, mai 1997.
3 Mireya Suarez; Lourdes Maria Bandeira, "A politização da violência contra a mulher e o fortalecimento da cidadania", in Cristina Bruschini; Sandra Unbehaum (orgs.), *Gênero, democracia e sociedade brasileira*, São Paulo: Editora 34; Fundação Carlos Chagas, 2002.
4 A violência interpessoal ocorre como uma das formas de sociabilidade ancorada na desvalorização de um paradigmático "feminino" que não tipifica apenas as mulheres, mas outras categorias socialmente fragilizadas. Desse modo, as violências do cotidiano acontecem como formas de sociabilidade previstas, cuja perversidade causa estranhamento somente nos setores mais progressistas da sociedade.
5 Suely de S. Almeida, "Essa Violência mal-dita", in Suely de S. Almeida (org.), *Violência de gênero e políticas públicas*, Rio de Janeiro: Editora da UFRJ, 2007.
6 Maria F. Gregori, "Delegacias da Defesa da Mulher de São Paulo e as instituições: paradoxos e paralelismos", in Guita Grin Debert et al. (orgs.), *Gênero e distribuição da justiça: as Delegacias de Defesa da Mulher e a construção das diferenças*, Campinas: Pagu - Núcleo de Estudos de Gênero/ Editora Unicamp, 2006, p. 67.
7 Ver Maria F. Gregori, "Cenas e queixas: mulheres e relações violentas", *Novos Estudos Cebrap*, vol. 23, São Paulo, 1989, p. 163-175; Heleieth I. B. Saffioti e Suely de Souza Almeida, *Violência de gênero: poder e impotência*, Rio de Janeiro: Revinter, 1995.
8 Maria Luiza Heilborn; Bila Sorj, "Estudos de gênero no Brasil", in Sergio Miceli (org.), *O que ler na ciência social brasileira (1970-1995)*, São Paulo; Brasília: Sumaré; Anpocs, 1999. *Revista Sociedade e Estado*, vol. 29, n° 2, mai-ago 2014.
9 Nem todas as Delegacias Especiais de Atendimento à Mulher (Deam's) têm a mesma denominação. Em alguns estados, têm outra designação, como as Delegacias de Polícia de Defesa da Mulher (DDMs) de São Paulo.
10 Lia Z. Machado, *Feminismo em movimento*, São Paulo: Francis, 2010, p. 25.
11 Vale lembrar que o Ligue 180 foi criado em 25 de novembro de 2005 e que recentemente, em 10 de março de 2014, foi transformado em Disque 180. Segundo dados da Secretaria de Políticas para as Mulheres da Presidência da República (SPM/PR), só de março a julho deste ano, o Disque 180 encaminhou aproximadamente 15 mil denúncias à Segurança Pública e ao Ministério Público em todo o país.
12 Maria Luiza Heilborn; Bila Sorj, "Estudos de gênero no Brasil", op. cit., p. 213.
13 Heleieth Saffioti, "Contribuições feministas para o estudo da violência de gênero", *Cadernos Pagu*, n° 16, Campinas, 2001, p. 115-136.

14 Mireya Suarez e Lourdes Bandeira, "A politização da violência contra a mulher e o fortalecimento da cidadania", in Cristina Bruschini e Sandra Unbehaum (orgs.), *Gênero, democracia e sociedade brasileira*, São Paulo: Editora 34 e Fundação Carlos Chagas, 2002.

15 Sílvia Pimentel e Valéria Pandjiarjian, "Direitos humanos a partir da uma perspectiva de gênero", *Revista Sociedade e Estado*, vol. 29, n° 2, mai-ago 2014. Disponível em <http://www.dhnet.org.br/direitos/textos/generodh/direitoshumanos_genero.htm>. Acesso em 26 fev 2019.

16 Declaração de Corrêa no encontro internacional realizado na Unicamp, Luiz Sugimoto, "'Crimes de honra' contra mulheres na América Latina e Oriente Médio". Disponível em <http:// www.bv.Fapesp.br/namidia/noticia/17395/geografo-mapeiaterritorios-violencia>. Acesso em 26 fev 2019.

17 Suely S. de Almeida, "Essa Violência mal-dita", in Suely de S. Almeida (org.), *Violência de gênero e políticas públicas*, Rio de Janeiro: Editora da UFRJ, 2007, p. 29.

18 Luiz Eduardo Soares, op. cit.

19 Pierre Bourdieu, *Dominação masculina*, Rio de Janeiro: Saraiva, 2003.

20 Suely de S. Almeida, op. cit.

21 Leda Hermann, *Violência doméstica e os Juizados Especiais Criminais*, Campinas: Servanda, 2004.

22 Julieta Romeiro. "A Lei Maria da Penha e os desafios da institucionalização da 'violência conjugal' no Brasil", in Aparecida F. Moraes; Bila Sorj, "Os paradoxos da expansão dos direitos das mulheres no Brasil", in Aparecida F. Moraes e Bila Sorj (orgs.), *Gênero, violência e direitos na sociedade brasileira*, Rio de Janeiro: 7 Letras, 2009, p. 50.

23 Flávia Piovesan, Luís Carlos Guimarães, "Convenção internacional sobre a eliminação de todas as formas de discriminação racial". Disponível em <http://www.dhnet.org.br/direitos/militantes/flaviapiovesan/piovesan_convencao_sobre_eliminacao_todas_formas_discriminacao_racial.pdf>. Acesso em 26 fev 2019.

24 Em 7 de agosto de 2006, portanto, foi sancionada pelo presidente Luís Inácio Lula da Silva, a Lei n° 11.340, que trata do enfrentamento da violência contra mulheres. Nomeada Maria da Penha, em homenagem à luta de uma biofarmacêutica cearense que sofreu duas tentativas de homicídio pelo marido e tornou-se paraplégica, sendo seu agressor condenado após decisão em corte internacional, expressa caso emblemático. Afinal, resultou de uma punição internacional dirigida ao Brasil, signatário da Convenção Belém do Pará, e de longo processo de mobilização, cujos atores foram os operadores jurídicos e o movimento feminista, este representado por seis organizações não governamentais de defesa dos direitos humanos das mulheres.

25 Consórcio Feminista que, com representantes da SPM, liderou o processo de criação da Lei: Ações em Gênero, Cidadania e Desenvolvimento (Agende); Advocacia Cidadã pelos Direitos Humanos (Advocaci); Cidadania, Estudo, Pesquisa, Informação e Ação (Cepia); Centro Feminista de Estudos e Assessoria (Cfemea); Comitê Latino-Americano e do Caribe para a Defesa dos Direitos da Mulher (Cladem); e Assessoria Jurídica e Estudos de Gênero (Themis).

26 Informativo Compromisso e Atitude, Lei Maria da Penha, n° 7, ago 2014. Instituto Patricia Galvão, São Paulo, 2014.

27 <http://portal.saude.gov.br>.

O recorte mulher não é apenas objeto de interesse, mas comporta uma discussão com a problemática feminista, o que se evidencia na bibliografia recorrente da especialização, que se caracteriza por uma intersecção entre os campos intelectual e político.

Maria Luiza Heilborn

Fazendo gênero?
A antropologia da
mulher no Brasil

Maria Luiza Heilborn

FAZENDO GÊNERO? O título tomei em parte de empréstimo de um artigo preliminar de Patricia Birman sobre as relações de gênero e possessão no candomblé.[1] Tal como lá, a alusão é a de se fazer passar por. Talvez a utilização da categoria de gênero, tão em voga hoje em dia, não esteja significando o alçar ao novo patamar teórico de elaboração, que parecia indicar ao se abandonar a categoria mulher. O mesmo raciocínio incide sobre a escolha de "antropologia da mulher".

Parece que essa é uma seara destinada à eterna discussão. Validade da autodesignação e dúvidas sobre os critérios de inclusão e demarcação de fronteiras. Cynthia Sarti,[2] em um artigo de avaliação, sugere que se deva mudar o nome e argumenta a necessidade de uma revisão dos estudos que se formulam sob tal rubrica, uma vez que, ao estudar mulher, ignora-se frequentemente que tal construção social só faz sentido com o seu consorte. Entretanto, apesar de estar de acordo sobre a necessidade da ênfase recair sobre os gêneros, entendo que, para os objetivos da presente análise, o genitivo da mulher retrata melhor a preocupação fundante deste corpo de estudos.[3] O campo (se de fato existe) nitidamente se define por uma discussão com as formulações feministas. Ele nasce e toma vigor pela existência do reconhecimento de que o diálogo é instaurador de uma problemática[4] – pelo menos de um dado modo de apreensão da mesma.[5] Assim temos uma década e meia de estudos e a tarefa de acompanhar sua evolução.

Passado em parte o tempo da paixão, pode-se meditar sobre os efeitos da devastadora ânsia de marcar presença e perguntar sobre seus feitios e resultados. Se, de um lado, a valorização do tema mulher é sem dúvida salutar; de outro, andamos tropeçando em material de pouca reflexão e até mesmo de mimetismo do discurso militante, ainda que tenha méritos incontestáveis. Muitas vezes tratou-se simplesmente de reduplicar o ativismo, sem pensar em consequência do que se estava fazendo. Passou-se a estudar mulher em tudo quanto é lugar e sob os mais diferentes ângulos. Depois de examinar a presença feminina, passou-se agora a falar em gênero. Do sexo passou-se ao gênero, mas a categoria tem sido usada sem a percepção do alcance que deve ter como imbricada a um sistema relacional, ou de que, se mantém algum vínculo com a base anatômica, sua principal utilidade está em apontar e explorar a dimensão social que, em última instância, é o que importa quando se faz antropologia.

MAPEANDO... LIMITES E (MUITOS) PROBLEMAS

Este trabalho está longe de se pretender completo. Deve ser entendido como um esforço a mais no sentido de uma pausa para a meditação sobre os caminhos que estamos tomando no que chamamos de antropologia da mulher e na qualidade desse percurso. Creio que um exercício do tipo "estado da arte" é necessário, mas o fôlego é de maior alcance do que o aqui presente. Em primeiro lugar, porque demanda uma pesquisa mais extensa, em termos do levantamento das obras a serem analisadas, para além daquelas a que se tem acesso pessoal; afinal, não se trata de "ação entre amigas". Em segundo, ainda que alerta para tal consideração, problemas técnicos nada desprezíveis se interpõem, como o da falta de um local central de referência e acumulação física dos trabalhos (falo de bibliotecas), além da solicitação – nem sempre atendida – da remessa de textos produzidos fora do quintal mais próximo. Essa ressalva faz-se premente, uma vez que entendo que a análise de um campo de estudos deve-se ater a certos procedimentos metodológicos de verificação dos agentes de produção ali presentes, de listagem de obras, de temas e de bibliografia convergente. Isso, combinado com a análise da obra e do que também está, ou se considera, fora das fronteiras delimitadas. Trabalho, portanto, inspirado em um estilo Bourdieu de análise de campo intelectual,[6] sem que na verdade tenha podido cumprir todos os ditames (digamos, cansativos) de seu esquema analítico. Ressalto, em particular, o trabalho meticuloso realizado por Rose-Marie Lagrave,[7] *Recherches féministes ou recherches sur les femmes*, sobre a realidade francesa, em que cumpre o roteiro prescrito por Pierre Bourdieu, mas, sobretudo, porque ela identifica alguns problemas semelhantes aos que me parecem aqui ocorrer.

Vale esclarecer sobre que material estou me detendo na análise, para que se possa determinar fronteiras. O material é o mais exclusivamente antropológico, tenha sido ele recolhido em publicações originárias dos programas de dotação de pesquisa da Fundação Carlos Chagas/Fundação Ford ou em reuniões acadêmicas organizadas por antropólogas(os) sob o título em questão.[8]

Estou incluindo também alguns trabalhos que foram discutidos no já extinto grupo de trabalho da Anpocs – Associação Nacional de Pós-Graduação em Ciências Sociais – Cultura Popular e Ideologia, coordenado por Ruth Cardoso e Gilberto Velho.[9] Há ainda *papers* constantes dos grupos de trabalho Mulher e Família e Mulher na Força de Trabalho. Constam dissertações de mestrado produzidas em centros de antropologia, e algumas defendidas no Departamento de Ciência Política/USP também foram incluídas devido a seu caráter eminentemente antropológico.[10] Incluí trabalhos constantes de publicações, senão específicas, pelo menos consensualmente de produção antropológica: *Anuário antropológico, religião e sociedade* e a coleção (já falecida) *Perspectivas antropológicas da mulher*. Contudo, alerto que não consegui reunir de modo sistemático toda a produção arrolada sob essas fontes. Posso, portanto, estar excluindo autoras(es) com pesquisas e propostas analíticas relevantes. Em anexo, disponho a relação da bibliografia em exame nas intenções deste texto que, confrontada com a lista de projetos aprovados pela Fundação Carlos Chagas/Fundação Ford, permite cotejar ausências e incidência de temas.

Em torno do problema da amostragem e do recorte, vale dizer que os critérios estão condicionados por aquilo que defino como instaurador do campo específico, ou seja, a impulsão dada ao debate pelo feminismo.[11]

Essa marca parece-me crucial, na medida em que estudos sobre mulher sempre existiram, por exemplo, nas rubricas de papéis sexuais familiares, divisão sexual do trabalho, para falar em termos antropológicos usuais senão tradicionais. Mas uma nova identidade delineia-se, ou é reivindicada, a partir de um certo ângulo de apreciação ou ainda pelo uso de – e às vezes, mais superficialmente, de menção à – bibliografia particular. Nesse sentido a inclusão condicionada por esse viés deixa de fora, por exemplo, trabalhos como de Klass Woortman,[12] Alba Zaluar,[13] Rosilene Alvim,[14] etc. E, curiosamente, faz inscrever a contribuição de Dennis Werner,[15] apresentada no grupo de trabalho Perspectivas Antropológicas da Mulher, ABA 1982, e excluir o artigo de 1984.[16] O primeiro trabalho versa sobre o uso de tempo das mulheres Mekranoti Kaiapó dedicado à produção, mas constata que, apesar da extraordinária contribuição "econômica" feminina, ocorre uma espantosa (para o autor) exclusão do poder. Mas, bizarrias à parte, certas(os) produtoras(es) são incluídas(os) toda vez que, estimuladas(os) pelo debate com o feminismo ou com autoras assim identificadas, forneçam lenha ao fogo. É o caso de Luiz Cardoso Duarte[17] e Luiz Aragão.[18]

Para esclarecer o entrecruzar dessas classificações, procedo a uma pequena digressão sobre a modalidade de análise de campo intelectual tal como receitada por Pierre Bourdieu. Utilizo também uma espécie de exercício desse tipo de trabalho que realizei sobre os projetos de pesquisa aprovados junto à Fundação Carlos Chagas,[19] com o intuito de tornar claras certas afirmações feitas anteriormente.

A utilização dos esquemas analíticos de Bourdieu[20] é especialmente adequada ao mapeamento de um dado panorama de ideias; o procedimento de arrolar e descrever permite a identificação do que seja o senso de uma certa produção intelectual. Segundo ele, campo intelectual é um sistema/estrutura composto por linhas de força que se originam na disposição de relações concretas entre agências que se situam em uma dada área da produção cultural. Tal sistema é marcado por temporalidade. E apesar das posições diferenciadas que as agências e produtores possam usufruir, existe sempre um consenso dado pela atinência a certas questões. Dito de outro modo, temporalidade traduz-se em um estado do campo dedutível a partir de um elenco de problemáticas obrigatórias, mais a constelação de agências e regras acertadas entre elas, quanto a critérios de legitimação, autoridade, hierarquia e normas de competência. Vale dizer, utilizando a metáfora da (astro)física, alusão diagonal às imagens que Bourdieu escolhe, que tais estrelas, planetas e satélites orbitam conjugadamente. Lugar e importância estabelecem-se a partir de um esquema de outras presenças, derivando destas o peso funcional de cada uma.

Trata-se, no caso, de um fenômeno no campo intelectual em que o recorte mulher não é apenas objeto de interesse, mas comporta uma discussão com a problemática feminista, o que se evidencia na bibliografia recorrente da especialização, que se caracteriza por uma intersecção entre os campos intelectual e político. Assim, não só os temas eleitos para a pesquisa, mas sua modalidade de apreensão não se pautam exclusivamente pelos "esquemas mentais, pelos dispositivos particulares conformadores de argumentos e proposições"[21] que caracterizam um único e dado saber. Certamente a abertura de linhas de financiamento regular impulsionou e canalizou o interesse por esse tipo de pesquisa, fazendo-o expandir-se de maneira veloz.

Em um exercício de avaliação do estado dos estudos sobre mulher no Brasil (não apenas os trabalhos arrolados em um padrão antropológico), examinei os projetos enviados ao Programa de Dotações da Fundação Carlos Chagas (em especial os do ano de 1986). De um lado, dos 63 projetos examinados emerge o fato de que a qualificação acadêmica desponta como um critério relevante para a obtenção de financiamento. A passagem obrigatória pelas instituições de ensino, que adestram intelectualmente os indivíduos, é marcante, ainda mais quando cotejada com o índice de sucesso entre os projetos provenientes de São Paulo e Rio de Janeiro, que perfaz o montante de 50% das propostas aprovadas no concurso de 1986. Não é fortuito que nesses dois centros se situem as unidades de ensino que usufruem de maior autoridade para impor seus critérios de excelência, nem que sejam esses os polos de referência e pertencimento da/para a comissão julgadora.

Tornando-se os projetos financiados, observa-se um conjunto repetido de citações bibliográficas relativas aos clássicos do feminismo. Pode-se propor a existência de uma unidade entre essas obras a partir de um denominador comum, a de uma certa formulação da questão feminina subordinada a uma visão das relações entre os sexos como de assimetria e opressão. Ao lado de algumas inclusões particulares a cada projeto, há autoras recorrentemente citadas. Entre elas: Simone de Beauvoir,[22] Elea Belotti,[23] Schulamith Firestone,[24] Phylis Chesler,[25] Julliet Mitchell,[26] Kate Millet.[27] Não há exclusividade de objetos que levem à escolha da citação dessas obras, elas se apresentam disseminadas em todos os trabalhos e há, ainda, digamos, os *hits* nacionais: Bety Lafer,[28] Rose Marie Muraro,[29] Danda Prado.[30] Ocorre também a inclusão da literatura que se faz sob os cânones acadêmicos e, no caso específico, como não podia deixar de ser, a produção vinculada à Fundação Carlos Chagas é intensamente citada.[31]

Não encampo a ideia de que o engajamento ético-político comprometa *a priori* a tarefa intelectual-acadêmica. Evidentemente isso está relacionado ao grau de relativização das próprias convicções ideológicas, segundo a coerência (e validade) teórico-metodológica e, *last but not least*, à pertinência das questões que orientam a investigação científica. Sob o título e abrigo da antropologia da mulher, ou como se quer agora, do gênero, aglutinam-se os mais distintos e contrastantes graus de competência acadêmica. Esses contrastes são inerentes ao meio e não devem servir para minar a legitimidade dessa nova especialização que, no entanto, só pode se firmar na medida em que seu núcleo teórico forneça elementos para a sofisticação da reflexão antropológica.

Inclino-me a pensar, portanto, que um maior esforço deve ser feito na direção de uma sofisticação e um aprofundamento do conceito de gênero, e, mais ainda, de uma melhor explicitação metodológica do uso que se dá a ele na construção do objeto. Creio ser esse o caminho indicado, uma vez que é em torno dele que se desenha a história desses estudos. Negligenciar seu aprofundamento e talvez a avaliação do limite de seu fôlego interpretativo[32] não é caminho para solucionar nossos problemas de identidade.

EM TORNO DO CONCEITO DE GÊNERO

A categoria de gênero foi tomada de empréstimo à gramática. O recurso às disciplinas da linguagem, aliás, é tradicional no saber antropológico. Em sua acepção original, gênero é o emprego – fenômeno presente em algumas das línguas indo-europeia – de desinências diferenciadas para designar indivíduos de sexos diferentes ou ainda coisas sexuadas.[33] Mas o termo tomou outros foros e significa aqui a distinção entre atributos culturais alocados a cada um dos sexos e a dimensão biológica dos seres humanos. Trata-se de uma referência usual na antropologia, que é resgatada e sofisticada por antropólogas afinadas com o feminismo.

Inaugura-se, assim, uma modalidade no saber antropológico que visa combinar os avanços do pensar feminista com o balançar das convicções arraigadas da relativização das próprias categorias que os pesquisados alegavam atingir. Deve-se ter em mente, quando se fala em antropologia, que a disciplina se alimenta de certas tradições que, ainda que repensadas, revistas, continuam a alimentar sua distinção em relação às demais ciências sociais. Certamente uma delas é aquela instaurada via Malinowski, pelo realce dado ao trabalho de campo simultaneamente à possibilidade de a narrativa se dar do ponto de vista do nativo. Desse modo, reavaliar a percepção do lugar da mulher como objeto e sujeito de pesquisa é coerente com o movimento interno do campo antropológico.

O ponto de partida e o eixo de amarração é afirmar o gênero como dado crucial de pesquisa. Essa estratégia analítica propôs-se a operar em duas instâncias: como forma de classificação social a ser resgatada, procurada no real, e como dado constitutivo da identidade do sujeito de pesquisa.[34]

Desenvolveu-se o conceito de sistemas de sexo-gênero[35] com o intuito de demarcar os dois níveis diferenciais que a condição sexual comporta. Há uma discussão bastante elaborada sobre os componentes desse sistema e de que modo eles se imbricam em outras estruturas sociais, tais como a diferenciação etária, esquema de privilégios e ordenação cosmológica.[36]

Sistematizando algumas das contribuições em torno de gênero, veja-se o trabalho de Gayle Rubin que, escrito em 1975, permanece instigante. Com a preocupação de que toda a análise das causas da condição feminina está na base de qualquer afirmativa do que deve ser mudado para alcançar uma sociedade sem hierarquia de gênero, ela revisa a literatura canônica. Um pequeno alerta deve ser acionado, pois que a relação entre o uso da teoria como instrumento analítico e como fonte inspiradora da prática política está longe de ser uma questão de fé, ou de resolução descomplicada, ainda que assim ela se apresente muitas vezes. De qualquer maneira, vale sublinhar essa posição de Gayle Rubin, porquanto ela é bastante difundida nesse meio e, a meu ver, promove grande confusão no debate. A autora propõe-se a inquirir quais são as relações sociais que engendram a domesticação da mulher. Segundo ela, quem tem a resposta são Freud e Lévi-Strauss. O mapa do mundo social de Marx, sentencia, não inclui o sexo.[37] Rubin situa os dois primeiros entre aqueles que formulam uma teoria da sociedade em que a sexualidade tem um papel determinante, e mesmo Engels é descartado. Ambos fornecem instrumentos conceituais sobre a parte da vida social em que se encontra o lócus da opressão. Opressão que não se resume às mulheres, abrangendo igualmente as minorias sexuais e certos aspectos da personalidade dos indivíduos. Por meio do conceito de sistema de sexo-gênero, ela destaca o indicador anatômico e a elaboração cultural como dois elementos distintos presentes naquilo que outrora se designava como papéis sexuais, e agora é referido como gênero. Voltarei a Rubin oportunamente.

Jane Collier e Michelle Rosaldo[38] sugerem um modelo para o estudo de gênero como sistema cultural, mediante uma análise que associe noções ritualizadas sobre os sexos com relações sociais práticas. Ensaiam uma estratégia comparativa e programática. Propõem um "modelo de como as desigualdades entre os sexos figuram e podem ser entendidas pela referência a desigualdades estruturais que organizam uma dada sociedade".[39] Defendem que as relações políticas e econômicas, mais a organização do parentesco e as relações conjugais, influenciam as categorias de gênero. Nesse esquema, a anterioridade lógica é dada à ordem pragmática. O gênero expressaria desse modo um desequilíbrio prévio. Tal convicção faz as autoras descartarem a oposição entre natureza e cultura[40] e a maternidade como relevantes para a constituição da assimetria. O modelo nativo (o material de análise é aquele eleito para encontrar a origem da opressão feminina: as sociedades simples) mais proeminente é a oposição entre relações masculinas exclusivas e relações entre os sexos.[41] Os rituais femininos, ali encontrados, jamais enfatizam a criação da vida, mas a qualidade de seres sexuais, a saúde e o prazer. O parentesco aparece obviamente como lugar eleito nas sociedades primitivas para a organização de relações cooperativas (entre homens, é claro!). E, em particular, o casamento, porque necessita logicamente de uma representação da diferença de gênero. As autoras partem, portanto, para uma sugestão de tipologia do casamento nas sociedades primitivas.

A primeira categoria são as "sociedades prestadores de serviço" [*brideservice groups*], em que o trabalho do noivo par aos seus afins é a forma esperada de legitimação marital. Todos os adultos controlam a distribuição de sua produção e, assim, as relações dependem da livre e contínua troca de presentes e serviços pela qual se organiza a distribuição de comida. São testemunhas dessa forma de organização social os caçadores-coletores e os grupos horticulturalistas-caçadores. A segunda são as "sociedades com dote" [*bridewealth groups*], em que os bens dados por ocasião do casamento são vistos como o pagamento de direitos sobre o trabalho feminino, a sexualidade e a prole. Nesses grupos, o noivo está em uma relação de débito para sua parentela mais velha, que provê aos jovens homens os pré-requisitos para que deslanchem suas carreiras como adultos. Desse tipo são exemplo os grupos horticultores.

As autoras detêm-se no primeiro caso e sustentam a anterioridade lógica das práticas em relação ao domínio do gênero. É uma forma de organização (e de construto teórico também) em que as relações de afinidade sustentam a cooperação.[42] Desse modo, a assimetria sexual é um certo desequilíbrio na natureza da organização das obrigações e do acesso ao reconhecimento público, que está na base das relações produtivas de sociedades simples. Assim, a assimetria de gênero não é universal, sempre assume a cor local. Na verdade, creio que jamais a afirmação da universalidade tenha pressuposto a mesmice.

Collier e Rosaldo resgatam o termo *sexual politics* como a dimensão do idioma que o sexo pode assumir: conflitos ou cooperação entre homens. Cooperação que tem por base a distribuição de carne, canal por excelência, não do acesso a proteínas, mas ao fundamento do social – a reciprocidade. Excluem a dimensão genética para afirmar a social – o desejo de paridade entre homens. Esse argumento mantém evidente similaridade ao de Pierre Clastres em *A sociedade contra o Estado*, de 1978. Concluem que o sexo emerge como tema simultâneo para diversão e violência, e que ocorre uma acentuada discrepância entre a perspectiva feminina – homens como amantes – e a masculina, que o consideram veículo das demandas emergentes de *status* adulto entre homens.

Já Sherry Ortner e Harriet Whitehead, em 1981 (a primeira já recuperada de sua proposta da equação mulher e natureza),[43] sustentam que são as estruturas de prestígio, que fazem equacionar homem e público, que estão na origem das demais relações, políticas e econômicas. O gênero constitui uma dessas estruturas de prestígio.

Whitehead formula que "qualquer manifestação do sexo está enraizada num conjunto mais amplo de premissas cosmológicas e num padrão particular de privilégios e obrigações sociais que dividem categorias sexuais e de idade".[44] A dimensão ideológica e cultural do sexo e do gênero é reveladora do social – por oposição ao natural – atuando na moldagem de papéis sexuais, identidade sexual e do erotismo. Por exemplo, os casos etnográficos de homossexualidade institucionalizada na Nova Guiné e o travestismo dos índios norte-americanos são expressão de *status* de gênero peculiar, que se origina em outros terrenos que não aquele propriamente do sexo. O sistema de gênero não é autocontido, emaranha-se no parentesco, no religioso, no econômico etc. A cultura é uma casa de espelhos.

Não pretendo ignorar, por preferência particular a um prisma de análise, o simbólico na tradição estruturalista, ou diferenças e matizes de outras perspectivas, a marxista ou a funcionalista. É importante ressaltar que variedades de interpretações sobre a posição da mulher nas diferentes culturas trabalham com o conceito de gênero. E, mais ainda, assinalam que a condição feminina está marcada por uma maior ou menor exclusão da esfera pública ou política das sociedades e, em contrapartida, por sua eterna associação às tarefas de cuidado com a prole. As elaborações conceituais variam conforme as perspectivas teóricas, formula-se a ideia de assimetria (mas também simetria) sexual, subordinação ou, ainda, a de opressão. Assim, o uso de cada uma dessas expressões indica a vinculação a um estilo de formulação do problema, a uma dada teoria do social e, às vezes, mas não obrigatoriamente, a uma posição política.

Há ainda um acordo generalizado de que a origem da situação feminina peculiar se localiza na estrutura da instituição do parentesco. Existe também consenso de que esse princípio se aloja em outras instâncias do social. Com essa afirmação, bem a gosto da antropologia estruturalista, está de acordo, por exemplo, uma antropóloga marxista,[45] ainda que o caminho que a conduz a tal posição seja outro.

Na perspectiva marxista, gênero é uma classificação social que adquire contornos implícitos de hierarquia quando uma profunda modificação tem lugar na estrutura social, a saber, a propriedade dos meios de produção e o aparecimento do Estado.[46] No âmbito das ditas sociedades igualitárias opera a simetria sexual. A autora que melhor expressa esse ponto de vista na antropologia da mulher é Eleanor Leacock, de vasta obra da qual destaco a coletânea de sugestivo título *Myths of Male Dominance*.[47]

Algumas autoras marxistas reconhecem, entretanto, que a interpretação das origens da subordinação sexual na sociedade de classes padece de um acentuado viés economicista. Verena Stolcke,[48] por exemplo, assinala que na análise engeliana, na passagem da comunidade primitiva para a organização social em classes, ocorre uma inversão de determinação entre reprodução e produção. Apesar disso, ela vai se manter coerente com o primado marxista da propriedade como fulcro da desigualdade ao afirmar: "A 'domesticação' da mulher é em definitivo um produto do controle do homem sobre sua sexualidade e capacidade reprodutora da mulher, devido ao interesse de perpetuar o acesso desigual aos meios de produção." Vale salientar que a posição de Stolcke coincide em alguns aspectos com as de Collier e Rosaldo, no que elas designam serem um determinado arranjo das relações de parentesco – no caso, as relações de afinidade – que acarreta a secundariedade do *status* feminino. Isso também é assinalado na análise de Rubin. Em suma, as antropólogas tendem a estar de acordo de que a "ruína" feminina está na origem mesma da organização social, mas discordam quanto às razões disso e à possibilidade ou não de uma sociedade que desconheça a hierarquia. Introduzo o pensamento de Marika Moisseeff, cujo modo de formulação do problema inviabiliza a hipótese de uma sociedade *genericamente* simétrica.

Marika Moisseeff,[49] psicanalista em diálogo com a antropologia, incumbe-se de tentar repensar e reafirmar a universalidade do incesto na afirmação de Freud em *Moisés e o monoteísmo* e *Mal-estar na civilização*. Ela formula que a reversão do englobamento hierárquico original entre mãe e filho é razão direta da necessidade de desarticular a possibilidade de incesto. O que ela coloca é uma razão desapaixonada para a origem da dominância masculina, via o argumento de que o que a cultura rejeita é a possibilidade do par mãe-filho poder engendrar outra geração. O interdito do incesto abomina a produção de uma imagem autofecundante da mãe, o que importaria negar não só a troca, fundamento do social, como negar a condição de sujeito do filho. Donde, segundo ela, a importância verificável, em múltiplas culturas, em favor dos ritos de iniciação masculina (muito mais elaborados do que os femininos), cuja função é a de recriar simbolicamente um parto, com a exclusão das mulheres. Nesse tópico ela vai ao encontro de Françoise Héritier,[50] que afirma que a apropriação masculina da fertilidade feminina se faz sempre acompanhar da produção de um artificialismo cultural de exclusão das mulheres. Moisseeff credita tal procedimento cultural à necessidade imperiosa de criação do masculino, que se elabora por contraste a um materno, mais do que propriamente ao feminino.[51]

Uma análise qualitativamente distinta, portanto, é a proposta por uma perspectiva simbólica da sociedade. E, nela, o gênero está arrolado entre as categorias universais do pensamento humano.

Gênero é um construto abstrato, um princípio de classificação, que emerge da observação do real: diferenciação sexual do reino animal e vegetal. Entretanto, o que a operação lógica mantém da observação do real é o princípio da descontinuidade, do que não é idêntico, inscrita na biologia. Representa, portanto, a marca elementar da alteridade.[52] Desse modo a ordem simbólica que se origina do gênero fala primeiro da descontinuidade do que de qualquer outra propriedade intrínseca do objeto. Assim, ainda que existam certas atividades invariantes em todas as culturas, masculino e feminino possuem significados distintos em cada cultura. Esse par classificatório, tomado como idioma, impera sobre atividades e objetos que a eles são associados como se pertencentes aos domínios masculino e feminino, e detentores dessas qualidades. O universo circundante passa, portanto, por uma categorização de gênero.[53]

A postura cognitiva implicada no uso da categoria em questão é a desnaturalização radical das categorias de homem e mulher. Ela não deve ser acionada como um termo substituto. Seu uso designa (ou deveria fazê-lo) a dimensão inerente de uma escolha cultural (arbitrária) e de conteúdo relacional. E, quando se fala em identidades socialmente construídas, o discurso antropológico está enfatizando a perspectiva sistêmica que domina o jogo de construção de papéis e identidades para ambos os sexos. É retirar-lhes a aparência de "natural", ainda que o discurso com que se apresentam assim o designe.

Entretanto, adiantando-me ao passo seguinte deste artigo, esse debate e os avanços teóricos estão em grande parte ausentes da produção nacional (com a honrosa exceção de Rita Segato[54] e também de Leni Silverstein, 1980).[55] É como se tudo passasse apenas por uma adoção superficial do gênero e, com a sua menção, fosse transposto um patamar de elaboração conceitual. Para tal, é necessário distanciamento do plano empírico, para que se possam formular novas hipóteses. Esse sintoma está longe de ser um problema exclusivamente nacional, ou da literatura que ora se examina. Jane Atkinson,[56] em um balanço da produção antropológica nos Estados Unidos, já relembra e alerta que a antropologia se faz na tensão entre teoria e pesquisa etnográfica.[57]

Muitos dos trabalhos realizados no Brasil têm utilizado a expressão de relações de gênero como definidora de sua identidade teórica. Mas, como salientei antes, no conceito gênero está intrínseca a dimensão relacional. Essa assertiva, estendida ao limite de sua significação, talvez seja o que me leva a considerar o termo "relações de gênero" um pouco frouxo em sua precisão cognitiva.

Gênero pode se multifacetar em prismas variados de análise. Gênero refere-se, de um lado, a uma dimensão crucial da noção de pessoa, àquilo que do ponto de vista de cada cultura o humano possui de qualidades sexuadas. Assim, representa a introdução da diferença em uma instância que lhe é logicamente anterior: a pessoa, tal como concebida em um esquema simbólico particular.[58]

Por outro lado, ou melhor, outros lados, o gênero pode operar sob diversas perspectivas. Gênero como idioma tematiza um certo tipo de relação e pode ser adequado em outros níveis de significação do universo, servindo de analogia quanto à natureza do vínculo e da distância social entre dois polos em outros domínios do social.[59] Essa é a análise estruturalista. Pode-se ir mais além e indagar se ele se constitui em uma espécie de matriz de outras classificações simbólicas, isto é, se possui diante de outras atividades do pensamento alguma precedência, e aqui retomo o argumento de Héritier sobre ele ser a forma elementar de alteridade.

Creio que há a possibilidade de fazer depender o conceito de gênero à questão da hierarquia, tal como formulada por Louis Dumont.[60] Nessa versão, entendo que a hierarquia organiza a estrutura binária dos modelos classificatórios, de modo a um termo encompassar o outro. Não representa apenas uma simples atividade classificatória que dispõe quadrículas sobre o real. Trata-se de uma ordenação do mundo hierarquizada em termos de um princípio de valor, que promove densidades diferenciadas a cada plano e a cada categoria em jogo. E aí, nesse sentido, verifica-se na possível totalidade das sociedades ditas primitivas uma assimetria valorativa entre os gêneros,[61] excluindo-se a virtualidade da organização social simétrica ou (neutramente) complementar entre os sexos.

Aqui introduz-se uma distinção. A análise estruturalista pode apoiar-se na postulação de uma certa equidistância valorativa entre as categorias, assim como pode permitir, se acoplada à teoria da hierarquia, a vigência do princípio ontoassimétrico. Tal proposta de formulação do problema, no caso da discussão atual sobre gênero, creio ser uma novidade. Quero salientar, entretanto, que o debate está longe de ser resolvido, e pontos de vista contrários a ele são igualmente interessantes e bem defendidos. Veja-se, por exemplo, a postura de Joanna Overing, que descarta que o gênero sirva de metáfora para outras classificações hierarquizantes, pois afirma que "o simbolismo do gênero está frequentemente associado com teorias extremamente complexas sobre a energia do universo" e, especialmente "nas sociedades sul-americanas pode fornecer um paradigma das forças operando nos cosmos, e que são responsáveis pela ordem, pelo eterno, pelo efêmero, pela criação, periodicidade e destruição".[62]

Como se vê, adentramos a discussão mais candente do feminismo, a tópica da universalidade da subordinação feminina e, de modo um pouco canhestro, a pergunta do que se faz com ela. Digo canhestro, uma vez que afirmar algo sobre a inevitabilidade das coisas não significa necessariamente endossar o modo com ela se dá, nem seus efeitos deletérios. Mas, como é próprio da lógica política – intersecção bastante nítida no campo que se discute –, tal pergunta sobre o destino da condição feminina adquire um tom imperativo. Creio que em "Antropologia e Feminismo",[63] tivemos a ocasião de explorar essa torção dos argumentos.

O gênero integra a razão simbólica como elemento constitutivo de base, derivando desse modo a impossibilidade de transcendência do modelo. Na exposição realizada sobre a postura de algumas teóricas na questão, assinalei a posição de Gayle Rubin. Em seu artigo "Traffic on Women",[64] cujo título já é por demais significativo, ela realiza uma verdadeira peroração em favor de uma sociedade sem gêneros [genderless]. Sua sagacidade fica comprometida por uma visão de sociedade em que certos pressupostos da organização social – a troca – são tomados como opressores de parcelas da humanidade (as mulheres) ou da sexualidade (a homossexualidade). Em Perspectivas antropológicas da mulher,[65] já indicamos o forte comprometimento da citada autora com paradigmas epistemológicos individualistas. Vale acompanhar o raciocínio de Eduardo Viveiros de Castro[66] a respeito:

> A concepção da aliança matrimonial como 'troca de pessoas' é grosseira (...) não por tratar pessoas como objetos (a distinção) entre pessoas e 'coisas' nada tem de natural – recordemos o Essai sur le Don), mas por tratar as pessoas como indivíduos, como entidades atômicas. O que efetivamente se troca nos sistemas culturalmente determinados de aliança são propriedades simbólicas, direitos, signos, valores, por meio de pessoas. [grifo nosso]

Tudo parece indicar que esse debate deva receber novo alento para o enfrentamento da questão em termos de dominação masculina. Veja-se, por exemplo, o recente artigo de Pierre Bourdieu,[67] as contribuições interessantíssimas de Françoise Héritier (infelizmente ignoradas na bibliografia recorrente) e, ainda, o comentário de Eduardo Viveiros de Castro[68] sobre *L'exercice de la parenté*, de Héritier.[69] No livro, bastante técnico e de difícil deglutição, Héritier sustenta que, nos sintomas de aliança semicomplexos, seria observável, já na terminologia, a presença de um princípio organizador do parentesco fundado na dominância masculina. A assimetria de gênero seria acompanhada por outra, referente à primazia etária mais velho/mais jovem [*ainé/cadet*]. A escolha por tratar a assimetria em termos de dominância e não dominação indica, a meu ver, a recusa em aludir a poder sem abrir mão de sublinhar a operância da classificação social. Isso significa que sua compreensão do princípio classificatório não é aquela de uma simples disposição taxonômica das categorias sociais, mas de que tal ordenação implica a existência do *valor*. Valor entendido como um operador da diferença ordenada, isto é, hierarquizada, criando densidades de significação distintas. Cumpre notar que Viveiros de Castro[70] não endossa a perspectiva da autora, reconhecendo, entretanto, que os sistemas de parentesco devam por necessidade lógica importar em assimetria de um gênero em relação ao outro; mas, segundo ele, não há na terminologia examinada por Héritier nada que autorize sustentar o princípio geral da precedência masculina. O argumento, aliás, acompanha a posição de Lévi-Strauss que, ao ser fustigado por feministas por ter criado uma teoria social da opressão feminina, alega que existe um fato geral (empiricamente observável) de supremacia masculina, mas não há (até agora pelo menos) a afirmação da universalidade do fato. Para ser universal, a lei dependeria, tal como a da reciprocidade, de operar em outro campo que não apenas o da relação entre os sexos.

ESTE TEXTO É UMA VERSÃO REVISADA DO ARTIGO PUBLICADO ORIGINALMENTE EM *UMA QUESTÃO DE GÊNERO*, ALBERTINA DE O. COSTA E CRISTINA BRUSCHINI (ORGS.), RIO DE JANEIRO: ROSA DOS TEMPOS/SÃO PAULO: FUNDAÇÃO CARLOS CHAGAS, 1992. ESTA VERSÃO INCLUI APENAS A PRIMEIRA PARTE DO TRABALHO, ATENDENDO AO INTERESSE ESPECÍFICO DA PRESENTE COLETÂNEA.

NOTAS

1   Agradeço os comentários a este texto feitos na ocasião do Seminário por Míriam Grossi. Sou particularmente grata a Tania Salem pela acuidade da leitura, rigor dos comentários e profusão de sugestões. Não pude atender a todos os quesitos observados, mas a ela o meu muito obrigada. Beneficiei-me muito de alguns debates travados naquele momento, especialmente com Heleieth Saffioti e Elisabeth Lobo, que deixam tanta saudade.

2 Cynthia Sarti, *Antropologia dos gêneros*, São Paulo, 1988, mimeo. Comunicação apresentada ao GT Representação do Gênero, 16ª Reunião da Associação Brasileira de Antropologia, Campinas.

3 E mais do que isso, porque ele permite um duplo sentido, uma vez que o núcleo de trabalhos que aqui se analisa também é feito majoritariamente por mulheres.

4 Maria Luiza Heilborn, "Notas para uma antropologia da mulher", in *Do Gênero: antropologicamente...*, Série de Folhetins nº 3, Rio de Janeiro: CIEC/UFRJ, 1990, p. 1-36.

5 Pierre Bourdieu, *Problemas do estruturalismo*, Rio de Janeiro: Zahar, 1968.

6 Pierre Bourdieu, op. cit. e *A economia das trocas simbólicas*, São Paulo: Perspectiva, 1974.

7 Rose-Marie Lagrave, "Recherches féministes ou recherches sur le femmes", *Actes de la recherche en Sciences Socieales*, Paris, nº 83, 1990, p. 27-39.

8 No caso das reuniões bianuais da ABA (Associação Brasileira de Antropologia), os grupos de trabalho específicos sobre antropologia da mulher começaram em 1980. Em 1988, o núcleo de pesquisadoras(es) reuniu-se sob o título "Representação e Gênero" e, em 1990, sob o de "Relações de Gênero". Creio que, além de a argumentação correta sobre a natureza da discussão visada ser da ordem conceitual do gênero e não exclusivamente da mulher, donde a mudança do nome, interveio de modo inequívoco o desejo de driblar uma classificação tida como "objeto menor" no campo da antropologia. Estamos, sem dúvida, inseridas(os) em um conjunto maior de relações de força e legitimidade que configuram um campo intelectual.

9 Lia Z. Machado, "Identidade feminina na periferia de Brasília", Brasília, 1983, mimeo. Comunicação apresentada ao 7º Encontro Anual da Anpocs, Águas de São Pedro; Danielle Ardaillon e Tereza Caldeira, "Mulher: família e indivíduo", Águas de São Pedro, 1983, mimeo. Comunicação apresentada ao 7º encontro Anual da Anpocs; Maria Dulce Gaspar, *Garotas de programa: prostituição em Copacabana e identidade social*, Rio de Janeiro: Zahar, 1985.

10 Ver Maria Filomena Gregori, "Cenas e queixas: mulheres e relações violentas", *Novos estudos Cebrap*, São Paulo, nº 23, mar 1989, p. 163-175; Danielle Ardaillon, *O cotidiano de mulheres profissionais: o engodo do individualismo*, São Paulo, 1989. Dissertação de mestrado em Ciências Políticas, USP, 1989; se bem que não tenha conseguido ter acesso à dissertação de mestrado de Cynthia Sarti.

11 Trato desta questão com mais detalhes e vagar em Maria Luiza Heilborn, *Régua e compasso*, Rio de Janeiro, 1988, mimeo. Comunicação apresentada ao GT Representações de Gênero, 16ª Reunião da Associação Brasileira de Antropologia, Campinas; e "Notas para uma antropologia de mulher", in *Do gênero: antropologicamente...* Rio de Janeiro: CIEC/UFRJ, 1990, p. 1-36 (Série de Folhetins, 3). Ver ainda Cynthia Sarti, op. cit. e Elisabeth Lobo, "Homem e mulher: imagens das ciências sociais", in *Mulheres: da domesticidade à cidadania*, Brasília: Conselho Nacional dos Direitos da Mulher, 1987.

12 Klass Woortman, "Casa e família operária", in *Anuário Antropológico/80*, Fortaleza: UFCE; São Paulo: Tempo Brasileiro, 1982, p. 119-150; e "A comida, a família e a construção do gênero feminino", Águas de São Pedro, 1983. Comunicação apresentada ao 7º encontro anual da Anpocs.

13 Alba Zaluar, "As mulheres e a direção do consumo doméstico: estudo de papéis familiares nas classes populares e urbanas", in Maria Suely Kofes de Almeida et al. *Colcha de retalhos: estudos sobre a família no Brasil*, São Paulo: Brasiliense, 1982, p. 161-184.

14 Rosilene Alvim, *Notas sobre a família num grupo de operários têxteis*, Rio de Janeiro: Museu Nacional, 1977.

15 Dennis Werner, "O cuidado das crianças e o poder de influência", São Paulo, 1982, mimeo. Comunicação apresentada à 13ª Reunião da Associação Brasileira de Antropologia.

16 Dennis Werner, "Mulheres solteiras entre os Mekranoti-Kayapó", in *Anuário Antropológico/82*, Fortaleza UFCE; Rio de Janeiro: Tempo Brasileiro, 1984, p. 69-81.

17 Luiz Cardoso Duarte, "Muita vergonha, pouca vergonha: sexo e moralidade entre classes trabalhadoras urbanas", Águas de São Pedro, 1984, mimeo. Comunicação apresentada ao 4º Encontro Nacional da Abep.

18 O uso da forma masculina de agentes é intencional, para dar conta dessa "intrusão" masculina numa seara em que as mulheres são majoritárias.

19 Maria Luiza Heilborn, *Estudos sobre a mulher: um viés militante?*, Rio de Janeiro: Museu Nacional, 1986, mimeo.

20 Pierre Bourdieu, "Campo intelectual e projeto criador", in *Problemas do estruturalismo*, Rio de Janeiro: Zahar, 1968; e *A economia das trocas simbólicas*, São Paulo: Perspectiva, 1974.

21 Pierre Bourdieu, op. cit., 1974.

22 Simone de Beauvoir, *O segundo sexo*, São Paulo: Difusão Europeia do Livro, 1970.

23 Elea G. Belotti, *O descondicionamento da mulher*, Petrópolis: Vozes, 1975.

24 Schulamith Firestone, *The Dialetics of Sex*, Nova York: Bantham, 1971.

25 Phylis Chestler, *Woman and Madness*, Nova York: Avon, 1973.

26 Julliet Mitchell, *Feminism et Psychanalyse*, Paris: Des Femmes, 1975.

27 Kate Millet, *Sexual Politics*, Garden City: Doubleday, 1970.

28 Bety M. Lafer, "Em busca do feminino", *Cadernos de Opinião*, Rio de Janeiro, n° 1, 1975, p. 57-60.

29 Rose Marie Muraro, *Sexualidade da mulher brasileira: corpo e classe social no Brasil*, Petrópolis: Vozes, 1983.

30 Danda Prado, *Ser esposa: a mais antiga profissão*, São Paulo: Brasiliense, 1980.

31 Maria Luiza Heilborn, op. cit., p. 11-15.

32 Infelizmente não compareci à XVII reunião da ABA (Florianópolis, 1990), mas me foi narrado um episódio ocorrido no grupo Relações de Gênero coordenado por Miriam Grossi. Luís Fernando Dias Duarte teria enunciado enfaticamente: "Gênero é apenas um conceito heurístico de porte médio." O "apenas", eu não o sei real, nos dois sentidos, na frase enunciada em que o coloquei para dar o clima (relatado) do debate e nas implicações que dele derivam em termos de pesquisa.

33 *Larousse*, t. III, p. 756.

34 Ainda que hoje possa-se colocar justamente a questão inversa: a de uma identidade feminina não problematizada por parte das pesquisadoras.

35 Gayle Rubin, *The Traffic in Women: Notes on the "Political Economy" of sex*, Review Press, 1975, p. 157-210.

36 Ver Jane Collier e Michelle Rosaldo, "Politics and Gender in Simple Societies", in Sherry Ortner e Harriet Whitehead (eds.), *Sexual Meanings: The Cultural Construction of Gender and Sexuality*, Cambridge: Cambridge University Press, 1981, p. 276-329; Sherry Ortner e Harriet Whitehead, op. cit., Whitehead, 1981; e, em direção um pouco distinta, Françoise Héritier, "Fécondité et stérilité: la traduction de ces notions dans le champs idéologique au stacle pré-scientifique", in Evelyne Sullerot (ed.), *Le fait féminin.*, Paris: Fayard, 1980, p. 387-396; "La femme dans les systèmes de représentation, in Evelyne Sulerot, op. cit., e "La cuisse de Jupiter: réflexions sur les nouveaux modes de procréation", *L'Homme*, n° 94, Paris, abr/jun, 1985, p. 5-22,

37 Gayle Rubin, op. cit., p. 160

38 Jane Collier e Michelle Rosaldo, op. cit.

39 Jane Collier e Michelle Rosaldo, op. cit., p. 176.

40 Ver Sherry Ortner, "Is Female to Male as Nature Is to Culture?", in Michelle Rosaldo e Louise Lampher (eds.) *Woman, Culture, and Society*, Stanford: Stanford University Press, 1974, p. 67-88.

41 Jane Collier e Michelle Rosaldo, op. cit., p. 276.

42 Jane Collier e Michelle Rosaldo, op. cit., p. 279.

43 Ver Sherry Ortner, op. cit.

44 Harriet Whitehead, "The Bow and the Burden Strap: A New Look at Institutionalized Homossexuality in Native North America", in Sherry Ortner e Harriet Whitehead (eds.), *Sexual Meanings: The cultural Construction of G ender and S exuality*, Cambridge: Cambridge University Press, 1981, p. 82.

45 Verena Stolcke, "Los trabajos de las mujeres", in Magdalena Leon (org.) *Sociedad, subordinación y feminismo*. Bogotá: Asociación Columbiana para lo Estudio de la Población, 1982, p. 11-33.

46 Ver Eleanor Leacock, "Introduction", in Friedrich Engels. *The Origin of the Family, Private Property and the State*, Nova York: International Publication, 1972; e "Women in Egalitarian Societies", in R. Bridenthal, C. Koonz (eds.) *Becoming visible: Women in European history*. Boston: Houghton Mifflin, 1977, p. 11-35.

47 Eleanor Leacock, *Myths of Male Dominance*, Nova York: Montlhy Review Press, 1980.

48 Verena Stolcke, op. cit., p. 15.

49 Marika Moisseeff, "Entre maternité et procréation: l'incest", in *Patio*, Nouvelle Série, n° 7, Paris: Édition de l'Éclat, 1987, p. 121-145.

50 Françoise Héritier, "Masculino e feminino"., in *Enciclopédia Einaudi*, Lisboa, 1980, p. 11-26.
51 A autora desenvolve uma argumentação curiosíssima sobre o interdito diferencial que se aplica ao incesto mãe-filho e pai-filha. O primeiro sendo punido de forma muito mais radical que o segundo.
52 Françoise Héritier, "Symbolique et l'inceste et de sa prohibition", in Michel Izard, Pierre Smith, *La fonction symboloque*, Paris: Gallimard, 1979, p. 227.
53 Uma concepção de cultura que importe na ideia de vasos (simbólicos) comunicantes é utilizada por Strathern (1990), quando se propõe a pensar as novas tecnologias reprodutivas. Trata-se de um campo interessantíssimo de exame do agenciamento das categorias de gênero. Deve-se reter que cultura consiste fundamentalmente em esquemas mentais que aproximam diversas relações. Consiste no modo como determinadas analogias servem para pensar outros conjuntos; a forma de pensar certas relações é utilizada para equacionar outras.
54 Rita Segato, "Inventando a natureza: família, sexo e gênero no Xangô do Recife", in *Anuário Antropológico/85*, Rio de Janeiro: Tempo Brasileiro, 1986, p. 11-54.
55 Leni Silverstein, "Mãe de todo mundo: modos de sobrevivência nas comunidades de candomblé na Bahia", *Religião e Sociedade*, Rio de Janeiro, nº 4, 1979, p. 143-169.
56 Jane M. Atkinson, "Antropology: review essay". *Signs*, Chicago, vol. 8, nº 2, 1982, p. 236-258.
57 Ver Clifford Geertz, "Por uma descrição densa", in *A interpretação das culturas*, Rio de Janeiro: Zahar, 1978.
58 O que implicaria, para uma série de análises, deter-se no exame da representação de pessoa do grupo que elegem, e não a supor compartilhada.
59 Ovídio Abreu Filho, "Dona Beija: análise de um mito", in *Perspectivas antropológicas da mulher 3*. Rio de Janeiro: Zahar, 1983, por exemplo.
60 Louis Dumont, "Vers une theorie de la hiérarchie", in *Homo Hierarchicus* (Postface à Édition Tel), Paris: Gallimard, 1979.
61 Françoise Héritier, op. cit.
62 Joanna Overing, "Men control Women? The Catch 22 in the Analysis of Gender". *International Journal of Moral and Social Studies*, vol. 1, nº 2, Summer, 1986, p. 141.
63 Bruna Franchetto, Maria Laura Cavalcanti e Maria Luiza Heilborn, *Perspectivas antropológicas da mulher, 1*. Rio de Janeiro: Zahar, 1981. p. 13-47.
64 Gayle Rubin, op. cit.
65 Bruna Franchetto, Maria Laura Cavalcanti e Maria Luiza Heilborn, op. cit.
66 Eduardo Viveiros de Castro. *Princípios e parâmetros: uma leitura de L'exercice de la parenté*. Rio de Janeiro: Museu Nacional, 1990 (Cadernos do Museu Nacional), p. 89-90.
67 Pierre Bourdieu, "La dominatión masculine". *Actes de la Recherche en Sciences Sociales*, Paris, nº 84, 1990, p. 3-31.
68 Eduardo Viveiros de Castro, op. cit.
69 Françoise Héritier, *L'exercice de la parenté*, Paris: Gallimard; Seuil, 1981.
70 O trecho do trabalho de Viveiros de Castro que mais interessa à nossa discussão é aquele que se encontra sob o traidor duplo sentido de "a dominância masculina e outros assuntos pendentes" (1990, p. 25 ss). Vale confrontar o título e as disposições mentais a ele inerentes com a magistral análise de Bourdieu (1990, p. 4) sobre as metáforas sexuais viris de Lacan.

O projeto epistemológico feminista é bastante ambicioso. Ele inclui uma proposta de mudança que vai muito além da crítica à ciência.

Angela Arruda

Feminismo, gênero e representações sociais

Angela Arruda

ONDE TUDO COMEÇA

Nas ciências sociais, os anos 1970 testemunharam uma ruptura episte-mológica provocada pela contribuição de ideias surgidas no seio do movimento feminista e impregnadas de conteúdo político.[1] O novo corpo de categorias que compõe as teorias feministas veio romper com a perspectiva anterior, baseada no conceito dos papéis e na condição feminina, que "aparece como um estado generalizado para todas as mulheres, dado pela natureza, ou seja, pelas suas características biológicas".[2] O interesse crescente da área pelas desigualdades entre os sexos traz renovação ao seu olhar e desestabiliza abordagens precedentes.

É efetivamente no limiar da década de 1970 e durante o seu decorrer que a política com "P" maiúsculo é posta em causa, ampliando seu sentido e passando a abrigar domínios variados. O movimento feminista foi, sem dúvida, um dos responsáveis pela politização da vida privada, ao desvendar as relações de poder embutidas no convívio entre homens e mulheres, na família, na cama, além da esfera pública em geral.

Apesar da "insularidade dos paradigmas dominantes da psicologia social",[3] nesta área encontramos algumas semelhanças no percurso, com menor intensidade. Os estudos sobre preconceito e estereótipos, que marcam o despertar da área para o que virá a ser a questão de gênero, são aqui desdobramentos da perspectiva de papéis sexuais, e parecem submergir à de diferenças sexuais.[4] A teoria dos papéis, por sua vez, também começa a ser questionada na virada dos anos 1970.

Tais novidades não surgem do nada, mas cristalizam a pressão dos fatos da realidade, a ação e a sensibilidade de grupos de ativistas e pesquisadores. Enquanto na Europa a crise da psicologia social tomara a forma de uma afirmação das características do pensamento europeu e das necessidades da sociedade, acatando as críticas dos movimentos de 1968 a uma psicologia social fechada na sua torre de marfim,[5] na América Latina, coincidindo com algumas dessas alegações, ela reclama o resgate de raízes locais, num grito de independência com relação à psicologia americana. Ela busca suporte na teoria marxista, por um lado, e debruça-se sobre novos objetos de estudo, até então não reconhecidos pela academia, geralmente situados no terreno dos dominados. Tratava-se de voltar a produção de conhecimento para a transformação de nossa própria realidade, abandonando a importação de problemáticas, o positivismo obrigatório e a crença na neutralidade da ciência.

Resumindo, o interesse pelas questões de gênero na psicologia apresenta alguma sintonia com o que sucede no restante do território das ciências sociais, provavelmente facilitado pela abertura que significou a instauração da crise da psicologia, mesmo se esta não incidiu sobre a totalidade do campo. Tal interesse parece se dar em nosso continente buscando compreender a mulher como objeto da dominação patriarcal, o processo de reprodução desta, mas também a sua constituição como sujeito e as múltiplas identidades que o ser mulher comporta, nos estudos sobre identidade que proliferam a partir dos anos 1980. Vemos então preparar-se, também na psicologia, o que seria a onda seguinte da produção feminista, advinda do fim do sujeito. Contudo, é forçoso reconhecer que a entrada da categoria de gênero na psicologia social, embora tenha provocado mudanças de enfoque e de direção da pesquisa, não encontrou ainda uma sistematização como a que se vê em outras partes do mundo, e por vezes parece não ter atingido o protagonismo que alcançou em outras ciências sociais.

A teoria feminista, entretanto, não é a primeira nem a única cuja entrada em cena se conjuga à crise dos paradigmas. Com efeito, adquire, com o passar do tempo, características mais sistêmicas, atingindo as diversas áreas do saber, uma vez que não é uma entidade teórica acima das realidades da vida, mas repercute as vertiginosas transformações pelas quais o mundo passa, a partir da segunda metade do século xx. A presença da questão ambiental em nosso cotidiano e a teorização que sua problemática vem gerando exemplificam bem a situação, ao estender o arco da reflexão a várias disciplinas, propondo uma nova maneira de ver a humanidade e seu habitat.[6] Maria Auxiliadora Banchs[7] sintetiza a conjuntura de crise da seguinte forma:

> A atual crise do paradigma científico e a emergência do paradigma pós-moderno não podem desvincular-se de um contexto global e globalizante de mudanças, relacionadas com este período histórico que, ademais de fim de século, é de fim de milênio. Pareceria que se trata de uma crise que abarca tudo, uma mudança de *zeitgeist*. Nela se destacam, segundo Fernando Mires,[8] a revolução microeletrônica, a revolução feminista, a revolução ecológica, a revolução política e a revolução paradigmática. A extraordinária modificação produzida pelas novas tecnologias da comunicação; pelo anúncio da morte iminente do patriarcado, (...);[9] pela destruição do meio ambiente, pela queda do muro de Berlim e a desdogmatização da ciência moderna, constituem expressões diferentes de um mesmo fenômeno. São para Mires *'La cristalización de diferentes campos de una revolución, aquella que nadie soñó'*.

Nesse quadro de profundas mudanças, e sobre o solo da necessidade de novas respostas da ciência para os problemas da sociedade, vingarão outros conceitos e teorias, como o conceito de novos movimentos sociais,[10] o de imaginário social,[11] a teoria das representações sociais.[12] Os instrumentos conceituais das ciências sociais buscavam afinar-se com os novos tempos, e essa é a marca da transição paradigmática,[13] na qual convivem tanto as propostas emergentes quanto a persistência dos velhos modelos, em uma disputa de forças no campo da produção científica.

Ao focalizar o encontro entre duas herdeiras dessa nova conjuntura, a teoria feminista e a teoria das representações sociais, percebemos, de maneira simplificada, um campo dividido entre a presença do paradigma dominante da psicologia e a resposta a esse estado de coisas – marxista, em muitos casos, mesmo se minoritária, mas bastante presente nos anos 1970.

TEORIA DAS REPRESENTAÇÕES SOCIAIS E TEORIA FEMINISTA

As duas propostas encontraram resistências nas áreas que as viram surgir. No caso da teoria das representações, a obra seminal de Serge Moscovici, *La Psychanalyse, son image, son public*, publicada em 1961, teria que esperar quase vinte anos para tornar-se uma referência na psicologia social. Nesse período, debateu-se com a presença hegemônica do behaviorismo no campo da psicologia e a do marxismo nas ciências sociais, que só arrefeceria com a entrada da perspectiva althusseriana, mais aberta à autonomia das superestruturas e, por conseguinte, da produção das ideias.[14]

Somente o degelo de alguns obstáculos epistemológicos possibilitou outra situação para essas novas abordagens no interior de seus respectivos campos. Como sucedera nas ciências "duras", entrávamos na transição paradigmática, muito bem definida por Boaventura de Sousa Santos[15] e Fernando Mires,[16] entre outros. A desdogmatização da ciência que ela ocasionou permitiu o trânsito de categorias exteriores ao *"mainstream"*, tais como novos movimentos sociais e gênero, nas ciências sociais, ou representações sociais e minorias ativas, na psicologia.

Assim como as representações sociais não são uma criação da psicologia social, mas ganham impulso com a teorização de Moscovici num período em que o interesse pelo simbólico[17] cresce nas ciências sociais, a categoria de gênero, já presente em outras áreas como a antropologia e mesmo a psiquiatria,[18] adquire seu caráter atual com os trabalhos de Gayle Rubin, em 1975, e Joan Scott, nos anos 1980. A categoria de gênero é herdeira do intenso debate travado pelas feministas com as perspectivas dominantes, não somente no confronto, mas também na releitura de aspectos destas.

Essas novas propostas sintetizam o encontro da crise paradigmática da ciência com o emergir de uma sensibilidade definitiva diante de novos objetos e outras possibilidades de exploração do real, que tem como consequência a elaboração de novas conceitualizações e metodologias. Entretanto, um paradigma não desaparece, mas continua existindo enquanto as ideias em oposição começam a se afirmar. Dessa maneira, as novas propostas não criariam unanimidade. Seu encontro com o corpo de conhecimentos científicos existente passa pela celeuma, assume matizes diversos e logo se desdobra em direção a novos questionamentos, o que não é negativo. Essa característica é parte integrante do que vai compor a sua instabilidade. Sandra Harding ilustra-a bem ao comentar que, após entender o caráter "arrasadoramente mítico do 'homem' universal e essencial que foi sujeito e o objeto paradigmáticos das teorias não feministas",[19] as feministas passaram a questionar a utilidade da análise que tem por objeto e sujeito uma mulher universal, que desconhece a variedade de experiências das mulheres de todos os quadrantes.

Vejamos então alguns pontos de contato entre categorias desse tipo.

Antes de mais nada, salta aos olhos que elas contrariavam o que estava estabelecido, não apenas por se referirem a temas e objetos de estudo vistos como "menores", não "legítimos" pela academia, como a mulher, ou o conhecimento leigo, mas também pela sua forma de trabalhá-los. Elas se dirigem a fenômenos que são ao mesmo tempo processos e produtos. Para fazê-lo, vão recorrer a metodologias nem sempre consagradas, sobre as quais infelizmente não poderei me voltar, apesar do peso que têm nesta discussão. Apenas pontuo que, tanto no caso da representação social, como no da teoria feminista, vemos a preferência por metodologias voltadas para a escuta dos sujeitos, interessadas na sua experiência e na forma como a relatam. Isso desestabiliza de certa forma a díade pesquisadora(o) pesquisada(o), ao tomar o saber desta última como legítimo, mesmo se não sacramentado pela ciência,[20] o que contraria o cânone vigente. Assim, ambas as teorias (representação social e feminista) colocam em pauta questões incômodas. Uma delas é a das reações à dominação, tendo às vezes sido gestadas no próprio seio da contestação, como no caso da teoria feminista, que escancara para a ciência a dimensão política do problema: a questão do poder não pode mais ser contornada. A ciência se aproximava mais do cotidiano das pessoas.

Ambas se alinham, portanto, no questionamento ao paradigma, que pretende ignorar as ideologias e tende ao reducionismo. As teóricas feministas ressaltam a importância do contexto cultural, histórico, normativo e emocional dos comportamentos e criticam a sua falta na pesquisa em psicologia.[21] Também acreditam que esta falha possibilita sobredimensionar o papel da personalidade na explicação do comportamento,[22] o que se afina com a crítica de Robert Farr[23] relativa à psicologia individualista, característica da produção americana. O autor opõe tal produção, que privilegia a visão e o papel dos indivíduos, à vertente sociológica social, na qual insere a teoria das representações sociais pela sua consideração quanto ao contexto sociocultural, institucional e coletivo no qual estão inseridos os sujeitos.

A crítica à subestimação do saber não científico,[24] por sua vez, bem como a afirmação da importância da experiência subjetiva e do impacto da pesquisa sobre a sociedade, como princípios úteis para a teoria e a pesquisa em ciências sociais,[25] estão em consonância com a crítica moscoviciana implícita no interesse que o estudo das representações expressa pelos saberes do senso comum, e em particular sobre a transformação que sofre o saber científico quando penetra o mundo dos leigos.[26]

A crítica ao dualismo tenta apagar os limites entre natureza e cultura que tornam a aparecer no pensamento ocidental moderno sob a forma da separação entre razão e emoção, objetividade e subjetividade, mente e corpo, abstrato e concreto, público e privado. A teoria feminista ataca severamente essas bipolaridades.[27] Os gêneros não podem ser considerados fora da relação que promovem entre si, nem desconsiderar o princípio dicotômico-hierárquico que ordena a sociedade e que as mulheres desejam mudar.[28] A teoria das representações sociais responde à mesma crítica ao propor uma perspectiva relacional: não separa o sujeito do objeto, mental do material, nem a razão da emoção, já que não deixa de levar em conta o componente afetivo na construção do conhecimento.[29]

As afinidades entre teorias emergentes como a teoria feminista e a teoria das representações sociais fazem, portanto, parte de um movimento mais amplo de relação com o real e de construção do conhecimento científico por parte dessas e de outras teorias emergentes. É assim que elas evocam uma renovação da psicologia: obrigam a revisão de velhas aquisições, trazem um novo olhar aos problemas, desestabilizam antigas certezas. Tal como a teoria feminista, a teoria das representações sociais estampa o mesmo empenho desconstrucionista diante dos problemas humanos. A teoria feminista vai viabilizar facetas desconhecidas até então ao descortinar a situação das mulheres, tanto com relação a problemas já identificados quanto a outros, que estavam por abordar. A teoria das representações sociais vai viabilizar facetas omitidas do conhecimento humano, valorizando o saber do senso comum, o universo consensual das conversações cotidianas e a criatividade das pessoas comuns ao traduzir a realidade.

Ainda enquanto teoria, já se disse que não há uma, mas várias teorias feministas, que ela passa do estudo da mulher como entidade universal, genérica, para o das identidades múltiplas ou nômades,[30] da insistência à desistência do interesse pelo gênero,[31] da visão dos gêneros em relação à da fusão dos mesmos na androginia (noção que, por sua vez, também apresenta variedade de representações sociais e sofre modificações de enfoque ao longo do tempo, segundo Fabio Lorenzi-Cioldi).[32]

A teoria das representações sociais, embora insistindo em afirmar fidelidade à teoria original, criada por Moscovici, também se desdobrou em outras perspectivas, com ênfases diferentes, com base na estrutura interna, cognitiva, da representação[33] ou nos princípios que a organizam, tributários dos aspectos sociológicos dos que produzem a representação.[34] Na vertente da teoria original, dando especial atenção à manutenção e à transformação das representações, os trabalhos de Jodelet mantêm a ênfase na ampla base descritiva dos fenômenos de representação e nos seus suportes,[35] o que apresenta grande afinidade com o que se vê em muitas das pesquisas feministas. Essa diversidade se deve em parte ao fato de que Moscovici, ao recusar-se a encaixar a teoria das representações sociais em definições demasiado limitantes, estimulou uma fluidez que permitisse justamente um processo de instabilidade relativa da teoria.

Em termos de aplicação, outras afinidades se apresentam. Por um lado, o trânsito das duas teorias por áreas diversas do saber indica ao mesmo tempo sua vocação para abordar temas que não se acantonam numa única especialidade e a abertura transdisciplinar, que vai se dando entre os campos. Assim, a teoria feminista passa a circular não apenas nas ciências sociais, que oferecem boa parte da exemplificação dos aspectos discutidos até aqui, mas também na filosofia[36] e nos estudos culturais e literários,[37] em que tem enorme desenvolvimento. As questões de gênero, aliás, dificilmente se encerram em divisórias; geralmente atravessam fronteiras disciplinares quando são devidamente problematizadas. Da mesma maneira, as representações sociais são a substância do pensamento social, não se acomodando numa ou noutra gaveta do saber. Elas não são patrimônio da psicologia social e, na verdade, devem à história das mentalidades sua sobrevivência como conceito,[38] depois do abandono das representações coletivas de Durkheim.[39] Assim, vamos encontrá-las em todas as áreas das ciências sociais, mas também aplicadas à saúde,[40] à educação,[41] ao meio ambiente,[42] demonstrando seu potencial para a compreensão de problemas de diversos horizontes.

Outro ponto de encontro entre a aplicação das duas teorias deriva da sua difusão crescente, que vem problematizá-las. Com efeito, é comum que o gênero se incorpore às pesquisas como uma variável para substituir a de sexo, sem levar em conta sua complexidade. A própria possibilidade de financiamento de pesquisa oferecida pelas organizações internacionais a partir da Década da Mulher (entre 1976 e 1985), bem como a exigência de algumas entidades de inclusão do gênero nos projetos para que fossem financiados, ampliaram a aplicação, mas também, em muitos casos, a simplificação, devido ao uso por obrigação.

Ao deixar de lado a densidade originalmente implícita na categoria, ela se despolitiza e empobrece. Algo semelhante sucede com as representações sociais ao se tornarem uma referência interessante: inseridas em trabalhos que não levam em conta seus processos constitutivos, sua estrutura, nem tomam maiores cuidados metodológicos para a sua coleta e análise, elas se transformam em citação oca. Assim, ambas as teorias correm os riscos do "modismo"[43] e podem sofrer fragmentação e perder sua força explicativa, quando os trabalhos que as reivindicam descontextualizam o conceito de gênero ou de representações sociais, destacam-no da teoria que o origina[44] e que lhe dá sentido, substituindo em fim de contas, a teoria pelo conceito.

OS PROJETOS EPISTEMOLÓGICOS

Após elencar o conjunto de pontos comuns entre as duas propostas, caberia encará-los de um outro patamar, com base em uma abordagem que permita perceber melhor a densidade dessas afinidades e também apontar algumas diferenças significativas. Para fazê-lo, vou partir do enfoque do projeto epistemológico que cada uma delas contém.

A discussão sobre uma epistemologia feminista tem transcorrido sobretudo nos países de língua inglesa, e é interessante a síntese que a indiana Uma Narayan, em um texto que se intitula exatamente *The Project of Feminist Epistemology*,[45] produz a partir de um olhar não ocidental. Ela aponta três temas importantes na agenda do projeto:

> (...) solapar a imagem abstrata, racionalista e universal do trabalho científico, usando várias estratégias diferentes; (...) reintegrar valores e emoções presentes nas atividades de produção do conhecimento realizado pelas mulheres, argumentando em favor da inevitabilidade

de sua presença e importância da contribuição que são capazes de oferecer à produção do conhecimento (...) e atacando as várias formas de dualidade que caracterizam o pensamento filosófico ocidental – razão/emoção, cultura/natureza, universal/particular.[46]

Outro aspecto marcante é que "em uma dimensão mais geral, a epistemologia feminista reúne os esforços dos grupos oprimidos, a fim de exigir, para si, o valor de sua própria experiência".[47] Dessa forma, a crítica da ciência ataca o viés de gênero, e afirma que, em uma sociedade como a nossa, mulheres verão e entenderão de forma diferente dos homens".[48] Esse tipo de afirmação, que parte também do corpo para pensar a especificidade feminina,[49] rejeita a crítica de essencialismo argumentando basear-se na ideia de que uma "sociabilidade generalizada e o lugar dado às mulheres lhes dá uma perspectiva diferente. Isso poderia fornecer-lhe uma prática diferente da ciência. Também significa que o pensamento sustenta a marca das características sociais do pensador" que é, "o conteúdo e a forma do pensamento, ou as ideias e os processos através dos quais as ideias são geradas e compreendidas, são afetadas pelos fatores sociais concretos entre os quais o gênero se encontra."[50]

É inegável o fato de que não existe "um", mas vários feminismos; e os grandes eixos do projeto epistemológico feminista podem receber traduções diferentes. Na sintaxe da desconstrução do gênero, o projeto se apoiaria em três pilares: a ruptura radical entre a noção biológica de sexo e a de gênero; a primazia desta e de seu caráter relacional, de maneira a negar qualquer substancialidade às categorias de homem e mulher, masculino e feminino; a transversalidade do gênero como construção social que perpassa as diferentes áreas do social.[51] Romper com a essência feminina ou masculina e com a determinação biológica seria a base para erigir um novo paradigma que se traduziria nos estudos de gênero, em que o simbólico seria englobante do cultural, social e econômico, em contraposição ao biológico. Lia Machado insiste: "Trata-se da construção de um paradigma que reivindica, radicalmente, o caráter simbólico das relações de gênero e que aponta tanto para uma diferenciação quanto para uma indiferenciação, para um número qualquer de gêneros e para a *instabilidade* de quaisquer caracterizações".[52]

Temos aqui a proposta de um paradigma do *standpoint*, no qual a posição do sujeito cognoscente é determinante para sua percepção, mas para algumas, a divisória que demarca tal posição pode ser móvel. Para Donna Haraway, por exemplo, "não existe um ponto de vista único no feminismo, pois nossos mapas requerem muitas dimensões para essa metáfora fundamentar nossas visões. O objetivo das teóricas feministas é uma epistemologia política do engajamento, cujas posições demarcadas permanecem poderosas. O objetivo é a melhor apreensão do mundo, que é a 'ciência'".[53]

O *situated knowledge* para Haraway, assim, é a base da objetividade feminista,[54] integrando conceitos cognitivos e contextuais da produção científica. Cada uma dessas vertentes recebe críticas: no primeiro caso, além do temor ao essencialismo, surgem as reflexões provenientes de mulheres dos países do sul, lembrando que a negação total do positivismo esquece que ele faz parte de uma proposta mais ampla que valoriza o indivíduo, abre espaço para a mulher, o que ainda está longe de ser o caso em muitos daqueles países. Também se questiona o "privilégio epistêmico" oriundo da experiência específica das mulheres. Ser oprimido não é garantia de que se pensa como tal, assim como não sê-lo não implica obrigatoriamente ser insensível.[55] As mulheres de outros quadrantes desejam ver seu *situated knowledge* contemplado. Assim, é preciso estar atenta para não construir novos dogmas com base em uma perspectiva etnocêntrica e criar novas camisas de força para o pensamento. O próprio *situated knowledge*, que não é privilégio dessa corrente do pensamento feminista, é questionado. Mary Gergen indaga em que bases devem ser justificadas as patentes do conhecimento feminista, como saber se a paixão é garantia de acesso a um conhecimento sólido, e como assegurar que, se o que conta é a experiência feminina, não se repetirá o que as mulheres criticam nos homens com relação a elas.[56]

No segundo caso, alerta-se para o perigo da dissolução completa do sujeito feminino na sua contínua fragmentação, da absolutização do discurso como produtor do real, ao tornar-se objeto único de interesse e de estudo, e questiona-se se a radicalização dessa perspectiva não terminaria por dificultar a concretização da proposta de transformação da situação, ao apagar a identidade como ponto de unificação das mulheres, para lutarem pelo que desejam. Evidentemente esse debate não termina com essas críticas, que geram sua réplica e assim sucessivamente, num movimento constante.

Correndo o inevitável risco de simplificação das leituras existentes, apontei duas perspectivas que parecem essenciais para o debate. A primeira resgata aspectos da representação da mulher ou da feminidade, como a emoção, o corpo, embora sob nova roupagem – a da cultura, e a segunda,[57] mais ligada à instabilidade, em que o contorno das identidades de gênero torna-se borrado e as próprias categorias conceituais aceleram sua mobilidade.[58] Poderíamos considerar esse quadro, *grosso modo*, como atravessado por duas grandes linhas de pensamento: o universalismo e o diferencialismo. O primeiro aponta a herança do iluminismo, que afirma a necessidade de incorporar todos sob a bandeira do um. O segundo, inspirado de início na psicanálise, com seus dois modos de relacionamento com o mundo, o masculino e o feminino, logo se dirige a uma terceira via, nascida da filosofia francesa, mais desenvolvida sobretudo nos Estados Unidos como pós-moderna.

O projeto epistemológico feminista, vê-se logo, é bastante ambicioso. Ele inclui uma proposta de mudança que vai muito além da crítica à ciência. Esta é fundamental, na medida em que determina o estilo de pensar e de conhecer que define o mundo ocidental e seu autoconceito. O pensamento ocidental é posto em causa, na medida que ele dá a chave da leitura do mundo. A ciência, aqui, não se separa da política, dos jogos de poder que concorrem para a situação subordinada das mulheres.

Essa nova abordagem, se não construiu um novo paradigma, inscreve-se no movimento que fez emergir um novo estilo de fazer ciência, com mais espaço para a subjetividade, para a qualidade, para o simbólico, para a ética, e menos para a hierarquia, a dicotomia, a redução, o que está em sintonia com correntes contemporâneas das ciências humanas em geral.[59] Essa proposta indica a necessidade sentida pelas feministas de redefinição da razão que fuja ao cânone estabelecido – pelos homens, pela ciência, pela cultura em geral – alargando seu escopo, ressignificando-a, para contemplar tudo que foi esquecido, como Carol Gilligan[60] demonstrou ao estudar o julgamento moral.

O projeto epistemológico da teoria das representações sociais coloca-se num outro plano, sem dúvida, aparentemente bem mais modesto. Enquanto o projeto epistemológico feminista tem seu ponto de partida no pensamento que brota do movimento, posteriormente sistematizado na academia, e possui portanto uma visada política com íntima contestação do poder; o da teoria das representações sociais, embora não seja indiferente às questões de sociedade, surge em outro cenário. Claro está que, como qualquer teoria científica, ela não se desvincula do seu tempo

345

nem do seu contexto. Com efeito, os fundadores de teorias, cujo valor se comprova pela aplicação e reflexão que ensejam, como é o caso dessa que já completa seus quarenta anos,[61] são pessoas que têm o privilégio de dar forma a respostas que se fazem necessárias em um momento dado, para fazer avançar o trabalho da ciência. É o caso de Serge Moscovici e de Denise Jodelet.

Moscovici está empenhado em entender por que a crença move montanhas e vai retomar o conceito de Durkheim para remodelá-lo, dando-lhe uma feição condizente com os tempos atuais: as representações coletivas constituíam um grande guarda-chuva cobrindo mitos, religiões, linguagem, etc. e, ao mesmo tempo, eram uma grande abstração, o que certamente concorreu para eclipsar o conceito por tanto tempo.[62] O que interessa a Moscovici no conceito é o fato de Durkheim introduzir, com ele, a ideia de que as crenças são racionais, e são racionais porque são coletivas. O que Moscovici descarta no conceito é seu caráter estático e a generalização a que ele induz, a qual tende a obnubilar as diferenças em prol das semelhanças, a ponto de tornar o indivíduo um ponto cego na construção do conhecimento. Moscovici aceita, então, a encomenda que Durkheim fizera à psicologia social e vai se dedicar ao estudo da transformação das ideias – das teorias científicas, em particular – ao circularem na sociedade. A psicanálise será a primeira, inaugurando a teoria das representações sociais.

O projeto epistemológico, aqui, passa pela busca de entendimento de uma forma de conhecimento específica, aquela que emana das pessoas comuns e caracteriza os grupos. Implica, como numa das vertentes do projeto anterior, a especial atenção à produção "situada", aquela que é iluminada pela posição de quem fala. A diferença, porém, é que não vai atribuir-lhe um privilégio, mas apenas uma singularidade. Para calçá-la, a teoria das representações sociais apoia-se em Lévy Bruhl e em Jean Piaget,[63] que atestam a diversidade de modos de conhecer e de construir a realidade, segundo o tipo de sociedade e a etapa da vida dos indivíduos, sem menosprezar nem o pensamento místico nem o infantil, mas sem entronizá-los tampouco.

Essa empreitada, contudo, vai demandar o abandono de pontos de vista estabelecidos e adoção de novos. Uma *different psychology*"[64] seria necessária para elucidar o sentido dessas formas das crenças e do reconhecimento da preeminência do social, numa recuperação da perspectiva que ilumina esses fenômenos considerados como parte normal da cultura e de nossa vida na sociedade.[65] Aqui, uma longa discussão poderia ser desenvolvida sobre o sentido desta *different psychology*", levando em conta que, por um lado, a proposta moscoviciana instaura certa fluidez nas categorias conceituais, preferindo deixar folga nas definições e flexibilidade nas metodologias, em benefício da maior criatividade dos pesquisadores e da possibilidade da descoberta.[66] Por outro lado, o projeto epistemológico nega alguns dos pressupostos da forma de encarar o conhecimento que são esteios do pensamento ocidental. Com efeito, as representações sociais na teorização psicossocial francesa oferecem uma fecunda abertura para o entendimento de como se dá a compreensão/construção do mundo pelos sujeitos, ao partir de uma perspectiva de construção social da realidade que sacramenta a indissociabilidade pensamento/ação. Assim, práticas e representações encontram-se absolutamente associadas. As polaridades dicotômicas veem-se, portanto, abaladas. Os métodos pouco ortodoxos para a época (entrevista, análise de conteúdo) completam o quadro que atraiu as críticas de praxe por parte do *establishment* científico.

A cruzada desse projeto epistemológico é, portanto, em prol do conhecimento corrente do saber concreto, do sentido comum. Em entrevista recente a Ivana Maroká,[67] Moscovici declara que reagiu contra a ideia de que as pessoas não pensam racionalmente, já que produziram teorias irracionais como o racismo e o nazismo. Ele contra-ataca: a primeira violência antissemita aconteceu nas universidades, não nas ruas.[68]

Entender como se conhece, como se elabora a novidade com a qual nos defrontamos a todo instante no complexo mundo da informação em que vivemos, e como, ao fazê-lo, transformamos as mais sofisticadas teorias em matéria-prima da mais banal conversa cotidiana; identificar a racionalidade contida no senso comum, reabilitando-o, são pontos modais do projeto epistemológico das representações sociais. O peso da busca da racionalidade dos processos de transformação do saber – de científico em consensual – contudo, se ressaltou a criatividade das pessoas comuns, dos grupos e do pensamento social, talvez tenha impedido de dar aos processos afetivos presentes nesse movimento maior atenção, o que demandaria ultrapassar com mais largueza o umbral da atitude, registrada como dimensão da representação social. Sem dúvida, o lugar da emoção no projeto feminista é bem mais amplo do que nos estudos de representação social.

PARANDO POR AQUI

Temos, então, nessas considerações sobre os projetos epistemológicos, longe de encará-los em sua complexidade, as bases de aproximação e distanciamento entre eles.

A epistemologia feminista, ao proclamar a experiência das mulheres como característica de uma cultura específica, torna-a uma modalidade de saber local e propõe para a agenda feminista uma antropologia da cultura moderna, assim como propõe Moscovici com as representações sociais. Porém, a teoria feminista planta o germe de um novo "centrismo", o ginocentrismo, com base no privilégio epistêmico das mulheres. No projeto das representações sociais, o reconhecimento dos saberes locais coloca-os como fontes de especificidade, sem atribuir-lhes um privilégio que os hierarquize.

A raiz dessa diferença, e de outras entre os dois projetos, poderia situar-se nas suas origens. A teoria feminista, ao partir de um projeto político, pretende ir além da mera compreensão dos fenômenos de opressão e subordinação. Compreendê-los torna-se uma atividade-meio para a meta de transformação das relações entre os gêneros. A experiência feminina, tomada como um sistema cultural, é colocada no mesmo pé que o senso comum, esse saber baseado na confiança que se tem do seu valor da sua validade, como disse Clifford Geertz.[69] Ou seja, de ocultada e desconsiderada pelo *mainstream,* ela passa a ser considerada como fonte de conhecimento, e deve ser desvendada, propagando-se o que tem de interessante. Isso pode até "significar novas formas de examinar problemas antigos, principalmente os que se relacionam com a maneira como a cultura é articulada e fundida...".[70] Já o projeto da teoria das representações sociais, embora oriundo da profundeza da realidade cotidiana, resgata o senso comum enquanto compartilhado pela sociedade como um todo,[71] entretecido com a nossa linguagem e constitutivo das nossas relações e habilidades, mas não se (nem o) coloca no terreno político.[72] A questão do poder, dessa forma, é um ponto nodal no primeiro mas não no segundo. O primeiro traz embutida uma teoria da ação, enquanto o segundo é uma proposição analítica.

A questão da racionalidade como fulcro da modernidade é retomada por ambos os projetos, embora com interesses diversos. Tanto o pensamento feminista quanto o moscoviciano atacam o postulado de redutibilidade, que proclama um modelo único de racionalidade e menospreza as demais, seja a dos "primitivos", a das crianças ou das mulheres.[73] Apenas, tendo em vista os aspectos abordados anteriormente, o feminismo coloca-se como crítica da modernidade, seu projeto é muito abrangente e sua vocação para a ação o leva a atuar nesse sentido, enquanto o projeto da teoria das representações sociais não se dedica a esse objetivo; seu escopo é mais reduzido, embora não deixe de ser uma visão crítica também. É sobretudo a própria psicologia que está posta em questão pelo projeto das representações sociais, que é um projeto de psicossociologia do conhecimento. Sua intenção, como já foi dito, é compreender a química da incorporação das novidades, da mudança das teorias em saber do senso comum, da construção do pensamento social. *Mutatis mutandis*, ele vai propor metodologias igualmente dissidentes na área, assim como os estudos feministas o fazem em suas respectivas áreas.[74]

NOVOS OLHARES SOBRE O GÊNERO

As representações sociais se fazem presentes na abordagem de várias teóricas feministas, uma vez que o simbólico é parte da construção da subjetividade e dos gêneros.[75] Contudo, o inverso não é tão verdadeiro: não são muitos os estudiosos do campo psicossocial das representações sociais que têm se dedicado à problemática do gênero. Vale citar, apenas, como ilustração, alguns autores que vêm cruzando com galhardia essa ponte movediça na psicologia social.

Verena Aebischer talvez seja a primeira a se aventurar nessa travessia, sob a perspectiva moscoviciana da importância da conversação na vida cotidiana, com seu trabalho sobre as mulheres e a linguagem, que depois se diversifica, interessando-se mais recentemente pela educação das meninas e preferências profissionais.[76]

Fábio Lorenzi-Cioldi[77] coloca-se numa outra vertente, ao trabalhar com a androginia, recuperando sua história desde a mitologia até se transformar em categoria da psicologia. Indica a mudança das representações num percurso oposto ao da psicanálise no estudo seminal de Moscovici. Ele assinala a instabilidade das categorias de psicologia na sua crítica à descontextualização que ela procedeu ao utilizar a noção de androginia. Demonstra, então, que a androginia é uma representação social em íntima relação com o grupo no qual se dá, interligando assim as categorias de identidade, representação e relações grupais.

Gerard Duveen e Barbara Lloyd[78] propõem "um modelo para o estudo das diferenças entre sexos fundamentado nas teorias sociopsicológicas europeias,[79] que explora a interface indivíduo/sociedade, a partir de pesquisas com crianças baseadas nas teorias das representações sociais de Moscovici e das relações intergrupais de Tajfel. Duveen[80] mostra a existência de mais de uma identidade entre as meninas, indicando um espectro de possibilidades no espaço representacional do gênero e também uma dimensão temporal na construção dessas identidades, que se desenrolam ao longo do tempo. Afina-se, assim, com as perspectivas mais recentes da(s) teoria(s) feminista(s) a respeito da identidade e da subjetividade em suas múltiplas possibilidades. O que parece ser um bom exemplo da potencialidade dos estudos de representações para o aprofundamento das perspectivas de gênero.

Na América Latina também não somos muitas a perseguir o encontro entre as duas perspectivas. No entanto, há atuações importantes como a de Fátima Flores, que considera que a categoria de gênero como ferramenta metodológica permite descrever as condutas sociais dos sujeitos mas não dá conta, sozinha, de delimitar os componentes simbólicos nem a articulação socioafetiva na interação social.[81] O conceito de representação social, para ela, acerta ao articular determinantes simbólicos dos fenômenos sociais e determinantes socioestruturais. Ele se torna assim peça importante para compreender o processo de construção subjetiva do gênero e não unicamente o resultado dessa construção.

Já Maria Auxiliadora Banchs vem trabalhando em vários planos. No plano empírico, desenvolve trabalhos enfatizando a indissociabilidade entre cognitivo e afetivo que estão sempre presentes ao encarar a questão de gênero, e estampa seu claro compromisso com a mudança, trazendo questionamentos e contribuições para pensar as políticas públicas de um ponto de vista não discriminatório. No epistemológico, não hesita em questionar a postura das representações sociais no debate com as correntes ditas pós-modernas. Acredita que *"los planteamientos feministas, en términos de la resignificación de las relaciones de género, están llamados a ocupar un lugar central, a servir como de hilo conductor, en la búsqueda de lo que designa como un nuevo sentido común con más sentido, no obstante que menos común".*[82] Dessa forma, Banchs propõe um encontro no qual ambas as partes se fecundem mutuamente, e acusa ao mesmo tempo a instabilidade conceitual de cada uma, ao discutir os propósitos da crítica discursivista à teoria das representações sociais e a perspectiva pós-moderna da ciência. Chama, então, à criação de uma nova consciência, que possibilite outras formas de relacionamento e de simbolização cultural dos gêneros.

Nesse ambiente, a questão que permanece é: diante desses pontos de convergência e divergência, que certamente não são os únicos – mas dão indícios de mais afinidades do que dissonâncias –, o que leva estes dois projetos a manter relações quase cerimoniosas, embora simpáticas? A produção relativa à questão de gênero no campo das representações sociais é reduzida, e a utilização da teoria psicossocial das representações sociais pelos estudos de gênero também. Seriam aqueles pontos de divergência suficientes para essa dificuldade de entrosamento – pouca atenção à emoção, à subjetividade, não tratamento da questão do poder? Seria a maré desconstrucionista radical, instalada no coração da produção sobre os gêneros – os países anglo-saxões –, um novo obstáculo ao projeto das representações sociais? Ou o encontro das teorias de representações sociais e feminista indica, nesse momento de recrudescimento de questionamentos epistemológicos, que suas instabilidades respectivas podem ser mutuamente fecundantes? A inclusão de novas categorias que se afinam entre si e criticam esses paradigmas na abordagem da questão de gênero não estaria trazendo à tona uma nova proposta para a psicologia? Estaríamos, então, diante de nova possibilidade paradigmática, em que a instabilidade comanda a exigência de encontros entre teorias diferentes (mas complementares segundo as necessidades que o objeto de estudo impõe) e acarreta a reflexão permanente sobre as próprias categorias da psicologia?

ESTE TEXTO É UMA VERSÃO REVISTA DO ARTIGO PUBLICADO ORIGINALMENTE NA REVISTA *TEXTOS DE HISTÓRIA*, VOL. 8, N° 1/2, BRASÍLIA: UNB, 2000, P. 113-137.

NOTAS

1 Lucila Scavone, "Recursos conceituais: feminismo e ciências sociais", in Lucila Scavone (org.), *Tecnologias reprodutivas: gênero e ciência*, São Paulo: EDUNESP, 1996.
2 Lucila Scavone, op. cit., p. 52.
3 Gerard Duveen, "Construção da alteridade", in Angela Arruda, *Representando a alteridade*,

Petrópolis: Vozes, 1998.

4   Barbara Lloyd, "Differences entre sexes", in Serge Moscovici (dir.), *Psychologie sociale des relations à autrui*, Paris: Nathan, 1994.

5   Serge Moscovici, "Le grand schisme", *Revue International de Sciences Sociales*, vol. 25, n° 4, Toulouse: Éditions Érès, 1973, p. 479-490.

6   Ignacy Sachs, *Strategies de l'écodéveloppement*, Paris: Editions ouvrières, 1980; Jean Pierre Dupuy, *Introdução a crítica da ecologia política*, Rio de Janeiro: Civilização Brasileira, 1980; Michel Serres, *O contrato natural*, Rio de Janeiro: Nova Fronteira, 1991; Luc Ferry, *Le nouvel ordre ecologique: l'arbre, l'animal et l'homme*, Paris: Bernard Grasset, 1992.

7   Maria Auxiliadora Banchs, "Representaciones sociales al umbral del siglo XXI. Reflexiones hacia un sentido comun menos comun y con mas sentido. Comunicación personal", Simpósio Internacional sobre Representações Sociais: Questões Epistemológicas, Comunicação pessoal, Natal, 1998.

8   Fernando Mires, *La revolución que nadie soñó o la otra posmodernidad*, Caracas: Nueva Sociedad, 1996.

9   Elisabeth Badinte, *L'amour en plus; Histoire de l'amour maternel (XVIIe- XXe siècle)*, Paris: Flammarion, 1986.

10 Alberto Melucci, *L'invenzione del presente: movimenti, identita, bisogni colletivi*, Bologna: II Mulino, 1982; Tilman Evers, "Identidade: a face oculta dos novos movimentos sociais", *Novos Estudos CEBRAP* 2, n° 4, 1984, p. 11-23.

11 Cornelius Castoriadis, *A instituição imaginária da sociedade*, Rio de Janeiro: Paz e Terra, 1982; Bronislaw Baczko, *Los imaginários sociales. Memorias y esperanzas colectivas*, Buenos Aires: Nueva Vision, 1984.

12 Serge Moscovici, *La Psychanalyse, son image, son public*, Paris: PUF, 1961 e 1976; Denise Jodelet, "Représentations sociales: un domaine en expansion", in Denise Jodelet (org.), *Les Représentations sociales*, Paris: PUF, 1989.

13 Boaventura de Souza Santos, *Introdução a uma ciência pós-moderna*, Rio de Janeiro: Graal, 1989.

14 Denise Jodelet, "Représentations sociales: un domaine en expansion", in Denise Jodelet (dir.), *Les représentations sociales,* Paris: Presses Universitaires de France, 1989. Althusser propõe, com o conceito de aparelhos ideológicos do Estado, um espaço de jogo e diversificação na superestrutura, arejando o reservatório de produtores das ideias dominantes nas sociedades capitalistas e refinando os vetores da produção dos sujeitos.

15 Boaventura de Souza Santos, op. cit.; Boaventura de Souza Santos, *Pela mão de Alice: o social e o político na pós-modernidade*, São Paulo: Cortez, 1995. Boaventura de Souza Santos, *Um discurso sobre as ciências*, Lisboa: Afrontamento, 1998.

16 Fernando Mires, op. cit.

17 Mary Jane Spink, "Apresentação", in Mary Jane Spink (org.), *O conhecimento no cotidiano: as representações sociais na perspectiva da psicologia social*, São Paulo: Brasiliense, 1993.

18 Robert Jesse Stoller, *Sex and Gender*, Nova York: Science House, 1968.

19 Sandra Harding, "A instabilidade das categorias analíticas na teoria feminista", in *Revista Estudos Feministas*, vol. 1, n° 1, 1993, p. 8.

20 Serge Moscovici, op. cit.

21 Joyce Meyer, "Pensamento feminista e psicologia social", in Mary Gergen (ed.), *O pensamento feminista e a estrutura do conhecimento*, Rio de Janeiro: Rosa dos Tempos/Brasília: Editora UnB, 1993; Mary Gergen, "Rumo a uma metateoria e metodologia feministas nas ciências sociais", in Mary Gergen (ed.), ibidem.

22 Rhoda K. Unger, "Epistemologia psicológica, feminista e pessoal: transcendendo a contradição", in Mary Gergen (ed.), ibidem.

23 Robert Farr, psicólogo social inglês, denomina de psicologia social psicológica a principal vertente da psicologia social clássica, de origem anglo-saxônica, com foco nos indivíduos, despreocupada quanto aos contextos sociais, culturais, históricos e outros – o que contribuiu

para uma abordagem reducionista. A ela o autor contrapõe uma psicologia social sociológica, cuja predominância seria europeia, exemplificada por Serge Moscovici e Henri Tajfel, entre outros. Ver Robert Farr, "Representações sociais: teoria e sua história", in Sandra Jovchelovitch e Pedrinho Guareschi, *Textos em representações sociais,* Pétrópolis: Vozes, 1994.

24 Mary Gergen, op. cit.

25 Joyce Meyer, op. cit.

26 Serge Moscovici, op. cit.

27 Rossella Di Leo, "Il luogo della differenza", Milan, *Volontá* 1-2, 1988, p. 7-32; Judith Butler, *Gender Trouble. Feminism and the Subversion of Identity,* Londres/Nova York: Routledge, 1990; Alison M. Jaggar, "Love and Knowledge: Emotion in Feminist Epistemology", in Alison M. Jaggar e Susan R. Bordo (eds.), *Gender, Body, Knowledge. Feminist Reconstructions of Being and Knowing*, New Brunswick: Rutgers University Press, 1992; Mary Gergen, op. cit.

28 Idem.

29 Esse último aspecto, contudo, ainda foi pouco desenvolvido na teoria das representações sociais, apesar de trabalhos de referência como o de Denise Jodelet, *Folies et représentations sociales,* Paris: PUF, 1989, sobre a representação social da loucura como forma de lidar com a alteridade. Maria Auxiliadora Branches, "Reconstrução teórica de um caso de família incestuosa", in Albertina de Oliveira Costa e Tina Amado (orgs.), *Alternativas escassas: saúde, sexualidade e reprodução na América Latina,* São Paulo: PROOIR/FCC, Rio de Janeiro: Editora 34, 1994 (sobre a família incestuosa); Helene Joffe, "'Eu não', 'o meu grupo não': representações sociais transculturais da AIDS", in Sandra Jovchelovitch e Pedrinho Guareschi, op. cit. (sobre os mecanismos de defesa que a AIDS coloca em marcha na representação social).

30 Chantal Mouffe, "Por una política de la identidad nómada", *Debate Feminista* 7, nº 14, 1996, p. 3-13.

31 Donna J. Haraway, "Situated Knowledges: the Science Question in Feminism and the Privilege of Partial Perspective", in Donna J. Haraway, *Simians, Cyborgs and Women: The Reivention of Nature,* Nova York: Routledge, 1991.

32 Fabio Lorenzi-Cioldi, *Les androgynes,* Paris: PUF, 1994.

33 Jean-Claude Abric, *Pratiques sociales et représentations,* Paris: PUF, 1994.

34 Willem Doise, "Les représentations sociales: définition d'un concept", in Willem Doise e Augusto Palmonari (dir.), *Textes de base en psychologie: l'étude des représentations sociales.* Lausanne: Delachaux et Niestlé, 1986.

35 Apud Celso Pereira de Sá. *A construção do objeto de pesquisa em representações sociais,* Rio de Janeiro: EDUERJ, 1998.

36 Celia Amorós, *Hacia una crítica de la razón patriarcal,* Barcelona: Anthropos, 1985; Françoise Collin "Polyglo(u)ssons", in *Les Cahiers du Grif,* nº 12, Bruxelas: Grif, jun 1976, p. 3-9; Françoise Collin, "La même et les différences", *Les Cahiers du Grif,* nº 28, Bruxelas: Grif, 1983-4, tradução SOS-Corpo, Recife, jul 1992; "Différence et différence", in Françoise Thébaud (org.), *Histoire des femmes en occident: le XXe siècle,* Paris: Plon, 1992.

37 Nancy Schor, "Feminism and George Sand: Lettres à Marcie" e Gayatri Chakravony Spivak, "French Feminism Revisited: Ethics and Politics", in Judith Butler e Joan W. Scott (eds.), *Feminists Theorize the Political,* Nova York/Londres: Routledge, 1992; Béatrice Didier, *L'écriture-femme,* Paris: PUF, 1981.

38 Georges Duby, "Histoire des mentalités", in *L'histoire et ses méthodes,* Paris: Gallimard, 1961.

39 Serge Moscovici, op. cit.

40 Claudine Herzlich, *Santé et maladie: Analyse d'une représentation sociale,* Paris: Mouton, 1975; Helene Joffe, op. cit.

41 Michel Gilly, "Les représentations sociales dans le champ éducatif", in Denise Jodelet (org.), *Les représentations sociales,* Paris: PUF, 1989.

42 Denise Jodelet, "Les représentations socio-spatiales de la ville", in P.H. Derycke (ed.), *Conceptions de l'espace,* Paris: Université de Paris X, 1982.

43 Celso Pereira Sá, "Representações sociais: modismo ou teoria consistente, *Psicologia e Sociedade,* ABRAPSO, 10, 1992, p. 45-49.

44 Denize Cristina de Oliveira, "Representações sociais e saúde pública: a subjetividade como participe do cotidiano em saúde", *Revista de Ciências Humanas,* edição especial temática, 2000, p. 47-65.

45 Uma Narayan, "The Project of Feminist Epistemology: Perspectives from a Non-western

Feminist", in Alison M. Jaggar e Susan Bordo (eds.), *Gender/Body/Knowledge: Feminist Reconstructions of Being and Knowing*, op. cit., p. 257.

46 Idem.

47 Sondra Farganis, "Feminism and the Reconstruction of Social Sciences", in Alison M. Jaggar e Susan Bordo (eds.), op. cit., p. 208.

48 Idem.

49 Susan R. Bordo, "The Body and the Reproduction of Femininity: a Feminist Appropriation of Foucault", in Alison M. Jaggar e Susan Bordo (eds.), op. cit.

50 Sondra Farganis, op. cit.

51 Lia Zanotta Machado, "Gênero, um novo paradigma?", *Cadernos Pagu*, n° 11, Campinas, 1998, p. 7-125.

52 Idem, p. 116.

53 Donna J. Haraway, "Situated Knowledges: The Science Question in Feminism and the Privilege of Partial Perspective", in Donna J. Haraway, *Simians, Cyborgs and Women: The Reinvention of Nature*, Nova York: Routledge, 1991, p. 191.

54 Maria M. Lopes. "'Aventureiras' nas ciências: refletindo sobre gênero e história das ciências naturais no Brasil", *Cadernos Pagu*, n° 10, Campinas, 1997, p. 345-368.

55 Uma Narayan, op. cit.

56 Mary Gergen, op. cit.

57 Judith Butler, *Gender Trouble: Feminism and the Subversion of Identity*, Londres/Nova York: Routledge, 1990; Sandra Harding. "A instabilidade das categorias analíticas na teoria feminista", *Revista Estudos Feministas*, vol. 1, n° 1, 1993, p. 7-32.

58 Talvez essas sejam duas vertentes que entremeiam a abordagem da diferença e da igualdade, complementadas por uma terceira, a da equivalência ou equidade, na qual o simbólico tem grande peso também, assim como o ataque às chaves de leitura do mundo ditadas pelo pensamento ocidental (Rossela Di Leo, op. cit; Alisa Del Re, "Práticas políticas e binômios teóricos no feminismo contemporâneo", *SOS-Corpo*, Recife, ago, 1993.). Essas posições feministas foram discutidas por mim em mais detalhe em outra ocasião: Angela Arruda, "A diferença não é mais aquela", *Revista Estudos Feministas*, vol. 5, n° 2, 1997, p. 255-274.

59 Fernando Gonzalez Rey, *La investigación cualitativa en Psicologia: Rumbos y desafios*, São Paulo: EDUC, 1999; Boaventura Souza Santos, *Introdução a uma ciência pós-moderna*, op. cit.

60 Carol Gilligan. *A Different Voice. Psychological Theory and Women's Development*, Cambridge/London: Havard University Press, 1982.

61 O livro de Moscovici, *La Psychanalyse, son image, son public*, é de 1961.

62 Serge Moscovici, "Des représéntations collectives aux representations sociales: éléments pour une historie", in Denise Jodelet, (org.), op. cit.; Serge Moscovici, *L'âge des foules*, Paris: Fayard, 1989; Serge Moscovici e Ilana Markova, "Presenting Social Representations: a conversation", *Culture & Psycology*, vol. 4, n° 3, 1998, p. 171-410.

63 Lucien Lévy-Bruhl, *Les fonctions mentales dans les sociétés inférieures*, Paris: PUF, 1910/1951.

64 Serge Moscovici, "The History and Actuality of Social Representations", in Uwe Flick (ed.), *The Psychology of the Social*, Cambridge: Cambridge University Press, 1998, p. 212.

65 Serge Moscovici, op. cit., 1989.

66 Serge Moscovici, "Préface", in Claudine Herzlich, *Santé et maladie: Analyse d'une représéntation sociale*, op. cit.

67 Serge Moscovici e Ivana Marková, *"Presenting Social Representations: a Conversation"*, op. cit.

68 Idem.

69 Clifford Geertz, *O saber local: novos ensaios em antropologia interpretativa*, Petrópolis: Vozes, 1997.

70 Idem, p. 116.

71 Serge Moscovici e Ivana Marková, op. cit.

72 Moscovici criaria outra teoria para aproximar-se do que seria uma discussão relacionada com o poder: a psicologia das minorias ativas, que não abordarei aqui: Moscovici, *Psychologie des minorités actives*, Paris: PUF, 1979.

73 Lucien Lévy-Bruhl, *L'expérience mystique et les symboles chez les primitifs*, Paris: Félix Alcan, 1938; Jean Piaget, *A representação do mundo na criança*, Rio de Janeiro: Record, s. d., 1ª edição 1926; *O julgamento moral na criança*, São Paulo: Mestre Jou, 1977; Carol Gilligan, op. cit., respectivamente.

74 A questão das metodologias demandaria um capítulo específico. Tanto as metodologias feministas quanto aquelas utilizadas nos estudos de representações sociais são alvo constante de debate e encontram-se em ativo movimento, tornando impossível sua discussão aqui.

75 Teresa de Lauretis, "A tecnologia de gênero", in Heloisa Buarque de Hollanda (org.) *Tendências e impasses: o feminismo como crítica da cultura*, Rio de Janeiro: Rocco, 1994; Tania Navarro Swain, "Au delà du binaire: les Queers et l'éclatement du genre", in Diane Lamoureux (org.), *Les limites de l'identité sexuelle*, Montreal: Remue Ménage, 1998.

76 Verena Aebischer, *Les femmes et le langage: représentations sociales d'une différence*, Paris: PUF, 1985; "Représentation de soi, projets professionnels: goût et absence de goût pour les sciences chez les adolescents", in *Ephesia. La place des femmes, les enjeux de l'identité et de l'égalité au regard des sciences sociales*, Paris: La Découverte, 1995

77 Fabio Lorenzi-Cioldi, *Les androgynes*, Paris: PUF, 1991.

78 Gerard Duveen e Barbara Lloyd, *Gender Identities and Education: The Impact of Starting School*, London: Harvester Wheatsheaf, 1992; Barbara Lloyd, "Différences entre sexes", in Serge Moscovici (dir.), *Psychologie sociale des relations à Autrui*, Paris: Nathan, 1994.

79 Lloyd, op. cit., p. 292.

80 Gerard Duveen, "The Development of Social Representations of Gender", *Papers on Social Representations* 2, nº 3, 1993, p. 171-177; "A construção da alteridade", in Angela Arruda, *Representando a alteridade*, Petrópolis: Vozes, 1998.

81 Fátima Flores Palacios, "Representación social de la feminidad y masculinidad en un grupo de profesionales de la salud mental: discusión en torno a la categoria de gênero", in *Papers on Social Representations* vol. 6, nº 2, 1997, p. 95-108.

82 Maria Auxiliadora Banchs, op. cit.

A hermenêutica do cotidiano contribui com certa dose de relativismo para documentar diferenças, delinear formações específicas de classes sociais em sociedades diferentes, mostrar a diversidade e fluidez das relações de gênero e dos conceitos relativos aos papéis femininos tidos como universais.

Maria Odila Leite da Silva Dias

Novas subjetividades na pesquisa histórica feminista: uma hermenêutica das diferenças

Maria Odila Leite da Silva Dias

NÃO HÁ POR QUE CONSIDERAR a oposição masculino/feminino tal como se apresenta hoje, com uma carga de definições culturais herdadas do passado, como se fosse necessária ou inata. O estudo das relações de gênero caminha para documentar as diferenças culturais, dando-lhes nuances, de modo que um dia, eventualmente transformadas, possam se aproximar. Neste momento, então, em vez de destacar-se em confrontos de nitidez desnecessária, tais diferenças estarão provavelmente nuançadas em uma multiplicidade de aspectos que não somos capazes de ver hoje. Ser mulher denotará antes o ser gente do que um ser de características biologicamente significativas, porém hoje em dia culturalmente superadas. Trabalhar para vencer essas polaridades, tanto das relações de gênero como de categorias de pensamento, implica lidar com os problemas teóricos de mudança, ruptura e descontinuidades históricas.

Dessa forma parecem prematuras, neste momento, obras que buscam traçar uma história geral das mulheres, uma vez que resta muito ainda por fazer antes de tentarmos novas sínteses. A tendência desse gênero de obra, a exemplo do livro *História das mulheres*, de Michelle Perrot e Georges Duby, é a de adotar parâmetros antiquados, que já não nos servem, como a moldura da história evolutiva, linear, do progresso. Esses parâmetros envolvem categorias de dominação, que a crítica feminista pretende neutralizar e a historiografia contemporânea já descartou. Fato é que há muito renunciamos às perspectivas lineares, a conceitos fixos, a categorias abstratas, tais como nacionalidade, progresso, e mesmo ao conceito de classes sociais *per se*, como categorias, para aceitá-las de novo, revistas, como processo, movimento histórico, no tempo, a delinear a diversidade das mais variadas conjunturas sociais.

Na epistemologia feminista, sujeito e objeto estão diluídos um no outro. A hermenêutica apreende o sujeito como parte do mundo e não o mundo do sujeito, de modo que desvenda a possibilidade de novas formas de apreensão da subjetividade feminina em outras épocas do passado. Os estudos feministas propõem uma redefinição dos processos de subjetividade, uma crítica ao conceito de identidade, assim como ao conceito da própria racionalidade no mundo contemporâneo, que se volta para o passado a fim de se reencontrar, devidamente relativizada, no presente. Através de focos narrativos, a hermenêutica do cotidiano procura historicizar aspectos concretos da vida de todos os dias dos seres humanos – homens e mulheres – em sociedade. Justamente como reforço de seu prisma movediço, surgido em um mundo instável e em processo de transformação, supõe-se uma das frentes críticas do conhecimento contemporâneo.

Os estudos feministas participam ativamente do processo de reelaboração dos métodos das ciências humanas, pois parece indiscutível a necessidade de determinar novos métodos mais condizentes com a política das mulheres. Criticar totalidades e estereótipos universais é, portanto, a principal opção teórica das estudiosas feministas. Necessariamente condicionada por conjunturas sociais, históricas e culturais, a consciência feminista adere ao historismo[1] dadas as proporções relativistas que assume.

Impõe-se, assim, a necessidade de documentar a experiência vivida como possibilidade de abertura de caminhos novos. Outras interpretações de identidades femininas somente virão à luz, na medida em que experiências vividas em diferentes conjunturas do passado forem sendo gradativamente documentadas, a fim de que possa emergir não apenas a história da dominação masculina, mas, sobretudo, os papéis informais, as improvisações, a resistência das mulheres – justamente o que a *História das mulheres*, de Michelle Perrot, não chegou a realizar.

Uma história engajada jamais se restringiria aos discursos normativos sobre as mulheres. Na verdade, pode-se afirmar que esses recantos do passado, embora já claramente vislumbrados pela teoria feminista, ainda não chegaram a ser incorporados pela memória ou pela cultura contemporânea. Por isso é que os estudos feministas se colocam como vanguarda promissora de conhecimentos. "O feminino foi excluído do discurso histórico e aprisionado por ele, genérico e sem condição de explicitação a não ser no plano da especificidade histórica, da sua concretude, da sua negação, enquanto categoria universal."[2]

A história traça uma ponte entre o presente e o futuro, de modo que, aos poucos, à medida da produção desse novo conhecimento será possível prever o escrutínio do vir a ser de mulheres diferentes daquelas que foram ideologicamente determinadas pela cultura. O conhecimento histórico dessas identidades femininas, até hoje desconhecidas, seria um passo importante no plano da construção de subjetividades plurais, liberadas do jugo da categoria epistemológica dos séculos XVII e XVIII de um sujeito abstrato universal.

Alguns reagem com pessimismo ao desafio dessa tarefa. Para a feminista italiana Patricia Violi, por exemplo, não existiriam ainda mediações simbólicas que permitissem a transição do puramente individual para a subjetividade como experiência social, uma vez que todos os elos culturais estão comprometidos com a cultura de dominação masculina.[3] Para contrabalançar esse viés tão drástico, bastaria lembrar caminhos abertos na crítica das humanidades desde Nietzsche e Dilthey, retomados nas últimas décadas por Gadamer, Habermas e Mikhail Bakhtin.[4]

A história da experiência vivida pelas mulheres em seus papéis informais na sociedade envereda por trilhas recém-abertas nas vanguardas críticas das ciências humanas. Para apreender no passado estes momentos de resistência, é preciso uma formação crítica do(a) historiador(a) que enseje a elaboração de conceitos temporalizados e abordagens teóricas necessariamente parciais, pois o saber teórico implica também um sistema de dominação. A crítica feminista torna-se, portanto, contextual, histórica e conjuntural, atrelada ao tempo, o que implica, de início, uma atitude crítica iconoclasta que não aceita totalidades universais ou balizas fixas. Trata-se de historicizar os próprios conceitos com os quais se trabalha, tais como reprodução, família, público/privado, cidadania e sociabilidades, a fim de transcender definições estáticas e valores culturais herdados como inerentes à natureza feminina.[5]

Para estabelecer um enfoque feminista mais nítido, algumas balizas metodológicas podem ser tomadas de empréstimo das ciências humanas, desde que provenham dessas frentes contemporâneas de crítica do conhecimento, com as quais os estudos feministas têm um compromisso fundamental e irredutível. Para o historiador e filósofo Claude Lefort, o pensamento crítico é aquele capaz de escrutinar o vazio, às vezes o próprio oco da ideologia, trabalhando as suas vias de exteriorização, a que se refere como ao lado de fora do pensamento:

> O discurso do historiador não fixa o passado somente em sua determinação; transportando para dentro de suas fronteiras a questão de sua identidade, exibe-a duplicando-a, de tal maneira que se institui um devir do conhecimento, a possibilidade de um retorno indefinido da questão através do deslocamento de seus termos, uma ciência ocupada em modificar suas aquisições para captar seu objeto.[6]

O que decididamente não deve ser tentado é a inclusão nos estudos femininos de métodos tradicionais, funcionalistas, apropriados a sociedades estáveis, bem assentadas, e cuja permanência eles pretendem reforçar. Trata-se do risco no qual incorrem trabalhos de história das famílias, quando as tomam como instituições fixas e não processos em permanente mudança. Da mesma maneira, pesquisas sobre o processo de construção das normas culturais da Igreja, do Direito ou do próprio senso comum por vezes cometem o erro de aceitá-las, ao incorporar, talvez sem querer, as premissas universais em que se basearam. Falamos, portanto, de armadilhas sutis e amplamente presentes na bibliografia de estudos da mulher, que compromete muitos de seus resultados, para as quais devem estar alertas as pesquisadoras ou pesquisadores que escolham temas relativos à história da família e dos papéis femininos.

A historicidade do próprio conhecimento em um mundo em processo de transformação parece constituir o primeiro passo para encaminhar a discussão de um método dos estudos feministas, endossando a teoria do perspectivismo, que parte de um "ponto de inserção" do objeto de estudo na sua época para, a partir desse ponto ou dessa perspectiva, construir as balizas do seu conhecimento.[7]

Esse tipo de conhecimento histórico consiste basicamente em delimitar o lugar, a situação, a posição relativa do grupo social ou de mulheres a serem estudadas no conjunto de uma certa sociedade. O primeiro passo consiste em assumir a temporalidade histórica do tema e, a partir daí, proceder a construção do objeto de estudo, delimitando e problematizando todas as balizas do conhecimento relativas a essas mulheres, até mesmo o próprio conceito de mulher ou a categoria mulheres.[8]

A fim de criar conceitos adequados, torna-se imprescindível sua temporalização, sua contextualização histórica, para que possam servir de bases instáveis, porém críticas, renegando todas e quaisquer categorias universais, abandonando quaisquer parâmetros fixos ou permanentes, uma vez que se trata de posturas teóricas forjadas como processo de conhecimento movediço em um mundo transitório.[9]

A abordagem historista e historicizante é profícua justamente porque incorpora as mudanças, aceita a transitoriedade do conhecimento e dos valores culturais em processo de transformação no tempo. Afinal, as próprias relações de gênero a que se prendem de imediato os estudos feministas permitem antever no futuro a transcendência dessa dualidade cultural por um pluralismo de nuanças e diferenças multiplicadas.[10]

Ao delinear temas, configurar assuntos relativos às experiências em sociedade, nos defrontamos, antes de mais nada, com o problema das possibilidades do conhecimento que esses temas nos oferecem. Formas, categorias, sistemas, regras, valores, modos de intelecção de conceitos, múltiplas temporalidades, limites da linguagem e de sua interpretação são possibilidades do conhecimento percorridas por historiadores desde há muito e que procuramos apreender com base em nossa perspectiva contemporânea como mudança no tempo, mais do que como permanências estruturais.

A hermenêutica sugere interpretações provisórias, porém críticas, de modo a descortinar sentidos implícitos, à margem do normativo e do institucional, que podem ser vislumbrados por entre as linhas ou nos intervalos intertextuais, de certa forma sempre subversivas da ordem e do permanente. Trata-se de apreender o ser através da experiência vivida e não por meio de ideias, estaticamente, o que nos remeteria de volta ao discurso normativo de dominação masculina sobre as mulheres. Abre-se a trilha promissora dos pequenos detalhes. O vislumbrar dialético de pormenores significativos e, a partir deles, a sua articulação, fim de apreender improvisações de atitudes e papéis informais que desafiam o prescrito. Único caminho seguro para desconstruir preconceitos e estereótipos já normalizados. O vir a ser de mulheres como sujeito histórico não obedece a leis universais, pois depende de experiências tão dispersas e múltiplas quanto existem diferentes culturas, diferentes etnias, diferentes faixas etárias, diferentes modos de sobreviver, de modo que se traduzem em processos de improvisação, de múltiplas formas de existir e sobretudo de inventar sociabilidades familiares e de vizinhança que são sempre efêmeras, pois duram segundo a pluralidade imprevisível das conjunturas de tempo histórico.

Ao investigar experiências de vida, o estudo do cotidiano nas sociedades em transformação escapa ao normativo, ao institucional, ao dado e ao prescrito, apontando para o vir a ser, para papéis informais, para o provisório e o improvisado – em geral para o vivido, o concreto, o imponderável e o não dito, sobretudo quando confrontado com regras, valores herdados e papéis prescritos. O movimento da história perpassa o cotidiano descobrindo ângulos de estudo imprevisíveis, elaborando conhecimentos novos. Para Foucault, outro pioneiro e inspirador da epistemologia feminista, esses papéis informais de resistência

> (...) não podem existir a não ser no campo estratégico das relações de poder (...) são o outro termo nas relações de poder: inscrevem-se nestas relações como o interlocutor irredutível. Também são, portanto, distribuídas de modo irregular: os pontos, os nós, os focos de resistência disseminam-se com mais ou menos densidade no tempo e no espaço, às vezes provocando o levante de grupos ou indivíduos de maneira definitiva, inflamando certas partes do corpo, certos momentos de vida, certos tipos de comportamento. Grandes rupturas radicais, divisões binárias e maciças? Às vezes. É mais comum, entretanto, serem pontos de resistência móveis e transitórios, que introduzem na sociedade clivagens que se deslocam, rompem unidades e suscitam reagrupamentos, percorrem os próprios indivíduos, recortando-os e os modelando, trançando neles, em seus corpos e almas, regiões irredutíveis.[11]

O ofício da história é necessariamente o diálogo da nossa contemporaneidade com o passado de que gostaríamos de nos libertar ou pelo menos de ver à distância, com os olhos iluminados pelas possibilidades múltiplas do nosso vir a ser no futuro. As trilhas pelas quais optamos estudar o cotidiano devem abrir novos caminhos no mapa dos nossos conhecimentos, a partir dos quais poderemos desvendar pontos de vista globais renovados, ampliados, abertos para novas indagações. Temas muito específicos acerca da experiência de mulheres em diferentes culturas têm o condão de sugerir perguntas e de se encaixar no panorama da historiografia de modo renovador e certamente pouco convencional.

A partir do ponto em que se pode desmistificar verdades absolutas é que podemos colocar o problema da história do cotidiano e de sua historicidade no tempo. Antes de mais nada, é preciso lembrar que a hermenêutica do concreto parte de uma teoria do conhecimento que reconhece a própria historicidade do conhecimento. Por esse prisma, o homem, ao contrário do que ocorre nas ciências experimentais ou objetivistas, é ao mesmo tempo sujeito e objeto do conhecimento, de modo que, ao se propor construir um tema histórico, recortar um objeto de estudo em certo método ou critérios de interpretação do passado, ele terá sempre em mente a historicidade de verdades, instituições e dogmas tidos como irrefutáveis e cuja mudança o historiador poderá estabelecer através das gerações e no passar do tempo.

Nesse sentido, a hermenêutica do cotidiano contribui com certa dose de relativismo para documentar diferenças, delinear formações específicas de classes sociais em sociedades diferentes, mostrar a diversidade e fluidez das relações de gênero e dos conceitos relativos aos papéis femininos tidos como universais. Os que adotam essa postura de estudo assumem, de certa forma, a perda de fios permanentes que entreteciam a urdidura de interrelações passado, presente e futuro.

Ao aderir aos limites de sua própria historicidade, pode o historiador, em vez de lidar com a confirmação no passado de princípios teóricos pré--estabelecidos, aspirar a uma compreensão mais concreta da experiência humana, que se pode dizer iconoclasta, ao exorcizar mitos ou dogmas que se pretendem universais ou permanentes. Essas posturas iconoclastas e relativistas do historismo parecem muito adequadas à busca do conhecimento específico da experiência das mulheres em sociedade.

COTIDIANO COMO ESPAÇO DAS DIFERENÇAS

A hermenêutica de Hans-Georg Gadamer opõe à precariedade do ponto de vista (Standpunkt, Standort, Zustand) o conceito da historicidade inerente a todo conhecimento:

A verdade não se alcança metodicamente mas dialeticamente; a abordagem dialética da verdade é encarada como antítese do método, modo de ultrapassar a tendência que o método tem de estruturar previamente o modo individual de ver. Rigorosamente falando, o método é incapaz de revelar uma nova verdade; apenas explicita o tipo de verdade já implícita no próprio método.[12]

Gadamer elaborou a metáfora da fusão na linha do horizonte, ponto do encontro do historiador, enraizado nas condições do mundo contemporâneo, com as tradições do passado que busca interpretar. Justamente essa vocação hermenêutica dos estudos feministas dirige o olhar do pesquisador(a) para a apreensão das diferenças, para o exercício de documentação das especificidades dos papéis femininos. Propicia ainda uma atividade de escrutínio crítico, para desvendar, no cotidiano das sociedades contemporâneas, as possibilidades de áreas de resistência, de improvisação, de papéis sociais alternativos e complementares, fugindo da representação estereotipada das relações de gênero. Nesse sentido, a hermenêutica do cotidiano participa da busca de conhecimentos novos para seres sociais culturalmente diversos e diversificáveis.

Na verdade, nadamos contra a maré do pensamento teórico sem poder abdicar da crítica dos intelectualismos mais sofisticados, pois a experiência vivida não se apreende apenas empiricamente, mas por meio da desconstrução de conceitos-chave para a história da mulher como classe social, etnia, cidadania. Deste modo é que as vanguardas feministas encaram o problema da política da igualdade como um ponto de partida a ser compatibilizado com as diferenças, que a historicidade dos conceitos e a história do cotidiano permitem elaborar nas mais diversas conjunturas históricas. A documentação das configurações específicas e das diferenças desconstrói o mito da condição feminina universal e abre horizontes políticos novos para os feminismos.[13]

Esse desafio tão contemporâneo das totalidades e de formas de conhecimento institucionalizados busca a reinvenção, sobretudo no plano político, de elos e mediações, ou de novos meios de convívio e de reajustamento de valores sociais e étnicos diferenciados, em confronto com o sistema centralizado de massificação que conhecemos e que se impõe no dia a dia. Trata-se da esperança de sobrevivência de múltiplas relatividades ou conjuntos sociais diferenciados, que precisam ser compatibilizados com a exigência de organizações multinacionais, centralizadoras.

Cidadania e sociedade são prismas de estudo que já não se restringem, como no século passado, a partir de Marx, em opor sociedade civil e Estado. Tornaram-se, assim, temas que abarcam o cotidiano, a esfera das relações pessoais, dos sentimentos, das relações particulares e familiares.

Nesse sentido, a história social das relações de gênero ou a história das mudanças na organização das famílias, sob o impacto, por exemplo, da industrialização, em diferentes momentos na vida das diversas sociedades que compõem o mundo contemporâneo em que nos vemos inseridos, revela-nos, ao esmiuçar múltiplas mediações sociais, as relações entre os fenômenos amplos, globais e as mudanças que provocaram nas emoções, nos sentimentos, nas vidas íntimas e no processo de construção dos sujeitos em dados momentos históricos, desencontrados no tempo para diferentes sociedades.

A hermenêutica do cotidiano nas ciências humanas atuais consiste precisamente nesse enfoque. A sociedade de comunicação e seus recursos tecnológicos tendem a transcender as nacionalidades e o papel central do Estado na vida social. Uma vantagem desse enfoque perspectivista (com base em conjunturas históricas) consiste no modo de interpretar a integração dos indivíduos no conjunto das relações de poder, por meio das mediações sociais, o que acaba por oferecer uma visão mais clara sobre a inserção do indivíduo, homem ou mulher, no contexto mais amplo da sociedade em que vivem. É uma das explicações prováveis para a voga de certas vertentes da história das mentalidades e para o papel que alguns protagonistas dessa linha de pesquisa adquiriram em meio as ciências humanas e ao público leitor da atualidade.

Trata-se de caminho teórico que permite, dentro da margem de conhecimento possível, a reconstituição da experiência vivida, deixando de lado a aceitação de papéis normativos ou institucionais. Na medida em que focaliza e ilumina papéis informais, propicia a análise da ambiguidade e mesmo da fluidez de suas práticas, costumes, estratégias de sobrevivência. O perspectivismo possibilita, assim, a reconstrução de temas estratégicos do cotidiano, a partir do presente, no mundo atual, em que se configuram de forma essencialmente abrangente (família, sexualidade, amor romântico), para reconstituí-los em uma perspectiva histórica, de modo que parecem relativizados no tempo, perdendo a conotação universal que o valor ideológico lhes confere.

A consciência da politização do privado, das relações de gênero, da multiplicidade de sujeitos e de processos históricos de construção das subjetividades foi acrescida da crítica que torna visível a historicidade de valores considerados estanques, tais como natureza e cultura, público e privado, sujeito e objeto, razão e emoções, dualidades que têm sua historicidade, a qual, porém, o pensamento contemporâneo procura transcender.

A historiografia feminista elabora esses mesmos parâmetros, pois tem o seu caminho metodológico aberto para a possibilidade de construir as diferenças e de explorar a diversidade dos papéis informais femininos. O campo de visibilidade ainda é restrito, porém segue conformando uma área nova do conhecimento, na medida em que se devassam as distâncias entre norma e prática social, papéis normativos e informais.

A história social das mulheres implica, desse modo, pôr de lado quase tudo o que existe como dado na historiografia atual, que em geral reflete o projeto social das elites dominantes, que dificilmente coincide com a vivência concreta de indivíduos, principalmente quando se trata de mulheres, mesmo que integrantes da elite, uma vez que, como projeto de dominação, aparece necessariamente impregnado por toda ideologia normativa e institucionalizante. O cunho inovador dessa historiografia, ao concentrar-se nos papéis informais e nas mediações sociais, abre espaço para a relativização das normas e das temporalidades pré-fixadas. Mais do que isto, acumula conhecimentos extremamente diversificados sobre papéis femininos nas mais diferentes culturas, para documentar *ad infinitum* as diferenças. Evidentemente, não se trata de estudos históricos comparativos em busca de padrões universais, mas da ênfase nas particularidades e na multiplicação das diferenças, exemplificando atitudes que se opõem aos estereótipos de dominação cultural.

O sentido de inovação da teoria feminista reside no desbravamento do cotidiano, na perspectiva histórica, pois o acumular de conhecimentos específicos sobre a experiência concreta das mulheres em sociedades caracterizadas, como a nossa, pelo convívio de diferentes etnias e com grande desigualdade de renda acaba por se contrapor aos valores culturais de dominação por força da necessidade vital de improvisar estratégias de sobrevivência.

A crítica da racionalidade, do sujeito universal do conhecimento e a descoberta do cotidiano como tema das ciências humanas parte, pode-se dizer, de uma multiplicidade de vertentes críticas renovadoras do conhecimento. Todas elas têm indiretamente uma participação crucial na formulação de uma hermenêutica feminista das diferenças e da multiplicidade de temporalidades que coexistem no mundo atual sempre que nos voltamos para papéis femininos na sociedade brasileira contemporânea ou para questões candentes como a dos direitos reprodutivos.

Visto pelo prisma da nossa contemporaneidade como espaço de mudança e de resistência, o cotidiano define um campo social de múltiplas interseções que contribuem decisivamente para transcender categorias e polaridades ideológicas. As múltiplas temporalidades da história das mulheres, sua interseção mútua e mesmo a coexistência de uma diversidade de tempos históricos no mesmo momento do passado é um dos temas mais promissores da epistemologia feminista e certamente um dos mais renovadores dos estudos atuais, uma vez que por meio da elaboração das temporalidades, seja no plano do ciclo vital, da experiência individual ou dos processos sociais, pode-se vislumbrar a crítica da ideologia, dos valores supostamente universais e das supostas permanências patriarcais. Trata-se de explorar as diferenças através da abordagem de uma pluralidade de sujeitos do conhecimento.

Assim, abre-se um campo para a crítica do sujeito masculino universal e do próprio conceito de natureza humana dos ilustrados do século XVIII, ideias ainda bastante presentes na nossa cultura. Essa nova postura nos permite vislumbrar, aos poucos, múltiplas subjetividades em vez da contínua reiteração de um ponto fixo de definição do sujeito cognoscente das epistemologias tradicionais que se impõem desde Descartes. Este sujeito universal masculino cederia, paulatinamente, lugar para uma pluralidade de novas subjetividades femininas até há pouco invisíveis e insondadas.

Preencher e documentar esses espaços de silêncio e vazio desafia a imaginação do(a) historiador(a) no sentido bem captado por Lacan: "Em torno daquele vazio, o sujeito se constitui na superfície das palavras, qual um oleiro que cria o vazio ao criar seu entorno."[14] Campo particularmente enriquecedor para uma sociedade plural, em que as diferenças étnicas entre escravas, forras e mesmo imigrantes europeias custaram a aparecer. Abre-se, assim, um espaço enorme de pesquisa e de experiências de múltiplas linguagens através das quais pode-se penetrar na infinidade de pormenores indicativos da formação sempre fragmentada das inúmeras subjetividades das mulheres em diferentes conjunturas históricas. É um grande desafio para os que enfrentam a urdidura de diferentes racionalidades e conhecimentos configurativos numa área multicultural na qual se procura as singularidades mais do que o universal.

ESTE TEXTO É A VERSÃO REVISADA DO TRABALHO APRESENTADO NO *COLÓQUIO INTERNACIONAL FORMAÇÃO, PESQUISA E EDIÇÃO FEMINISTAS NA UNIVERSIDADE: BRASIL, FRANÇA E QUEBEC*, RIO DE JANEIRO, DE 6 A 10 DE JUNHO DE 1994.

NOTAS

1. Por historismo, entendo o modo de pensar dos filósofos e historiadores alemães antipositivistas, como o filósofo Wilhelm Dilthey, os quais ao enfatizarem a historicidade do próprio conhecimento se anteciparam a Heidegger, introduzindo a importância das temporalidades e das inter-relações passado, presente e futuro na compreensão das experiências humanas, documentando-as nas suas inserções em conjunturas específicas do tempo histórico mais do que em processos lineares de evolução. O historismo ao enfatizar as mudanças históricas trouxe uma concepção iconoclasta de instituições ou costumes tidos como permanentes. Sérgio Buarque de Holanda, em seu estudo sobre Ranke, sugeriu a substituição da palavra historicismo, que se associa ao conceito de determinismo ou à ideia de um sentido evolutivo da história pelo termo "historismo". In Sergio Buarque de Holanda (org.) *Leopold von Ranke*. (Grandes cientistas sociais, 8), São Paulo: Ática, 1979; Friedrich Meinecke, *El historicismo y sy genesis*, México: Fondo de Cultura econômica, 1936; Georg G. Iggers, *The German Conception of History*, Middletown, Conn.: Wesleyan University Press, 1968; Pietro Rossi, *Lo storicismo tedesco contemporâneo*, Milano: Edizione di Comunità, 1994; Maria Odila da Silva Dias, *Teoria e método dos estudos feministas*, in Albertina de Oliveira Costa e Cristina Bruschini (orgs.), *Uma questão de gênero*, Rio de Janeiro: Rosa dos Ventos/São Paulo: Fundação Carlos Chagas, 1992.
2. Maria Odila da Silva, "Teoria e Método dos Estudos Feministos", in Albertina Costa de Oliveira e Cristina Bruschini (orgs.), *Uma Questão de Gênero*, Rio de Janeiro: Rosa dos Ventos/São Paulo: Fundação Carlos Chagas, 1992.
3. Patricia Gender Violi, *Subjectivity and Language*, in Linda Alcoff e Elizabeth Potier (eds.), *Feminist Epistemologies*, Nova York: Routledge, 1993.
4. Hans-Georg Gadamer, *Language as the Medium of Hermeneutical Experience*, in Hans-Georg Gadamer, *Truth and Method*, Nova York: Crossroad, 1984, p. 345.
5. Elizabeth Spelman, *Inessential Woman Problems of exclusion to feminist thought*, Boston: Beacon Press, 1988.
6. Claude Lefort, *As formas da história*, São Paulo: Brasiliense, 1990, p. 280, 295.
7. Hans-Georg Gadamer, op. cit.; Joel C. Weinsheimer, *Gadamer's Hermeneutics*, New Haven: Yale's University Press, 1985.
8. Denise Riley, "Am I That Name?", *Feminism and the Category of Women in History*, Minneapolis: University of Minnesota Press, 1990.
9. Anne Seller, "Realism versus Relativism, Towards a Politically Adequate Epistemology", in Morvenna Griffith e Margaret Whitford, *Feminist Perspectives in Philosophy*, Bloomington: Indiana University Press, 1988, p. 169.
10. Sandra Harding, "A instabilidade das categorias analíticas na teoria feminista", *Revista Estudos Feministas*, vol. 1, nº 1, 1993, p. 7-32.
11. Michel Foucault, *História da sexualidade. A vontade de saber*, Rio de Janeiro: Graal, 1977, p. 92-93.
12. Gisela Bock e Susan James, *Beyond Equality and Difference Citizenship, Feminist Politics and Female Subjectivity*, Nova York: Routledge, 1992.

13 Julia Kristeva, "Os tempos da mulher", e Teresa de Lauretis, "Semiotics and Experience", in Teresa de Lauretis (ed.), *Alice doesn't: Feminism, Semiotics, Cinema*, Bloomington: Indiana University Press, 1984.

14 Jacques Lacan, *O seminário*, livro 7: a ética da psicanálise, Rio de Janeiro: Zahar, 1991, p. 151.

O feminismo tem produzido não apenas uma crítica contundente ao modo dominante de produção do conhecimento científico, como também propõe um modo alternativo de operação e articulação nessa esfera.

Margareth Rago

Epistemologia feminista, gênero e história

Margareth Rago

INTRODUZINDO O DEBATE

Nos anos 1980, a historiadora Michelle Perrot se perguntava, em um trabalho que se tornou bastante conhecido, se seria possível existir uma história das mulheres. Em sua investigação, Perrot apontava para os inúmeros problemas decorrentes dessa intenção de privilegiar um sujeito universal, a mulher.[1] Para ela, muito se perdia nessa historiografia que, afinal, não dava conta de pensar dinamicamente as relações sexuais e sociais, já que as mulheres nunca viveram isoladas, mas interagiram continuamente com os homens, quer os consideremos na figura de maridos, pais ou irmãos, quer como profissionais com os quais convivem no cotidiano, como os colegas de trabalho, médicos, dentistas, padeiros ou carteiros. Concluía destacando a necessidade de uma forma de produção acadêmica que problematizasse as relações entre os sexos, mais do que produzisse análises a partir do privilégio do sujeito. Ao mesmo tempo, levantava questões polêmicas: existiria uma maneira feminina de fazer/ escrever a história, radicalmente diferente da masculina? E, ainda, existiria uma memória especificamente feminina?

Em relação à primeira questão, Perrot respondia simultaneamente sim e não. Sim, porque entendia que há um modo de interrogação próprio do olhar feminino, um ponto de vista específico das mulheres ao abordar o passado, uma proposta de releitura da história no feminino. Não, em se considerando que o método, a forma de trabalhar e procurar as fontes não se diferenciavam do que ela própria havia feito antes como pesquisadora do movimento operário francês. Entendia, assim, que o fato de ser uma historiadora do sexo feminino não alterava em nada a maneira como estudara e recortara o objeto. Na verdade, sua argumentação deslocava a discussão, deixando de considerar o modo de produzir e narrar a história para focalizar o objeto de estudo, sem pensar, por exemplo, por que ela não poderia ter trabalhado femininamente um objeto ou um tema masculino.[2] Ao mesmo tempo, Perrot destacava as diferenças de registro da memória feminina, mais atenta aos detalhes do que a masculina, mais voltada para as pequenas manifestações do dia a dia, geralmente pouco notadas pelos homens.[3]

Mais recentemente, outro prestigiado historiador francês, Roger Chartier, advertiu contra os perigos de se investir na diferença entre os sexos de uma força explicativa universal; de observar os usos sexualmente diferenciados dos modelos culturais comuns aos dois sexos; de definir a natureza da diferença que marca a prática feminina; e de incorporar a mulher na dominação masculina.[4] Muito preocupado em reconhecer a importância da diferenciação sexual das experiências sociais, Chartier revelava certo constrangimento em relação à incorporação da categoria de gênero, numa atitude bastante comum entre muitos historiadores, principalmente do sexo masculino.

Assim, parece importante levantarmos alguns pontos de reflexão sobre a epistemologia feminista e sua ressonância na historiografia, discutindo questões tão candentes e atuais que giram em torno da incorporação da categoria de gênero e que apontam para a sexualização da experiência humana no discurso.

EPISTEMOLOGIA FEMINISTA: ENSAIANDO ALTERNATIVAS

Ao menos no Brasil, é visível que não há nem clarezas, nem certezas em relação a uma teoria feminista do conhecimento. Não apenas a questão é pouco debatida, mesmo nas rodas feministas, como, em geral, o próprio debate nos vem pronto, traduzido pelas publicações de autoras do hemisfério Norte. Há quem diga, aliás, que a questão interessa pouco ao "feminismo dos trópicos", em que a urgência dos problemas e a necessidade de rápida interferência no social não deixariam tempo para maiores reflexões filosóficas.[5]

Contrariando algumas posições, busco uma maior aproximação a essa questão epistemológica. Afinal, se considerarmos que a epistemologia define um campo e uma forma de produção do conhecimento – o campo conceitual a partir do qual operamos ao produzir o conhecimento científico –, a maneira pela qual estabelecemos a relação sujeito-objeto do conhecimento e a própria representação de conhecimento como verdade com que operamos, deveríamos prestar mais atenção ao movimento de constituição de uma (ou seriam várias?) epistemologia feminista, ou mesmo de um projeto feminista de ciência.[6]

O feminismo tem produzido não apenas uma crítica contundente ao modo dominante de produção do conhecimento científico, como também propõe um modo alternativo de operação e articulação nessa esfera. Além disso, se consideramos que as mulheres trazem uma experiência histórica e cultural diferenciada da masculina, ao menos até o presente, uma experiência que várias já classificaram como das margens, da construção miúda, da gestão do detalhe, que se expressa na busca de uma nova linguagem, ou na produção de um contradiscurso, é inegável que uma profunda mutação vem-se processando também na produção do conhecimento científico.

Certamente, a questão é muito mais complexa do que formulamos aqui, já que, de um lado, há outras correntes vanguardistas do pensamento contemporâneo atuando nas profundas desestabilizações, rupturas teóricas e práticas atualmente em curso. De outro, parece ingênuo considerar que a teoria feminista rompe absolutamente com os modelos de conhecimento dominantes nas ciências humanas, sem reconhecer que, se há rupturas, há também muitas permanências em relação à tradição científica. No entanto, é fundamental investigar especificamente o aporte feminista às transformações em curso no campo da produção do conhecimento.

Na consideração da existência de uma/várias epistemologia(s) feminista(s), valeria então destacarmos, de início, dois pontos: o primeiro aponta para a participação do feminismo na ampla crítica cultural, teórica, epistemológica em curso, ao lado da psicanálise, da hermenêutica, da teoria crítica marxista, do desconstrutivismo e do pós-modernismo.

Essa crítica revela o caráter particular de categorias dominantes, que se apresentam como universais, e propõe a crítica da racionalidade burguesa, ocidental, marxista inclusa, que não se pensa em sua dimensão sexualizada, como criação masculina, logo excludente. Portanto, denuncia uma racionalidade que opera num campo ensimesmado, isto é, a partir da lógica da identidade e que não dá conta de pensar a diferença. É neste ponto que o feminismo se encontra especialmente com o pensamento pós-moderno, com a crítica do sujeito, com as formulações de Derrida e Foucault, entre outras.[7] O segundo ponto, embutido no primeiro, traz as propostas desta nova forma de conceber a produção do conhecimento, do projeto feminista de ciência alternativa, que se quer potencialmente emancipador.

A CRÍTICA FEMINISTA

Não é demais reafirmar que os principais pontos da crítica feminista incidem na denúncia de seu caráter particularista, ideológico, racista e sexista da ciência: o saber ocidental opera no interior da lógica da identidade, valendo-se de categorias reflexivas, incapazes de pensar a diferença. Em outras palavras, conforme apontam as feministas, os conceitos com que trabalham as ciências humanas são identitários e, portanto, excludentes. Pensa-se a partir de um conceito universal de homem, que remete ao modelo de homem branco heterossexual civilizado do Primeiro Mundo, deixando-se de lado todos aqueles que escapam deste padrão referencial. Da mesma forma, as práticas masculinas são mais valorizadas e hierarquizadas em relação às femininas, e o mundo privado é considerado de menor importância diante da esfera pública no imaginário ocidental.

Portanto, nesse contexto, as noções de objetividade e de neutralidade que garantiriam a veracidade do conhecimento caem por terra, no mesmo momento que se denuncia o quanto os padrões de normatividade científica são impregnados por valores masculinos, raramente filóginos. Mais do que nunca, a crítica feminista evidencia as relações de poder constitutivas da produção dos saberes, como sublinha, de outro lado, Michel Foucault. Ele questionara radicalmente as representações que orientavam a produção do conhecimento científico, tida como o ato de revelação da essência inerente à coisa, a partir do desvendamento do que se considerava a aparência enganosa e ideológica do fenômeno. Especialmente nas ciências humanas, chegar à verdade do acontecimento, "compreendê-lo objetivamente" significava retirar a máscara que o envolvia na superfície, alcançando suas profundezas. Foucault criticava, assim, a concepção dominante na cultura ocidental de que o conhecimento, a produção da verdade, se daria pela coincidência entre o conceito e a coisa, no movimento de superação da distância entre a palavra e a coisa, entre a aparência e a essência.

A convergência entre a crítica feminista e as formulações dos "filósofos da diferença", como Foucault, Deleuze, Lyotard, Derrida, entre outros, já foi observada por várias intelectuais.[8] A filosofia pós-moderna propõe, a partir de um solo epistemológico que se constitui fora do marxismo, novas relações e novos modos de operar no processo da produção do conhecimento: a "descrição das dispersões" (Foucault) e não a "síntese das múltiplas determinações"(Marx); revelar o processo artificial de construção das unidades conceituais, temáticas supostamente "naturais": a desconstrução das sínteses, das unidades e das identidades ditas naturais, ao contrário da busca de totalização das multiplicidades. Fundamentalmente, postula-se a noção de que o discurso não é reflexo de uma suposta base material das relações sociais de produção, mas produtor e instituinte de "reais". A produção do conhecimento se daria, assim, por outras vias. Como afirmou Foucault:

> Mas não se trata aqui de neutralizar o discurso, transformá-lo em signo de outra coisa e atravessar-lhe a espessura para encontrar o que permanece silenciosamente aquém dele, e sim, pelo contrário, mantê-lo em sua consistência, fazê-lo surgir na complexidade que lhe é própria. Em uma palavra, quer-se, na verdade, renunciar às 'coisas', 'despresentificá-las';(...) substituir o tesouro enigmático das 'coisas' anteriores ao discurso pela formação regular dos objetos que só nele se delineiam; definir esses objetos sem referência ao fundo das coisas, mas relacionando-os ao conjunto de regras que permitem formá-los como objetos de um discurso e que constituem, assim, suas condições de aparecimento histórico.[9]

Do mesmo modo, as teóricas feministas propuseram não apenas que o sujeito deixasse de ser tomado como ponto de partida, mas que fosse considerado dinamicamente como efeito das determinações culturais, inserido em um campo de complexas relações sociais, sexuais e étnicas. Portanto, em se considerando os "estudos da mulher", esta não deveria ser pensada como uma essência biológica pré-determinada, anterior à história, mas como uma identidade construída social e culturalmente no jogo das relações sociais e sexuais, pelas práticas disciplinadoras e pelos discursos/saberes instituintes. Como se vê, a categoria do gênero encontrou aqui um terreno absolutamente favorável para ser abrigada, já que desnaturaliza as identidades sexuais e postula a dimensão relacional do movimento constitutivo das diferenças sexuais.

Vale ainda notar a aproximação entre as formulações da teoria feminista e a valorização da cultura pelo pós-modernismo, ao contrário do que ocorre no marxismo, em que a cultura aparece como determinada pela sociedade, superestrutura. Nesse contexto, a história cultural ganha terreno entre os historiadores, enfatizando a importância da linguagem, das representações sociais culturalmente constituídas, esclarecendo que não há anterioridade das relações econômicas e sociais em relação às culturais. O discurso, visto como prática, passa a ser percebido como a principal matéria-prima do historiador, entendendo-se que se ele não cria o mundo, apropria-se deste e lhe proporciona múltiplos significados[10].

É nesta perspectiva que Joan Scott, conhecida anteriormente por seus trabalhos na área da história social, ao procurar explicar alternativamente o "problema" da trabalhadora, a divisão sexual do trabalho, a oposição entre o lar e o trabalho, inverte radicalmente o caminho tradicional da interpretação histórica, destacando a importância do discurso na constituição de uma questão socioeconômica. A divisão sexual do trabalho é então percebida como efeito do discurso. Segundo ela,

> ao invés de procurar causas técnicas e estruturais específicas, devemos estudar o discurso a partir do qual as divisões do trabalho foram estabelecidas segundo o sexo. O que deve produzir uma análise crítica mais aprofundada das interpretações históricas correntes.[11]

Joan Scott defende que a diferença sexual inscrita nas práticas e nos fatos é sempre construída pelos discursos que a fundam e a legitimam, e não como reflexo das relações econômicas. Considera insustentável a difundida tese de que a industrialização provocou separação entre o trabalho e o lar, obrigando as mulheres a escolher entre o trabalho doméstico e o assalariado. Para ela, o discurso masculino, que estabeleceu a inferioridade física e mental das mulheres, e definiu a "partilha 'aos homens, a madeira e os metais', e 'às mulheres, a família e o tecido'", provocou "uma divisão sexual da mão de obra no mercado de trabalho, reunindo as mulheres em certos empregos, substituindo-as sempre por baixo de uma hierarquia profissional, e estabelecendo seus salários em níveis insuficientes para sua subsistência."[12]

O PROJETO DE CIÊNCIA FEMINISTA OU UM MODO FEMINISTA DE PENSAR?

Parece difícil falar de uma epistemologia feminista sem tocar na discussão sobre os perigos da reafirmação do sujeito "mulher" e de todas as cargas constitutivas dessa identidade no imaginário social. Afinal, como já se observou exaustivamente, a questão das relações sexuais e da mulher especificamente nasce nas lutas pela emancipação deste sujeito antes definido como "sexo frágil". É na luta pela visibilidade da "questão feminina", pela conquista e ampliação dos seus direitos específicos, pelo fortalecimento da identidade da mulher, que nasce um contradiscurso feminista e que se constitui um campo feminista do conhecimento. É, portanto, a partir de uma luta política que nasce uma linguagem feminista. E, no entanto, o campo teórico que se constitui transforma-se a tal ponto que, assim como a história cultural, deixa de lado a preocupação com a centralidade do sujeito. Como se de repente os efeitos se desviassem dos objetivos visados no ponto de partida: a categoria relacional do gênero desinveste a preocupação de fortalecimento da identidade da mulher, ao contrário do que se visava inicialmente com o projeto alternativo de uma ciência feminista.

Essa é uma das principais dificuldades que emergem ao se tentar conceitualizar o campo epistemológico em que se funda o conhecimento sobre as mulheres e também sobre as relações de gênero. A categoria do gênero, já observou Joan Scott, não nasce no interior de um sistema de pensamento definido como o conceito de classes em relação ao marxismo. Embora seja apropriada como instrumento analítico extremamente útil, procede de um campo profundamente diverso daquele que tinha como horizonte a emancipação social de determinados setores sociais. A filósofa americana Helen Longino observa, ainda, que foi depois do desenvolvimento do pensamento feminista nas áreas da história, antropologia, teoria literária, psicologia e sociologia que se passou a pensar nos conceitos pelos quais se operava. A reflexão filosófica foi posterior à prática teórica.[13]

Isso significa, em primeiro lugar, que houve uma incorporação das questões feministas em diferentes campos da produção do conhecimento científico, de fora para dentro, como na psicanálise e no campo marxista. Os temas da mulher e do gênero foram incorporados às questões colocadas pela historiografia marxista, sem ter nascido a partir dela, enfrentando, aliás, sérias dificuldades em seu interior. Sabemos como a questão das relações entre os sexos, a história da sexualidade e do corpo e as lutas políticas das mulheres foram secundarizadas no marxismo, tidas como secundárias em relação às questões da luta das classes. Do mesmo modo, a questão étnica e racial. E impossível deixar de pensar na reação que o livro *História da Sexualidade*, de Foucault teve por parte dos historiadores ligados à história social, por exemplo. De certo modo, não se pensava nas relações sexuais como dimensão constitutiva da vida em sociedade e como uma das definidoras de nossa forma de operar conceitualmente. A sexualidade era identificada à força instintiva, biológica e, assim, não merecia ser historicizada. Este era o lugar que tinha não apenas no marxismo, mas no imaginário ocidental.

Em segundo lugar, nota-se que essa incorporação, portanto, não se deu sem maiores complicações. Porque a entrada dos temas feministas em campos epistemológicos masculinos provocou muitas desestabilizações e, mesmo, rupturas, a despeito das muitas permanências. Os conceitos estreitos demais para pensar a diferença, aliás, masculinos, muitas vezes misóginos, precisavam ser transformados, abandonados, questionados, refeitos. Como lembra a filósofa australiana Elizabeth Grosz, não se tratava afinal de um simples esquecimento das mulheres de um campo neutro e objetivo de conhecimentos: "sua amnésia é estratégica e serve para assegurar as bases patriarcais do conhecimento."[14] Além disso, esta entrada, por exemplo, no campo do marxismo só foi possível porque esse, ao dar sinais de esgotamento, estava sendo amplamente criticado, vários conceitos se mostravam insuficientes, e os marxistas partiam em busca de renovações conceituais, temáticas, de atualização.[15]

Esta incorporação remete, ainda, a outra questão: para que serve a epistemologia feminista? Para que necessitamos de uma nova ordem explicativa do mundo? Para melhor controlar o pensamento e o mundo? Uma nova ordem das regras traria poder político a um setor que se sente excluído? A americana Sandra Harding pergunta, então, ao lado de muitas outras feministas, se as mulheres não estariam correndo o risco de repor o tipo de relação poder-saber que tanto criticam: "Como é que o feminismo pode redefinir totalmente a relação entre saber e poder, se ele está criando uma nova epistemologia mais um conjunto de regras para controlar o pensamento?"[16]

É possível contra-argumentar lembrando que não há como fugir ao fato de que todas as minorias relativamente organizadas, e não apenas as mulheres, estão reivindicando uma fatia do bolo da ciência e que nenhum dos grupos excluídos, – negros, africanos, orientais, homossexuais, mulheres, com suas propostas de epistemologias alternativas (feminista, terceiro-mundista, homossexual, operária) – pode hoje reivindicar um lugar de hegemonia absoluta na interpretação do mundo. Além disso, há que se reconhecer as dimensões positivas da quebra das concepções totalizadoras, que até recentemente poucos percebiam como autoritárias, impositivas e hierarquizantes. Não há dúvidas de que o modo feminista de pensar rompe com os modelos hierárquicos de funcionamento da ciência e com vários dos pressupostos da pesquisa científica. Se a crítica feminista deve "encontrar seu próprio assunto, seu próprio sistema, sua própria teoria e sua própria voz",[17] é possível dizer que as mulheres estão construindo uma linguagem nova, criando seus argumentos a partir de suas próprias premissas.

Vamos dizer que podemos pensar numa epistemologia feminista para além do marxismo e da fenomenologia, como uma forma de produção do conhecimento que traz a marca especificamente feminina, tendencialmente libertária e emancipadora. Há uma construção cultural da identidade feminina, da subjetividade feminina, da cultura feminina, que está evidenciada no momento que as mulheres entram em massa no mercado, que ocupam profissões masculinas e que a cultura e a linguagem se feminizam. As mulheres entram no espaço público e nos espaços do saber transformando inevitavelmente esses campos, recolocando as questões, questionando, criando novas questões, transformando-os radicalmente. Sem dúvida alguma, há um aporte feminino/feminista específico, diferenciador, energizante, libertário, que rompe com um enquadramento conceitual normativo. Talvez venha daí mesmo a dificuldade de nomear o campo da epistemologia feminista.

Alguns aspectos desse novo aporte feminista são o questionamento da produção do conhecimento entendido como processo racional e objetivo para se atingir a verdade pura e universal, e a busca de novos parâmetros da produção do conhecimento. Desssa forma, as mulheres apontam para a superação do conhecimento como um processo meramente racional, incorporando a dimensão subjetiva, emotiva, intuitiva no processo do conhecimento, questionando a divisão corpo/mente, sentimento/razão. Georg Simmel já fizera essa observação, em 1902, ao indagar sobre as possíveis contribuições da "cultura feminina" em um mundo masculino; e Helen Longino complementa: "em busca de parâmetros (*groundings*) conceituais e filosóficos alternativos, muitos pensadores abraçaram modos de análise que rejeitam a dicotomização entre razão e paixão, entre saber e sentimento."[18]

Para ela, o pensamento feminista trouxe a subjetividade como forma de conhecimento. "We all see feelingly", afirma, o que se opõe radicalmente ao ideal de conhecimento objetivo trazido das ciências naturais para as ciências humanas. Entrando em um mundo masculino, possuído por outros, a mulher percebe que não detém a linguagem e luta para criar uma, ou ampliar a existente: aqui se encontra a principal fonte do aporte feminista à produção do conhecimento e à construção de novos significados na interpretação do mundo.

Portanto, o feminismo propõe uma nova relação entre teoria e prática. Delineia-se um novo agente epistêmico, não isolado do mundo, mas inserido no coração dele, não isento e imparcial, mas subjetivo e afirmando sua particularidade. Ao contrário do distanciamento do cientista em relação ao seu objeto de conhecimento, o que permitiria produzir um conhecimento neutro, livre de interferências subjetivas, clama-se pelo envolvimento do sujeito com seu objeto. Uma nova ideia da produção do conhecimento: não o cientista isolado em seu gabinete, testando seu método acabado na realidade empírica, livre das emoções desviantes do contato social; mas um processo de conhecimento construído por indivíduos em interação, em diálogo crítico, contrastando seus diferentes pontos de vista, alterando suas observações, teorias e hipóteses, sem um método pronto.

Reafirma-se a ideia de que o caminho se constrói caminhando e interagindo. Pela defesa do relativismo cultural, questiona também a noção de que este conhecimento visa atingir a verdade pura, essencial. Reconhece a particularidade desse modo de pensamento e abandona a pretensão de ser a única possibilidade de interpretação. Concordando com Sandra Harding: "uma forma de resolver o dilema seria dizer que a ciência e a epistemologia feministas terão um valor próprio ao lado, e fazendo parte integrante, de outras ciências e epistemologias – jamais como superiores às outras."[19]

Essa abordagem enfatiza a historicidade dos conceitos e a coexistência de temporalidades múltiplas. Nesta direção, a historiadora Maria Odila Leite da Silva Dias mostra a confluência das tendências historiográficas contemporâneas com as inquietações feministas; defendendo a "instabilidade das categorias feministas" (Sandra Harding), fala em hermenêutica crítica e no historismo: "a historiografia feminista segue os mesmos parâmetros (que a desconstrução de Derrida, a arqueologia de Foucault, a teoria crítica marxista, a história social e conceitual dos historistas alemães, a historiografia das mentalidades), pois tem seu caminho metodológico aberto para a possibilidade de construir as diferenças e de explorar a diversidade dos papéis informais femininos."[20]

Os estudos feministas inovam, então, na maneira como trabalham com as multiplicidades temporais, descartando a ideia de linha evolutiva inerente aos processos históricos.

FEMINISMO E HISTÓRIA

Seria interessante, por fim, pensar como os deslocamentos teóricos produzidos pelo feminismo têm repercutido na produção historiográfica. A emergência de novos temas, de novos objetos e questões, especialmente ao longo da década de 1970, garantiu maior visibilidade às mulheres como agentes históricos, incialmente a partir do padrão masculino da história social, extremamente preocupada com as questões da resistência social e das formas de dominação política.[21] Esse quadro ampliou-se, posteriormente, com a explosão dos temas femininos da *nouvelle histoire*, como bruxaria, prostituição, loucura, aborto, parto, maternidade, saúde, sexualidade, a história das emoções e dos sentimentos, entre outros.

Parece claro que muitos discordarão da divisão sexual nesses temas históricos citados, já que há muitas outras dimensões implicadas na ampliação do leque temático, principalmente a crise da "historiografia da Revolução" e a redescoberta da Escola dos Annales. Entretanto, poucos poderão negar que a entrada dessas novas temáticas se fez em grande parte pela pressão crescente das mulheres, que invadiram as universidades e criaram seus próprios núcleos de estudo e pesquisa, a partir dos anos 1970. Feministas assumidas ou não, as mulheres forçam a inclusão dos temas que falam de si, que contam sua própria história e de suas antepassadas e que permitem entender as origens de crenças e valores, de muitas práticas sociais frequentemente opressivas e de inúmeras formas de desclassificação e estigmatização. De certo modo, o passado precisava ser reinterrogado a partir de novos olhares e problematizações, por meio de outras categorias interpretativas, criadas fora da estrutura falocêntrica especular.

A descoberta da origem da "mãe moderna" com base no modelo rousseauísta, proposto por Elisabeth Badinter,[22] por exemplo, foi fundamental para se reforçar o questionamento do padrão de maternidade que havia vigorado de forma inquestionável até os anos 1960 e reforçar a luta feminista pela conquista de novos direitos; a genealogia dos conceitos de prostituição, homossexualidade e perversão sexual, entre outros, foi extremamente importante enquanto reforçava a desconstrução prática das inúmeras formas de normatização.[23]

A história do corpo feminino trouxe à luz as inúmeras construções estigmatizadoras e misóginas do poder médico, para o qual a constituição física da mulher por si só inviabilizaria sua entrada no mundo dos negócios e da política. O questionamento das mitologias científicas sobre sua suposta natureza, sobre a questão da maternidade, do corpo e da sexualidade foi fundamental no que se refere à legitimação das transformações libertadoras em curso.

O campo das experiências históricas consideradas dignas de serem narradas ampliou-se consideravelmente. E junto à emergência dos novos temas de estudo – isto é, com a visibilidade que ganharam inúmeras práticas sociais, culturais, religiosas, antes silenciadas –, novos sujeitos femininos foram incluídos no discurso histórico, partindo-se inicialmente das trabalhadoras e militantes, para incluir-se, em seguida, as bruxas, as prostitutas, as freiras, as parteiras, as loucas, as domésticas, as professoras, entre outras. A ampliação do conceito de cidadania e o direito à história e à memória não se processavam apenas no campo dos movimentos sociais, passando a ser incorporados no discurso, ou melhor, no próprio âmbito do processo da produção do conhecimento.

Para tanto, novos conceitos e categorias tiveram de ser introduzidos a partir das perguntas levantadas pelo feminismo e dos deslocamentos teóricos e práticos provocados por ele. Por que se privilegiavam os acontecimentos da esfera pública e não os constitutivos de uma história da vida privada? Por que se desprezava a cozinha, em relação à sala, e a casa em relação à rua? Onde estaria uma história dos segredos, das formas de circulação e comunicação femininas, das fofocas, das redes interativas construídas nas margens, igualmente fundamentais para a construção da vida em sociedade? Quais as possibilidades de uma história no feminino? Não apenas a história das mulheres, mas a história contada no registro feminino?[24]

Nesse contexto, ficou evidente a precariedade e estreiteza do instrumental conceitual disponível para registrar as práticas sociais que passavam a ser percebidas, embora existentes desde sempre. Para o historiador formado na tradição marxista, especialista na recuperação histórica das lutas sociais e da dominação de classes, como se pode falar das práticas desejantes, com que conceitos se constrói uma história do amor, da sexualidade, do corpo ou do medo? Como trabalhar a questão da religiosidade e das reações diante da vida e da morte?

No caso dos estudos feministas, o sucesso da categoria do gênero se explica, em grande parte, pelo fato de ter dado uma resposta interessante ao impasse teórico existente, quando se questionava a lógica da identidade e se decretava o eclipse do sujeito. Por operar com categorias relacionais, como observa Joan Scott, os estudos de gênero encontraram campo extremamente favorável num momento de grande mudança das referências teóricas vigentes nas ciências humanas, e em que a dimensão da cultura passava a ser privilegiada sobre as determinações da sociedade. Assim como outras correntes de pensamento, a teoria feminista propunha que se pensasse a construção cultural das diferenças sexuais, negando radicalmente o determinismo natural e biológico. Portanto, a dimensão simbólica, o imaginário social, a construção dos múltiplos sentidos e interpretações no interior de uma dada cultura passavam a ser priorizados em relação às explicações econômicas ou políticas.

Nos termos da historiografia, essas concepções se aproximam das formuladas pela história cultural, que põe em evidência a necessidade de se pensar o campo das interpretações culturais, a construção dos inúmeros significados sociais e culturais pelos agentes históricos e as práticas da representação, deixando muito claro que o predomínio prolongado da história social, de tradição marxista, secundarizou demais o campo da subjetividade e da dimensão simbólica. Exceção feita a E. P. Thompson, que se tornou extremamente famoso apenas na década de 1980, a verdade é que grande parte dos estudos históricos de tendência marxista mantinham-se presos ao campo da política e da economia, este considerado o "lugar do real" e da inteligibilidade da história. Apenas nas últimas décadas, passou-se a falar incisivamente em imaginário social, nas representações sociais e em subjetividade, e, para tanto, a história precisou buscar aproximações com a antropologia, psicanálise e literatura. Além disso, na medida em que o discurso passou a ser dotado de positividade, os historiadores também perceberam que era inevitável interrogar o próprio discurso e dimensionar suas formas narrativas e interpretativas.

Em relação aos estudos feministas, e a despeito das inúmeras polêmicas em curso, vale notar que a categoria do gênero abre, ainda, a possibilidade da constituição dos estudos sobre os homens, num campo teórico e temático bastante renovado e radicalmente redimensionado. Após a "revolução feminista" e a conquista da visibilidade feminina, após a constituição da área de pesquisa e estudos feministas, consagrada academicamente em todo o mundo, os homens são chamados a entrar, desta vez, em um novo solo epistêmico. É assim que emergem os estudos históricos, antropológicos, sociológicos – interdisciplinares – sobre a masculinidade, com enorme aceitação. Cada vez mais, portanto, crescem os estudos sobre as relações de gênero, sobre as mulheres, em particular, ao mesmo tempo que se constitui uma nova área de estudos sobre os homens, não mais percebidos como sujeitos universais.

Sem dúvida alguma, os resultados das inúmeras perspectivas abertas têm sido dos mais criativos e instigantes. O olhar feminista permite reler a história da colonização no Brasil, no século XVI, a exemplo do que realiza a historiadora Tânia Navarro Swain, desconstruindo as imagens e representações elaboradas pelos viajantes sobre as formas de organização dos indígenas, sobre a sexualidade das mulheres, supostamente fogosas e promíscuas, instituindo sua amoralidade. Em um excelente trabalho genealógico, a historiadora revela como os documentos foram apropriados e reinterpretados pela historiografia masculina, por meio de conceitos extremamente misóginos, cristalizando imagens profundamente negativas a respeito dos primeiros habitantes da terra, considerados para sempre incivilizados e incapazes de cidadania.

Já Maria Izilda Matos e Fernando A. Faria, estudando as composições musicais de Lupicínio Rodrigues, a partir da categoria do gênero, descortinam as formas de construção cultural das referências identitárias da feminilidade e da masculinidade, nas décadas de 1940 e 1950, dominantes até pouco tempo. Pela análise das letras de músicas produzidas pelo famoso compositor gaúcho, pode-se visualizar não apenas as experiências femininas, mas "seu universo de relações com o mundo masculino", numa proposta bastante enriquecedora e inovadora.[25]

UM CAMPO PLURAL

As possibilidades abertas para os estudos históricos pelas teorias feministas são inúmeras e profundamente instigantes: da desconstrução dos temas e interpretações masculinos às novas propostas de se falar femininamente das experiências do cotidiano, passando pela micro-história, dos detalhes, do mundo privado, rompendo com as antigas oposições binárias e de dentro, buscando respaldo na antropologia e na psicanálise e incorporando a dimensão subjetiva do narrador.

Na historiografia feminista, vale notar, a teoria segue a experiência: esta não é buscada para comprovar aquela, aprioristicamente proposta. Opera-se uma ruptura com a hierarquização dos acontecimentos: todos se tornam passíveis de serem historicizados, e não apenas as ações de determinados sujeitos sociais, sexuais e étnicos das elites econômicas e políticas, ou de outros setores sociais, como o proletariado masculino e branco, tido como sujeito privilegiado por longo tempo, na produção acadêmica. Aliás, as práticas passam a ser privilegiadas em relação aos sujeitos sociais, num movimento que parece bastante democratizador. Assim, e como diria Paul Veyne, historiador e arqueólogo francês, o que deve ser privilegiado pelo historiador passa a ser dado pela temática que ele recorta e constrói, e não por um consenso teórico exterior à problemática, como acontecia antes quando se trabalhava com o conceito de modo de produção, por exemplo, ou ainda quando a preocupação maior com o passado advinha de suas possibilidades em dar respostas à busca da Revolução. A realidade já não cede à teoria.

Enfim, parece que já não há mais dúvidas de que as mulheres sabem inovar na reorganização dos espaços físicos, sociais, culturais e aqui, pode-se complementar, nos intelectuais e científicos. E o que parece mais importante, elas sabem inovar libertariamente, abrindo o campo das possibilidades interpretativas, propondo múltiplos temas de investigação, formulando novas problematizações, incorporando inúmeros sujeitos sociais, construindo novas formas de pensar e viver.

ESTE TEXTO É UMA VERSÃO REVISADA DO ARTIGO PUBLICADO ORIGINALMENTE EM *MASCULINO, FEMININO, PLURAL: GÊNERO NA INTERDISCIPLINARIDADE*, JOANA MARIA PEDRO E MIRIAM PILAR GROSSI (ORGS.), FLORIANÓPOLIS: EDITORA MULHERES, 1998, P. 25-37.

NOTAS

1   Michelle Perrot, *Une histoire des femmes est-elle possible?*, Paris: Rivage, 1984.
2   Lembre-se que Michelle Perrot escrevera um importante estudo no campo da história social: *Les ouvriers en grève. France 1871-1890*, Paris-La Haye: Mouton, 1974.
3   Michelle Perrot, "Práticas da Memória Feminina", *Revista Brasileira de História*, São Paulo: Anpuh/Marco Zero, vol. 9, n° 18, 1989.
4   Roger Chartier, "Diferenças entre os sexos e dominação simbólica", *Cadernos Pagu*, n° 4, Campinas, 1995, p. 37-47.
5   Uma instigante discussão sobre o tema encontra-se no trabalho de Roberto Cintra Martins "Filosofia da Ciência e feminismo: uma ligação natural", in Lucila Scavone (org.), *Tecnologias reprodutivas, Gênero e Ciência*, São Paulo: Editora Unesp, 1996.
6   A esse respeito, ver Linda Alcoff e Elizabeth Potter (orgs.), *Feminist Epistemologies*, Nova York/Londres: Routledge, 1993.
7   Ver Mary McCanney Gergen (ed.), *O pensamento feminista e a estrutura do conhecimento*. Rio de Janeiro: Rosa dos Tempos/Brasília: Editora UnB, 1993; Cláudia Costa Lima, "O leito de Procusto: gênero, linguagem e as teorias feministas", *Cadernos Pagu*, n° 2, Campinas, 1993, p. 141-174.
8   Ver, por exemplo, Jane Flax em "Pós-Modernismo e Relações de Gênero na Teoria Feminista", in Heloisa Buarque de Hollanda, *Pós-modernismo e política*, Rio de Janeiro: Rocco, 1991.
9   Michel Foucault, *Arquelogia do saber*, Rio de Janeiro: Forense Universitária, 1986, p. 54.
10 Keith Jenkins, *Re-thinking History*, Londres: Routledge, 1991.
11 Joan W. Scott, "La Travailleuse", in G. Duby e M. Perrot (orgs.), *Histoire des femmes*, vol. 4. Paris: Plon, 1991, p. 428.
12 Idem.
13 Helen E. Longino, "To See Feelingly: Reason, Passion, and Dialogue in Feminist Philosophy", in Donna C. Stanton e A. Stewart (org.), *Feminisms in the Academy*, Ann Arbor: The University of Michigan Press, 1995, p. 21.
14 Elizabeth Grosz, "Bodies and Knowledges: Feminism and the Crisis of Reason", in L. Alcoff e E. Potter, op. cit., p. 206.
15 Ver Donna Haraway, "Saberes Localizados: a questão da ciência para o feminismo e o privilégio da perspectiva parcial", *Cadernos Pagu*, n° 5, Campinas, 1995, p. 14.
16 Sandra Harding, "A instabilidade das categorias analíticas na teoria feminista", *Revista Estudos Feministas*, vol. 1, n° 1, 1993, p. 19.
17 Elaine Showalter, "A crítica feminista no território selvagem", in Heloisa Buarque de Hollanda (org.), *Tendências e impasses: O feminismo como crítica da cultura*, Rio de Janeiro: Rocco, 1994, p. 29.
18 Georg Simmel, "Cultura feminina", in *Filosofia do amor*, Rio de Janeiro: Martins Fontes, 1993; Helen Longino, op. cit., p. 20.
19 Sandra Harding, op. cit., p. 23.

20 Maria Odila Leite da Silva Dias, "Teoria e método dos estudos feministas: perspectiva histórica e hermenêutica do cotidiano", in Albertina de O. Costa e Cristina Bruschini (orgs.), *Uma questão de gênero*, Rio de Janeiro: Editora Rosa dos Tempos/São Paulo: Fundação Carlos Chagas, 1992, p. 49.

21 Margareth Rago, "As mulheres na historiografia brasileira", in Zélia Lopes (org.), *A história em debate*, São Paulo: Editora Unesp, 1991.

22 Elisabeth Badinter, *Um amor conquistado. O mito do amor materno*, Rio de Janeiro: Nova Fronteira, 1985.

23 Ver as discussões de Jurandir Freire Costa, "O referente da identidade homossexual", in Richard Parker e Regina M. Barbosa (orgs.), *Sexualidades brasileiras*, Rio de Janeiro: Rocco, 1996.

24 Tânia Navarro Swain, "Feminino/Masculino no Brasil do século XVI: um estudo historiográfico", 1995 (mimeo); Maria Izilda S. de Mattos e Fernando A. de Faria (orgs.), *Uma questão de gênero*, Rio de Janeiro: Editora Rosa dos Tempos/São Paulo: Fundação Carlos Chagas, 1992, p. 49.

25 Maria Izilda S. de Mattos e Fernando A. de Faria, *Melodia e sintonia em Lupicínio Rodrigues: o feminino, o masculino e suas relações*, Rio de Janeiro: Bertrand Brasil, 1996.

Sobre a organizadora

Heloisa Buarque de Hollanda Formada em Letras Clássicas pela Pontifícia Universidade Católica do Rio de Janeiro (PUC-Rio), é mestre e doutora em Literatura Brasileira pela Universidade Federal do Rio de Janeiro (UFRJ), com pós-doutorado em Sociologia da Cultura na Universidade de Columbia, Estados Unidos. É professora emérita da Escola de Comunicação da UFRJ, dedicada aos estudos culturais, com ênfase nas teorias críticas da cultura, tendo ainda importante atuação como crítica literária, ensaísta, antologista e editora. É autora dos livros *Macunaíma, da literatura ao cinema* (1978), *Impressões de viagem* (1992); e organizadora de obras como *26 poetas hoje* (1976), *Y nosotras latino americanas? Estudos de raça e gênero* (1992), *Tendências e impasses: o feminismo como crítica da cultura* (1994) e *Explosão feminista* (2018).

Sobre as autoras

Albertina de Oliveira Costa Formada em Ciências Sociais pela Universidade de São Paulo (USP), atua como pesquisadora sênior na Fundação Carlos Chagas, onde desenvolve, desde os anos 1970, diversos estudos na área do feminismo, estudos de gênero, movimentos sociais e direitos humanos. É editora executiva da revista *Cadernos de Pesquisa* e autora de livros como *Mulher negra: política governamental e a mulher* (1985) com Sueli Carneiro e Thereza Santos; *Memórias das mulheres no exílio* (1980) com Maria Teresa Moraes, Norma Marzola e Valentina Rocha Lima; *Uma questão de gênero* (1992) com Cristina Bruschini; e *Direitos tardios: saúde, sexualidade e reprodução na América Latina* (1997).

Angela Arruda Formada em Psicologia pela Universidade Federal do Rio de Janeiro (UFRJ), mestre em Psicologia Social pela École des Hautes Études en Sciences Sociales, Paris, e doutora em Psicologia Social pela Universidade de São Paulo (USP), com pós-doutorado no Instituto Universitário de Lisboa (Iscte). É professora associada da UFRJ e da Universidade de Évora. Aposentada em 2016, participa do Centro Internacional de Estudos em Representações Sociais vinculado à Fundação Carlos Chagas SP (Ciers-Ed), da Rede Internacional de Pesquisa em Saúde e Envelhecimento (Ripres), e do Núcleo de Pesquisa Internacional em Representações Sociais (Nears), da Pontifícia Universidade Católica de São Paulo (PUC-SP).

Beatriz Nascimento (Aracaju, 1942 – Rio de Janeiro, 1995). Formada em História pela Universidade Federal do Rio de Janeiro (UFRJ), passou a atuar logo após a graduação como professora de História da rede estadual de ensino do Rio de Janeiro. Paralelamente, engajou-se na militância negra, propondo discussões raciais sobretudo no meio acadêmico. Na Universidade Federal Fluminense (UFF), onde cursou pós-graduação *lato sensu* em História, ajudou a criar o Grupo de Trabalho André Rebouças, em 1974, e, no ano seguinte, o Instituto de Pesquisa das Culturas Negras. Como conferencista, participou de inúmeros simpósios e encontros em diversas instituições do país. Morreu aos 52 anos, assassinada pelo parceiro de uma amiga, a qual ajudou por ser vítima de violência doméstica – à época, cursava mestrado em Comunicação Social na UFRJ. Entre as suas obras estão diversos ensaios e estudos sobre a questão racial e da mulher no Brasil, além de produção poética e o roteiro do documentário *Ôrí*, em que registra os movimentos negros entre 1977 e 1988, articulando a relação entre Brasil, África e sua história pessoal.

Bila Sorj Formada e mestre em Ciências Sociais pela Universidade de Haifa, Israel, é doutora em Sociologia pela Universidade de Manchester e professora titular do Departamento de Ciências Sociais da Universidade Federal do Rio de Janeiro (UFRJ). Autora de diversos artigos sobre processo de trabalho e políticas de gestão da força de trabalho e coordenadora do Núcleo de Estudos de Sexualidade e Gênero da pós-graduação de Sociologia e Antropologia da UFRJ. Publicou livros como *Novos olhares: mulheres e relações de gênero no Brasil* (1994), com Cristina Bruschini e *Reconciling work and family: issues and policies in Brazil* (2004).

Branca Moreira Alves Formada em História pela Universidade da Califórnia, Berkeley, e mestre em Ciências Políticas pelo Instituto Universitário de Pesquisas do Rio de Janeiro (Iuperj), onde apresentou a dissertação *Ideologia e feminismo: a luta pelo voto no Brasil*. Foi uma das organizadoras da Semana de Debates sobre a Mulher na Sociedade Brasileira, em 1975, considerada o marco inicial do movimento feminista no Brasil. Foi a primeira presidente do Conselho Estadual dos Direitos da Mulher do Rio de Janeiro e chefiou o primeiro escritório do Unifem para o Cone Sul.

Carmen Barroso Formada em Ciências Sociais, atuou como pesquisadora na Fundação Carlos Chagas, participando de ações e estudos pioneiros sobre gênero no Brasil, e, a partir dos anos 1970, como professora na Universidade de São Paulo (USP). Dirigiu o Programa de População e Saúde Reprodutiva da Fundação MacArthur e se tornou diretora da

International Planned Parenthood Federation para o Hemisfério Ocidental, em Nova York. Em 2016, recebeu o prêmio Populações das Nações Unidas, que reconhece trabalhos notáveis nas áreas de população e saúde. É membro do Grupo Independente de Especialistas da Estratégia Global da ONU sobre Saúde, Mulher, Crianças e Adolescentes.

Constância Lima Duarte Formada em Letras pela Universidade Federal de Minas Gerais (UFMG), mestre em Letras pela Pontifícia Universidade Católica do Rio de Janeiro (PUC-Rio) e doutora em Literatura Brasileira pela Universidade de São Paulo (USP), com pós-doutorado pela UFRJ e pela Universidade Federal de Santa Catarina (UFSC). Foi professora de Letras na Universidade Federal do Rio Grande do Norte (UFRN) e na UFMG. Atualmente, é professora voluntária no Programa de Pós-Graduação em Letras, Estudos Literários, da UFMG. É autora de livros como *Nísia Floresta: vida e obra*; *Mulheres em letras* (Antologia); *A escritura no feminino*; *Mulheres de Minas: lutas e conquistas*; *Dicionário de escritoras portuguesas*; *Dicionário de escritores mineiros*; *Escritoras do Rio Grande do Norte* (Antologia); *Imprensa feminina e feminista no Brasil: século XIX*. Atua como pesquisadora no Núcleo de Estudos Interdisciplinares da Alteridade (NEIA), e no Centro de Estudos Literários e Culturais da UFMG; também coordena o Grupo de Pesquisa Letras de Minas.

Cynthia Sarti Formada em Ciências Sociais na Universidade de São Paulo (USP), mestre em Ciências Sociais e doutora em Antropologia pela mesma universidade, é livre-docente pelo Departamento de Medicina Preventiva da Universidade Federal de São Paulo (Unifesp). Desde 1994, atua como professora na Unifesp, onde foi coordenadora do processo de implantação da área de ciências humanas no Campus Guarulhos, na recente expansão das universidades federais brasileiras, e diretora acadêmica desse campus desde sua criação em 2006 até fevereiro de 2009. Foi coordenadora do Programa de Pós-Graduação em Ciências Sociais desta universidade desde sua abertura em setembro de 2010 até maio de 2015. Atualmente, é diretora da Editora Unifesp e integra, como professora titular, o Departamento de Ciências Sociais da Escola de Filosofia, Letras e Ciências Humanas da Unifesp (campus Guarulhos).

Heleieth Saffioti (Ibirá, SP, 1934 – São Paulo, 2010). Precursora dos estudos feministas no Brasil, formada em Ciências Sociais pela Universidade de São Paulo (USP), foi professora titular de Sociologia no campus de Araraquara da Universidade Estadual Paulista (Unesp), da Pontifícia Universidade Católica de São Paulo e da Faculdade de Serviço Social da UFRJ, onde criou um núcleo de estudos de gênero, classe e etnia. É autora de mais de noventa obras, publicadas no Brasil e no exterior, sobre a força de trabalho feminina, educação feminina, violência masculina contra a mulher e relações de gênero, de classe e étnicas, entre as quais se destacam *A mulher na sociedade de classes* (1976), *Mulher brasileira: opressão e exploração* (19884) e *O poder do macho* (1987). Em 2012, a Câmara Municipal de São Paulo, criou o prêmio Heleith Saffioti que reconhece anualmente as mulheres que se destacam em ações de combate à discriminação social, sexual ou racial e na defesa dos direitos das mulheres na cidade de São Paulo.

Jacqueline Pitanguy Socióloga, fundadora e coordenadora executiva da ONG Cepia (Cidadania, Estudo, Pesquisa, Informação e Ação). Formou-se em Ciências Sociais na Universidade Católica de Louvain (Bélgica) e na Escola de Sociologia da Pontifícia Universidade Católica do Chile. Fez doutorado na Universidade de São Paulo (USP). Foi professora na Universidade de Rutgers, Estados Unidos, onde ocupou a cátedra Laurie New Jersey Chair in Women's Studies. Presidiu o Conselho Nacional dos Direitos da Mulher durante a Constituinte e atualmente integra os grupos Inter American Dialogue e o Women's Learning Partnership, além do conselho editorial da revista *Health and Human Rights* da Universidade de Harvard. Entre suas publicações estão *Women's human rights and the political arena in Brazil*; *Women and Girls Rising*; *Domestic Violence in Brazil* e *Making Laws, Breaking Silence: case studies from the field*.

Leila Linhares Barsted Graduada em Direito pela Universidade Federal do Rio de Janeiro (UFRJ), é advogada, professora emérita da Escola de Magistratura do Estado do Rio de Janeiro (Emerj), fundadora e coordenadora Executiva da ONG Cepia (Cidadania, Estudo, Pesquisa, Informação e Ação). Foi editora da *Revista Estudos Feministas*, tendo inúmeros trabalhos publicados sobre direitos sexuais e reprodutivos, violência de gênero contra as mulheres e direitos humanos no Brasil e no exterior. Foi representante brasileira no Comitê de Especialistas do Mesecvi (Mecanismo de

Monitoramento da Convenção Interamericana para Prevenir, Punir e Erradicar a Violência contra a Mulher) da Convenção de Belém do Pará, de 1994.

Lélia Gonzalez (Belo Horizonte, 1935 – Rio de Janeiro, 1994). Foi antropóloga, professora e política brasileira. Formada em história e em filosofia, pela Universidade do Estado da Guanabara (UEG), atual Uerj, aprofundou seus estudos nas áreas da antropologia, sociologia, literatura, psicanálise e cultura brasileira, com mestrado em Comunicação Social e doutorado em Antropologia Política pela Universidade de São Paulo (USP). Também se dedicou aos estudos da ciência, cultura e história africanas. Atuou como professora no ensino médio e superior, tendo atuando como diretora do Departamento de Sociologia e Política da Pontifícia Universidade Católica do Rio de Janeiro (PUC-Rio). Militante ativa dos movimentos negros e feministas dos anos 1970 e 1980, ajudou a fundar o Movimento Negro Unificado (MNU); o Instituto de Pesquisas das Culturas Negras do Rio de Janeiro (IPCN-RJ); o Nzinga, Coletivo de Mulheres Negras; e o Olodum (Salvador). Participou da primeira composição do Conselho Nacional dos Direitos da Mulher (CNDM), de 1985 a 1989, criado para atender às demandas do movimento feminista, buscando a criação de políticas públicas para as mulheres.

Lourdes Maria Bandeira Formada em Ciências Sociais pela Universidade Federal do Rio Grande do Sul (UFRGS), é mestre em Sociologia pela Universidade de Brasília (UNB) e doutora em Antropologia pela Université René Descartes de Paris V, com pós-doutorado na área de Sociologia do Conflito na École des Hautes Études em Sciences Sociales (EHESS), Paris. É professora titular no Departamento de Sociologia da UnB, dedicada a temas do feminismo, violência nas relações de gênero, corpo e sexualidade e políticas públicas, com ênfase na crítica feminista. É membro do Núcleo de Estudos e Pesquisas da Mulher (Nepem/UnB).

Margareth Rago Graduada em História e em Filosofia pela Universidade de São Paulo (USP), com mestrado e doutorado em História pela Universidade Estadual de Campinas (Unicamp), é historiadora, professora titular e colaboradora do Departamento de História do Instituto de Filosofia e Ciências Humanas da Unicamp. Foi professora-visitante na Columbia University, Nova York, entre 2010 e 2011, e no Connecticut College, entre

1995 e 1996; e diretora do Arquivo Edgard Leuenroth da Unicamp, em 2000. É autora de livros como *Do cabaré ao lar. A utopia da cidade disciplinar e a resistência anarquista* (1985, 2014); *Os prazeres da noite – Prostituição e códigos da sexualidade feminina em São Paulo, 1890-1930* (1991, 2008); *A aventura de contar-se: feminismos, escrita de si e invenção da subjetividade* (2013).

Maria Betânia Ávila Doutora em Sociologia pela Universidade Federal de Pernambuco (UFPE), é uma das fundadoras da organização SOS Corpo (Instituto Feminista para a Democracia), fundada em 1981, no Recife, onde atua como pesquisadora. É militante da Articulação de Mulheres Brasileiras e da Articulação Feminista Mercosul na América Latina, e autora de diversos estudos e artigos sobre feminismo, trabalho produtivo, trabalho reprodutivo e trabalho doméstico. Publicou livros como *Textos e imagens do feminismo: mulheres construindo a igualdade* (autora e organizadora, 2001), *Reflexões feministas para a transformação social* (2007) e *O tempo do trabalho das empregadas domésticas: tensões entre dominação/exploração e resistência* (2009).

Maria Luiza Heilborn Historiadora, mestre e doutora em Antropologia Social pelo Programa de Pós-Graduação em Antropologia Social do Museu Nacional, da Universidade Federal do Rio de Janeiro (UFRJ), com pós-doutorado pelo Institut National d'Études Démographiques (INED), França. É professora associada do Instituto de Medicina Social da Universidade do Estado do Rio de Janeiro (IMS/UERJ) e pesquisadora nas áreas de gênero, sexualidade, família e juventude. Foi coordenadora geral da pesquisa Gravad (Gênero e Sexualidade: estudo multicêntrico sobre jovens, sexualidade e reprodução no Brasil), realizada entre 1999 e 2006, que reuniu profissionais de diferentes instituições: e coordenadora do Programa em Gênero, Sexualidade e Saúde (IMS/UERJ). É autora do livro *Dois é par: gênero e identidade sexual em contexto igualitário* (2004); organizadora e autora do livro *O aprendizado da sexualidade: reprodução e trajetórias sociais de jovens brasileiros* (2006), entre outras obras.

Maria Odila Leite da Silva Dias Formada em História pela Universidade de São Paulo (USP), com mestrado e doutorado em História Social pela mesma universidade. Realizou estágios de pesquisa no British Museum, na Bodleain Library da Universidade de Oxford, na Universidade de Yale, e na Library of Latin American Studies da Universidade do Texas, em Austin. É professora titular aposentada da Universidade de São Paulo, onde atua como orientadora de pesquisas de mestrado e doutorado. Em 2013, recebeu título de professora emérita da Faculdade de Filosofia da USP. Foi uma das fundadoras da *Revista Estudos Feministas* e é autora de obras como *Interiorização da metrópole e outros estudos* (1972) e *Cotidiano e poder em São Paulo no século XIX* (1984), além de vários ensaios sobre história social das mulheres e as relações familiares no Brasil, além de estudos sobre história das mentalidades e sociedade brasileira nos séculos XVIII e XIX. Seu livro *Quotidiano e poder* (1984, 1995) foi publicado também no Reino Unido e nos Estados Unidos como *Power and Everyday Life: The Lives of Working Class Women in 19th Century Brazil* (1995).

Mary Garcia Castro Socióloga, PhD em Sociologia pela Universidade da Flórida, Estados Unidos, é professora e pesquisadora do Departamento e do Programa de Mestrado em Sociologia da Universidade Federal da Bahia (UFBA). É autora de diversos estudos nas áreas de gênero e trabalho, juventudes e sexualidade, etnicidade e raça; família, feminismo, identidades e cidadanias. É coeditora de *Muchacha no more: Household workers in Latin America and the Caribbean* (Temple University Press, 1999). Escreveu, com Miriam Abramovay e Lorena Bernardete da Silva, o livro *Juventude e sexualidade no Brasil*, publicado pela Unesco em 2004 e considerado a pesquisa mais completa sobre o tema no país. Em 2015, recebeu do Senado Federal o prêmio Bertha Lutz.

Rita Terezinha Schmidt PhD pela Universidade de Pittsburgh (Estados Unidos), professora titular da Universidade Federal do Rio Grande do Sul (UFRGS), com atuação no Programa de pós-graduação em Letras desde 1985. Foi responsável pela organização de reedições de obras (romance e poesia) de escritoras brasileiras do século XIX; publicou artigos em periódicos e coletâneas, além de capítulos em obras publicadas no exterior, tais como *The Cambridge History of Latin Women's Literature* (2016), sobre escritoras brasileiras e a questão da nação, e *Brazilian Literature as World Literature* (2018), sobre Clarice Lispector. Desenvolve pesquisas sobre corpo, trauma e violência na perspectiva de teorias feministas pós-humanistas e da interface entre literatura, filosofia e direito.

Sueli Carneiro Doutora em Educação pela Universidade de São Paulo (USP), é filósofa, educadora, escritora e uma das principais autoras do feminismo negro no país. Foi uma das ativistas do movimento negro responsável pela inclusão de mulheres negras no Conselho Estadual da Condição Feminina de São Paulo, na época de sua fundação, em 1983, quando teve início seu engajamento com o feminismo. Em 1988, fundou a Geledés – Instituto da Mulher Negra, primeira organização negra e feminista de São Paulo, da qual é diretora. Foi integrante do Conselho Nacional dos Direitos da Mulher no final da década de 1980. É autora de livros como *Mulher negra: política governamental e a mulher* (1985) com Thereza Santos Albertina de Oliveira Costa; e *Racismo, sexismo e desigualdade no Brasil* (2011). Em 2003, recebeu o prêmio Bertha Lutz, concedido pelo Senado Federal.

Leia também

PENSAMENTO FEMINISTA: CONCEITOS FUNDAMENTAIS
org. Heloisa Buarque de Hollanda

Audre Lorde / Donna Haraway / Gayatri Spivak
Gloria Anzaldúa / Joan Scott / Judith Butler / Lélia Gonzalez
María Lugones / Monique Wittig / Nancy Fraser
Patricia Hill Collins / Paul B. Preciado / Sandra Harding
Silvia Federici / Sueli Carneiro / Teresa de Lauretis

PENSAMENTO FEMINISTA HOJE: PERSPECTIVAS DECOLONIAIS
org. Heloisa Buarque de Hollanda

Adriana Varejão / Alba Margarita Aguinaga Barragán
Alejandra Santillana / Angela Figueiredo / Claudia de Lima Costa
Dunia Mokrani Chávez / Julieta Paredes Carvajal / Lélia Gonzalez
Luiza Bairros / Marcela Cantuária / Maria da Graça Costa
María Elvira Díaz-Benítez / María Lugones / Marnia Lazreg
Miriam Lang / Ochy Curiel / Oyèrónké Oyĕwùmí
Rosana Paulino / Suely Aldir Messeder / Susana de CastroThula
Rafaela de Oliveira Pires / Yuderkys Espinosa Miñoso

Este livro foi editado pela Bazar do Tempo em março de 2019, na cidade de São Sebastião do Rio de Janeiro, e impresso em papel Pólen Soft 80 g/m² pela gráfica Rotaplan. Foram usados os tipos Labil Grotesk, Stabil Grotesk e Skolar.

7ª reimpressão, julho de 2025